财政部“十二五”职业教育规划教材·财务会计类

经 济 法

主 编 镇咸辉 吴松华

大连出版社

内 容 简 介

本教材共分为十三个项目，主要包括经济法概要、经济法相关法律、公司法、合伙企业法与个人独资企业法、外商投资企业法、企业破产法、合同法、消费者权益保护法、知识产权法、银行法、保险法、证券法、票据法等。本教材既可以作为高职财经类专业学生的教学用书，也可以作为从事经济类工作的社会人员的参考用书，还可以作为经济师、会计专业技术资格等考试的辅导用书。

图书在版编目(CIP)数据

经济法 / 镇咸辉，吴松华主编. —大连：大连出版社，2015.2

财政部"十二五"职业教育规划教材. 财务会计类

ISBN 978-7-5505-0834-7

Ⅰ.①经… Ⅱ.①镇… ②吴… Ⅲ.①经济法—中国—高等职业教育—教材 Ⅳ.①D922.29

中国版本图书馆 CIP 数据核字(2014)第 286674 号

出 版 人：刘明辉
策划编辑：成秉权
责任编辑：乔 丽
责任校对：张丽娜 金 琦
封面设计：布洛戈营销策划
版式设计：乔 丽
责任印制：刘正兴

出版发行者：大连出版社
地址：大连市西岗区长白街 12 号
邮编：116011
电话：(0411)83620416/83621075
传真：(0411)83620391
网址：www.dlmpm.com
电子信箱：hjj@dlmpm.com
印 刷 者：大连日升彩色印刷有限公司
经 销 者：各地新华书店

幅面尺寸：170mm×240mm
印　　张：19.75
字　　数：395 千字

出版时间：2015 年 2 月第 1 版
印刷时间：2015 年 2 月第 1 次印刷
书　　号：ISBN 978-7-5505-0834-7
定　　价：39.00 元

如有印装质量问题，请与我社营销部联系
购书热线电话：(0411)83620416/83621075

出版说明

高等职业教育既是我国高等教育体系的重要组成部分，也是我国职业教育体系的重要组成部分。近年来，我国高等职业教育蓬勃发展，为现代化建设培养了大批高素质技能型专门人才，展现了其独有的优势。

高等职业教育教材建设是高等职业院校三大基本建设之一，高质量的教材是培养高质量优秀人才的基本保证。为了编写和出版具有高等职业教育特色的教材，满足教学需要，服务高等职业教育事业，我社依据《国家中长期教育改革和发展规划纲要(2010～2020年)》基本指导思想，以及教育部全国职业教育与成人教育工作会议精神，本着“将教材内容与职业相衔接，注重工学结合”的原则，投入大量资源，经过精心策划和多方联络，集中了国家级示范院校等国内知名高职院校的一线教师，隆重推出财政部“十二五”职业教育规划教材。

本系列教材立足于高职高专财务会计类专业，为了使本系列教材既科学、先进，又合理、可行，我们在编写过程中充分吸收了教学改革的最新成果，突出体现了以下几个特点：

1. 教材定位创新。本系列教材主要针对中小微企业的需要，按照任务导向，依照会计工作的实际流程编写。

2. 教材衔接创新。本系列教材紧密结合从业资格考试和职称考试等内容；适当加入专升本考试内容，兼顾高职和本科的衔接，方便专升本考试的辅导学习。

3. 教材体例创新。本系列教材为任务导向式教材，包括“情境导入”、“任务描述”、“任务分析”、“知识准备”、“工作步骤”、“任务评价”、“情境总结”等栏目，体例上更新颖、活泼。

4. 打造网络教学资源包——章后习题答案、每章自测题、模拟试卷及答案、教学课件，多媒体光盘等。

高等职业教育正在快速成长，教学实践日新月异，要使教材建设满足和促进职业教育的发展，需要教育主管部门、教学单位、任课教师和专业教材出版机构的共同努力。我们真诚希望，这套系列教材能满足最新教学改革的需要，为高等职业教育人才培养工作提供教学资源支持，为高等职业教育做出应有的贡献。

大连出版社

前 言

随着我国社会主义市场经济不断深入发展,经济法制建设进一步加快,相关部门加快了经济法律、法规的制定和修改。经济法本身是我国法律体系中一个重要的法律部门,对维护市场经济秩序、促进社会经济发展,彰显出越来越重要的作用。我国高职高专财务会计类专业培养技术型、技能型人才的目标,要求相应的教材以职业工作需求为指导、职业技能的培养为根本,以适应教学改革的需要。为了满足这一要求,我们编写了这本书,力争做到并充分体现以下亮点:

1. 体例设计体现应用性。在编写体例上突出体现了"启发性"与"应用性",每个项目都遵循了以下思路:"任务导入"导入内容→"案例分析"灵活应用重、难知识点→"任务导出"帮助分析问题、解决问题→"强化练习"立足培养应用能力→"知识链接"拓宽视野、丰富认知。

2. 内容安排体现新颖性。由于我国经济法律体系正处在一个不断完善的过程中,本书的各章内容编写,都紧跟我国最新的经济立法。而且在设计经济法理论知识与法律规范时,以"必须、够用"为原则。

3. 结构层次体现清晰性。全书将经济法法律规范分为4个部分,即经济法基础原理部分、经济组织法部分、经济活动法部分和经济管理法部分,共4篇。尽量做到结构清晰明了。

本书既可以作为高职财经类专业学生的教学用书,也可以作为从事经济类工作社会人员的参考用书,还可以作为经济师、会计专业技术资格等考试的辅导用书。本书中所涉及的人名、企业公司名纯属虚构。

本书由湖北咸宁职业技术学院镇咸辉、吴松华担任主编,由镇咸辉负责整体结构设计和最终的总纂和定稿工作。同时本书在编写过程中得到了教学同仁、所在会计学院、行业专家的鼎力支持,在此一并表示衷心的感谢。水平有限,成书仓促,不足之处在所难免,恳请读者批评指正。

编 者

目　录

第一篇　经济法基础原理

第二篇　经济组织法

第三篇　经济活动法

第一篇

经济法基础原理

项目一

经济法概要

学习目标

能力目标：区分不同经济纠纷解决途径的适用范围，识别无权代理行为。

知识目标：明确经济法的调整对象，掌握经济法律关系的构成要素。

素质目标：形成一定的经济法律意识。

【情境导入】

近十年来，我国房地产市场价格不断攀升，房产等固定资产投资热情不断高涨，房地产领域投机现象不断升级，楼市价格令普通老百姓望楼兴叹，楼市泡沫论开始出现。为保证房地产市场健康有序发展，我国政府从2005年开始，相继采取了一系列法律手段进行宏观调控，如要求银行业不断提高房贷利率和存款准备金率、限制或停止二套房贷款、进行房地产领域贷款风险评估等，税收领域要求开始试点房产税改革等。

【任务分析】

1. 我国政府在房地产领域采取的措施是否属于经济法的调整范围？
2. 这些措施涉及经济法体系中的哪些法律法规？

任务一　经济法的概念及调整对象

一、经济法的产生及演进

18世纪法国著名空想共产主义者摩莱里在其1755年出版的《自然法典》一书中，最早提出"经济法"一词。现代意义上的经济法，是在自由资本主义经济过渡到垄断资本主义经济过程中，国家为应对经济发展中出现的垄断、市场失灵和经济危机等问题，而越来越普遍采取干预措施的背景下产生和发展起来的。

自由资本主义时期，资产阶级对经济基本上实行不干预政策，当发展到垄断资本主义后，随着经济危机加深，资产阶级不得不放弃对经济生活的自由放任主义和不干预政策，借助国家的力量对经济进行适度的干预。美国是较早运用经济法有目的地直接干预经济的国家。1890年美国国会就通过了《谢尔曼反托拉斯法案》，禁止以托拉斯和其他联合形式串通一气控制洲际贸易。1914年颁布实施了《克莱顿法》，该法对各种限制性商业行为和垄断行为作了详细规定。1914 年还颁布实施了《联邦贸易委员会法》,该法及按该法制定的贸易规则,实际上成为了美国的反不正当竞争法。

第一次世界大战推动了经济立法迅速发展。德国于 1919 年制定了《煤炭经济法》和《钾素经济法》。《煤炭经济法》是世界上第一部以经济法命名的经济法律,随后出版了很多以经济法为题的学术著作和教科书。这时经济法概念才有了较为完整的含义。

第二次世界大战后,经济法的发展逐渐走向成熟,完成了从形成独立的经济法律部门到形成较完备的法律体系,从资本主义经济法到社会主义经济法的历程。战后日本进行了一系列经济立法,先后颁布实施了一系列经济法律、法令、条例,于 1979 年出版了《六法全书》,经济法是其中的六法之一;1981 年把收入的立法分为五部分,经济法又成为其中独立的一部分。这是现代资本主义国家经济法的典型。

"经济法"一词引入我国是在 1979 年。新中国成立以来,国家陆续制定了大量的经济法规,但经济立法经历了曲折的发展过程。改革开放以来,我国经济立法蓬勃发展,颁布了许多重要和基本的经济法规。随着社会主义市场经济体制的建设和完善,市场经济法律体系正在不断建立健全。

二、经济法的概念和特征

关于经济法的概念和范围一直存在争议。一般认为,经济法是调整国家在管理和协调经济运行过程中形成的经济关系的法律规范的总称。

经济法具有如下特点:

1. 经济法是国家调节、干预经济的法律。经济法是国家运用法律手段干预经济的一种重要手段。

2. 经济法是调整特定经济关系的法律。经济法调整的是经济关系,但并不是一切经济关系,其所调整的是国家在管理和协调经济运行过程中形成的经济关系。

3. 经济法是相关经济法律规范的总称。即经济法是由单行的法律、法规构成的一种法律体系。

三、经济法的调整对象

经济法的调整对象,是指国家由于管理和协调经济而形成的特定的经济关系,具体包括市场主体组织关系、市场运行调控关系、宏观经济调控关系和社会保障关系。

1. 市场主体组织关系

市场主体组织关系是指国家在对市场主体的活动进行管理以及市场主体在自身运行过程中所发生的经济关系。市场主体从狭义上讲,是指参与市场经济活动的组织和个人,广义上的市场主体还包括为生活目的而进行消费的消费者。如《中华人民共和国公司法》等属于市场主体法律制度。

2. 市场运行调控关系

市场运行调控关系是指国家为了建立市场经济秩序,维护国家、市场经营者和消费者的合法权益而干预市场所发生的经济关系。目前世界上所有国家的市场秩序主要还是依靠法律来维护的。也就是说,市场秩序的维护,需要法律创立、认可交易规则和规范交易行为，并依靠国家的强制力来保障执行。如《中华人民共和国反不正当竞争法》等属于市场调控法律制度。

3. 宏观经济调控关系

宏观经济调控关系是指国家从长远发展和社会公共利益出发，对关系国计民生的重大社会经济因素实行全局管理的过程中，与其他社会组织之间所发生的具有隶属性或指导性的经济关系。市场经济能促使资源优化配置，但市场经济不是万能的，仍然有一定的盲目性，也有其消极的一面。这就要求国家通过制定科学的手段进行宏观调控，以克服市场主体的盲目性。

4. 社会保障关系

市场经济在强调效率的同时，必须建立健全的保障体系，以增强社会成员抵御风险的能力。社会保障关系就是指在社会保障中所发生的经济关系。如《中华人民共和国保险法》等属于社会保障法律制度。

经济法是我国法律体系中独立的法律部门，这主要取决于经济法具有独特的调整对象，其范围是特定的，与其他法律部门的调整对象是有区别的。如民法的调整对象是平等主体的财产关系或人身关系，行政法的调整对象是国家行政管理活动中所形成的各种关系。

任务二　经济法律关系

一、经济法律关系的概念与特征

（一）经济法律关系的概念

法律关系是一种社会关系，是社会关系被法律规范确认之后所形成的权利义务关系。并非所有的社会关系都能上升为法律关系，只有由法律规范调整和确认的关系才能称为法律关系。社会关系是多种多样的，因而调整它的法律规范也是多种多样的，如为了调整平等主体之间的财产关系和人身非财产关系而形成的法律关系，称为民事法律关系；为了调整行政管理关系而形成的法律关系，称为行政法律关系。

经济法律关系是指经济关系被经济法律规范确认和调整之后所形成的权利和义务关系，即经济法主体根据经济法律规范产生的、在国家管理与协调经济过程中形成的权利和义务关系。

（二）经济法律关系的特征

1. 经济法律关系是由经济法律规范确认和调整而形成的法律关系

法律规范是法律关系产生、变更和终止的前提，权利义务关系是依相应法律规定而形成的。没有经济法律规范的具体规定，经济法律关系就不能产生，其内容也就无法实现。在经济法律体系中，任何主体不享有经济法律规定以外的权利，不承担经济法律规定以外的义务。

2. 经济法律关系是被赋予经济权利和经济义务的法律关系

权利义务关系是法律关系的核心，法律确认某一法律关系的目的也是依靠确认权利义务来实现的。经济法律关系的核心同其他法律关系一样，也是权利义务关系，所不同的是，它是一种经济权利和经济义务关系。

3. 经济法律关系是由国家强制力保障实施的权利义务关系

由国家强制力作保障，实质上就是对经济法主体经济权利的保护，以使其能够切实地得以实现。

二、经济法律关系的构成要素

经济法律关系的构成要素是指构成经济法律关系的必要条件，由经济法律关系的主体、内容、客体三要素构成，缺一不可。改变其中任何一个要素则会形成一种新的经济法律关系。

(一)经济法律关系的主体

简称经济法主体，它是指在经济法律关系中享有一定经济权利、承担一定经济义务的当事人或参加者。享有经济权利的一方称为权利主体，承担经济义务的一方称为义务主体。但是在经济法律关系中，双方当事人在许多情况下既享有经济权利又承担经济义务。

经济法主体必须具备一定的主体资格，即参加经济法律关系，享有一定经济权利和承担一定经济义务的资格或能力。经济法主体资格可通过法定取得，即依法律的规定而取得；也可通过授权取得，即依据有授权资格的机关授权，从而取得可以对社会经济生活实施某种干预的资格。

经济法主体可以分为以下几类：

1. 国家机关

国家机关是指行使国家职能的各种机关的通称，包括国家权力机关、国家行政机关、国家司法机关等。其中，国家权力机关主要以经济决策主体的身份出现在经济法律关系中；国家行政机关，特别是具有经济管理职能的行政机关，主要以经济管理主体的身份出现在经济法律关系中。

2. 经济组织

经济组织包括企业法人和非法人经济组织。企业是指依法设立的，以营利为目的从事生产、经营活动的各种经济组织。可以说，在市场经济条件下，企业是最重要、最活跃、最广泛的经济法主体。此外，企业相对于其内部的组织而言，也是经济决策主体和管理主体。经济组织的内部机构，如分公司、分厂、车间等分支机构或生产单位，虽无独立的法律主体资格，但在一定条件下也是经济法律关系的主体。

3. 事业单位

事业单位是指由国家财政预算拨款或其他资金来源设立的，不以营利为目的从事文化、教育、科研、卫生等事业的单位，如学校、医院、科研院所等。事业单位主要是以经济实施主体的身份参加经济法律关系，但在根据法律授权或行政机关委托实施经济管理职责时,是以经济管理主体的身份参加经济法律关系。

4. 社会团体

社会团体是指中国公民自愿组成,为实现会员共同意愿按照其章程开展活动的非营利性组织,包括工会、妇联、行业性协会、职业性协会及公益性团体、学术性团体等。

5. 公民、个体工商户、农村承包经营户

在我国市场经济迅速发展的情况下,在经济发展水平迅速提高的今天,公民个人已是重要的经济法律关系参加者,其参加的经济法律关系主要是税收、工商管理等。例如,公民依法向税务机关缴纳个人所得税时,即是税收法律关系的主体。

个体工商户是指公民在法律允许的范围内,依法经核准登记,以营利为目的从事工商业经营的个体经济。个体工商户可以起字号。

农村承包经营户是指农村集体经济组织的成员,在法律允许的范围内,按照承包合同规定从事商品经营的形式。他们以“户”的名义,主要作为经济实施主体参加经济法律关系,一般要承担无限连带责任。

(二)经济法律关系的内容

经济法律关系的内容是指经济法主体之间享有的经济权利和承担的经济义务。它是经济法律关系的核心,是经济法主体之间及主体与客体之间的桥梁,直接体现了经济法主体的利益和要求。

1. 经济权利

经济权利是指由经济法所确认和保护的具有经济内容的权利,是经济法主体依法能够作为或不作为一定行为,以及要求他人作为或不作为一定行为的资格。经济权利概括为如下几大类:

(1)经济职权。指国家机关及其工作人员在行使经济管理职能时依法享有的权利。经济职权是国家干预社会经济生活的主要形式。因此,在国家机关及其工作人员依法行使经济职权时,其他经济法主体都应服从。经济职权对国家机关及其工作人员来讲,既是权利又是义务或职责,两者高度统一,且不得随意转让或放弃。

(2)财产所有权。财产(包括有形财产和无形资产如商标、专利、著作等)所有权是指财产所有人依法对自己的财产享有的占有、使用、收益和处分的权利。财产所有权具有支配性、排他性、绝对性的特征。财产所有权具有四项权能:占有权、使用权、收益权和处分权,处分权是财产所有权的核心权。所有权四项权能可以在一定条件下与所有人分离,如财产所有人可以授权他人合法占有或使用自己的财产(如出租、出借等),这种分离是所有人行使其财产权的一种方式。

(3)法人财产权。指具有法人资格的组织对投资者投入的资产,在经营管理中享有占有、使用、收益和处分的权利。

(4)知识产权。即权利人依法享有的商标权、著作权和专利权等。

(5)债权。债权是指按照合同约定或法律规定,请求特定人为特定行为的权利。与其他权利相比,债权具有如下特征:第一,债权是一种请求权,权利人须请求相对人为或不为一定行为；第二，债权是一种相对权，债权人只能请求负有义务的特定人为或不为一定行为；第三，债权具有相容性，一物之上可以成立两个以上内容相同的债权，它们之间互容而非互斥，每一个债权都不具有排他性；第四，债权具有期限性，它可因清偿、失效、期限届满等原因而消灭。

2. 经济义务

经济义务是指经济法主体根据法律规定或为满足权利主体的要求，必须作为或不作为一定行为的约束。

在经济法律关系中，一个经济法主体享有一定的权利，必定以其他经济法主体负有一定义务为前提，没有对应的义务主体时，权利主体的权利便没有保障，是不可能实现的。同时，经济权利和经济义务具有对等性，没有无权利的义务，也没有无义务的权利。权利和义务是统一的，不允许只享有权利而不承担义务，也不能只承担义务而不享有权利。

（三）经济法律关系的客体

经济法律关系的客体是指经济法主体权利和义务所共同指向的对象。根据我国经济法律、法规的有关规定，经济法律关系的客体包括物、行为和非物质财富。

1. 物

物是指能够为人类控制和支配的、具有一定经济价值的、可通过具体物质形态表现存在的物品。物包括自然存在的物（如土地、矿藏、林木等）和人类生产劳动的产品（如机器设备、建筑物等），以及固定充当一般等价物的货币和有价证券等。物可以划分为多种类型，例如生产资料与生活资料、流通物与限制流通物、特定物与种类物、动产与不动产等。

2. 行为

行为是指经济法律关系的主体为了达到一定的经济目的，实现经济权利和经济义务所进行的经济活动，包括经济管理行为、完成一定工作的行为和提供一定劳务的行为等。

经济管理行为是指经济法律关系的主体行使经济管理权或经营管理权所指向的行为，例如经济决策行为、审查批准行为、监督检查行为等。

完成一定工作的行为是指经济法主体的一方利用自己的资金和技术设备，为对方完成一定的工作任务，而对方根据完成工作的数量和质量支付一定报酬的行为。

提供一定劳务的行为是指为对方提供一定的劳务或服务以满足对方的需要，而对方支付一定报酬的行为。

作为经济法律关系客体的行为，仅指具有法律意义的行为，即为实现权利和义务而实施的行为。

3. 非物质财富

非物质财富也可以称为精神财富或精神产品，包括智力成果、道德产品和经济信息等。智力成果是指经济法主体从事智力劳动所创造的成果，其法律表现形式主要有商标、发明、实用新型、外观设计、专有技术、文学、艺术和科学作品等。道德产品是指人们在各种社会活动中取得的非物质化的道德价值,如荣誉称号、嘉奖表彰等,它们是公民、法人荣誉权的客体。经济信息是指反映社会经济活动发生、变化等情况的各种消息、数据、情报和资料等的总称。随着经济和科技的进一步发展和世界经济一体化步伐的加快,市场主体将全面面向国内和国际市场,经济信息将越来越被重视。

【应用案例1-1】

某电视机企业将某项生产任务承包给其内部的某车间来完成,双方为此签订了承包责任书,约定某车间可以使用企业的机器设备及原材料,但必须在规定期限内完成该项生产任务等事宜。试分析:

(1)该电视机企业与该车间之间是否形成了经济法律关系?

(2)如果形成了经济法律关系,请指出该经济法律关系的主体、内容和客体。

案例解析:

该电视机企业与该车间之间已形成经济法律关系。该电视机企业与该车间是该经济法律关系的主体。提供机器设备及原材料是该电视机企业的经济义务,在规定期限内完成该项生产任务是该车间的经济义务;相对应地,获得该项生产任务的成果是该电视机企业的经济权利,使用该电视机企业的机器设备及原材料是该车间的经济权利。这些经济权利和经济义务共同构成双方经济法律关系的内容。而作为该经济法律关系权利和义务指向对象之一的生产成果,即为该承包经营法律关系的客体。

三、经济法律关系的产生、变更和终止

(一)经济法律关系产生、变更和终止的概念

1. 经济法律关系的产生

经济法律关系的产生,是指经济法律关系主体之间形成一定的经济权利和经济义务关系。如购销合同的订立。

2. 经济法律关系的变更

经济法律关系的变更,是指经济法律关系的主体、客体和内容的变化。如购销合同订立后,其标的数量的增或减、价格的升或降等。

3. 经济法律关系的终止

经济法律关系的终止,是指经济法律关系主体之间的经济权利和经济义务关系的消灭。如购销合同订立后,双方依约全面履行了合同义务,即货款两清。

(二)经济法律关系的产生、变更、终止的条件

经济法律规范本身并不能必然在经济法主体之间形成权利义务关系,只有在一定的经济法律事实出现后,才能使经济法律关系产生、变更和终止。经济法律关系产生、变更和终止应具备以下条件:

1. 经济法律规范

经济法律规范是构成经济法的最基本的组织细胞,是通过一定的经济法律条文表现出来的、具有一定内在逻辑结构的特别行为规范。

经济法律规范是经济法律关系产生、变更和终止的前提和法律依据。没有相应的经

济法律规范，就绝不可能产生相应的经济法律关系。

2. 经济法主体

如前所述，经济法主体是指享有经济权利与承担经济义务的当事人。没有经济法主体，经济法律关系也就不可能产生。

3. 经济法律事实

经济法律事实是指由经济法律规范所规定的，能够引起经济法律关系产生、变更和终止的客观现象。经济法律规范和经济法主体只是经济法律关系产生的一般前提，并不直接引起经济法律关系的变化。经济法律事实才是引起经济法律关系产生、变更和终止的具体条件，这就是说，只有当经济法律规范所规定的经济法律事实出现时，才会引发或导致经济法律关系的产生、变更和终止。可见，经济法律事实才是经济法律关系产生、变更和终止的直接原因。

依据是否以人们的主观意志为转移，经济法律事实可以划分为两大类：事件和行为。

(1)事件

事件是指不以经济法主体的主观意志为转移的，能引起经济法律关系产生、变更和终止的法定现象或情况。它包括自然现象和社会现象两种。自然现象又称绝对事件，如自然灾害（地震、雪灾、洪水、火灾、台风）等；社会现象又称相对事件，如战争、革命、罢工、重大政策调整等。相对事件虽由人的行为引起，但其一旦出现在特定经济法律关系中，则也是不以当事人的意志为转移的。自然灾害可以引起保险赔偿关系的产生、合同关系的变更或解除等，如我国 2010 年玉树大地震等。重大政策或法律的修改可能引起许多方面法律关系的变化，如农村税费改革的实施，引起农业税减免等。

【应用案例 1-2】

2013 年某科研单位与某公司之间签订了买卖合同，由该科研单位向该公司转让其专门为该公司研发制造的一台仪器。但由于在合同履行前发生了地震，某科研单位办公楼倒塌导致仪器被毁坏，不能按期履行合同。该公司据此解除了双方的买卖合同。请指出引起双方经济法律关系终止的法律事实。

案例解析：

在该科研单位与该公司之间的买卖合同法律关系中，地震这一事件导致双方签订的合同无法履行，是引起双方经济法律关系终止的法律事实。

(2)行为

行为是指法律主体为达到一定目的而进行的有意识的活动。按行为的性质不同，行为可分为合法行为和违法行为。合法行为是指符合法律、法规规定的行为，如经济调控行为、经济仲裁或审判行为等；违法行为是指违反了法律、法规的规定，应受惩罚的行为，如商标侵权行为、证券内幕交易行为等。按表现形式不同，行为可分为积极行为和消极行为。积极行为又称作为，是指以积极、主动作用于客体的形式表现的具有法律意义的行为；消极行为又称不作为，是指以消极的、抑制的形式表现的具有法律意义的行为。按法律行为主体实际参与行为的状态不同，行为可分为自主行为和代理行为。

有的经济法律关系的产生、变更和终止，只需一个经济法律事实出现即可成立；有的经济法律关系的产生、变更和终止，则需要两个以上的经济法律事实同时出现才能成立；某一经济法律事实可引起某一经济法律关系的终止，也可同时引起另一新的经济法律关系的产生。例如保险赔偿关系的产生，需要订立保险合同和发生相应的保险事故两个法律事实的出现才能成立。又例如，大洪水可以导致鱼池承包关系的终止，同时也可引起保险赔偿关系的产生。

任务三　经济法律行为和代理

一、法律行为的概念和分类

（一）法律行为的概念和特征

法律行为是指民事主体基于意思表示，以设立、变更、终止民事权利和民事义务为目的，依法产生民事法律效力的行为。其具有如下特征：

1. 法律行为以意思表示为要素

意思表示是指行为人将进行法律行为，达到某种预期法律后果的内在意思表现于外的行为。如果行为人仅有内在意思而不表现于外，则不构成意思表示，法律行为当然不能成立。行为人表现于外的意思不是其内在意思的真实反映，则表明该意思表示有瑕疵，法律行为原则上亦不能生效。意思表示是法律行为的核心，也是法律行为与非表意行为（如事实行为）等相区别的重要标志。

2. 法律行为以设立、变更或终止权利义务为目的

这一特征表明法律行为是行为人的自觉自愿行为，而非受胁迫、受欺诈的行为。否则，就达不到行为人的目的。这也是衡量法律行为法律效果的基本依据，如侵权行为往往会导致一定的法律后果，但却是与行为人的预期目的相违背的。

3. 法律行为是一种合法行为

这表明法律行为只有在内容和形式上符合法律的要求或者不违背法律的规定，才能得到法律的承认和保护，也才能产生行为人预期的法律后果。因此，非法行为不是法律行为。我国法律确认法律行为的合法性的意义在于，通过建立法律行为的行为模式，以指导人们何可为何不可为，何为法律认同何不为法律认同，从而达到维护社会正常秩序的目的。

（二）法律行为的分类

1. 按照法律行为的成立是否需要具备法律规定的形式，法律行为可分为要式法律行为和非要式法律行为

（1）要式法律行为，是指法律明确规定必须采取一定形式或履行一定程序才能成立的法律行为。例如，《中华人民共和国公司法》规定，如果设立公司就必须制定符合法律、行政法规规定的公司章程等。

（2）非要式法律行为，是指无须特定形式或程序，当事人自由选择某种形式即可成立

的法律行为。

2. 按照法律行为的成立需要几个方面的意思表示，法律行为可分为单方法律行为和多方法律行为。

(1)单方法律行为，是指依一方当事人的意思表示就可成立的法律行为。该法律行为只需当事人一方的意思表示而无须其他人同意即可发生法律效力，如捐赠、订立遗嘱、行政命令、债务免除、无权代理的追认等。

(2)多方法律行为，是指两个或两个以上当事人意思表示一致才能成立的法律行为。该法律行为须有两个或两个以上的当事人，而且这些当事人的意思表示还须一致。例如，两个以上合伙人订立的合伙协议，即为多方法律行为。

3. 按照法律行为是否需给付对价，法律行为可分为有偿法律行为和无偿法律行为

(1)有偿法律行为，是指一方当事人在享有权利的同时必须偿付对方相应代价的法律行为。例如借款合同，一方依法获取对方的款项，到期须还本并付息；又如承揽合同，承揽人为获取对方的报酬，须依约完成一定的工作或提供相应的劳务等。在市场经济中，有偿法律行为是最常见的法律行为，它能有效地推动社会主义市场经济的快速发展。

(2)无偿法律行为，是指一方当事人在享有权利的同时无须向对方给付对等代价的法律行为，如捐赠、无偿委托、无偿保管等。无偿法律行为反映了人类的互助友爱，是和谐社会大力倡导的精神，但在法律行为中所占的比重较小。

4. 根据行为主体实际参与行为的状态，法律行为可分为自主行为与代理行为

(1)自主行为是指法律主体在没有其他主体参与的情况下，以自己的名义独立从事的法律行为。

(2)代理行为是指法律主体根据法律授权或其他主体的委托而以被代理人的名义所从事的法律行为。

5. 按照法律行为之间的依存关系，法律行为可分为主法律行为和从法律行为

(1)主法律行为，是指不需要有其他法律行为的存在就可以独立成立的法律行为。

(2)从法律行为，是指从属于其他法律行为而存在的法律行为。

二、法律行为的效力

(一)法律行为的有效要件

法律行为的有效，是指法律行为因符合法律规定而足以引起权利义务产生、变更、终止的法律效力。法律行为的成立是法律行为有效的前提，法律行为从成立时起具有法律约束力，行为人非依法律规定或取得对方同意，不得擅自变更或终止。已成立的法律行为不一定必然发生法律效力，只有具备一定有效条件的法律行为，才能产生预期的法律效果。法律行为的有效要件分为形式有效要件和实质有效要件。

1. 法律行为的形式有效要件

这是指行为人的意思表示方式必须符合法律的规定。根据《中华人民共和国民法通则》(以下简称《民法通则》)第五十六条规定："民事法律行为可以采用书面形式、口头形式或者其他形式。法律规定用特定形式的，应当依照法律规定。"如果行为人对法律规定

必须采用特定形式而未采用的，其所实施的法律行为则不产生法律效力。

书面形式可分为一般书面形式和特殊书面形式。特殊书面形式主要包括公证形式、鉴证形式、审核批准形式、登记形式、公告形式等。一般而言，书面形式优于口头形式，特殊书面形式优于一般书面形式。

其他形式主要有视听资料形式和沉默形式。例如，当事人依法以录音、录像等视听资料形式实施的民事行为，如果两个以上无利害关系人作为证人或有其他证据证明该民事行为符合法律规定的实质有效要件的，可以认定有效。又如，一方当事人向对方当事人提出民事权利的要求，对方未用语言或文字明确表示意见，但其行为表明已接受的，可以认定为默示，不作为的默示只有在法律有规定或当事人双方有约定的情况下，才可以视为意思表示。默示即为法律行为的一种沉默形式。

2. 法律行为的实质有效要件

(1)行为人具有相应的民事行为能力

民事行为能力，是指法律确认公民、法人或者其他组织能够通过自己的行为实现民事权利、承担民事义务的资格。只有具有相应的民事行为能力的人才能进行民事法律行为。

就自然人而言，无民事行为能力人是指不满 10 周岁的未成年人和不能辨认自己行为的精神病人，其行为不具有法律效力，由其法定代理人代理民事活动；限制民事行为能力人是指 10 周岁以上的未成年人和不能完全辨认自己行为的精神病人，只能进行与其年龄、智力或精神健康状况相适应的民事活动，其他民事活动应由其法定代理人代理，或征得其法定代理人同意；完全民事行为能力人，是指 18 周岁以上的成年人和 16 周岁以上不满 18 周岁但以自己的劳动收入为主要生活来源的公民，可以独立地在其民事权利能力范围内进行民事活动。

就法人而言，民事行为能力随其设立而产生，随其终止而消灭。但法人民事行为也要与其民事权利能力范围相适应，才能发生法律效力。法人的民事权利能力的范围一般以核准登记的生产经营和业务范围为准。

一般而言，法人的民事权利能力与民事行为能力是统一的，均随法人的设立而产生，随其终止而消灭。但对于公民来说，有民事权利能力，不一定就有民事行为能力。法律一般以年龄和精神、智力状况作为判断和确定公民民事行为能力的依据。

(2)行为人意思表示真实

意思表示真实，指行为人的意思表示是自觉自愿作出的，并与其内心所表达的意思相一致。法律行为必须是意思表示真实的行为。如果意思表示不真实，则不能产生法律效力。

(3)不违反法律或社会公共利益

法律行为要取得法律效力，必须符合法律的规定，否则只能成为无效的或可撤销的法律行为。这就是说，如果意思表示的内容与法律的强制性或禁止性规定相抵触，或滥用法律的授权性或任意性规定以达到规避法律强制性规定的目的等，是得不到法律保护的。

（二）无效的民事行为

1. 无效民事行为的概念和情形

要使法律行为有效，须满足行为人具有相应的民事行为能力、意思表示真实、内容合法等三项条件，如果其中任何一项条件出现瑕疵，就有可能导致法律行为无效。

无效的民事行为，是指已经成立，但欠缺法律行为的有效要件，因而行为人设立、变更、终止民事关系的意思表示不发生法律效力的民事行为。无效的民事行为可分为全部无效的民事行为和部分无效的民事行为。无效部分不影响其他部分效力的，其他部分仍然有效。

下列民事行为全部无效：

（1）无民事行为能力人实施的行为。

（2）限制民事行为能力人依法不能独立实施的行为。但间歇性精神病人的民事行为，确能证明是其在没有发病期间实施的，并且符合民事法律行为应当具备的条件的，应当认定有效。

（3）一方以欺诈、胁迫的手段或者乘人之危，使对方在违背真实意思的情况下所为的行为。

欺诈是指一方当事人故意告知对方虚假情况，或故意隐瞒真实情况，诱使对方当事人作出错误意思表示的行为；胁迫是指以给公民造成损害为要挟，迫使对方作出违背真实意思的行为；乘人之危是指一方当事人乘对方处于危难之机，为牟取不正当利益，迫使对方作出不真实的意思表示，严重损害对方利益的行为。

（4）恶意串通，损害国家、集体或第三人利益的行为。

（5）违反法律或社会公共利益的行为。

（6）以合法形式掩盖非法目的的行为。

【应用案例1-3】

某进出口企业走私了一批电子器件，并通过签订买卖合同将该批电子器件卖给了甲流通企业。工商部门在检查中发现甲企业零售的电子器件为走私产品，并查封了该批产品。试分析该进出口企业与甲企业签订合同的行为是否为无效行为。

案例解析：

本案例中该进出口企业与甲企业签订合同的行为属于无效行为，所签订合同为无效合同，因为依据相关法律规定，任何单位或个人不得进行走私，不得买卖走私产品。显然，双方签订合同的行为从内容上违反了我国法律的强制性规定。

2. 无效民事行为的法律后果

无效的民事行为，从行为开始起就没有法律约束力。其在法律上可产生以下法律后果：

（1）返还财产。民事行为被确认无效后，尚未履行的，不再履行；已履行部分或全部履行的，当事人应返还财产或恢复到无效民事行为发生之前的状态。若财产已由善意相对人取得,原则上适用相对人保护的规则,善意相对人不承担返还财产的责任。

(2)赔偿损失。民事行为被确认无效后,有过错的一方应当赔偿对方因此所受的损失。如果双方当事人都有过错,应当依过错的大小,各自承担相应的责任。

(3)收归国家、集体所有或返还第三人。当事人双方恶意串通,实施民事行为损害国家、集体或第三人利益的,应当追缴双方取得或约定取得的财产,收归国家、集体所有或返还第三人。

(三)可撤销的民事行为

1. 可撤销的民事行为的概念和情形

可撤销的民事行为,是指因为民事行为欠缺合法性,依照法律的规定,可以因行为人自愿请求人民法院或仲裁机关予以变更或撤销而归于无效的民事行为。可撤销的民事行为与无效的民事行为相比,具有以下特征:

(1)可撤销的民事行为被撤销前,其效力已经发生,未经撤销权人的同意,其效力不消灭,但该行为一经撤销,其效力溯及到行为的开始,即自行为开始起无效。

(2)撤销权的行使具有选择性,权利人可以撤销其行为,也可通过承认的表示使撤销权归于消灭。

(3)由享有撤销权的当事人行使撤销权,其他当事人不能主张其效力的消灭。

(4)撤销权的行使有时间限制。可撤销的民事行为,自享有撤销权的当事人知道或应当知道撤销事由之日起超过1年才请求撤销的,人民法院不予保护。

下列民事行为,一方有权请求人民法院或仲裁机关予以变更或者撤销:

(1)行为人对行为内容有重大误解的民事行为。重大误解是指行为人在作出意思表示时,因对涉及民事行为、法律后果的重要事项,如行为的性质,对方当事人,标的物的品种、质量、规格和数量等存在认识上的显著缺陷,使行为的后果与自己的真实意思相悖,并造成较大损失的情形。

(2)显失公平的民事行为。显失公平是指一方当事人利用优势或利用对方没有经验,致使双方的权利和义务明显违反公平、等价有偿原则的情形。

(3)一方以欺诈、胁迫的手段或者乘人之危,使对方在违背真实意思的情况下所为的行为。

【应用案例1-4】

甲公司与乙企业签订了一份借款合同,合同主要内容为:甲公司向乙企业借入10万元款项,约定还款时间为2008年4月5日。但在打印合同书时,由于打印人员的疏忽,错将还款时间的"2008年"打印成"20008年",且乙企业在签字时也未注意。当2008年还款期限届满时,甲公司以还款时间应为20008年为由,拒绝还款。乙企业便诉至法院。试分析法院是否应当判决该合同为可变更或撤销的合同。

案例解析:

法院可依法判决双方当事人签订合同的法律行为是可变更或撤销的法律行为。因为乙企业对合同中约定的还款期限明显存在重大误解,"2008年"这一还款期限明显与自己的真实意思相悖,并将给其造成巨大损失。

2. 可撤销的民事行为的法律后果

对于重大误解或显失公平的民事行为,当事人请求变更的,人民法院或仲裁机关应当予以变更;当事人请求撤销的,人民法院或仲裁机关可以酌情予以变更或撤销。如果人民法院或仲裁机关承认撤销权人的撤销权,则民事行为的效力溯及于其成立时消灭,被撤销的民事行为从行为开始起无效,具有与无效的民事行为相同的法律后果。如果享有撤销权的当事人未在法定期间内行使撤销权,则可撤销的民事行为视同有效行为,对当事人具有约束力。

三、代理

(一)代理的概念

代理是指代理人在代理权限内,以被代理人的名义与第三人进行民事法律行为,其行为后果直接由被代理人承担的一种民事法律制度。在代理制度中,代理关系的主体包括代理人、被代理人(或称本人)和第三人(或称相对人)。代理人是替被代理人实施法律行为的人;被代理人是由代理人替自己实施法律行为并承担法律后果的人;第三人是与代理人实施法律行为的人。代理具有以下特征:

1. 代理人以被代理人的名义实施法律行为。在代理行为中,代理人只能以被代理人的名义实施法律行为。代理人如果在代理活动中以自己名义或以他人名义实施法律行为,则视为自己的行为或他人的行为,不属于代理行为,代理人要承担相应责任。

2. 代理人在代理权限内进行代理行为。代理权是产生代理关系的法律前提,是进行代理行为的依据。代理人不能擅自变更或扩大代理的权限,任何超越代理权的行为都不是代理行为,被代理人可不承担由此而产生的法律责任。

3. 代理人向第三人进行意思表示。只有第三人加入,才可能形成代理关系。

4. 由被代理人承担法律后果。代理人在代理权限内所为的行为,相当于被代理人自己所为的行为,产生与被代理人自己的行为相同的法律后果。

(二)代理的种类

1. 法定代理

法定代理,是指法律根据一定社会关系的存在而设定的代理。法定代理一般适用于被代理人为无行为能力人、限制行为能力人的情况。《中华人民共和国民法通则》第十四条规定:“无民事行为能力人、限制民事行为能力人的监护人是他的法定代理人。”

2. 指定代理

指定代理,是指按照人民法院或其他有关机关的指定而产生的代理。在没有法定代理人和委托代理人,或法定代理人互相推诿代理责任的情况下,人民法院或有关机关可以依法为不能亲自处理自己事情的人指定代理人。

3. 委托代理

委托代理是指基于被代理人的授权委托而发生的代理。这是最常见、最广泛使用的一种代理形式。委托代理,可以用书面形式,也可以用口头形式。法律规定用书面形式的，应当用书面形式。委托代理的授权委托书应当载明代理人的姓名或名称、代理事项、权限和期间，并由委托人签字或盖章。委托书授权不明的，被代理人应当向第三人承担民事责任，代理人负连带责任。

（三）代理权的行使

代理人应当在代理权限范围内行使代理权，认真履行职责，并应当符合被代理人的利益。代理人不得滥用代理权。

1. 代理权滥用

代理权滥用，是指代理人违背诚实信用原则，有损被代理人利益的行为。构成代理权滥用的条件有三个：其一，代理人享有代理权；其二，代理人行使代理权时违背了诚实信用原则；其三，给被代理人造成了不利的后果。

代理权滥用的类型包括：

（1）与自己进行经济行为（自己代理）。代理人在代理权限内不得以被代理人的名义与自己进行民事活动。代理应包括代理人、被代理人和第三人。在自己代理的场合，代理人与第三人合二为一，实际上只存在两方当事人，失去了利益制约机制，就存在代理人从中渔利损害被代理人利益之嫌，故为法律所禁止。

（2）双方代理。一个人不得同时就同一事项担任双方代理人而为代理行为，除非事先得到双方当事人的同意或事后得到追认。因为在双方代理的场合，交易完全由一人操作，同样存在代理人从中渔利损害被代理人利益之嫌。

（3）懈怠行为或欺诈行为。懈怠行为是指代理人不履行勤勉义务，疏于处理或未处理代理事务，使被代理人设定代理的目的落空的行为。欺诈行为是指代理人与第三人恶意串通，损害被代理人利益的行为。

法律禁止滥用代理权。代理人滥用代理权的，其行为视为无效行为；给被代理人及他人造成损失的，应当承担相应的赔偿责任。代理人与第三人串通，损害被代理人利益的，由代理人和第三人负连带责任。

2. 无权代理

（1）无权代理的概念

无权代理是指行为人没有代理权而以他人名义与第三人进行的民事行为。这种代理行为，可能具备正常代理行为的表面特征，但不具有正常代理行为的实质特征。无权代理可分为狭义的无权代理和表见代理。

①狭义的无权代理，是指代理人既没有代理权，也没有使第三人确信其有代理权的理由，而以他人名义进行的民事行为。无权代理的类型有：自始不具有代理权的代理；超越代理权的代理；代理权终止后的代理。

②表见代理，是指行为人虽然没有代理权，但有代理权的表象或假象，善意第三人客观上有正当理由相信行为人有代理权而与其进行民事活动，由此造成的后果由法律强制被代理人承担的情况。表见代理的情形有：被代理人明确对第三人表示已将代理权授予某人，而实际并未授权；被代理人将某种有代理权的证明文件（如盖有公章的空白介绍

信、空白合同文本、合同专用章等）交给他人，他人出示该种文件使第三人相信其有代理权并与之进行法律行为；代理授权不明确、不具体；行为人违反被代理人的意思或者超越代理权，第三人在无过失的情况下，相信其有代理权而与之进行法律行为；代理关系终止后被代理人未采取必要措施而使第三人仍然相信行为人有代理权，并与之进行法律行为。

（2）无权代理的法律后果

在无权代理的情况下，只有经过被代理人的追认，被代理人才承担民事责任。未经追认的行为，由行为人承担民事责任。但是，有以下几种情况的除外：

①被代理人明明知道行为人以自己名义实施民事行为而不作否认表示，也不加以阻止的，视为同意，即应由被代理人承担民事责任。

②委托代理人为了维护被代理人的利益，在紧急情况下实施的超越代理权的民事法律行为，可以认定有效，但其采取的行为不当给被代理人造成损失的，可以酌情由委托代理人承担适当的责任。

③表见代理，客观上使善意相对人有理由相信其有代理权的，被代理人应当承担代理的法律后果。

④第三人知道行为人无权代理仍然与行为人实施民事行为给他人造成损害的，由第三人和行为人负连带责任。

【应用案例 1-5】

甲在高铁上遇见了一直与其原所在 A 公司有业务往来的 B 公司负责人乙，乙提出欲采购一批材料，甲拿出 A 公司的合同专用章和空白的合同文本，代理 A 公司与乙签订了材料买卖合同。

已知此前甲已被 A 公司开除，但 A 公司一直未收回公司的合同专用章和空白的合同文本。开除前甲一直代表 A 公司签订合同。试分析：甲代理 A 公司与乙签订的材料买卖合同是否有效？由此带来的法律后果由谁承担？

案例解析：

该合同有效，由此带来的法律后果应由 A 公司承担。本案中甲的行为属于表见代理，A 公司虽已开除甲，但并未收回合同专用章和空白的合同文本，善意第三人乙有正当理由相信甲有代理权。

任务四　经济纠纷的解决途径

经济纠纷是指经济法主体之间因经济权利和经济义务的矛盾而产生的争议。在市场经济条件下，为了保护纠纷当事人各方的合法权益，保障正常的社会经济秩序，必须采取有效的方式对经济纠纷予以及时解决。在我国，解决经济纠纷的途径和方式有协商、调解、仲裁、行政复议和诉讼等。其中，应用最广泛的还是自行协商和解；最主要的途径和方式是仲裁、行政复议和诉讼等。

一、仲裁

仲裁又称公断,是指经济纠纷的各方当事人共同选择仲裁机构,仲裁机构以第三者的身份对所发生的纠纷进行审理,并依法定程序作出对各方当事人均有约束力的裁决的活动。仲裁具有以下要素:

1. 仲裁协议。仲裁以各方当事人自愿达成的仲裁协议为前提。

2. 仲裁机构。由各方当事人自愿共同选择仲裁机构。

3. 仲裁效力。仲裁裁决对各方当事人都具有法律约束力。

仲裁法是我国仲裁的基本法律规定是1994年8月31日第八届全国人民代表大会常务委员会第九次会议审议通过,并于1995年9月1日起施行的《中华人民共和国仲裁法》(以下简称《仲裁法》)。是调整在仲裁过程中发生的各种关系的法律规范的总称。

(一)《仲裁法》的基本制度

1. 协议仲裁制度

当事人选择采用仲裁方式解决纠纷应完全建立在自愿的基础上,由当事人达成仲裁协议。无仲裁协议或仲裁协议无效,任何一方都不得提请仲裁,仲裁机构也不得受理。

2. 或裁或审制度

有效的仲裁协议可以排斥法院的管辖权,只有在没有仲裁协议、仲裁协议无效或当事人都同意放弃仲裁协议的情况下,人民法院才予受理,否则人民法院不予受理。

3. 一裁终局制度

在仲裁范围内,仲裁委员会作出的仲裁裁决为终局裁决,当事人不能就同一纠纷再申请仲裁或向人民法院起诉,但可就不同纠纷向人民法院提起诉讼。

4. 回避制度

仲裁员有下列情形之一的,必须回避,当事人也有权提出回避申请:

(1)是本案当事人或者当事人、代理人的近亲属;

(2)与本案有利害关系;

(3)与本案当事人、代理人有其他关系,可能影响公正仲裁的;

(4)私自会见当事人、代理人或者接受当事人、代理人的请客送礼的。

(二)《仲裁法》的适用范围

我国《仲裁法》规定,平等主体的公民、法人和其他组织之间发生的合同纠纷和其他财产权益纠纷,可以仲裁。但下列纠纷不适用《仲裁法》:

(1)与人身有关的婚姻、收养、监护、扶养、继承纠纷;

(2)依法律规定应当由行政机构处理的行政争议;

(3)劳动争议;

(4)农业集体经济组织内部的农业承包合同纠纷。

【应用案例1-6】

某工商局2013年向某百货商场购买了一批办公用品,因办公用品质量问题与该百货商场发生纠纷。同时,该工商局又因该百货商场销售假冒产品而对其进行罚款,与其发生争议。请问:这两项争议是否可以通过仲裁方式解决?

案例解析:

在前一争议中,由于双方处于平等主体地位,所发生的争议属于平等主体之间发生的财产纠纷,根据《仲裁法》的规定,双方的纠纷可以通过仲裁方式解决。在后一争议中,双方属于行政管理与被管理的关系,所发生的争议属于行政争议,根据《仲裁法》的规定,不属于《仲裁法》的适用范围,双方的纠纷不能通过仲裁方式解决。

(三)仲裁机构

1. 仲裁协会

中国仲裁协会是社会团体法人,实行会员制。各仲裁委员会是中国仲裁协会的法定会员。中国仲裁协会是仲裁委员会的自律性组织,根据全国会员大会制定的章程对仲裁委员会及其组成人员、仲裁员的违纪行为进行监督;根据《仲裁法》和《中华人民共和国民事诉讼法》(以下简称《民事诉讼法》)的有关规定制定仲裁规则和其他规范性仲裁文件。

2. 仲裁委员会

仲裁委员会不按行政区域层层设立,可以在省、自治区和直辖市人民政府所在地设立,也可根据需要在其他设区的市设立。仲裁委员会不隶属于任何国家机关,仲裁委员会之间也不存在隶属关系。仲裁委员会由主任1人、副主任2~4人、委员7~11人组成,其中法律与经济贸易专家不少于总人数的2/3。

(四)仲裁协议

仲裁协议是指当事人自愿把他们之间可能发生或已发生的经济纠纷提交仲裁机构裁决的书面约定,包括合同中订立的仲裁条款和以其他书面方式在纠纷发生前或纠纷发生后达成的请求仲裁的协议。这里所称的其他书面形式,包括合同书、信件和数据电文(包括电报、传真、电传、电子数据交换和电子邮件)等形式。

1. 仲裁协议的内容

第一,请求仲裁的意思表示;

第二,仲裁事项;

第三,选定的仲裁委员会。

仲裁协议对仲裁事项或仲裁委员会没有约定或约定不明的,当事人可以补充协议;达不成补充协议的,仲裁协议无效。

2. 仲裁协议的效力

第一,仲裁协议一经依法成立,就具有法律约束力。仲裁协议中为当事人设定的一定义务,不能任意更改、终止或撤销。

第二,在仲裁范围内,仲裁协议对双方当事人诉权的行使产生一定的限制,在当事人双方发生协议约定的争议时,双方应将争议提请仲裁,如果向人民法院起诉的,人民法院将不予受理。

第三,仲裁协议独立存在,合同的变更、解除、终止或无效,不影响仲裁协议的效力。

当事人对仲裁协议的效力有异议的,应当在仲裁庭首次开庭前请求仲裁委员会作出决定或请求人民法院作出裁定。一方请求仲裁委员会作出决定，另一方请求人民法院作出裁定的，由人民法院裁定。

当事人达成仲裁协议，一方向人民法院起诉未声明有仲裁协议，人民法院受理后，另一方在首次开庭前提交仲裁协议的，人民法院应当驳回起诉，但仲裁协议无效的除外；另一方在首次开庭前未对人民法院受理该起诉提出异议的，视为放弃仲裁协议，人民法院应当继续审理。

（五）仲裁程序

1. 仲裁申请

仲裁申请是仲裁机构立案受理的前提。

申请仲裁必须符合下列条件：第一，有仲裁协议；第二，有具体的仲裁请求和事实、理由；第三，属于仲裁委员会的受理范围。

2. 受理

仲裁委员会收到仲裁申请书之日起 5 日内，认为符合受理条件的，应当受理，并通知当事人；认为不符合受理条件的，应当书面通知当事人不予受理，并说明理由。仲裁委员会受理仲裁申请后，应当依法向被申请人送达仲裁申请书副本，并由其提交答辩书。仲裁不实行级别管辖和地域管辖。

3. 组成仲裁庭

仲裁庭是指具体负责审理和裁决提交仲裁争议案件的组织。根据组成人数，仲裁庭可以分为独任仲裁庭和合议仲裁庭。独任仲裁庭由 1 名仲裁员单独负责审理案件；合议仲裁庭由 3 名仲裁员组成，并设首席仲裁员。当事人约定由 3 人组成仲裁庭的，应当各自选定或各自委托仲裁委员会主任指定 1 名仲裁员，第三名仲裁员由当事人共同选定或共同委托仲裁委员会主任指定，第三名仲裁员为首席仲裁员。合议仲裁庭的裁决由多数票决定，仲裁庭不能形成多数意见时，裁决书应当按首席仲裁员的意见作出。

4. 仲裁裁决

仲裁应当开庭进行，但是当事人协议不开庭的，仲裁庭可以根据仲裁申请书、答辩书以及其他材料作出裁决。仲裁一般不公开进行。仲裁委员会应当在仲裁规则规定的期限内，将开庭日期通知双方当事人。申请人经书面通知，无正当理由不到庭或未经仲裁庭许可中途退庭的，可视为撤回仲裁申请；被申请人经书面通知，无正当理由不到庭或未经仲裁庭许可中途退庭的，则可以缺席裁决。当事人有正当理由的，可在仲裁规则规定的期限内请求延期开庭。

申请仲裁后，当事人可以自行和解。达成和解协议的，可以请求仲裁庭根据和解协议作出裁决书，也可以撤回仲裁申请。达成和解协议，撤回仲裁申请后反悔的，也可以根据仲裁协议申请仲裁。

仲裁庭在作出裁决前，可以先行调解，当事人自愿调解的，仲裁庭应当调解；调解不成的，应当及时作出裁决。调解达成协议的，应当制作调解书或根据协议的结果制作裁决书，调解书经双方当事人签收后，即与裁决书具有同等的法律效力。当事人在调解书签收前后悔的，仲裁庭应当及时作出裁决。

5. 履行仲裁裁决

裁决书自作出之日起发生法律效力，当事人应当履行仲裁裁决。一方当事人不履行的，另一方当事人可向被执行人住所地或被执行财产所在地的中级人民法院申请执行，受理申请的人民法院应当执行。

二、行政复议

行政复议是指公民、法人和其他组织认为有关行政机关的具体行政行为侵犯了其合法权益，依法向作出该具体行政行为的行政机关的上一级行政机关或法律规定的其他行政机关提出申请，由受理该申请的行政机关对原具体行政行为依法进行审查并作出行政复议决定的一种行政监督活动。行政复议是现代社会国家保护公民、法人和其他组织免受行政机关的具体行政行为不法侵害的一种重要法律制度。

为了防止和纠正行政机关违法的或不当的具体行政行为，有效地保护公民、法人和其他组织的合法权益，保障和监督行政机关积极作为和依法行使职权，1999 年 4 月 29 日第九届全国人民代表大会常务委员会第九次会议通过了《中华人民共和国行政复议法》（以下简称《行政复议法》），1999 年 10 月 1 日起施行。该法是进行行政复议活动的基本法律依据。

（一）行政复议的范围

公民、法人和其他组织认为有关行政机关的具体行政行为侵犯了其合法权益，符合《行政复议法》受理范围的，可以申请行政复议。

1. 行政复议的受理范围

我国《行政复议法》对其适用范围实行列举制，有下列情形之一的，公民、法人或其他组织可以申请行政复议：

（1）对行政机关作出的警告、罚款、没收非法财物、责令停产停业、暂扣或者吊销许可证、暂扣或者吊销执照、行政拘留等处罚决定不服的；

（2）对行政机关作出的限制人身自由或者查封、扣押、冻结财产等行政强制措施决定不服的；

（3）对行政机关作出的有关许可证、执照、资质证、资格证等证书变更、中止、撤销的决定不服的；

（4）对行政机关作出的关于确认土地、矿藏、水流、森林、山岭、草原、荒地、滩涂、海域等自然资源的所有权或者使用权的决定不服的；

（5）认为行政机关侵犯合法的经营自主权的；

（6）认为行政机关变更或者废止农业承包合同，侵犯其合法权益的；

（7）认为行政机关违法集资、征收财物、摊派费用或者违法要求履行其他义务的；

（8）认为符合法定条件，申请行政机关颁发许可证、执照、资质证、资格证等证书，或者申请行政机关审批、登记有关事项，行政机关没有依法办理的；

（9）申请行政机关履行保护人身权利、财产权利、受教育权利的法定职责，行政机关没有依法履行的；

(10)申请行政机关依法发放抚恤金、社会保险金或者最低生活保障费，行政机关没有依法发放的；

(11)认为行政机关的其他具体行政行为侵犯其合法权益的。

2. 不得行政复议的事项

(1)不服行政机关作出的行政处分或者其他有关人事处理决定的，可依照有关法律、行政法规的规定提出申诉。

(2)不服行政机关的抽象行政行为的，如不服行政法规、规章等，可通过监督途径提出处理要求。

(3)不服行政机关对民事纠纷作出的调解或者其他处理的，可依法申请仲裁或者向人民法院提起诉讼。

(二)行政复议法定程序

1. 行政复议申请

(1)申请行政复议的形式与时限

当公民、法人或者其他组织认为某行政机关的具体行政行为侵犯了其合法权益的，可以自知道该具体行政行为之日起60日内提出行政复议申请；但是法律规定的申请期限超过60日的除外。因不可抗力或其他正当理由耽误法定申请期限的，申请期限自障碍消除之日起继续计算。

申请人申请行政复议，可以书面申请，也可以口头申请。口头申请行政复议的，行政复议机关应当当场记录申请人的基本情况、主要事由等。

(2)行政复议管辖

行政复议由行政复议机关管辖，行政复议机关是指依《行政复议法》履行行政复议职责的行政机关。行政复议机关中负责法制工作的机构具体办理行政复议事项，该机构称为行政复议机构。

①对县级以上地方各级人民政府工作部门的具体行政行为不服的，由申请人选择，可以向该部门的本级人民政府申请行政复议，也可以向该部门的上一级主管部门申请行政复议。

②对海关、金融、国税、外汇管理等实行垂直领导的行政机关和国家安全机关的具体行政行为不服的，申请人应当向其上一级主管部门申请行政复议。

③对地方各级人民政府的具体行政行为不服的，申请人应当向其上一级人民政府申请行政复议。

④对省、自治区人民政府依法设立的派出机关所属的县级地方人民政府的具体行政行为不服的，申请人应当向该派出机关申请行政复议。

⑤对国务院部门或者省、自治区、直辖市人民政府的具体行政行为不服的，申请人应当向作出该具体行政行为的国务院部门或者省、自治区、直辖市人民政府申请行政复议。对行政复议决定不服的，可以向人民法院提起行政诉讼；也可以向国务院申请裁决，国务

院依照《行政复议法》规定作出最终裁决。

2. 行政复议受理

行政复议机关收到行政复议申请后，应当在 5 日内进行审查，决定是否受理。

经审查，对不符合法律规定的行政复议申请，决定不予受理，并书面告知申请人；对符合法律规定，但是不属于本机关受理范围的行政复议申请，应当告知申请人向有关行政复议机关提出。除以上情况外，行政复议申请自行政复议机关负责法制工作的机构收到之日起即为受理。

申请人提出行政复议申请，行政复议机关无正当理由不予受理的，上级行政机关应当责令其受理，必要时上级行政复议机关也可以直接受理。

法律、法规规定应当先向行政复议机关申请行政复议，对行政复议决定不服的，可以向人民法院提起行政诉讼；行政复议机关决定不予受理或者受理后超过行政复议期限不作答复的，公民、法人或者其他组织可以自收到不予受理决定书之日起或者行政复议期满之日起 15 日内，依法向人民法院提起行政诉讼。

行政复议机关受理行政复议申请，不得向申请人收取任何费用。行政复议活动所需经费，应当列入本机关的行政费用，由本级财政予以保障。

除有特殊情况外，行政复议期间具体行政行为不停止执行。但有下列情况之一的，应当停止执行：(1)被申请人认为需要停止执行的；(2)行政复议机关认为需要停止执行的；(3)申请人申请停止执行，行政复议机关认为其要求合理，决定停止执行的；(4)法律规定停止执行的。

3. 行政复议决定

行政复议原则上采取书面审查的办法，但是申请人提出要求或者行政复议机关负责法制工作的机构认为有必要时，也可以向有关组织和人员进行调查，听取申请人、被申请人和第三人的意见。

行政复议机关负责法制工作的机构应当自行政复议申请受理之日起 7 日内，将行政复议申请书副本或行政复议申请笔录复印件发送被申请人。被申请人应当自收到申请书副本或者申请笔录复印件之日起 10 日内，提出书面答复，并提交当初作出具体行政行为的证据、依据和其他有关材料。在行政复议过程中，被申请人不得自行向申请人或其他有关组织或个人收集证据。

行政复议的举证责任，由被申请人承担。

行政复议机关应当自受理申请之日起 60 日内作出行政复议决定；但是法律规定行政复议期限少于 60 日的除外。情况复杂，不能在规定期限内作出行政复议决定的，经行政复议机关的负责人批准，可以适当延长，并告知申请人和被申请人；但是延长期限最多不超过 30 日。

行政复议机关作出行政复议决定，应该制作行政复议决定书，并加盖印章。行政复议决定书一经送达即发生法律效力。被申请人应当履行行政复议决定，不履行或无正当理由拖延履行的，行政复议机关或有关上级行政机关应当责令其限期履行。

三、诉讼

（一）诉讼的概念

诉讼，是指人民法院根据纠纷当事人的请求，运用审判权确认争议各方权利义务关系，解决经济纠纷的活动。诉讼是解决经济纠纷的一种重要手段，也是我国目前大多数情况下解决经济纠纷的最终办法。经济纠纷所涉及的诉讼包括民事诉讼和行政诉讼。

民事诉讼是指当事人依法请求人民法院运用审判权处理民事纠纷，解决当事人双方权利义务争执的一种方式。

行政诉讼是指人民法院根据当事人的请求依法审查并裁决行使行政管理职权的行政机关所作出的具体行政行为的合法性，以解决经济纠纷的一种方式。如人民法院依法审理税务机关与作为经济法主体的纳税人在税收征纳关系上发生争议的行政案件等。

在我国的司法实践中，由于解决经济纠纷所涉及的诉讼绝大部分是民事诉讼，因此本章主要就民事诉讼予以介绍，民事诉讼适用《民事诉讼法》的有关规定。

（二）诉讼管辖

诉讼管辖是指人民法院系统内各级人民法院之间以及不同地区的同级人民法院之间，受理第一审经济案件的分工和权限。管辖有许多种类，如地域管辖、级别管辖、专属管辖、协议管辖等，其中最重要的是地域管辖和级别管辖。

1. 地域管辖

地域管辖是指同级人民法院之间在各自管辖的地域内审理第一审经济案件的分工和权限。它又分为一般地域管辖和特殊地域管辖。

一般地域管辖又称普通地域管辖，是以被告住所地与人民法院辖区的隶属关系为依据来确定案件的管辖。一般地域管辖实行“原告就被告”原则，即原告到被告住所地起诉，以防止原告滥用诉权。对于公民提起的民事诉讼，由被告住所地人民法院管辖，被告住所地与经常居住地不一致的，由经常居住地人民法院管辖。对于法人或其他组织提起的民事诉讼，由被告住所地人民法院管辖；同一诉讼的几个被告住所地、经常居住地在两个以上人民法院管辖区的，各该人民法院都有管辖权。

行政案件由最初作出具体行政行为的行政机关所在地人民法院管辖；经复议的案件，复议机关改变原具体行政行为的，也可以由复议机关所在地人民法院管辖。

特殊地域管辖又称特别管辖，是以诉讼标的所在地，或者引起法律关系发生、变更、消灭的法律事实所在地为依据确定案件的管辖。适用特殊管辖的情况主要有以下几种：

（1）因合同纠纷提起的诉讼，由被告住所地或者合同履行地人民法院管辖；

（2）因保险合同纠纷提起的诉讼，由被告住所地或者保险标的物所在地人民法院管辖；

（3）因票据纠纷提起的诉讼，由票据支付地或者被告住所地人民法院管辖；

（4）因铁路、公路、水上和航空事故请求损害赔偿提起的诉讼，由事故发生地或车辆、船舶最先到达地、航空器最先降落地或者被告住所地人民法院管辖；

（5）因侵权行为提起的诉讼，由侵权行为地或者被告住所地人民法院管辖；

(6)因船舶碰撞或者其他海事损害事故请求损害赔偿提起的诉讼,由碰撞发生地、碰撞船舶最先到达地、加害船舶被扣留地或者被告住所地人民法院管辖;

(7)因海难救助费用提起的诉讼,由救助地或者被救助船舶最先到达地人民法院管辖;

(8)因共同海损提起的诉讼,由船舶最先到达地、共同海损理算地或者航程终止地的人民法院管辖,等等。

2. 级别管辖

级别管辖是根据案件的性质、案情的繁简、影响的范围等来划分上、下级人民法院受理第一审经济案件的分工和权限。我国人民法院分为四级,即基层人民法院、中级人民法院、高级人民法院和最高人民法院。基层人民法院原则上管辖第一审案件;中级人民法院管辖在本辖区有重大影响的案件、重大涉外案件及最高人民法院确定由中级人民法院管辖的第一审案件;高级人民法院管辖在本辖区有重大影响的第一审案件;最高人民法院管辖在全国有重大影响的案件以及认为应当由其审理的案件。但大多数案件还是由基层人民法院管辖。

两个以上人民法院都有管辖权(共同管辖)的诉讼,原告可以向其中一个人民法院起诉(选择管辖);原告向两个以上有管辖权的人民法院起诉的,由最先立案的人民法院管辖。

(三)诉讼时效

1. 诉讼时效的概念

诉讼时效是指法律规定权利人通过诉讼程序请求人民法院保护其权利的有效时间。人民法院只在诉讼有效期限内保护权利人的请求权。如果权利人在法定期间内不行使自己的权利,就丧失了请求人民法院保护自己利益的权利,即诉讼时效期间届满,除法律另有规定外,权利人的请求权就不再受法律保护。

2. 诉讼时效的种类

诉讼时效期间是法定的,根据法律对诉讼时效的不同规定,诉讼时效期间有以下几种:

(1)普通诉讼时效期间为2年。

(2)短期诉讼时效期间为1年,仅适用于特定民事法律关系。例如,根据《民法通则》规定,身体受到伤害要求赔偿的、出售质量不合格的商品未声明的、延付或者拒付租金的、寄存财物被丢失或者损毁的,诉讼时效期间为1年。

(3)《中华人民共和国合同法》第一百二十九条规定:“因国际货物买卖合同和技术进口合同争议提起诉讼或者申请仲裁的期限为4年,自当事人知道或者应当知道其权利受到侵害之日起计算”。

(4)最长时效为20年。诉讼时效期间自当事人知道或应该知道其权利受到侵害之日起计算。但从权利被侵害之日起超过20年的,人民法院不予保护。有特殊情况的,人民法院可以延长诉讼时效期间。

3. 诉讼时效的中止、中断及延长

①诉讼时效的中止，是指在诉讼时效进行中，因发生一定的法定事由而使权利人不能行使请求权，暂时停止计算诉讼时效期间，以前经过的诉讼时效期间仍然有效，待阻碍诉讼时效进行的法定事由消失后，继续计算诉讼时效期间。

诉讼时效中止的法定事由是发生的阻碍诉讼时效进行的事实，包括不可抗力和其他障碍。其他障碍是指除不可抗力之外使权利人无法行使请求权的客观情况。例如权利被侵害的无民事行为能力人、限制民事行为能力人没有法定代理人，或者法定代理人死亡，或者法定代理人本人丧失行为能力的，可以认定为因其他障碍不能行使请求权。

诉讼时效中止事由的发生时间应在诉讼时效期间的最后 6 个月内，只有符合这一条件才能中止诉讼时效。从中止时效的原因消除之日起，诉讼时效期间继续计算。

②诉讼时效的中断，是指在诉讼时效进行中，由于某种法定事由，导致以前经过的诉讼时效期间不能算数，从中断时起，诉讼时效期间重新计算。其法定事由包括：权利人或义务人提起诉讼；债权人向债务人主张权利；债务人表示愿意履行义务。如果债务人偿还了一部分债务，从偿还之日起诉讼时效中断；若债务人要求延期履行，且债权人同意，也发生诉讼时效中断。

③诉讼时效的延长，是指人民法院对已经完成的诉讼时效，根据特殊情况而予以延长。特殊情况是指权利人由于客观的障碍在法定诉讼时效期间不能行使请求权的情形，具体由人民法院判定，这是法律赋予司法机关的一种自由裁量权。

【应用案例 1-7】

2013 年 2 月 1 日，甲向乙出售质量不合格的商品，并未作任何声明。乙于 2013 年 5 月 1 日得知此事，但一直未向甲主张权利。2013 年 10 月 22 日，乙因出差遇不可抗力而无法行使请求权的时间为 20 天。试分析乙请求人民法院保护其民事权利的诉讼时效期间。

案例解析：

乙请求人民法院保护其民事权利的诉讼时效期间为 2013 年 5 月 1 日至 2014 年 5 月 10 日。分析原因如下：(1) 出售质量不合格的商品未声明的，适用 1 年的特别诉讼时效期间(2013 年 5 月 1 日至 2014 年 5 月 1 日)；(2) 如果在诉讼时效期间的最后 6 个月前(11 月 1 日前)发生不可抗力，至最后 6 个月时不可抗力仍然继续存在，则应在最后 6 个月时中止诉讼时效的计算。因此乙于 2013 年 10 月 22 日出差遇不可抗力耽误的 20 天，只有进入 11 月 1 日后的 10 天才引起诉讼时效的中止。所以本题的诉讼时效期间为 2013 年 5 月 1 日至 2014 年 5 月 10 日。

(四) 诉讼程序

1. 第一审程序

第一，起诉。起诉是公民、法人或其他组织在其民事权益受到损害或发生争议时，向人民法院提出诉讼请求的行为。

起诉必须符合下列条件：①原告是与本案有直接利害关系的公民、法人或其他组织；

②有明确的被告；③有具体的诉讼请求和事实、理由；④属于人民法院受理民事诉讼的范围和管辖范围，同时还必须办理法定手续。

起诉应当向人民法院递交起诉状，并按被告人数的多少提交副本。个别书写起诉状确有困难的当事人，可以口头起诉，由人民法院做好记录，并告知对方当事人。起诉状应载明下列事项：①当事人的姓名、性别、年龄、职业、工作单位和住所等；法人或其他组织的名称、住所、法定代表人或主要负责人的姓名、职务等。②诉讼请求和所依据的事实与理由。③证据和证据来源。④证人姓名和住所等。

第二，受理。受理是指人民法院通过对当事人的起诉进行审查，对符合法定条件的决定立案审理的行为。人民法院接到起诉状或口头起诉后，经审查认为符合起诉条件的，应当在7日内立案，并通知当事人。

第三，审理前的准备。人民法院应当在立案之日起5日内将起诉状副本发送被告。被告应当在收到之日起15日内作出答辩状。答辩是被告对原告提出的诉讼请求及理由进行回答、辩解和反驳，是被告的一项重要的诉讼权利。被告提出答辩状的，人民法院在收到之日起5日内将答辩状副本发送原告。被告不提出答辩状的，不影响人民法院审理。

第四，开庭审理。开庭审理是指在审判人员主持和当事人及其他诉讼参与人的参加下，在法庭上对案件进行审理的诉讼活动，其目的是确认当事人的权利义务关系，以调解或判决的方式解决纠纷。人民法院应当在开庭审理3日前通知当事人和其他诉讼参与人。公开审理，应当公告当事人的姓名、案由和开庭时间、地点。开庭审理一般都公开进行，但涉及国家秘密、个人隐私或法律另有规定的情况及当事人申请不公开审理的，则不公开进行审理。

2. 第二审程序

又称上诉程序。案件当事人任何一方不服第一审人民法院的判决和裁定都可以向上一级人民法院提起上诉。因为我国实行两审终审制，所以当事人不服第一审人民法院判决、裁定的，有权向上一级人民法院提起上诉。

上诉必须具备以下条件：只有第一审案件的当事人才可以提起上诉；只能对法律规定的可以上诉的判决、裁定提起上诉。当事人不服地方人民法院第一审判决的，有权在判决书送达之日起15日内向上一级人民法院提起上诉。当事人不服地方人民法院第一审裁定的，有权在裁定书送达之日起10日内向上一级人民法院提起上诉。上诉应当递交上诉状，上诉应当通过原审人民法院提出，并按照对方当事人或者代表人的人数提交副本。

3. 审判监督程序

审判监督程序，是指有审判监督权的人员和机关，发现已经发生法律效力的判决、裁定确有错误的，依法提出对原案件重新进行审理的一种特别程序。《民事诉讼法》规定，各级人民法院院长对本院已经发生法律效力的判决、裁定、调解书，发现确有错误，认为需要再审的，应当提交审判委员会讨论决定。最高人民法院对地方各级人民法院、上级人民法院对下级人民法院已经发生法律效力的判决、裁定、调解书,发现确有错误的,有权提审或指令下级人民法院再审。

当事人对已经发生法律效力的判决、裁定,认为有错误的,可以向原审人民法院或上一级人民法院申请再审,但不停止判决、裁定的执行。当事人对已经发生法律效力的调解书,提出证据证明调解违反自愿原则或调解协议的内容违反法律的,可以申请再审。

4. 执行程序

执行程序是人民法院依法对已经发生法律效力的判决、裁定及其他法律文书的规定,强制义务人履行义务的程序。对发生法律效力的判决、裁定、调解书和其他应由人民法院执行的法律文书,当事人必须履行。一方拒绝履行的,对方当事人可以向人民法院申请执行。双方或者一方当事人是公民的,申请执行的期限为 1 年;双方是法人或者其他组织的,申请执行的期限为 6 个月。超过上述期限则丧失申请执行的权利。

5. 公示催告程序

公示催告,是指人民法院根据可以背书转让的票据持有人(票据被盗、遗失、灭失前的最后持有人)的申请,以公示的方式,催告不明票据利害关系人在指定的期限内向人民法院申报票据权利。

一旦票据被判无效,则申请人就获得票据权利,可持人民法院的判决书请求付款人付款。在规定的期限内,不明票据利害关系人申报票据权利,公示催告程序结束,申请人和申报人可以进行票据诉讼。

任务五 违反经济法的法律责任

一、经济法律责任

法律责任,是指行为人因实施了违法行为、违约行为或由于法律规定而应承担的不利的法律后果。违反经济法的法律责任,亦称经济法律责任,是指经济法主体因实施了违反经济法律、法规的行为而应承担的不利的经济法律后果。经济法律责任是经济法主体的经济权利和经济义务得以实现的保障机制,是经济法目的得以实现的保障。

二、违反经济法的法律责任的形式

经济法律责任是一个具有综合性的范畴,它是由不同性质的多种责任形式构成的统一体。根据我国法律的规定,违反经济法法律责任的形式主要有以下三种:

(一)民事责任

民事责任是指经济法主体违反经济法律、法规或约定给对方造成损害时,依法应承担的民事法律后果。民事责任主要是财产责任。在法律允许的条件下,民事责任可以由当事人协商解决。经济法主体承担民事责任的主要方式有:停止侵权;排除妨碍;消除危险;返还财产;恢复原状;修理、重做、更换;赔偿损失;支付违约金;消除影响、恢复名誉;赔礼道歉等。

（二）行政责任

行政责任是指经济法主体违反经济法法律、法规规定依法应承担的行政法律后果，包括行政处罚、行政处分、行政补偿等。根据《中华人民共和国行政处罚法》的规定，行政处罚的种类包括：警告；罚款；没收违法所得、没收非法财物；责令停产停业；暂扣或吊销许可证、暂扣或吊销执照；行政拘留。法律、行政法规规定的行政处分的种类包括警告、记过、记大过、降级、撤职、开除等。

（三）刑事责任

刑事责任是指经济法主体违反经济法律、法规，造成严重后果，已触犯国家刑事法律，由国家审判机关依法给予行为人以相应的刑事制裁，即刑罚。根据《中华人民共和国刑法》规定，刑罚分为主刑和附加刑。主刑的种类包括管制、拘役、有期徒刑、无期徒刑、死刑。附加刑的种类包括罚金、剥夺政治权利、没收财产。附加刑可以独立适用。对犯罪的外国人可以独立适用或附加适用驱除出境。法律规定为单位犯罪的，单位应当负刑事责任，对单位判处罚金，并对直接负责的主管人员和其他直接责任人员判处刑罚。

对当事人而言，以上责任形式可以单独适用，也可以一并适用。

【情境总结】

1. 我国政府在房地产领域采取的措施属于经济法的调整范围。经济法是调整国家在管理和协调经济运行过程中形成的经济关系的法律规范的总称。经济法的调整对象主要有：(1)市场主体组织关系；(2)市场运行调控关系；(3)宏观经济调控关系；(4)社会保障关系。

2. 这些措施涉及的经济法体系中的法律法规主要有：《中华人民共和国公司法》、《中华人民共和国银行法》、《保险法》和《税法》等。

强化训练

一、单项选择题

1. 2012 年 3 月 1 日，李某去某商场购物时，将自己携带的两件物品存放在存包处。当天取物时却只取到一件。存包员否认李某存了两件物品，双方争议未果，李某拟起诉至法院。根据《民法通则》的规定，李某向法院提起民事诉讼的有效期间是（　　）。

A. 2012 年 9 月 1 日前　　B. 2013 年 3 月 1 日前

C. 2014 年 3 月 1 日前　　D. 2012 年 3 月 1 日前

2. 下列争议中，可以适用《仲裁法》进行仲裁的是（　　）。

A. 某公司与某职工李某因解除劳动合同发生的争议

B. 高某与其弟弟因财产继承发生的争议

C. 某学校因购买电脑的质量问题与某商场发生的争议

D. 王某因不服某公安局对其作出的罚款决定与该公安局发生的争议

3. 甲、乙双方签订一份运输100台电视机的合同，由此形成的经济法律关系客体是(　　)。

A. 乙方承运的该100台电视机　　B. 甲乙双方

C. 乙方承运电视机的运输行为　　D. 甲乙双方承担的权利和义务

4. 下列各项中，不属于经济法律关系的有(　　)。

A. 消费者因商品质量问题与商家发生的赔偿与被赔偿关系

B. 工商局局长与其他干部发生的领导与被领导关系

C. 母公司与子公司之间发生的经济关系

D. 税务机关与纳税人之间发生的征纳关系

5. 下列各项中，属于法律事实中的相对事件的是(　　)。

A. 发行公司债券　　B. 加工承揽劳务

C. 发生战争　　D. 发生地震

二、多项选择题

1. 下列有关行政复议程序的说法，正确的有(　　)。

A. 依法申请行政复议的公民、法人或者其他组织，以及有利害关系的其他公民、法人或者其他组织，全部作为申请人，参加行政复议

B. 作出具体行政行为的行政机关是被申请人

C. 除特殊情况外，当事人自知道该具体行政行为之日起60日内提出行政复议申请

D. 行政复议申请，只能采用书面形式

2. 下列各项中，可以成为经济法主体的有(　　)。

A. 某市财政局　　B. 某研究院

C. 某公司的子公司　　D. 公民杨某

3. 下列各项中，属于法律行为的有(　　)。

A. 订立合伙协议　　B. 签订合同

C. 签订和解协议　　D. 签发汇票

4. 下列各项中，可以成为经济法主体的有(　　)。

A. 某市国家税务机关　　B. 承包经营企业

C. 某社会团体　　D. 公司设立的分公司

5. 下列各项中，可以成为经济法律关系客体的有(　　)。

A. 空气　　B. 消费资料

C. 完成一定工作的行为　　D. 嘉奖表彰

三、案例分析题

1. 甲公司与乙公司签订一份承揽合同，并在合同中单独规定了仲裁条款，约定双方发生合同争议时提请某仲裁机构仲裁(假定该仲裁条款合法有效)。事后甲公司发现在订立合同时对有关事项存在重大误解。

分析：

(1)甲公司是否可以根据合同中的仲裁条款向某仲裁机构申请撤销合同?

(2)如果甲公司直接向人民法院申请撤销合同,人民法院是否应当受理?

2. 某国家行政机关一名公务员因在工作中存在滥用职权行为,被该行政机关给予开除的行政处分。试问:如果该公务员对行政处分不服,是否可以申请行政复议?

3. 某公民与某税务机关因个人所得税征收问题发生了纠纷,认为某税务机关多征收了其个人所得税,拟通过法律途径解决。试问:某公民是否可以就某税务机关的征税行为直接向人民法院提起行政诉讼?

知识链接

经济法与民法的关系

经济法与民法的联系

(1)在调整对象上:经济法调整的是特定的经济关系,调整的是当事人之间形成的权利义务关系。民法调整平等主体之间的财产和人身关系。

(2)在独立地位方面:民法是配合市场自发调节的法律现象,它调整市场领域发生的竞争性的平等经济关系,主要表现为财产在市场上的占有、支配、使用、处分和流转关系。经济法是配合政府协调经济的法律现象,它调整政府在协调平衡社会经济的过程中发生的经济关系。但经济法和民法在整个法的体系中,都属于国内法体系,都是独立的法的部门,而不是综合部门,更不是法学学科。

(3)在作用方面:民法是为了实现个人利益的最大化,为了保护当事人的权益,民法的产生就是源于交易的习惯,为了保障交易的公平有序。而经济法以社会整体利益为出发点,协调社会整体利益,保证社会和谐发展,为参与者提供一个公平竞争的环境。可见,经济法和民法对于保护当事人的合法权益,维护经济秩序,都发挥着巨大的作用。

经济法与民法的区别

(1)利益保护出发点的差异:民法的本质是市民社会的法,是典型的私法,以个人利益为本位,以确认和保护私人利益为其价值追求的目标,对平等主体的商品关系加以保护,从而维护民事主体的权利。但其对个人利益的无尽追求,往往又导致社会经济运行的无序化,给社会利益造成损害。经济法的本质则是社会法,它以社会为本位,把社会经济总体利益作为自己的价值目标,在兼顾各方经济利益的同时,维护社会经济总体利益。

(2)调整对象及目的的差异:民法调整的是平等主体间的财产关系和人身关系,它是市场主体在市场交换领域发生的互利有偿的经济关系,其调整目的在于实现平等主体在经济交往中的正当权益,维护正常的经济秩序。经济法调整的对象是涉及经济正常有序运行而必须进行调整的经济关系。经济法的目的在于保证社会经济协调平衡发展。

(3)调整方式及手段的差异:民法是纯粹以个人为本位的私法,以自由平等为核心,其调整方式相应地采取意思自治原则,即由当事人按自己的意志设定权利和义务,国家并不过多干预,其调整手段主要是民事手段。但民法完备的微观经济行为规则又很难解决经济垄断、资源配置不当,弱者特别保护等现代经济中的新问题,这就需要经济法采取一系列弹性的综合调整经济的手段,如计划、价格、税收、信贷、利率、工资等经济手段,通过引导,控制社会经济良性运行,使经济法能够适应经济形势的不同需要,成为社会经济关系的良好调节器,因而其发生作用的方式也并不表现为直接设定国家与市场主体之间的权利和义务,而是充分发挥经济杠杆的调节作用,从国民经济的整体出发来引导市场主体作出能够促进社会经济协调发展的选择,使市场经济的盲目性得以避免。经济法在对经济进行调节时同样采取民事手段,但也运用行政手段、刑事手段实行综合调整。

(4)主体构成的差异:民法中的主体分自然人与法人两类;经济法主体包括国家机关,企业和其他社会组织,企业内部组织和有关人员,公民及个体工商户、农村承包经营户。民法主体只讲平等性;经济法主体体系则是承认一定的必要的层次性的。

由此可见,经济法与民法是既相互区别又相互联系的两个部门,经济法是在克服民法的不足的条件下产生的一个独立的法律部门,这就决定了这两个法律部门在社会发展中要相互配合、协调,共同发挥各自不同的作用。

☞ 参考答案

一、单项选择题

1. B　2. C　3. C　4. B　5. C

二、多项选择题

1. BC　2. ABCD　3. ABCD　4. ABCD　5. BCD

三、案例分析题

1. (1)可以。行为人对行为内容有重大误解的法律行为,可以撤销;平等主体的公民、法人和其他组织之间发生的合同纠纷和其他财产权益纠纷,可以仲裁。

(2)不应受理。有效的仲裁协议可以排除法院的管辖权,只有在没有仲裁协议或者仲裁协议无效,或者当事人放弃仲裁协议的情况下,法院才可以行使管辖权。

2. 不可以。不服行政机关作出的行政处分或者其他人事处理决定,不得申请行政复议。

3. 不可以。当事人对税务机关的征税行为不服的,应当先申请行政复议。

项目二

经济法相关法律

学习目标

能力目标：区分抵押权、质权、留置权。

知识目标：明晰所有权、用益物权及担保物权。

素质目标：运用法律知识维护自身权益。

【情境导入】

2013年4月1日，甲食品企业与乙公司签订合同，甲企业从乙公司购入价值500万元的机器设备。2013年4月20日，甲企业将购入的该设备作为固定资产向银行贷款提供抵押担保，当日签订了抵押合同，未办理抵押登记。抵押期内，甲企业为筹集生产资金，5月10日又将该用于抵押的设备以550万元的价款转让给丙酒业公司，该转让合同签订时甲企业没有通知贷款银行。

2013年5月20日，甲企业与某大学毕业生张某签订劳动合同，约定劳动合同期限为3年，试用期为6个月。2013年6月7日，张某在工作时间私自外出，发生事故，并给甲企业造成重大损失。甲企业决定解除与张某的劳动合同关系，张某不服。

【任务分析】

结合《中华人民共和国物权法》（以下简称《物权法》）、《中华人民共和国劳动法》（以下简称《劳动法》）的有关规定，分析以下问题：

1. 甲企业与银行签订的抵押合同生效时间是哪天？抵押权何时设立？请分别说明理由。

2. 在设备抵押担保期间，甲企业又与丙酒业公司签订的抵押物转让合同是否有效？

3. 甲企业决定解除与张某的劳动合同关系的做法是否合法？张某可以通过哪些途径解决与用人单位的劳动争议？

任务一　劳动合同法

一、劳动法概述

劳动法是调整劳动关系以及与劳动关系密切联系的其他社会关系的法律规范的总

称。劳动法有广义和狭义的区分。

为了完善劳动合同制度，明确劳动合同双方当事人的权利和义务，保护劳动者的合法权益，构建和发展和谐稳定的劳动关系，第十届全国人民代表大会常务委员会第二十八次会议于2007年6月29日通过，自2008年1月1日起施行《中华人民共和国劳动合同法》（以下简称《劳动合同法》）。第十一届全国人民代表大会常务委员会第三十次会议于2012年12月28日通过了《全国人民代表大会常务委员会关于修改〈中华人民共和国劳动合同法〉的决定》，自2013年7月1日起施行。

《劳动法》是劳动保障立法体系中的基准法，是《劳动合同法》的立法根据，可以说是《劳动合同法》的母法。

二、劳动合同

（一）劳动合同的含义与特征

劳动合同是指劳动者与企业、事业单位、个体经济组织、民办非企业单位等用人单位之间确立劳动关系，确认双方当事人权利与义务的书面协议。建立劳动关系应当订立劳动合同。

与普通合同相比，劳动合同具有如下特征：

(1)劳动合同主体特定：劳动合同的双方当事人只能是劳动者和用人单位；

(2)劳动合同内容特定：劳动合同以双方当事人劳动权利和劳动义务为内容；

(3)劳动合同客体单一：劳动合同客体只能指向劳动者的劳动行为；

(4)劳动合同为等价有偿的双务合同。

（二）《劳动合同法》的适用范围

(1)中华人民共和国境内的企业、个体经济组织、民办非企业单位等组织（以下简称用人单位）与劳动者建立劳动关系，订立、履行、变更、解除或者终止劳动合同，适用《劳动合同法》。

(2)国家机关、事业单位、社会团体和与其建立劳动关系的劳动者，订立、履行、变更、解除或者终止劳动合同，依照《劳动合同法》执行。

(3)事业单位与实行聘用制的工作人员订立、履行、变更、解除或者终止劳动合同，法律、行政法规或者国务院另有规定的，依照其规定；未作规定的，依照《劳动合同法》有关规定执行。

(4)除规范正常劳动合同用工外，《劳动合同法》还对劳务派遣、非全日制用工作了规定。

(5)适用范围的除外情形：公务员和参照公务员管理的人员、农村劳动者（乡镇企业职工和进城务工、经商的农民除外）、现役军人、家庭直接雇用的保姆以及已享受基本养老保险待遇或领取退休金的人员等不适用《劳动合同法》。

（三）订立劳动合同的原则

订立和变更劳动合同，应当遵循平等自愿、协商一致的原则，不得违反法律、行政法规的规定。根据这一规定，订立和变更劳动合同必须遵循下列原则：

1. 平等自愿、协商一致的原则

依《劳动合同法》的规定，用人单位自用工之日起即与劳动者建立劳动关系。用人单位招用劳动者时，应当如实告知劳动者工作内容、工作条件、工作地点、职业危害、安全生产状况、劳动报酬，以及劳动者要求了解的其他情况；用人单位有权了解劳动者与劳动合同直接相关的基本情况，劳动者应当如实说明。用人单位招用劳动者，不得扣押劳动者的居民身份证和其他证件，不得要求劳动者提供担保或者以其他名义向劳动者收取财物。

【应用案例2-1】

2013年6月，大专毕业的张华拟应聘到深圳某公司做会计。由于考虑到会对聘用的会计人员进行岗位培训，并期望所聘人员能安心在本公司工作，在与张华签订劳动合同时，该公司要求扣押其大专毕业证书，或者要求其找到深圳本地相关人员为其提供保证担保。试分析该公司的要求是否合法。

案例解析：

该公司要求张华以扣押毕业证书或者提供担保为条件签订劳动合同的行为不合法，因为劳动合同的订立应遵循平等自愿、协商一致的原则，用人单位招用劳动者，不得扣押劳动者的居民身份证和其他证件，不得要求劳动者提供担保或者以其他名义向劳动者收取财物。

2. 合法原则

(1)劳动合同的主体合法。劳动合同的当事人必须具备合法资格。一方面，劳动者应是年满16周岁，具有劳动权利能力和劳动行为能力且尚未享受基本养老保险待遇或退休金的公民，可以是中国人、外国人、无国籍人；另一方面，用人单位应是依法成立或核准登记的企业、个体经济组织、国家机关、事业单位、社会团体，具有用人的权利能力和行为能力。

(2)劳动合同的内容合法。即当事人不得签订内容违法或对社会公共利益有害的劳动合同。

(3)劳动合同订立的程序和形式合法。劳动合同订立的程序必须符合法律规定，未经双方协商一致、强迫订立的劳动合同无效。劳动合同依规定应当采用书面形式订立。

(四)劳动合同的内容

1. 劳动合同的必备条款

(1)用人单位的名称、住所和法定代表人或者主要负责人；劳动者的姓名、住址和居民身份证或者其他有效身份证件号码。

(2)工作内容和工作地点。

(3)工作时间和休息休假。

(4)社会保险。劳动者在失业、生育、患病、负伤、因工伤残或者患职业病、退休时依法享受社会保险待遇。

(5)劳动合同期限。劳动合同分为固定期限劳动合同、无固定期限劳动合同和以完成一定工作任务为期限的劳动合同。固定期限劳动合同,是指用人单位与劳动者约定合同终止时间的劳动合同。用人单位与劳动者协商一致,可以订立固定期限劳动合同。无固定期限劳动合同,是指用人单位与劳动者约定无确定终止时间的劳动合同。以完成一定工作任务为期限的劳动合同,是指用人单位与劳动者约定以某项工作的完成为合同期限的劳动合同。用人单位与劳动者协商一致,可以订立以完成一定工作任务为期限的劳动合同。

劳动者与用人单位协商一致,可订立无固定期限劳动合同。有下列情形之一,劳动者提出或者同意续订、订立劳动合同的,除劳动者提出订立固定期限劳动合同外,应当订立无固定期限劳动合同:①劳动者在该用人单位连续工作满10年的;②用人单位初次实行劳动合同制度或者国有企业改制重新订立劳动合同时,劳动者在该用人单位连续工作满10年且距法定退休年龄不足10年的;③连续订立两次固定期限劳动合同,续订劳动合同的。用人单位自用工之日起满1年不与劳动者订立书面劳动合同的,视为用人单位与劳动者已订立无固定期限劳动合同。

国家实行劳动者每日工作时间不超过8小时、平均每周工作时间不超过40小时的工时制度。用人单位应当保证劳动者每周至少休息1日。

用人单位在元旦、春节、清明节、国际劳动节、国庆节等法定节假日应当依法安排劳动者休假。

用人单位由于生产经营需要,经与工会和劳动者协商后可以延长工作时间,一般每日不得超过1小时;因特殊原因需要延长工作时间的,在保障劳动者身体健康的条件下延长工作时间每日不得超过3小时,每月不得超过36小时。

(6)劳动报酬。工资分配应当遵循按劳分配原则,实行同工同酬。国家实行最低工资保障制度。工资应当以货币形式按月支付给劳动者本人,不得克扣或者无故拖欠劳动者的工资。劳动者在法定休假日和婚丧假期间以及依法参加社会活动期间,用人单位应当依法支付工资。同时,《劳动法》还规定:安排劳动者延长工作时间的,支付不低于工资的150%的工资报酬;休息日安排劳动者工作又不能安排补休的,支付不低于工资的200%的工资报酬;法定休假日安排劳动者工作的,支付不低于工资的300%的工资报酬。用人单位应当按照劳动合同约定和国家规定,向劳动者及时足额支付劳动报酬。《劳动合同法》规定:用人单位拖欠或者未足额支付劳动报酬的,劳动者可以依法向当地人民法院申请支付令,人民法院应当依法发出支付令。

(7)劳动保护、劳动条件和职业危害防护。《劳动法》对女职工和未成年工有特殊劳动保护的规定:禁止安排女职工从事矿山井下、国家规定的第四级体力劳动强度的劳动和其他禁忌从事的劳动;不得安排女职工在经期从事高处、低温、冷水作业和国家规定的第三级体力劳动强度的劳动;不得安排女职工在怀孕期间从事国家规定的第三级体力劳动强度的劳动和孕期禁忌从事的劳动;对怀孕7个月以上的女职工,不得安排其延长工作时间和夜班劳动;女职工生育享受不少于90天的产假;不得安排女职工在哺乳未满1周岁的婴儿期间从事国家规定的第三级体力劳动强度的劳动和哺乳期禁忌从事的其他劳动,不得安排其延长工作时间和夜班劳动。

未成年工是指年满 16 周岁未满 18 周岁的劳动者。不得安排未成年工从事矿山井下、有毒有害、国家规定的第四级体力劳动强度的劳动和其他禁忌从事的劳动。用人单位应当对未成年工定期进行健康检查。

(8)法律、法规规定应当纳入劳动合同的其他事项。

2. 劳动合同的可备条款

(1)试用期条款

劳动合同期限 3 个月以上不满 1 年的,试用期不得超过 1 个月;劳动合同期限 1 年以上不满 3 年的,试用期不得超过 2 个月;3 年以上固定期限和无固定期限的劳动合同,试用期不得超过 6 个月。同一用人单位与同一劳动者只能约定一次试用期。以完成一定工作任务为期限的劳动合同或者劳动合同期限不满 3 个月的,不得约定试用期。试用期包含在劳动合同期限内。劳动合同仅约定试用期的,试用期不成立,该期限为劳动合同期限。劳动者在试用期的工资不得低于本单位相同岗位最低档工资或者劳动合同约定工资的 80%,并不得低于用人单位所在地的最低工资标准。在试用期中,除劳动者有法律规定的情形,用人单位不得解除劳动合同。用人单位在试用期解除劳动合同的,应当向劳动者说明理由。

(2)竞业限制条款

竞业限制的人员限于用人单位的高级管理人员、高级技术人员和其他负有保密义务的人员。竞业限制的范围、地域、期限由用人单位与劳动者约定,竞业限制的约定不得违反法律、法规的规定。在解除或者终止劳动合同后,竞业限制的人员到与本单位生产或者经营同类产品、从事同类业务的有竞争关系的其他用人单位,或者自己开业生产或者经营同类产品、从事同类业务的竞业限制期限,不得超过 2 年。

(3)保守商业秘密和专有技术秘密条款

用人单位与劳动者可以在劳动合同中约定保守用人单位的商业秘密和与知识产权相关的保密事项。对负有保密义务的劳动者,用人单位可以在劳动合同或者保密协议中与劳动者约定竞业限制条款,并约定在解除或者终止劳动合同后,在竞业限制期限内按月给予劳动者经济补偿。劳动者违反竞业限制约定的,应当按照约定向用人单位支付违约金。

此外,劳动合同当事人还可约定其他可备条款,包括第二职业条款,违约金和赔偿金条款,补充保险、福利条款等。

(五)劳动合同的效力

1. 劳动合同的生效

依法订立的劳动合同,从合同订立之日起开始生效。依照法律规定,劳动合同订立后,需要鉴证或公证的,从鉴证或公证之日起开始生效。

2. 劳动合同的无效

劳动合同的无效是指劳动合同因不具备或不完全具备劳动合同的有效要件而不能

发生当事人预期法律效力的情形。

下列劳动合同无效或者部分无效：

(1)以欺诈、胁迫的手段或者乘人之危，使对方在违背真实意思的情况下订立或者变更劳动合同的；

(2)用人单位免除自己的法定责任、排除劳动者权利的；

(3)违反法律、行政法规强制性规定的。

对劳动合同的无效或者部分无效有争议的，由劳动争议仲裁机构或者人民法院确认。劳动合同部分无效，不影响其他部分效力的，其他部分仍然有效。劳动合同被确认无效，劳动者已付出劳动的，用人单位应当向劳动者支付劳动报酬。

【应用案例2-2】

2013年3月，黄某到一家服装厂应聘，签订了为期2年的劳动合同，该合同中约定，试用期为1年，劳动者每天工作12小时(不算加班，无额外报酬)。3个月后，黄某提出不再加班的请求，但厂方以不加班违反劳动合同，要承担违约赔偿责任为由予以拒绝。

试分析：本劳动合同是否有效？黄某是否有权要求服装厂支付加班报酬？

案例解析：

该劳动合同为无效合同。首先，该劳动合同中关于“试用期为1年”、“每天工作12小时”、“不算加班、无额外报酬”等约定违反了《劳动合同法》等相关法律的强制性规定。根据相关法律规定，劳动合同期限1年以上不满3年的，试用期不得超过2个月；国家实行劳动者每日工作时间不超过8小时、平均每周工作时间不超过40小时的工时制度；用人单位由于生产经营需要，经与工会和劳动者协商后可以延长工作时间，一般每日不得超过1小时，因特殊原因需要延长工作时间的，在保障劳动者身体健康的条件下延长工作时间每日不得超过3小时，但是每月不得超过36小时。其次，厂方不得以“不加班违反劳动合同，要承担违约赔偿责任”为由，拒绝黄某的不再加班的请求。因为《劳动合同法》规定用人单位不得免除自己的法定责任、排除劳动者的权利。该劳动合同被确认无效后，劳动者加班已付出劳动的，用人单位应当向劳动者支付劳动报酬。

(六)劳动合同的履行、变更、解除和终止

1. 劳动合同的履行

劳动合同依法订立就具有法律效力。用人单位与劳动者应当按照劳动合同的约定，全面履行各自的义务。用人单位变更名称、法定代表人、主要负责人或者投资人等事项，不影响劳动合同的履行。用人单位发生合并或者分立等情况，原劳动合同继续有效，劳动合同由承继其权利和义务的用人单位继续履行。

2. 劳动合同的变更

用人单位与劳动者协商一致，可以变更劳动合同约定的内容。变更劳动合同，应当采用书面形式。变更后的劳动合同文本由用人单位和劳动者各执一份。

3. 劳动合同的解除

劳动合同的解除，是指在劳动合同期满之前终止劳动合同关系的法律行为。劳动合同的解除可分为协商解除和法定解除。

(1)协商解除

用人单位与劳动者协商一致,可以解除劳动合同。

劳动者提前30日以书面形式通知用人单位,可以解除劳动合同。劳动者在试用期内提前3日通知用人单位,可以解除劳动合同。

(2)法定解除

劳动者有下列情形之一的,用人单位可以解除劳动合同:

①在试用期间被证明不符合录用条件的;

②严重违反用人单位的规章制度的;

③严重失职,营私舞弊,给用人单位造成重大损害的;

④劳动者同时与其他用人单位建立劳动关系,对完成本单位的工作任务造成严重影响,或者经用人单位提出,拒不改正的;

⑤因《劳动合同法》第二十六条第一款第一项规定的情形致使劳动合同无效的。

⑥被依法追究刑事责任的。

用人单位有下列情形之一的,劳动者可以解除劳动合同:

①未按照劳动合同约定提供劳动保护或者劳动条件的;

②未及时足额支付劳动报酬的;

③未依法为劳动者缴纳社会保险费的;

④用人单位的规章制度违反法律、法规的规定,损害劳动者权益的;

⑤因《劳动合同法》第二十六条第一款规定的情形致使劳动合同无效的;

⑥法律、行政法规规定劳动者可以解除劳动合同的其他情形。

用人单位以暴力、威胁或者非法限制人身自由的手段强迫劳动者劳动的,或者用人单位违章指挥、强令冒险作业危及劳动者人身安全的,劳动者可以立即解除劳动合同,不需事先告知用人单位。

(3)劳动合同的解除限制

劳动者有下列情形之一的,用人单位不得解除劳动合同:

①从事接触职业病危害作业的劳动者未进行离岗前职业健康检查,或者疑似职业病病人在诊断或者医学观察期间的;

②在本单位患职业病或者因工负伤并被确认丧失或者部分丧失劳动能力的;

③患病或者非因工负伤,在规定的医疗期内的;

④女职工在孕期、产期、哺乳期的;

⑤在本单位连续工作满15年,且距法定退休年龄不足5年的;

⑥法律、行政法规规定的其他情形。

用人单位单方解除劳动合同,应当事先将理由通知工会。用人单位违反法律、行政法规规定或者劳动合同约定的,工会有权要求用人单位纠正。用人单位应当研究工会的意见,并将处理结果书面通知工会。

【应用案例 2-3】

2011 年赵某与某公司签订了为期 4 年的劳动合同,2012 年赵某以收入不高为由,口头向公司提出解除劳动合同,公司当时未予答复。2013 年 5 月赵某生育正值哺乳期内,公司以影响工作效率为由,提前 30 日书面通知赵某解除劳动合同,并要求她必须办理好相关手续。赵某 2012 年是否已经解除与公司的劳动合同? 2013 年该公司能否单方面解除与赵某的劳动合同?

案例解析:

赵某 2012 年并未解除与公司的劳动合同。根据《劳动合同法》规定,劳动合同当事人提出解除劳动合同,应提前 30 日以书面形式通知对方。本案例中赵某只以口头方式提出解除劳动合同,且公司未予答复,所以也不属于协商解除劳动合同。

2013 年该公司不能单方面解除与赵某的劳动合同。根据《劳动合同法》规定,女职工在哺乳期内的,用人单位不得解除劳动合同,且其解除合同的理由也不属于法定解除事由。

4. 劳动合同终止

依《劳动合同法》的规定,下列情形下,劳动合同可以终止:

①劳动合同期满的;

②劳动者开始依法享受基本养老保险待遇的;

③劳动者死亡,或者被人民法院宣告死亡或者宣告失踪的;

④用人单位被依法宣告破产的;

⑤用人单位被吊销营业执照、责令关闭、撤销或者用人单位决定提前解散的;

⑥法律、行政法规规定的其他情形。

三、劳动争议的解决

劳动争议又称劳动纠纷,是指劳动关系双方当事人因执行劳动法律、法规或履行劳动合同而发生的纠纷。主要包括:因执行国家有关工资、保险、福利、培训规定发生的争议;因开除、除名、辞退违纪职工和辞职、自动离职发生的争议;因履行合同发生的争议;因履行集体合同发生的争议等。

(一)劳动争议的处理机构

1. 劳动争议调解委员会

劳动争议调解委员会,是指依法成立的调解劳动争议的群众性组织。用人单位可以设立劳动争议调解委员会,负责调解本单位发生的劳动争议。劳动争议调解委员会由职工代表、用人单位代表和工会代表组成。劳动争议调解委员会主任由工会代表担任。

2. 劳动争议仲裁委员会

劳动争议仲裁委员会,是指依法成立的行使劳动争议仲裁权的劳动争议处理机构。劳动争议仲裁委员会由劳动行政部门代表、同级工会代表、用人单位方面的代表组成。劳动争议仲裁委员会主任由劳动行政部门代表担任。

3. 人民法院

人民法院是行使审判权的审判机关。劳动争议案件由人民法院的民事审判庭受理。

(二)劳动争议处理程序

我国《劳动法》规定,用人单位与劳动者发生劳动争议,当事人可以依法申请调解、仲裁、提起诉讼,也可以协商解决。按此规定,劳动争议的处理方式有四种:

1. 协商

这是指劳动者与用人单位发生劳动争议后,首先要由双方当事人直接进行协商。但是,协商不是处理劳动争议的必经程序。

2. 调解

这是指劳动者与用人单位发生劳动争议后,向本单位的劳动争议调解委员会申请调解。调解不是处理劳动争议的必经程序。

3. 仲裁

双方调解不成,当事人一方要求仲裁的,可以向劳动争议仲裁委员会申请仲裁。当事人一方也可以直接向劳动争议仲裁委员会申请仲裁。提出仲裁要求的一方应当自劳动争议发生之日起60 日内向劳动争议仲裁委员会提出书面申请。仲裁裁决一般应在收到仲裁申请的60 日内作出。对仲裁裁决无异议的,当事人必须履行。仲裁是处理劳动争议的必经程序。

4. 诉讼

对仲裁裁决不服的,可以向人民法院提起诉讼。劳动争议当事人对仲裁裁决不服的,可以自收到仲裁裁决书之日起15 日内向人民法院提起诉讼,即采用“先裁后审”的劳动争议处理程序。一方当事人在法定期限内不起诉又不履行仲裁裁决的,另一方当事人可以申请人民法院强制执行。

任务二 物权法

一、物权概述

(一)物

1. 物的概念和特征

物是指人类能够支配的物质实体和自然力。物具有以下法律特征:

(1)客观物质性。不具备物质性的财产或财产权利,虽能给权利人带来物质利益,但不是民法上的物。现代立法不允许将人作为客体,故非物,但尸体或从活体上分离的物体可以作为物。能够被人们支配的自然力,如电、热、气、磁力等,虽然外表无形,但实际上都有一定的物质结构或形态,也是物。

(2)可支配性。能够被民事主体支配的物质实体和自然力才是民法上的物。

物是物权的客体,但物权的客体不局限于物。根据《中华人民共和国物权法》(以下简称《物权法》)第二条规定,在法律有规定的情况下,权利也可以作为物权的客体。

2. 物的种类

(1)动产与不动产。根据《物权法》第二条规定，物包括不动产和动产。动产是能够移动并且不致损害价值的物，如书籍、电脑等。不动产是指性质上不能移动或虽可移动但移动则会损害价值的物，如房屋、建筑物等。

(2)特定物与种类物。这是根据物是否具有独立特征或是否被权利人指定而特定化所作的分类。特定物是指具有独立特征或被权利人指定，不能以他物替代的物。特定物包括独一无二的物和特定化的物。前者如一件古董、名人的一幅字画等；后者如从一批机器设备中挑选出来的某一台等。种类物是指以品种、质量、规格或度量衡确定，不需具体指定的物。

(3)主物与从物。根据两个独立存在的物在用途上客观存在的主从关系，把物分为主物与从物。同属一人所有的两个独立存在的物，结合起来才能发挥经济效益的，才构成主物和从物关系。主物是指独立存在，与其他独立物结合使用，并在其中发挥主要作用的物。在两个独立物结合使用中处于附属地位、起辅助和配合作用的是从物。例如瓶子和瓶盖，瓶子是主物，瓶盖是从物。

在法律或合同没有相反规定时，主物所有权发生转移时，从物所有权也随之发生转移。

(4)原物与孳息。根据两物之间存在的原有物产生新物的关系，物可分为原物和孳息。原物是指依其自然属性或法律规定产生新物的物，如产生幼畜的母畜、带来利息的存款等。孳息是指物或者权益产生的收益，包括自然孳息和法定孳息。

(二)物权

1. 物权的概念及特征

物权是指权利人依法对特定的物享有直接支配和排他的权利，包括所有权、用益物权和担保物权。物权是和债权对应的一种民事权利，它们共同组成民法中最基本的财产权形式。与债权相比，物权具有如下特征：

(1)物权的权利主体是特定的，而义务主体是不特定的。物权是指特定主体所享有的、排除一切不特定人的侵害的财产权利。

(2)物权的内容是直接支配一定的物，并排斥他人干涉。物权的权利人享有对物直接支配，并排斥他人干涉的权利。

2. 物权的分类

(1)所有权与他物权。所有权是指所有人依法对物所享有的占有、使用、收益和处分的权利。他物权是指所有权能与所有人发生分离，由他人依法享有占有、使用、收益和处分的权利。

(2)用益物权与担保物权。用益物权是指以物的使用、收益为目的的物权。担保物权是指以担保债权为目的的物权，包括抵押权、质权、留置权。担保物权都是从物权。

(3)动产物权与不动产物权。

3. 物权的保护

物权的保护是指通过法律规定的方法和程序,对物权人的物权进行保护。根据保护方法的不同,分为物权的保护方法和债权的保护方法。其中物权的保护方法是指物上请求权,而债权的保护方法则是指通过侵权损害赔偿的方法来保护物权。

(1)物上请求权

物权是对物的直接支配权,如果有他人干涉,使物权人的权利受到妨害或有妨害的危险时,法律赋予物权人除去该等妨害,恢复对标的物的支配的权利,这种权利就是物上请求权。物上请求权的行使方式主要有停止侵害、恢复原状、排除妨碍、消除危险、返还财产、诉讼等。

(2)债权请求权

物权人在其标的物受到损害时,还可以请求侵权人赔偿损失。这种权利是债权请求权中的一种。

物上请求权旨在恢复物权人对其标的物的支配状态,从而使物权得到实现。而损害赔偿请求权旨在弥补损害,往往在无法恢复物的原状时行使,以金钱作为赔偿,以实际受到损害为前提。当然在满足条件时,物上请求权与损害赔偿请求权可以并用。

(三)物权法

物权法是调整平等主体之间因物的归属和利用而发生的法律关系的法律规范的总称。2007 年 3 月 16 日,第十届全国人民代表大会第五次会议通过了《物权法》,于 2007 年 10 月 1 日起正式施行。该法对于维护我国基本经济制度和市场经济秩序必将产生深远影响。

(四)占有

1. 占有的概念

占有是指民事主体对物进行管领而形成的事实状态。不管主体对物的管领是否具备据为己有的意思,只要形成客观上的控制状态且主观上有占有的意思就可以构成物权法所称的占有。

2. 占有的种类

(1)自主占有与他主占有

这是按占有意思的不同所作的分类。以所有的意思占有标的物称为自主占有。而其他的占有就叫做他主占有。两者间不以是否真正属于自己所有作为区分标准,如小偷对赃物的占有同样可以成立自主占有。

(2)直接占有与间接占有

直接占有是指对物进行事实上的控制。间接占有是指对物形成间接的控制,但依法律关系而对直接占有人享有返还占有请求权。如甲公司将一台设备租赁给乙公司,甲、乙公司对设备在租期内的占有分别为间接占有和直接占有。

(3)有权占有与无权占有

(4)善意占有与恶意占有

无权占有可以进一步分为善意占有和恶意占有。善意占有是指不法占有人不知道或不应当知道其占有是非法的而产生的占有行为。恶意占有是指不法占有人明知或应当知道其占有行为是非法的但仍然继续占有的行为。

二、所有权

(一)所有权的概念及特征

所有权,是指所有人依法对自己的财产享有的占有、使用、收益和处分的权利。其法律特征表现在以下方面:

1. 所有权具有完整性

所有权是完整的物权。所有权与其他物权的区别主要表现在所有人对自己的财产享有占有、使用、收益和处分的完整权利,而其他物权只是具有所有权的部分权能。但所有权人可以将四项权能中的一项或数项权能分离出去由他人享有并行使,从而更好地实现其意志和利益。

2. 所有权是一种绝对权

所有权的权利主体是特定的,作为特定权利主体的所有权人,他对权利的行使不需要任何其他人的协助,通过自己的行为,即可直接实现对其财产的占有、使用、收益与处分。所有权的义务主体是不特定的,所有人之外的任何不特定的民事主体都负有不作为的义务,都属于义务主体。

3. 所有权具有排他性

所有权可以依法排斥他人的非法干涉。而且所有权实行一物一权,任何财产只能有一个所有权。

4. 所有权具有存续上的永久性

所有权因标的物的存在而永久存在,不能预定其存续期间。

(二)所有权的权能

1. 占有和占有权

占有,是指民事主体对财产的实际控制。占有权,就是民事主体对于财产的实际控制权。

2. 使用权

使用权,就是民事主体对于财产的利用权。使用是为了实现物的使用价值,满足人们的需要。如公民驾驶自己的车辆等。

3. 收益权

收益权,是指民事主体通过合法途径获取基于财产而产生的物质利益的权利。收益包括孳息和利润。

4. 处分权

处分,是指民事主体在法律允许的范围内对财产进行的处置。按照财产处置方式的不同,可把处分划分为事实上的处分与法律上的处分。事实上的处分,是指在生产或生活中直接消耗财产。其法律结果实质上是消灭了原财产的所有权。如消费粮食、用掉燃料等。法律上的处分,是指通过某种法律行为处置财产。其法律后果实质上是转移原财产的所有权,如出卖房屋等。处分权是财产所有人最基本的权利,也是所有权的核心内容。

占有权、使用权、收益权和处分权,构成了完整的所有权的四项权能。财产所有人可以将这四项权能集于一身,统一行使,也有权将这四项权能中的若干权能交由他人行使。

(三)各类所有权

1. 国家所有权

(1)国家所有权的概念

国家所有权是国家对国有财产的占有、使用、收益和处分的权利。《物权法》规定,法律规定属于国家所有的财产,属于国家所有即全民所有。因此国家所有权是社会主义全民所有制在法律上的表现。

(2)国家所有权的行使

根据《物权法》的规定,国有财产,除法律另有规定的以外,均由国务院代表国家行使所有权。当然在具体实施上,则由占有国有财产的各级国家机关和企事业单位行使。国家机关对其直接支配的不动产和动产,享有占有、使用以及依照法律和国务院的有关规定处分的权利。国家举办的事业单位对其直接支配的不动产和动产,享有占有、使用以及依照法律和国务院的有关规定收益、处分的权利。国家出资的企业,由国务院、地方人民政府依照法律、行政法规规定分别代表国家履行出资人职责,享有出资人权益。另外,未授权给公民、法人经营、管理的国家财产受到侵害的,不受诉讼时效期间的限制。

2. 劳动群众集体所有权

劳动群众集体所有权是指劳动群众集体组织占有、使用、收益和处分其财产的权利。劳动群众集体所有权的客体可以是法律规定的国家专有财产以外的其他任何财产。例如,集体组织可以享有土地和森林、山岭、草原、荒地、滩涂等的所有权,但不包括地下的矿产资源,因为矿产资源属于国家所有。劳动群众集体所有权的各项权能可以由集体组织自己行使,也可以将其所有权的权能转移给个人行使。

《物权法》为了保证集体财产的所有权不因为集体组织的领导滥用权利而受到侵害,专门规定了集体所有权的行使规则。集体所有的土地和森林、山岭、草原、荒地、滩涂等,依照下列规定行使所有权:

(1)属于村农民集体所有的,由村集体经济组织或者村民委员会代表集体行使所有权;

(2)分别属于村内两个以上农民集体所有的,由村内各该集体经济组织或者村民小组代表集体行使所有权;

(3)属于乡镇农民集体所有的,由乡镇集体经济组织代表集体行使所有权。

另外,根据《物权法》的规定,集体经济组织、村民委员会等作出的决定侵害集体成员合法权益的,受侵害的集体成员可以请求人民法院予以撤销。

3. 私人所有权

私人所有权是私人依法享有的占有、使用、收益和处分其生产资料和生活资料的权利。

(四)共有与相邻关系

1. 共有

(1)共有的概念及特征

共有是指由两个或两个以上的权利主体共同对某项财产享有所有权。共有分为按份共有和共同共有。按份共有,又称分别共有,是指两个或两个以上的共有人按照各自的份额分别对共有财产享有权利和承担义务。共同共有是指两个或两个以上的公民或法人,根据某种共同关系而对某项财产不分份额地共同享有权利并承担义务。共同共有基于共同关系产生,以共同关系的存在为前提。共同关系可以表现为夫妻关系、家庭关系等。

共有的法律特征有以下几个:

①共有主体:两个或两个以上的公民或法人。

②共有标的物:共有关系存续期间不能分割。

③共有内容:共有人按各自的份额享有权利并承担义务,或者平等地享有权利并承担义务。在处分共有财产时,必须由全体共有人协商,按照法律规定的方式决定。

④共有法律关系的权利内容只能是所有权,对于用益物权、担保物权及其他权利的共有,称之为准共有,只能是参照共有制度的相关规定。

(2)共有物的处分及分割

①共有物的处分

根据《物权法》规定,处分共有的不动产或者动产的,应当经占份额2/3以上的按份共有人或者全体共同共有人同意,但共有人之间另有约定的除外。否则其处分行为应当作为效力待定的民事行为处理。对其他共有人的损失,由擅自处分共有财产的人赔偿。但第三人善意、有偿取得该财产的,应当维护第三人的合法权益。

【应用案例2-4】

张某和李某为夫妻关系,2012年双方因感情不和而协议离婚,在未经张某同意的情况下,李某私自将与张某共有的一处房产以市场价格转让给了赵某。赵某与张某、李某素不相识且对他们的情况一无所知。张某在得知房产转让一事后,要求赵某退出房子。试分析张某的主张是否合法。

案例解析:

张某的主张不合法。根据相关法律规定,对共同共有财产的处分,如果第三人善意、有偿取得该财产的,应当维护第三人的合法权益。本案中,赵某为善意第三人,且为取得房产而支付了合理的价款,所以其已成为房产的合法所有人,张某无权要求赵某退出房子。

②费用的承担

对共有物的管理费用以及其他负担,有约定的,按照约定;没有约定或者约定不明确的，按份共有人按照其份额负担，共同共有人共同负担。

③共有财产的分割

共有人可以协商分割方式，达不成协议的，如共有财产可以分割且不会减少其价值的，应当进行实物分割；难以分割或会减少其价值的，应当对折价或变卖、拍卖取得的价款予以分割。共有财产分割后，原共有关系消灭，原各共有人就分割后的财产各自享有单独的所有权。

2. 相邻关系

相邻关系是指两个或两个以上相互毗邻的不动产的所有人或使用人，在行使不动产的所有权或使用权时，因相邻各方应当给予便利和接受限制而发生的权利义务关系。主要的相邻关系有：

(1)因通行而产生的相邻关系。

(2)因用水、排水而产生的相邻关系。

(3)因修建施工、防险而产生的相邻关系。

(4)因通风、采光而产生的相邻关系。

(5)因不可量物而产生的相邻关系。不可量物如大气污染物、噪声、电磁波辐射等有害物质。

【应用案例 2-5】

甲乙共用一条小河的水灌溉，甲的承包地在乙的上游。为确保农田灌溉，甲在河中筑了一条坝，使下游的水量减少了三分之一，甲乙为此发生争议。试分析甲乙之间是否为相邻关系发生争议。

案例解析：

甲乙之间因用水而形成相邻关系。相邻关系是指两个或两个以上相互毗邻的不动产的所有人或使用人，在行使不动产的所有权或使用权时，因相邻各方应当给予便利和接受限制而发生的权利义务关系。本案中，河流是自然形成的，上游和下游对水的利用应该根据自然状况，而甲的行为改变了河流水流的流量，使乙受到损失，所以甲乙之间的争议属于因用水、排水而产生的相邻关系。

三、用益物权

(一)用益物权概念及特征

根据《物权法》规定，用益物权是对他人所有的不动产或者动产，依法享有占有、使用和收益的权利。结合《物权法》的相关规定，用益物权包括：(1)土地承包经营权；(2)建设用地使用权；(3)宅基地使用权：(4)地役权；(5)准物权。准物权具体包括海域使用权、探矿权、采矿权、取水权和使用水域、滩涂从事养殖、捕捞的权利。

与所有权、担保物权相比较，用益物权具有自己的特征：

1. 用益物权以对标的物的使用、收益为主要内容。即注重物的使用价值，并以对物的占有为前提。这区别于担保物权注重物的交换价值的特点。而且担保物权中的抵押权不以物的占有为前提，质押权、留置权虽也要转移占有，但这种占有的目的不在于标的物的使用。

2. 用益物权除地役权外，均为主物权；担保物权为从物权。

3. 用益物权是他物权、有期限物权，这一点区别于所有权。

（二）土地承包经营权

土地承包经营权，是指由公民或集体经济组织，对国家所有或集体所有的土地、山岭、草原、荒地、滩涂、水面等，依照承包合同的规定而享有的占有、使用和收益的权利。

土地承包经营权通过订立承包合同方式确立，根据《物权法》规定，土地承包经营权自土地承包经营权合同生效时设立。

在承包经营期限内，土地承包经营权人有权根据法律规定，采取转包、互换、转让等方式流转土地承包经营权，流转的期限不得超过承包期的剩余期限。

（三）建设用地使用权

建设用地使用权，是指民事主体依法对国家所有的土地享有占有、使用和收益的权利。建设用地使用权是从国家土地所有权中分离出来的一项民事权利，独立于土地所有权而存在。建设用地使用权可以在土地的地表、地上或者地下分别设立。根据《物权法》规定，建设用地使用权人依法对国家所有的土地享有占有、使用和收益的权利，有权利用该土地建造建筑物、构筑物及其附属设施。

建设用地使用权取得必须向登记机构办理登记，登记是建设用地使用权生效的条件。

建设用地使用权人取得建设用地的使用权后，除法律另有规定的以外，有权将建设用地使用权转让、互换、出资、赠与或者抵押。在转让、互换、出资或者赠与时，附着于该土地上的建筑物、构筑物及其附属设施一并处分。

【应用案例 2-6】

某企业于 2012 年 3 月 5 日通过拍卖方式拍得位于武汉市的一块工业建设用地。同年 4 月 8 日，该企业与市土地管理部门签订了“建设用地使用权出让合同”。同年 4 月 27 日，该企业缴纳全部土地出让金。同年 7 月 6 日，该企业办理完毕建设用地使用权登记，并获得建设用地使用权证。试分析该企业何时取得建设用地使用权。

案例解析：

该企业取得建设用地使用权的时间应是 2012 年 7 月 6 日，即办理建设用地使用权登记的当天，而不是拍得建设用地的 3 月 5 日、签订合同的 4 月 8 日，也不是缴纳全部土地出让金的 4 月 27 日。因为根据《物权法》规定，取得建设用地使用权必须向登记机构办理登记，登记是建设用地使用权生效的条件。

（四）地役权

1. 地役权的概念及属性

地役权，是指土地上的权利人（包括土地所有人、地上权人以及土地的承租人），为了自己使用土地的方便或土地利用价值的提高，通过约定得以利用他人土地的权利。其中，为他人土地利用提供便利的土地称为供役地，而享有地役权的土地称为需役地。与相邻关系不同,地役权中的供役地和需役地之间并不要求相邻。

与一般的用益物权不同,地役权具有从属性和不可分性。地役权的从属性,是就地役权与需役地的关系而言,具体表现为两个方面:

(1)地役权不得与需役地相分离单独转让,不得单独设定抵押。

(2)地役权不得与需役地的所有权或使用权相分离,作为其他权利的标的。以土地承包经营权、建设用地使用权等转让的,地役权一并转让,但合同另有约定的除外。以土地承包经营权、建设用地使用权等抵押的,在实现抵押权时,地役权一并转让。

所谓地役权的不可分性,是指地役权存在于需役地和供役地的全部,不能分割为各个部分或仅仅以一部分而单独存在。

2. 地役权与相邻关系的区别

在实践中,地役权与相邻关系很容易混淆,两者之间的区别如下:

(1)相邻关系实质上是相邻不动产所有人或使用人行使权利的延伸或限制,故相邻权不是一项独立的民事权利,更非独立的他物权。而地役权是一种物权,它是归属于役地权人的一种用益物权。

(2)两者的设立方式不同。相邻关系是法定的,不需要经过登记程序。地役权通常是由当事人各方通过合同约定设立,没有经过登记程序,不能对抗善意第三人。

(3)两者提供便利的内容不同。地役权的设立是为了使不动产权利人的权利得到更好地行使,是一个比较高的标准。而相邻关系则是为了达到使用的最低标准。

四、担保物权

(一)抵押

抵押是指债务人或第三人不转移对物的占有,将该财产作为债权的担保。债务人不履行债务时,债权人有权依法以该财产折价或者以拍卖、变卖该财产的价款优先受偿。提供财产担保的债务人或第三人为抵押人,债权人为抵押权人,提供担保的财产为抵押物。

1. 抵押权的设定

(1)抵押权的设定方式

设定抵押权,应当由双方当事人签订抵押合同,或在合同中约定抵押条款,并应当采取书面形式。内容包括:被担保的主债权种类、数量;债务人履行债务的期限;抵押物的名称、数量、质量、状况、所在地、所有权权属或使用权权属;抵押担保的范围;当事人认为需要约定的其他事项。

抵押权人在债务履行期届满前,不得与抵押人约定债务人不履行到期债务时抵押财产归债权人所有,否则该条款无效。

(2)抵押当事人

抵押当事人包括抵押人和抵押权人。抵押权人就是指债权人,因为抵押权是为担保主债权而存在的,所以只有被担保的主债权中的债权人才能成为抵押权人。抵押人即抵押财产的所有人,既可能是债务人,也可能是第三人。

(3)抵押物

抵押物又称为抵押财产,它是抵押权的标的物,是指抵押人用以设定抵押权的财产。根据《物权法》规定,可以作为抵押物的财产有:①建筑物和其他土地附着物;②建设用地使用权;③依法取得的荒地等土地承包经营权;④生产设备、原材料、半成品、产品;⑤正在建造的建筑物、船舶、航空器;⑥交通运输工具;⑦法律、行政法规未禁止抵押的其他财产。

(4)抵押登记

登记是抵押权的设立条件。根据《物权法》规定,以建筑物和其他土地附着物,建设用地使用权,以招标、拍卖、公开协商等方式取得的荒地等土地承包经营权,正在建造的建筑物设定抵押的,应当办理抵押物登记,抵押权自登记之日起设立。

以生产设备、原材料、半成品、产品,正在建造的船舶、航空器,交通运输工具设定抵押的,抵押权自抵押合同生效时设立;未经登记,不得对抗善意第三人。因此,对这些财产是否进行抵押登记,完全由当事人决定。只是如果没有登记,不能对抗善意第三人。

2. 抵押权的效力

(1)对抵押人的效力——抵押人的权利

①对抵押物的占有、使用、收益的权利

抵押人在其财产设定抵押后,仍享有对抵押物的使用、收益和处分权。

②对抵押物的处分权

标的物抵押后抵押人仍可转让其抵押物。但是在我国,抵押人转让抵押物受到以下限制:

应通知抵押权人并告知受让人转让物已抵押的情况。抵押人未经抵押权人同意,不得转让抵押财产,但受让人代为清偿债务消灭抵押权的除外。抵押人未告知受让人的,由此造成的损失由抵押人承担。

抵押人转让抵押物所得的价款,应向抵押权人提前清偿所担保的债权或提存。超过债权数额的部分归抵押人所有,不足部分由债务人清偿。

抵押物转让后,抵押权人基于物权的追及效力仍然可以向受让人就抵押物行使抵押权。若债务人已经清偿了债务,抵押权消灭。

③就标的物再次设定抵押权或者质权等担保物权

④就抵押物为他人设定用益物权

(2)对抵押权人的效力——抵押权人的权利

①抵押权的保全

在抵押权人因抵押物受损害而遭受损失时,抵押权人基于其抵押权可以行使如下权利保全其抵押权:停止侵害、恢复原状、赔偿损失。如果因抵押人的行为使抵押物价值减少,抵押权人有权要求抵押人恢复抵押物的价值,或提供与减少价值相当的担保。

②处分抵押物的权利

在债权到清偿期而未受清偿时,债权人有权将标的物进行处分,以获受偿。

③优先受偿权

3. 抵押权的实现

(1)抵押权实现的要件：①抵押权有效存在；②债务已届清偿期；③债务人未清偿债务。

(2)抵押权的实现方式。

抵押权的实现方式有三种，分别是：折价、拍卖、变卖。

【应用案例 2-7】

某房地产公司以一幢正在建造的价值 2 000 万元的别墅为抵押，向中国建设银行借款 1 500 万元。由于是老客户，双方达成了口头抵押协议，未办理抵押物登记，并约定如该公司到期不能偿还债务，别墅归中国建设银行所有。结合《物权法》，分析本案中的不合法之处。

案例解析：

本案不合法之处有：(1)"双方达成口头抵押协议"不合法。设定抵押，应当由双方当事人签订抵押合同，或在合同中约定抵押条款，并应当采取书面形式。(2)"未办理抵押物登记"不合法。以正在建造的建筑物设定抵押的，应当办理抵押物登记，抵押权自登记之日起设立。(3)"约定如该公司到期不能偿还债务，别墅归中国建设银行所有"不合法。抵押权人在债务履行期届满前，不得与抵押人约定债务人不履行到期债务时抵押财产归债权人所有，否则该条款无效。

(二)质押

1. 质押概念及特征

所谓质押，指债务人或者第三人将其动产或者权利移交债权人占有，将该财产作为债的担保，当债务人不履行债务时，债权人有权依法以该财产变价所得优先受偿。质押分为动产质押与权利质押。

质押权是一种担保物权，但与抵押权有一定的区别：

(1)质押的标的物不包括不动产，用于质押的标的物可以是动产或者权利。

(2)质权的设定必须转移标的物的占有。

(3)由于质押转移标的物的占有，因此出质人虽然享有对标的物的所有权，但不能直接对质物进行占有、使用、收益。

2. 动产质押

动产质押，是以动产作为标的物的质押。

(1)动产质押的设定

设定动产质押，出质人和质权人应当以书面形式订立质押合同。根据《物权法》规定，质押合同是诺成合同，并不以质物占有的转移作为合同的生效要件。

质权自质物移交给质权人占有时设立。因此，只有出质人将出质的动产移交给债权人占有，债权人才能取得质权。

(2)动产质押的效力

①对质权人的效力——质权人的权利和义务

动产质押设定后,质权人有权占有质物,收取质物所生孳息,并有权转质。质权人在质权存续期间,为担保自己的债务,经出质人同意,以其所占有的质物为第三人设定质权的,应当在原质权所担保的债权范围之内,超过的部分不具有优先受偿的效力。转质权的效力优于原质权。同时质权人承担保管质物的义务。

②对出质人的效力——出质人的权利和义务

出质人在质权人因保管不善致使质物灭失或者毁损时,有权要求质权人承担民事责任。

质权人不能妥善保管质物可能致使其灭失或者毁损的,出质人可以要求质权人将质物提存,或者要求提前清偿债务而返还质物。将质物提存的,质物提存费用由质权人负担;出质人提前清偿债务的,应当扣除未到期部分的利息。

债务履行期届满,债务人履行债务的,或出质人提前清偿所担保的债权的,出质人有权要求质权人返还质物。

3. 权利质押

(1)可以出质的权利类型

①汇票、本票、支票、债券、存款单、仓单、提单;

②依法可以转让的股份、股票;

③依法可以转让的商标专用权、专利权、著作权中的财产权;

④依法可以转让的债权;

⑤公路桥梁、公路隧道或者公路渡口等不动产收益权。

(2)权利质权的成立要件

①以交付作为成立要件:票据和公司债券自交付之日起生效。

②以登记作为成立要件:以上市公司的股票出质的,质押合同自股票出质向证券登记机构办理出质登记之日起生效;以非上市公司的股份出质的,质押合同自股份出质记载于股东名册之日起生效;以依法可以转让的商标专用权、专利权、著作权中的财产权出质的,出质人与质权人应当订立书面合同,并向其管理部门办理出质登记。质押合同自登记之日起生效。

(三)留置

留置权是指债权人合法占有债务人的动产,在债务人不履行到期债务时债权人有权依法留置该财产,并有权就该财产优先受偿的权利。

1. 留置权的特征

(1)留置权是法定担保物权,因此留置权优先于抵押权、质权等意定担保物权而实现。

(2)留置权是动产担保物权,以债权人占有动产为要件。

(3)留置权是发生二次效力的担保物权。留置权人留置标的物后不得直接处分标的物，必须先定期催告，只有债务人逾期仍不履行债务时才能处分标的物而优先受偿。

2. 留置权的成立条件

(1)债权人占有债务人的动产。

(2)占有的动产与债权属于同一法律关系。即债务人所负债务须与该被留置物有牵连关系。如基于加工承揽合同而占有加工承揽物，基于运输合同而占有所承运的货物等。

(3)债权已届清偿期且债务人未按规定期限履行义务。

3. 留置权人的权利

(1)留置标的物。在债务人不履行债务时，债权人可以留置标的物。

(2)收取留置物的孳息。

(3)债权人因保管留置物所支出的必要费用，有权向债务人请求返还。

(4)就留置物优先受偿。但在实现留置权之前必须定不少于2个月的时间进行催告。

【情境总结】

1. 根据《物权法》规定，甲企业与银行签订的抵押合同生效和抵押权设立时间均为2013年4月20日。根据规定，当事人以生产设备设定抵押的，抵押权自抵押合同生效时设立。本题中，抵押物为企业的设备，抵押合同自签订之日起生效，因此抵押权也在当日设立。

2. 在设备抵押担保期间，甲企业与丙酒业公司签订的抵押物转让合同无效。根据《物权法》规定，抵押期间，抵押人未经抵押权人同意，不得转让抵押财产，但受让人代为清偿债务消灭抵押权的除外。本题中甲企业转让抵押物时未经银行同意，受让人也未代为清偿债务，所以转让合同是无效的。

3. 甲企业可以解除与张某的劳动合同。根据《劳动法》有关规定，劳动者严重违反用人单位的规章制度的，严重失职，营私舞弊，给用人单位造成重大损害的，用人单位可以解除劳动合同。本案中，张某在工作时间私自外出，严重违反劳动纪律和用人单位的规章制度，并给用人单位造成重大损失，甲企业完全有权解除劳动合同。张某可以通过依法协商、申请调解、仲裁、提起诉讼等途径解决与用人单位的劳动争议。根据《劳动法》有关规定，用人单位与劳动者发生劳动争议，当事人可以依法申请调解、仲裁、提起诉讼，也可以协商解决。

强化训练

一、单项选择题

1. 属于主物与从物关系的有(　　)。

A. 甲的锁和乙的门　　B. 甲的小轿车和乙的汽油

C. 甲的空调和空调遥控器　　D. 甲的房屋和沙发

2. 无效劳动合同是指所订立的劳动合同不符合法定条件,不能发生当事人预期法律效力的劳动合同。劳动合同的无效由( )。

A. 合同双方当事人决定　　B. 只能由人民法院确认

C. 只能由劳动争议仲裁委员会确认　　D. 人民法院或劳动争议仲裁委员会确认

3. 甲公司向银行贷款,并以所持乙上市公司股票用于质押。根据《物权法》规定,质权成立的时间是( )。

A. 借款合同签订之日

B. 质押合同签订之日

C. 向证券登记机构申请办理出质登记之日

D. 证券登记机构办理出质登记之日

4. 甲自有一套住房,下列( )行为体现了甲对房屋所享有的收益权。

A. 出售房屋　　B. 修缮房屋

C. 出租房屋　　D. 抵押房屋

5. 下列不属于劳动合同必备条款的是( )。

A. 工作内容和工作地点　　B. 社会保险

C. 工作时间和休息休假　　D. 劳动者的学历

6. 关于留置权的效力,下列说法不正确的是( )。

A. 留置的财产为可分物的,留置物的价值应相当于债务的金额

B. 留置权不应及于留置物的孳息

C. 债权人在其债权没有得到清偿时,有权留置债务人的财产

D. 留置债务人的财产后,债权人应给债务人一个履行期限

二、多项选择题

1. 根据《物权法》规定,下列财产可以用于抵押的有( )。

A. 投标取得的农村荒地的承包经营权,且发包方同意

B. 乡镇企业所有的房屋

C. 甲股份公司以转让方式获得的土地使用权

D. 依法被查封的财产

2. 甲企业经批准向社会公开招聘人员,在与被聘用人刘某所订立的劳动合同的以下条款中,不符合《劳动合同法》的有( )。

A. 劳动合同期限 4 年,其中试用期 1 年

B. 刘某在试用期内的工资待试用期满后集中发放

C. 用人单位与劳动者协商一致,可以解除劳动合同

D. 在试用期内刘某不得通知用人单位解除劳动合同

3. 根据《物权法》规定,在质押合同中,以( )出质的,质权自登记之日起生效。

A. 实现质权的费用　　B. 汇票

C. 依法可以转让的股票　　D. 商标专用权

4. 某公司所作出的关于延长工作时间的决定中,(　　)违反了《劳动法》。

A. 凡不服从公司延长工作时间决定的职工一律扣发当月奖金

B. 延长工作时间的工资统一按照原工资的120%发放

C. 未成年工、哺乳期内的女职工、怀孕的女职工不延长工作时间

D. 由于生产任务繁重,公司董事会经研究决定6月份的每个工作日延长工作时间2小时

5. 根据《物权法》规定,下列各项中,属于用益物权的有(　　)。

A. 土地承包经营权　　B. 建设用地使用权

C. 宅基地使用权　　D. 地役权

6. 甲、乙分别取得在同一街区相邻的两块建设用地,并各盖了12层办公楼,乙临街,甲在其后,甲的后院有一个小出口。但甲为了车队出入更方便,遂与相邻的乙约定:乙不在自己西侧宽10米、长200米的土地上建造房屋,专留给甲的车队通行,期限10年,作为补偿,甲一次性支付给乙300万元。双方签订合同并办理了地役权登记。1年后,甲将办公楼卖给了丙、丁各6层,乙将办公楼卖给了戊、寅各6层,根据《物权法》规定,下列表述中,正确的有(　　)。

A. 丁可以向寅主张通行的权利　　B. 丙可以向寅主张通行的权利

C. 丁可以向戊主张通行的权利　　D. 丙可以向戊主张通行的权利

7. 在下列(　　)情况下,用人单位不得解除劳动合同。

A. 职工周某在本单位连续工作满15年,且距法定退休年龄不足3年

B. 职工张某在上班途中发生交通事故而丧失劳动能力

C. 职工田某由于失职导致单位财务部门被盗,给单位造成严重经济损失

D. 职工王某结婚后怀孕,经常请病假影响正常工作

8. 2012年5月5日,甲向乙借款2 000元,同时签订了一份质押合同,约定甲于5月8日将一头母牛作为质物交付给乙,甲如期交付。7月6日,母牛生下小牛一头。根据《物权法》规定,下列表述中,正确的有(　　)。

A. 质押合同的生效时间为5月5日　　B. 质权的设立时间为5月8日

C. 小牛应归乙所有　　D. 小牛应归甲所有,但可作为质权的标的

9. 下列抵押物中,符合《物权法》要求的有(　　)。

A. 违法、违章的建筑物

B. 依法获准尚未建造的房屋

C. 共同共有人以共有财产设定抵押,其他共有人知道而未提出异议的

D. 农作物及其所附着土地的使用权

三、案例分析题

1. 甲公司为筹集生产资金,2013年5月,将本公司的1台价值1 000万元的机器设备作抵押,向乙公司借款800万元,双方签订抵押合同,抵押期为3个月,设备在抵押期内,仍由甲公司使用。2013年6月,甲公司又以该设备作为标的,向农业银行设定抵押,贷款

100 万元,双方签订抵押合同。2013 年 7 月,该设备发生故障,甲公司将其运至丙设备修理厂进行修理,并支付修理费 2 万元。丙修理厂同时要求甲公司付清以前所欠的 50 万元设备修理费,否则就对该设备行使留置权。

试分析:

(1)在抵押期间,甲公司是否有权继续使用该设备?说明理由。

(2)在抵押期间,甲公司是否可以该设备为标的向农业银行再次设立抵押权?说明理由。

(3)丙修理厂是否可以就该设备行使留置权?说明理由。

2. 某企业因生产需要引进工人,与孙某签订书面的劳动用工合同。合同约定:(1)因生产任务紧,上班第一个月,孙某每工作日必须加班 2 小时,周末加班 3 小时,加班工时按工资的 150% 支付报酬;(2)在试用期内,本企业可以随时单方解除与孙某的劳动合同关系;(3)本企业按季度发放工资,一年只发 4 次工资;(4)如孙某因工负伤并丧失劳动能力,本企业将立即解除双方的劳动合同关系。

试分析:本案中,哪些地方违反了劳动法的规定?并说明理由。

知识链接

物业管理中的“物权法”

刘某将在某小区的房子租给了一家公司作库房,每天人来人往,货物推进推出,搞得邻居颇有意见。于是邻居纷纷找刘某和物业,请求停止侵害,虽物业和刘某也多次找承租方,要求承租方减少影响,但几番周折,事情并未好转,直至发展到多位邻居强烈要求承租方搬离小区。这时,刘某不乐意了,认为房子是自己的,愿意租给谁是他个人的事,与他人无关,并自此以后,对此事不予理睬了。

时下,新建小区越来越多,业主将自己暂时搁置不住的房子租给相关人员或单位作库房、办公用房,或将住宅改门面作经营用房等比比皆是。一直以来,相邻业主也投诉不断,但解决起来并不彻底。《物权法》明确了相关事宜,将类似纠纷提升到法律的范畴,把权利交给了全体业主,鼓励业主用法律维护自己的权益。

参考答案

一、单项选择题

1. C　2. D　3. D　4. C　5. D　6. B

二、多项选择题

1. ABC　2. ABD　3. CD　4. ABD　5. ABCD　6. ABCD　7. ABD　8. BD　9. CD

三、案例分析题

1.(1)有权。按相关法律规定,抵押期内,抵押人仍享有抵押物的占有、使用权。

(2)可以。甲公司依法可以以其未全部设置担保物权的财产提供担保。

(3)可以。丙修理厂享有法定的留置权,且留置权优先于抵押权、质权等意定担保物权而实现。

2.本案中以下方面违反劳动法规定:(1)强迫劳动者加班违法。根据劳动法相关规定,用人单位不得强迫劳动者加班,确需加班的,应与劳动者或工会协商并征得其同意。(2)规定的加班时间不合法。加班时间一般每日不得超过1小时,因特殊原因需要延长工作时间的,每日不得超过3小时,每月不得超过36小时。(3)周末加班工时支付报酬标准不合法。用人单位安排劳动者在休息日工作,不能安排补休的,按照不低于日工资标准的200%支付劳动者报酬。(4)试用期内约定企业可以随时单方解除合同不合法。试用期内,双方可以约定解除合同,或法定单方解除合同,而非单方随意解除合同。(5)按季度一年只发4次工资不合法。工资至少每月支付1次。(6)如孙某因公负伤并丧失劳动能力,本企业将立即解除双方的劳动合同关系的约定不合法。劳动者因公负伤并被确认丧失或部分丧失劳动能力的,用人单位既不得解除,也不得终止劳动合同。

第二篇

经济组织法

项目三

公司法

学习目标

能力目标：区分有限责任公司与股份有限公司。

知识目标：掌握有限责任公司、股份有限公司的概念、特征、设立条件和组织机构。

素质目标：掌握公司法相关知识，为以后进入公司工作奠定基础。

【情境导入】

A公司是一家从事儿童玩具生产的有限责任公司，公司设立董事会，由甲、乙、丙、丁、戊5人出任董事，其中，甲为B企业的法定代表人。2012年3月，B企业因违法经营被吊销营业执照，乙、丙、丁、戊遂对甲的董事资格提出了异议，认为甲不应继续担任A公司的董事。此外，乙发现丙未经股东会及董事会同意，在本市注册成立了一家一人有限责任公司，生产与A公司同种类的儿童玩具。于是，乙、丁、戊又一同将丙告上了法庭。

【任务分析】

1. 甲是否有资格继续担任A公司的董事？

2. 丙的行为是否违反了《公司法》的规定？

任务一　公司法概要

一、公司概述

（一）公司的概念与特征

1. 公司的概念

公司是指全部资本由股东出资构成，股东以其认缴的出资额或认购的股份为限对公司承担责任，公司以其全部财产对公司债务承担责任的企业法人。

2. 公司的特征

（1）公司须依法设立

设立公司，须依据公司法及相关法律规定的条件和程序。

（2）公司以营利为目的

公司是以营利为目的的企业，公司设立及活动的目的在于通过营业来获取利润，并将所得利润分配给公司股东。

(3)公司具有法人资格

我国的法人分为企业法人、机关法人、事业单位法人和社会团体法人四种。公司必须符合我国法律所规定的企业法人条件。公司的法人性质使其具有独立的人格,可以依法独立地享有权利和承担义务。当然,公司的独立人格并非一成不变,在公司法人人格制度的运行实践中,出现了股东滥用公司独立人格和股东有限责任的现象,从而使该制度原初的价值目标受到挑战,基于此,有必要对公司人格滥用行为进行规制,在特定情形下否认公司的独立人格。我国公司法即规定,公司股东应当遵守法律、行政法规和公司章程,依法行使股东权利,不得滥用股东权利损害公司或者其他股东的利益;不得滥用公司法人独立地位和股东有限责任损害公司债权人的利益。公司股东滥用股东权利给公司或者其他股东造成损失的,应当依法承担赔偿责任。公司股东滥用公司法人独立地位和股东有限责任,逃避债务,严重损害公司债权人利益的,应当对公司债务承担连带责任。

(4)公司是股权式企业

公司是以股东投资为基础设立的股权式企业,股东以其认缴的出资额或认购的股份为限对公司承担责任。

(二)公司的分类

1. 无限责任公司、有限责任公司、股份有限公司、两合公司、股份两合公司

这是以公司股东责任范围为标准进行划分的。无限责任公司亦称无限公司,是指股东对公司债务负无限连带清偿责任的公司。有限责任公司简称有限公司,是指股东仅以其出资额为限对公司债务承担有限责任的公司。股份有限公司简称股份公司,是指公司的全部资本划分为等额股份,股东以其所认购的股份为限对公司债务承担责任的公司。两合公司是指由一个以上的无限责任股东和一个以上的有限责任股东组成的公司。股份两合公司是指无限责任股东对公司债务负无限连带责任,有限责任部分的资本则划分为等额股份,股东仅以其认购的股份为限对公司债务承担责任的公司。我国《公司法》仅规定了有限责任公司和股份有限公司两种形式。

2. 人合公司、资合公司、人合兼资合公司

这是以公司信用基础为标准进行划分的。人合公司是指公司的信用基础不在于公司资本的多少,而在于股东个人信用的公司。资合公司是指以公司的资本额为公司信用基础的公司。人合兼资合公司是指以公司股东的个人信用和公司的资本信用共同作为公司信用基础的公司。

3. 母公司、子公司

这是以一个公司对另一个公司的控制与支配关系为标准进行划分的。母公司是指因拥有其他公司一定比例的股份或者根据协议可以控制或支配其他公司的公司。子公司是指股份被另一个公司控制,或者依照协议被另一个公司控制或支配的公司。母公司和子公司均具有法人资格。

4. 总公司、分公司

这是按公司的内部管辖系统进行划分的。总公司亦称为本公司,是指管辖公司全部组织的总机构。分公司是指被总公司所管辖的公司分支机构。总公司具有法人资格,分公司不具有法人资格。

5. 本国公司、外国公司、跨国公司

这是以公司的国籍为标准进行划分的。本国公司是指具有本国国籍,其行为受本国公司法调整的公司。外国公司是指依照外国法律在中国境外设立的公司。跨国公司是指以一国为基地,通过对外直接投资,在其他国家或地区设立分支机构的公司。

6. 封闭式公司、开放式公司

这是以公司资本筹集方式和出资转让方式的不同进行划分的。封闭式公司是指公司股东数额有最高人数限制,公司的股份全部由该公司设立时的股东所拥有,限制公司股份转让的公司。开放式公司是指公司的股份向社会公开发行,可以自由转让、流通的公司。

二、公司法概述

(一)公司法的概念

公司法是指规定公司的设立、变更、解散、组织、活动及其他对内对外关系的法律规范的总称。

《中华人民共和国公司法》(以下简称《公司法》),于1993年12月29日第八届全国人民代表大会常务委员会第五次会议通过,自1994年7月1日起施行。1999年12月25日第九届全国人民代表大会常务委员会第十三次会议对《公司法》作了修正。2004年8月28日第十届全国人民代表大会常务委员会第十一次会议对《公司法》作了第二次修正。2005年10月27日第十届全国人民代表大会常务委员会第十八次会议对《公司法》进行了修订,自2006年1月1日起施行。2013年年底全国人民代表大会常务委员会对《公司法》进行了修正,新《公司法》自2014年3月1日起施行。《公司法》对于规范公司的组织和行为,保护公司、股东和债权人的合法权益,维护社会经济秩序,促进社会主义市场经济的发展,有着重要的意义。

《公司法》适用于依法在中国境内设立的有限责任公司和股份有限公司,以及外国公司在中国境内设立的分支机构。外商投资的有限责任公司和股份有限公司适用《公司法》;有关外商投资的法律另有规定的,适用其规定。

(二)公司法的基本原则

1. 保护公司、股东、债权人及职工的合法权益原则

(1)规范公司的组织和行为,保护公司的合法权益。公司是企业法人,有独立的法人财产,享有法人财产权。公司的合法权益受法律保护,不受侵犯。

(2)保护公司股东的合法权益。公司股东依法享有资产收益、参与重大决策和选择管理者等权利。

(3)保护公司债权人的合法权益。《公司法》所确立的公司人格否认制度体现了对债权人合法权益的保护。

(4)保护公司职工的合法权益。《公司法》规定,公司必须保护职工的合法权益,依法与职工签订劳动合同,参加社会保险,加强劳动保护,实现安全生产。公司应当采用多种形式,加强公司职工的职业教育和岗位培训,提高职工素质。公司职工依法组织工会,开展工会活动,维护职工合法权益。公司应当为本公司工会提供必要的活动条件。公司依照宪法和有关法律的规定,通过职工代表大会或者其他形式,实行民主管理。公司研究决定改制以及经营方面的重大问题、制定重要的规章制度时,应当听取公司工会的意见,并通过职工代表大会或者其他形式听取职工的意见和建议。

2. 投资者股权与公司法人财产权相分离原则

公司股东作为出资者,依法享有资产收益、参与重大决策和选择管理者等权利。公司有独立的法人财产,享有法人财产权,公司以其全部财产对公司的债务承担责任。

3. 依法经营原则

公司从事经营活动,必须遵守法律、行政法规,遵守社会公德、商业道德,诚实守信,接受政府和社会公众的监督,承担社会责任。

任务二　有限责任公司

一、有限责任公司的概念与特征

(一)有限责任公司的概念

有限责任公司亦称为有限公司,是指依照公司法设立,由一定人数的股东出资组成,股东以其认缴的出资额为限对公司承担有限责任,公司以其全部财产对公司的债务承担责任的企业法人。

(二)有限责任公司的特征

(1)股东人数具有一定的限制。《公司法》规定,有限责任公司股东人数为 50 人以下。

(2)股东承担有限责任。有限责任公司股东以其认缴的出资额为限对公司承担有限责任。

(3)有限责任公司具有法人资格。

(4)公司资本不分为等额股份。有限责任公司的公司资本不分为等额股份,证明股东出资额的权利证书为出资证明书,而非股票。

(5)相对封闭。有限责任公司的股份不公开发行,股份转让受到一定的限制。

(6)机构设置灵活。根据《公司法》规定,股东人数较少或者规模较小的有限责任公司,可以设 1 名执行董事,不设董事会;可以设 1 ~ 2 名监事,不设监事会。

二、有限责任公司的设立

(一)有限责任公司设立的条件

1. 股东符合法定人数

有限责任公司由 50 个以下股东出资设立。《公司法》允许只有一个自然人股东或者一个法人股东的有限责任公司,即一人有限责任公司的存在。国家亦可单独出资,由国务院或者地方人民政府授权本级人民政府国有资产监督管理机构,履行出资人职责,设立国有独资的有限责任公司。

2. 有符合公司章程规定的全体股东认缴的出资额

法律、行政法规以及国务院决定对有限责任公司注册资本实缴、注册资本最低限额另有规定的,从其规定。

3. 股东共同制定公司章程

设立公司必须依法制定公司章程,公司章程对公司、股东、董事、监事、高级管理人员具有约束力。有限责任公司章程应当载明下列事项:①公司名称和住所;②公司经营范围;③公司注册资本;④股东的姓名或者名称;⑤股东的出资方式、出资额和出资时间;⑥公司的机构及其产生办法、职权、议事规则;⑦公司法定代表人;⑧股东会会议认为需要规定的其他事项。股东应当在公司章程上签字、盖章。

4. 有公司名称,建立符合有限责任公司要求的组织机构

公司名称通常由地名、字号、经营业务、法律性质四部分组成。设立有限责任公司,必须在公司名称中标明有限责任公司或者有限公司字样。

5. 有公司住所

有限责任公司以其主要办事机构所在地为住所。

(二)有限责任公司股东的出资

1. 出资方式

有限责任公司股东可以用货币出资,也可以用实物、知识产权、土地使用权等可以用货币估价并可以依法转让的非货币财产作价出资,但法律、行政法规规定不得作为出资的财产除外。对作为出资的非货币财产应当评估作价,核实财产,不得高估或者低估作价,法律、行政法规对评估作价有规定的,从其规定。

2. 出资的缴纳

有限责任公司的注册资本为在公司登记机关登记的全体股东认缴的出资额。

股东应当按期足额缴纳公司章程中规定的各自所认缴的出资额。股东以货币出资的,应当将货币出资足额存入有限责任公司在银行开设的账户;以非货币财产出资的,应当依法办理其财产权的转移手续。

3. 法律责任

股东不按规定缴纳出资的,除应当向公司足额缴纳外,还应当向已按期足额缴纳出资的股东承担违约责任。有限责任公司成立后,发现作为设立公司出资的非货币财产的实际价额显著低于公司章程所定价额的,应当由交付该出资的股东补足其差额;公司设立时的其他股东承担连带责任。

(三)有限责任公司的设立登记

1. 申请设立登记

股东认足公司章程规定的出资后,由全体股东指定的代表或者共同委托的代理人向

公司登记机关报送公司登记申请书、公司章程等文件，申请设立登记。法律、行政法规规定设立有限责任公司必须报经批准的，应当在公司登记前依法办理批准手续。

2. 登记发照

公司登记机关对设立登记申请进行审查，对符合规定条件的，予以登记，发给公司营业执照；对不符合规定条件的，不予登记。有限责任公司营业执照签发日期为其成立日期。公司营业执照应当载明公司的名称、住所、注册资本、经营范围、法定代表人姓名等事项。

【应用案例 3-1】

甲、乙、丙三人共同出资成立 A 有限责任公司，公司注册资本为 12 万元人民币。其中，甲出资 3 万元人民币；乙用一项专利出资，作价 5 万元人民币；丙以 1 台机器设备出资，作价 4 万元人民币。试分析上述货币出资是否符合《公司法》的规定。

案例解析：

符合《公司法》的规定。

三、有限责任公司的组织机构

（一）股东会

1. 股东会的地位和职权

（1）股东会的地位。有限责任公司的股东会由公司全体股东组成，是公司的权力机构、法定必设机关和非常设机关。

（2）股东会的职权。股东会行使下列职权：决定公司的经营方针和投资计划；选举和更换非由职工代表担任的董事、监事，决定有关董事、监事的报酬事项；审议批准董事会的报告；审议批准监事会或者监事的报告；审议批准公司的年度财务预算方案、决算方案；审议批准公司的利润分配方案和弥补亏损方案；对公司增加或者减少注册资本作出决议；对发行公司债券作出决议；对公司合并、分立、解散、清算或者变更公司形式作出决议；修改公司章程；公司章程规定的其他职权。

2. 股东会会议的召开

股东会会议分为定期会议和临时会议。定期会议应当按照公司章程的规定按时召开。代表 1/10 以上表决权的股东、1/3 以上的董事、监事会或者不设监事会的公司的监事提议召开临时会议的，应当召开临时会议。首次股东会会议由出资最多的股东召集和主持。有限责任公司设立董事会的，股东会会议由董事会召集，董事长主持；董事长不能履行职务或者不履行职务的，由副董事长主持；副董事长不能履行职务或者不履行职务的，由半数以上董事共同推举一名董事主持。有限责任公司不设董事会的，股东会会议由执行董事召集和主持。董事会或者执行董事不能履行或者不履行召集股东会会议职责的，由监事会或者不设监事会的公司的监事召集和主持；监事会或者监事不召集和主持的，代表 1/10 以上表决权的股东可以自行召集和主持。

3. 股东会的决议

召开股东会会议，应当于会议召开 15 日以前通知全体股东，但公司章程另有规定或者全体股东另有约定的除外。股东会应当对所议事项的决定做成会议记录,出席会议的股东应当在会议记录上签字。股东会会议由股东按照出资比例行使表决权,但公司章程另有规定的除外。股东会的议事方式和表决程序,除《公司法》有规定的外,由公司章程规定。股东会会议作出修改公司章程、增加或者减少注册资本的决议,以及公司合并、分立、解散或者变更公司形式的决议,必须经代表2/3以上表决权的股东通过。

(二)董事会

1. 董事会的地位和职权

(1)董事会的地位

有限责任公司董事会是公司的执行机构、日常决策机构,对股东会负责。

(2)董事会的组成

董事会的成员为3~13人。两个以上的国有企业或者其他两个以上的国有投资主体投资设立的有限责任公司,其董事会成员中应当有公司职工代表;其他有限责任公司董事会成员中也可以有公司职工代表。董事会中的职工代表由公司职工通过职工代表大会、职工大会或者其他形式民主选举产生。董事会设董事长1人,可以设副董事长。董事长、副董事长的产生办法由公司章程规定。董事任期由公司章程规定,但每届任期不得超过3年。董事任期届满,连选可以连任。董事任期届满未及时改选,或者董事在任期内辞职导致董事会成员低于法定人数的,在改选出的董事就任前,原董事仍应当依照法律、行政法规和公司章程的规定,履行董事职务。

(3)董事会的职权

董事会对股东会负责,行使下列职权:召集股东会会议,并向股东会报告工作;执行股东会的决议;决定公司的经营计划和投资方案;制订公司的年度财务预算方案、决算方案;制订公司的利润分配方案和弥补亏损方案;制订公司增加或者减少注册资本以及发行公司债券的方案;制订公司合并、分立、解散或者变更公司形式的方案;决定公司内部管理机构的设置;决定聘任或者解聘公司经理及其报酬事项,并根据经理的提名决定聘任或者解聘公司副经理、财务负责人及其报酬事项;制定公司的基本管理制度;公司章程规定的其他职权。

2. 董事会会议制度

董事会会议由董事长召集和主持,董事长不能履行职务或者不履行职务的,由副董事长召集和主持;副董事长不能履行职务或者不履行职务的,由半数以上董事共同推举一名董事召集和主持。董事会应当对所议事项的决定做成会议记录,出席会议的董事应当在会议记录上签字。董事会决议的表决,实行一人一票。

3. 经理

有限责任公司可以设经理,由董事会决定聘任或者解聘。经理对董事会负责,行使下列职权:主持公司的生产经营管理工作,组织实施董事会决议;组织实施公司年度经营计划和投资方案;拟订公司内部管理机构设置方案;拟订公司的基本管理制度;制定公司的具体规章;提请聘任或者解聘公司副经理、财务负责人;决定聘任或者解聘除应由董事会决定聘任或者解聘以外的负责管理人员;董事会授予的其他职权。经理列席董事会会议。

4.执行董事

股东人数较少或者规模较小的有限责任公司,可以设1名执行董事,不设董事会。执行董事可以兼任公司经理,其职权由公司章程规定。

(三)监事会

1.监事会的地位和职权

(1)监事会的地位。有限责任公司监事会是公司的监督机构。

(2)监事会的组成。有限责任公司监事会成员不得少于3人;股东人数较少或者规模较小的有限责任公司,可以设1~2名监事,不设立监事会。监事会应当包括股东代表和适当比例的公司职工代表,其中职工代表的比例不得低于1/3,具体比例由公司章程规定。监事会中的职工代表由公司职工通过职工代表大会、职工大会或者其他形式民主选举产生。监事会设主席1人,由全体监事过半数选举产生。监事会主席召集和主持监事会会议;监事会主席不能履行职务或者不履行职务的,由半数以上监事共同推举一名监事召集和主持监事会会议。董事、高级管理人员不得兼任监事。监事的任期每届为3年,任期届满,连选可以连任。

(3)监事会、不设监事会的公司的监事的职权。监事会、不设监事会的公司的监事行使下列职权:检查公司财务;对董事、高级管理人员执行公司职务的行为进行监督,对违反法律、行政法规、公司章程或者股东会决议的董事、高级管理人员提出罢免的建议;当董事、高级管理人员的行为损害公司的利益时,要求董事、高级管理人员予以纠正;提议召开临时股东会会议,在董事会不履行《公司法》规定的召集和主持股东会会议职责时召集和主持股东会会议;向股东会会议提出提案;依法对董事、高级管理人员提起诉讼;公司章程规定的其他职权。

2.监事会会议制度

监事会每年度至少召开一次会议,监事可以提议召开临时监事会会议。监事会的议事方式和表决程序,除《公司法》有规定的外,由公司章程规定。监事会决议应当经半数以上监事通过。监事会应当对所议事项的决定做成会议记录,出席会议的监事应当在会议记录上签字。

(四)董事、监事、高级管理人员的资格和义务

1.董事、监事、高级管理人员的资格

有下列情形之一的,不得担任公司的董事、监事、高级管理人员:①无民事行为能力或者限制民事行为能力;②因贪污、贿赂、侵占财产、挪用财产或者破坏社会主义市场经济秩序,被判处刑罚,执行期满未逾5年,或者因犯罪被剥夺政治权利,执行期满未逾5年;③担任破产清算的公司、企业的董事或者厂长、经理,对该公司、企业的破产负有个人责任的,自该公司、企业破产清算完结之日起未逾3年;④担任因违法被吊销营业执照、责令关闭的公司、企业的法定代表人,并负有个人责任的,自该公司、企业被吊销营业执

照之日起未逾3年;⑤个人所负数额较大的债务到期未清偿。

2. 董事、监事、高级管理人员的义务

董事、监事、高级管理人员应当遵守法律、行政法规和公司章程,对公司负有忠实义务和勤勉义务。董事、监事、高级管理人员不得利用职权收受贿赂或者其他非法收入,不得侵占公司的财产。董事、高级管理人员不得有下列行为:挪用公司资金;将公司资金以其个人名义或者以其他个人名义开立账户存储;违反公司章程的规定,未经股东会、股东大会或者董事会同意,将公司资金借贷给他人或者以公司财产为他人提供担保;违反公司章程的规定或者未经股东会、股东大会同意,与本公司订立合同或者进行交易;未经股东会或者股东大会同意,利用职务便利为自己或者他人谋取属于公司的商业机会,自营或者为他人经营与所任职公司同类的业务;接受他人与公司交易的佣金归为己有;擅自披露公司秘密;违反对公司忠实义务的其他行为。

【应用案例3-2】

甲为A有限责任公司的董事长,2013年6月1日,甲决定召开公司临时股东会会议,对公司章程进行修改。在6月25日的股东会会议上,公司的7名股东全部出席,并对公司章程修改草案进行了表决。其中,代表4/7表决权的4名股东投了赞成票,另外代表3/7表决权的3名股东则投了反对票。投票结束后,会议主持人甲宣布,根据少数服从多数的原则,公司章程修改决议获得通过。试分析本案中股东会会议召开及决议程序的违法之处。

案例解析:

《公司法》规定,代表1/10以上表决权的股东、1/3以上的董事、监事会或者不设监事会的公司的监事可以提议召开股东会临时会议。董事长个人无权单独决定召开临时股东会会议,因此本案中董事长甲决定召开临时股东会会议违反了《公司法》的规定。《公司法》规定,股东会会议作出修改公司章程、增加或者减少注册资本的决议,以及公司合并、分立、解散或者变更公司形式的决议,必须经代表2/3以上表决权的股东通过。本案中仅根据代表4/7表决权的股东同意即通过公司章程修改草案,亦违反了《公司法》的规定。

四、特殊形态的有限责任公司

(一)一人有限责任公司

1. 一人有限责任公司的概念和特征

(1)一人有限责任公司的概念。一人有限责任公司,是指只有一个自然人股东或者一个法人股东的有限责任公司。

(2)一人有限责任公司的特征。一人有限责任公司具有如下特征:

第一,股东单一性。一人有限责任公司只有一个自然人股东或者一个法人股东。

第二,责任有限性。一人有限责任公司虽然只有一个自然人股东或者一个法人股东,但股东仍承担有限责任。

第三,转投资的限定性。一个自然人只能投资设立一个一人有限责任公司,该一人有限责任公司不能投资设立新的一人有限责任公司。

2. 一人有限责任公司的设立

一人有限责任公司应当在公司登记中注明自然人独资或者法人独资，并在公司营业执照中载明。一个自然人只能投资设立一个一人有限责任公司，该一人有限责任公司不能投资设立新的一人有限责任公司。

3. 一人有限责任公司的组织机构

一人有限责任公司不设股东会，股东作出相关决定时，应当采用书面形式，并由股东签字后置备于公司。

4. 一人有限责任公司股东的责任限制

一人有限责任公司的股东不能证明公司财产独立于股东自己财产的，应当对公司债务承担连带责任。

(二)国有独资公司

1. 国有独资公司的概念

国有独资公司，是指国家单独出资、由国务院或者地方人民政府授权本级人民政府国有资产监督管理机构履行出资人职责的有限责任公司。

2. 国有独资公司的组织机构

(1)股东会职权的行使

国有独资公司不设股东会，由国有资产监督管理机构行使股东会职权。国有资产监督管理机构可以授权公司董事会行使股东会的部分职权，决定公司的重大事项，但公司的合并、分立、解散、增加或者减少注册资本和发行公司债券，必须由国有资产监督管理机构决定。

(2)董事会、经理

国有独资公司设立董事会，依照《公司法》的规定及国有资产监督管理机构的授权来行使职权，董事每届任期不得超过 3 年。董事会成员中应当有公司职工代表。董事会成员由国有资产监督管理机构委派，但董事会成员中的职工代表由公司职工代表大会选举产生。董事会设董事长 1 人，可以设副董事长。董事长、副董事长由国有资产监督管理机构从董事会成员中指定。国有独资公司设经理，由董事会聘任或者解聘，经国有资产监督管理机构同意，董事会成员可以兼任经理。

(3)监事会

国有独资公司监事会成员不得少于 5 人，其中职工代表的比例不得低于 1/3，具体比例由公司章程规定。监事会成员由国有资产监督管理机构委派，但监事会中的职工代表由公司职工代表大会选举产生。监事会主席由国有资产监督管理机构从监事会成员中指定。监事会行使下列职权：检查公司财务；对董事、高级管理人员执行公司职务的行为进行监督，对违反法律、行政法规、公司章程或者股东会决议的董事、高级管理人员提出罢免的建议；当董事、高级管理人员的行为损害公司的利益时，要求董事、高级管理人员予以纠正；国务院规定的其他职权。

五、有限责任公司的股权转让

（一）内部转让

有限责任公司的股东之间可以相互转让其全部或者部分股权。

（二）对外转让

股东向股东以外的人转让股权，应当经其他股东过半数同意。股东应就其股权转让事项书面通知其他股东征求同意，其他股东自接到书面通知之日起满30日未答复的，视为同意转让。其他股东半数以上不同意转让的，不同意的股东应当购买该转让的股权，不购买的，视为同意转让。经股东同意转让的股权，在同等条件下，其他股东有优先购买权。两个以上股东主张行使优先购买权的，协商确定各自的购买比例；协商不成的，按照转让时各自的出资比例行使优先购买权。公司章程对股权转让另有规定的，从其规定。

（三）法院强制执行转让

人民法院依照法律规定的强制执行程序转让股东的股权时，应当通知公司及全体股东，其他股东在同等条件下有优先购买权。其他股东自人民法院通知之日起满20日不行使优先购买权的，视为放弃优先购买权。

（四）股权回购

有下列情形之一的，对股东会该项决议投反对票的股东可以请求公司按照合理的价格收购其股权：

1. 公司连续5年不向股东分配利润，而公司该5年连续盈利，并且符合《公司法》规定的分配利润条件的。

2. 公司合并、分立、转让主要财产的。

3. 公司章程规定的营业期限届满或者章程规定的其他解散事由出现，股东会会议通过决议修改章程使公司存续的。

自股东会会议决议通过之日起60日内，股东与公司不能达成股权收购协议的，股东可以自股东会会议决议通过之日起90日内向人民法院提起诉讼。

（五）股权继承

自然人股东死亡后，其合法继承人可以继承股东资格，但公司章程另有规定的除外。

任务三　股份有限公司

一、股份有限公司的概念与特征

（一）股份有限公司的概念

股份有限公司也称股份公司，是指全部资本分为等额股份，股东以其认购的股份为限对公司承担责任，公司以其全部资产对公司的债务承担责任的企业法人。

（二）股份有限公司的特征

1. 典型的资合性。股份有限公司的信用基础为公司资本，而非股东个人信用，是典型的资合公司。

2. 股东人数有下限限制。股份有限公司的股东人数为2人以上。

3. 公司资本分为等额股份。股份有限公司的全部资本分为等额股份。

4. 股份可自由转让。与有限责任公司不同,股份有限公司股份转让的限制较少。

5. 股东承担有限责任。股份有限公司的股东以其认购的股份为限对公司承担责任。

6. 具有法人资格。股份有限公司具有法人资格。

二、股份有限公司的设立

(一)股份有限公司的设立条件

1. 发起人符合法定人数

(1)发起人的职责

股份有限公司的发起人承担公司筹办事务,即订立创办公司的协议,提出设立公司的申请,向公司出资,并对公司的设立活动承担相应的责任。

(2)发起人的人数

设立股份有限公司,应当有2人以上200人以下为发起人,其中须有半数以上的发起人在中国境内有住所。

(3)发起人的责任

当公司不能成立时,对公司设立行为所产生的债务和费用负连带责任。在公司设立过程中,由于发起人的过失致使公司利益受到损害的,应当对公司承担赔偿责任。

2. 有符合公司章程规定的全体发起人认购的股本总额或者募集的实收股本总额

股份有限公司采取发起设立方式设立的,注册资本为在公司登记机关登记的全体发起人认购的股本总额。股份有限公司采取募集方式设立的,注册资本为在公司登记机关登记的实收股本总额。

法律、行政法规以及国务院决定对股份有限公司注册资本实缴、注册资本最低限额另有规定的,从其规定。

3. 股份发行、筹办事项符合法律规定

股份有限公司的股份发行、筹办事项应符合《公司法》及相关法律法规的规定。

4. 发起人制订公司章程,采用募集方式设立的经创立大会通过

股份有限公司章程应当载明下列事项:公司名称和住所;公司经营范围;公司设立方式;公司股份总数、每股金额和注册资本;发起人的姓名或者名称、认购的股份数、出资方式和出资时间;董事会的组成、职权和议事规则;公司法定代表人;监事会的组成、职权和议事规则;公司利润分配办法;公司的解散事由与清算办法;公司的通知和公告办法;股东大会会议认为需要规定的其他事项。

5. 有公司名称,建立符合股份有限公司要求的组织机构

设立股份有限公司,必须在名称中标明股份有限公司或者股份公司字样,并按法律要求设立相关的组织机构。

6. 有公司住所

股份有限公司以其主要办事机构所在地为住所。

（二）股份有限公司的设立程序

股份有限公司的设立，可以采取发起设立或者募集设立的方式。发起设立，是指由发起人认购公司应发行的全部股份而设立公司；募集设立，是指由发起人认购公司应发行股份的一部分，其余股份向社会公开募集或者向特定对象募集而设立公司。因设立方式不同，设立程序亦有所不同。

1. 发起设立的程序

（1）发起人签订发起人协议。设立股份有限公司，发起人应当签订发起人协议，明确各自在公司设立过程中的权利和义务。

（2）发起人订立公司章程。公司章程是规范公司组织与活动的基本法律文件。

（3）申请公司名称预先核准。设立股份有限公司，应当由全体发起人指定的代表或者共同委托的代理人向公司登记机关申请名称预先核准。

（4）设立审批。设立审批并非所有公司成立的必经程序。只有按法律、行政法规或者国务院规定必须报经审批的，才有此程序。法律、行政法规或者国务院决定规定设立公司必须报经批准，或者公司经营范围中属于法律、行政法规或者国务院决定规定在登记前须经批准的项目的，应当在报送批准前办理公司名称预先核准，并以公司登记机关预先核准的公司名称报送批准。

（5）股份的认缴。以发起设立方式设立股份有限公司的，发起人应当书面认足公司章程规定其认购的股份。注册资本为在公司登记机关登记的全体发起人认购的股本总额。在发起人认购的股份缴足前，不得向他人募集股份。

（6）组建公司机构。发起人认足公司章程规定的出资后，应当选举董事会和监事会。

（7）公司设立登记。公司机构成立后，由董事会向公司登记机关报送公司章程以及法律、行政法规规定的其他文件，申请设立登记。

2. 募集设立的程序

募集设立的程序同发起设立的程序基本相同，其特殊之处在于：

（1）发起人认购股份。在募集设立中，发起人认购的股份不得少于公司股份总数的35%；但法律、行政法规另有规定的，从其规定。

（2）认股人认股。发起人向社会公开募集股份，必须公告招股说明书，并制作认股书。发行股份的股款缴足后，必须经依法设立的验资机构验资并出具证明。

（3）召开创立大会。创立大会是在股份有限公司募集设立过程中由发起人、认股人所组成的决议机构。发起人应当自股款缴足之日起30日内主持召开公司创立大会。

（4）申请设立登记。董事会应于创立大会结束后30日内，向公司登记机关报送有关文件，申请设立登记。以募集方式设立股份有限公司公开发行股票的，还应当向公司登记机关报送国务院证券监督管理机构的核准文件。

三、股份有限公司的组织机构

(一)股东大会

1. 股东大会的组成和职权

股份有限公司股东大会由全体股东组成,是公司的权力机构。其职权范围与有限责任公司股东会的职权相同。

2. 股东大会会议的召开

(1)股东大会的召集和主持

股东大会会议由董事会召集,董事长主持;董事长不能履行职务或者不履行职务的,由副董事长主持;副董事长不能履行职务或者不履行职务的,由半数以上董事共同推举一名董事主持。董事会不能履行或者不履行召集股东大会会议职责的,监事会应当及时召集和主持;监事会不召集和主持的,连续90日以上单独或者合计持有公司10%以上股份的股东可以自行召集和主持。

(2)股东大会召开的情形

股东大会会议分为年会和临时会议。股东大会应当每年召开一次年会,有下列情形之一的,应当在2个月内召开临时股东大会:①董事人数不足《公司法》规定人数或者公司章程所定人数的2/3时;②公司未弥补的亏损达实收股本总额1/3时;③单独或者合计持有公司10%以上股份的股东请求时;④董事会认为必要时;⑤监事会提议召开时;⑥公司章程规定的其他情形。

(3)通知及提案

召开股东大会会议,应当将会议召开的时间、地点和审议的事项于会议召开20日前通知各股东;临时股东大会应当于会议召开15日前通知各股东;发行无记名股票的,应当于会议召开30日前公告会议召开的时间、地点和审议事项。单独或者合计持有公司3%以上股份的股东,可以在股东大会召开10日前提出临时提案并书面提交董事会,董事会应当在收到提案后2日内通知其他股东,并将该临时提案提交股东大会审议。临时提案的内容应当属于股东大会职权范围,并有明确议题和具体决议事项。

(4)无记名股票的交存

无记名股票持有人出席股东大会会议的,应当于会议召开5日前至股东大会闭会时将股票交存于公司。

3. 股东大会的表决

(1)表决原则

股东出席股东大会会议,所持每一股份有一表决权。股东可以委托代理人出席股东大会会议,代理人应当向公司提交股东授权委托书,并在授权范围内行使表决权。但是,公司持有的本公司股份没有表决权。

(2)决议的作出

股东大会作出决议,必须经出席会议的股东所持表决权过半数通过。但是,股东大会作出修改公司章程、增加或者减少注册资本的决议,以及公司合并、分立、解散或者变更公司形式的决议,必须经出席会议的股东所持表决权的2/3以上通过。

(3)累积投票制

股东大会选举董事、监事,可以根据公司章程的规定或者股东大会的决议,实行累积投票制。累积投票制是指股东大会选举董事或者监事时,每一股份拥有与应选董事或者监事人数相同的表决权,股东拥有的表决权可以集中使用。

(二)董事会

1. 董事会的组成和职权

(1)董事会的组成

股份有限公司设董事会,其成员为 5 ~ 19 人。董事会成员中可以有公司职工代表。董事会中的职工代表由公司职工通过职工代表大会、职工大会或者其他形式民主选举产生。董事会设董事长 1 人,可以设副董事长。董事长和副董事长由董事会以全体董事的过半数选举产生。董事长召集和主持董事会会议,检查董事会决议的实施情况,副董事长协助董事长工作。董事长不能履行职务或者不履行职务的,由副董事长履行职务;副董事长不能履行职务或者不履行职务的,由半数以上董事共同推举 1 名董事履行职务。

(2)董事会的职权

董事会的职权与有限责任公司董事会的职权相同。

2. 董事会会议

(1)董事会会议的召开

董事会会议分为定期会议和临时会议。董事会每年度至少召开两次会议,每次会议应当于会议召开 10 日前通知全体董事和监事。代表 1/10 以上表决权的股东、1/3 以上董事或者监事会,可以提议召开董事会临时会议。董事长应当自接到提议后 10 日内,召集和主持董事会会议。董事会召开临时会议,可以另定召集董事会的通知方式和通知时限。

(2)董事会会议的表决

董事会会议应有过半数的董事出席方可举行。董事会作出决议,必须经全体董事的过半数通过。董事会决议的表决,实行一人一票。董事会会议,应由董事本人出席;董事因故不能出席,可以书面委托其他董事代为出席,委托书中应载明授权范围。

(3)责任的承担

董事会应当对会议所议事项的决定做成会议记录,出席会议的董事应当在会议记录上签字。董事应当对董事会的决议承担责任。董事会的决议违反法律、行政法规或者公司章程、股东大会决议,致使公司遭受严重损失的,参与决议的董事对公司负赔偿责任;但经证明在表决时曾表明异议并记载于会议记录的,该董事可以免除责任。

3. 经理

股份有限公司设经理,由董事会决定聘任或者解聘。《公司法》关于有限责任公司经理职权的规定,适用于股份有限公司经理。公司董事会可以决定由董事会成员兼任经理。

（三）监事会

1. 监事会的组成及职权

股份有限公司设立监事会，其成员不得少于3人，监事的任期及监事会的职权与有限责任公司的规定相同。监事会应当包括股东代表和适当比例的公司职工代表，其中职工代表的比例不得低于1/3，具体比例由公司章程规定。监事会中的职工代表由公司职工通过职工代表大会、职工大会或者其他形式民主选举产生。监事会设主席1人，可以设副主席。监事会主席和副主席由全体监事过半数选举产生。董事、高级管理人员不得兼任监事。

2. 监事会会议

监事会主席召集和主持监事会会议；监事会主席不能履行职务或者不履行职务的，由监事会副主席召集和主持监事会会议；监事会副主席不能履行职务或者不履行职务的，由半数以上监事共同推举一名监事召集和主持监事会会议。监事会每6个月至少召开一次会议，监事可以提议召开临时监事会会议。监事会应当对所议事项的决定做成会议记录，出席会议的监事应当在会议记录上签字。

（四）董事、监事、高级管理人员的资格和义务

股份有限公司董事、监事、高级管理人员的资格和义务与有限责任公司的规定相同。

【应用案例3-3】

A股份有限公司董事会共有董事13名。2012年6月10日，根据公司5名董事的提议，董事长甲主持召开了董事会临时会议，该次会议共有10名董事出席。董事会会议对公司增加注册资本及调整公司内部管理机构设置事项进行了表决，经7名董事同意而获得了通过。试分析A公司董事会会议的召开、表决程序以及表决事项是否符合《公司法》的规定。

案例解析：

《公司法》规定，代表1/10以上表决权的股东、1/3以上董事或者监事会，可以提议召开董事会临时会议，董事会会议应有过半数的董事出席方可举行，董事会作出决议，必须经全体董事的过半数通过，因此，A公司董事会会议的召开和表决程序符合《公司法》规定。根据《公司法》规定，对公司增加注册资本作出决议属于公司股东大会的职权，因此，董事会对该事项进行表决违反了《公司法》的规定。

四、上市公司

（一）上市公司的概念和特征

1. 上市公司的概念

上市公司，是指其股票在证券交易所上市交易的股份有限公司。

2. 上市公司的特征

（1）上市公司是股份有限公司的一种。

（2）上市公司是股票在证券交易所获准上市交易的股份有限公司。

（二）上市公司组织机构制度的特别规定

1. 强化股东大会对公司重大资产处置的控制

上市公司在一年内购买、出售重大资产或者担保金额超过公司资产总额30%的，应

当由股东大会作出决议，并经出席会议的股东所持表决权的2/3以上通过。

2. 规定董事表决权回避制度

上市公司董事与董事会会议决议事项所涉及的企业有关联关系的，不得对该项决议行使表决权，也不得代理其他董事行使表决权。该董事会会议由过半数的无关联关系董事出席即可举行，董事会会议所作决议须经无关联关系董事过半数通过。出席董事会的无关联关系董事人数不足3人的，应将该事项提交上市公司股东大会审议。

3. 建立董事会秘书制度

上市公司设董事会秘书，负责公司股东大会和董事会会议的筹备、文件保管以及公司股东资料的管理，办理信息披露事务等事宜。董事会秘书属于公司高级管理人员。

4. 建立独立董事制度

(1)独立董事的概念

上市公司独立董事是指不在上市公司担任除董事外的其他职务，并与其所受聘的上市公司及其主要股东不存在可能妨碍其进行独立客观判断的关系的董事。

(2)独立董事的任职条件

独立董事应当具备与其行使职权相适应的任职条件。担任独立董事应当符合下列基本条件：①根据法律、行政法规及其他有关规定，具备担任上市公司董事的资格；②具有独立性；③具备上市公司运作的基本知识，熟悉相关法律、行政法规、规章及规则；④具有5年以上法律、经济或者其他履行独立董事职责所必需的工作经验；⑤公司章程规定的其他条件。

(3)独立董事任职资格的限制

独立董事必须具有独立性，下列人员不得担任独立董事：①在上市公司或者其附属企业任职的人员及其直系亲属、主要社会关系（直系亲属是指配偶、父母、子女等；主要社会关系是指兄弟姐妹、岳父母、儿媳女婿、兄弟姐妹的配偶、配偶的兄弟姐妹等）；②直接或者间接持有上市公司已发行股份1%以上或者是上市公司前10名股东中的自然人股东及其直系亲属；③在直接或间接持有上市公司已发行股份5%以上的股东单位或者在上市公司前5名股东单位任职的人员及其直系亲属；④最近1年内曾经具有前3项所列举情形的人员；⑤为上市公司或者其附属企业提供财务、法律、咨询等服务的人员；⑥公司章程规定的其他人员；⑦中国证监会认定的其他人员。

(4)独立董事的任期

独立董事每届任期与该上市公司其他董事任期相同，任期届满，连选可以连任，但是连任时间不得超过6年。

(5)独立董事的特别职权

为了充分发挥独立董事的作用，独立董事除应当具有《公司法》和其他相关法律、法规赋予董事的职权外，上市公司还应当赋予独立董事以下特别职权：①重大关联交易（指上市公司拟与关联人达成的总额高于300万元或高于上市公司最近经审计净资产值的5%的关联交易）应由独立董事认可后，提交董事会讨论；②向董事会提议聘用或解聘会计师事务所；③向董事会提请召开临时股东大会；④提议召开董事会；⑤独立聘请外部审计机构和咨询机构;⑥可以在股东大会召开前公开向股东征集投票权。

五、股份有限公司的股份发行与转让

(一)股份概述

1. 股份的概念和特征

(1)股份的概念

股份是股份有限公司股东依法持有的、代表股东权利和义务的公司资本的基本构成单位。公司的股份采取股票的形式。股票是公司签发的证明股东所持股份的凭证。

(2)股份的特征

股份具有如下特征:①股份是公司资本构成的最小单位,具有不可分性;②股份是对公司资本的等额划分,具有等额性;③股份是股权的基础,具有权利上的平等性;④股份表现为股票这一有价证券形式,具有可自由转让性。

2. 股份的分类

(1)普通股和特别股

依股东承担的风险和享有的权益大小为标准,可将股份分为普通股和特别股。特别股是有某种特别权利或者义务的股份,包括优先股和后配股两类。

(2)记名股和无记名股

依是否在股票票面和股东名册上记载股东姓名为标准,可将股份分为记名股和无记名股。公司向发起人、法人发行的股票,应当为记名股票。

(3)额面股和无额面股

依股票是否载有一定金额为标准,可将股份分为额面股和无额面股。额面股又称为金额股,即在股票票面上表示一定金额的股份。无额面股又称为比例股,即股票票面不标明金额,而只标明其占公司资本总额的比例的股份。

(二)股份的发行

1. 股份的发行原则

股份的发行,实行公平、公正的原则,同种类的每一股份应当具有同等权利。同次发行的同种类股票,每股的发行条件和价格应当相同;任何单位或者个人所认购的股份,每股应当支付相同价额。

2. 股票的发行价格

股票发行价格可以按票面金额,也可以超过票面金额,但不得低于票面金额。股票采用纸面形式或者国务院证券监督管理机构规定的其他形式。股份有限公司成立后,即向股东正式交付股票,公司成立前不得向股东交付股票。

3. 股份的发行方式

股份发行按照发行阶段可以分为设立发行和新股发行。公司发行新股,依照公司章程的规定由股东大会或者董事会对下列事项作出决议:新股种类及数额;新股发行价格;新股发行的起止日期;向原有股东发行新股的种类及数额。公司经国务院证券监督管理机构核准公开发行新股时,必须公告新股招股说明书和财务会计报告,并制作认股书,依法与证券公司签订股票承销协议,与银行签订代收股款协议。公司发行新股,可以根据公司经营情况和财务状况，确定其作价方案。公司发行新股募足股款后，必须向公司登记机关办理变更登记，并公告。

4. 记名股和无记名股

股份发行按照发行对象的不同可以分为记名股与无记名股。公司向发起人、法人发行的股票，应当为记名股票，并应当记载该发起人、法人的姓名或者名称，不得另立户名或者以代表人姓名记名。公司发行记名股票的，应当置备股东名册，记载下列事项：股东的姓名或者名称及住所；各股东所持股份数；各股东所持股票的编号；各股东取得股份的日期。

（三）股份的转让

1. 股份转让的限制

发起人持有的本公司股份，自公司成立之日起 1 年内不得转让。公司公开发行股份前已发行的股份，自公司股票在证券交易所上市交易之日起 1 年内不得转让。公司董事、监事、高级管理人员应当向公司申报所持有的本公司的股份及其变动情况，在任职期间每年转让的股份不得超过其所持有本公司股份总数的 25%，所持本公司股份自公司股票上市交易之日起 1 年内不得转让；上述人员离职后半年内，不得转让其所持有的本公司股份。公司章程可以对公司董事、监事、高级管理人员转让其所持有的本公司股份作出其他限制性规定。

2. 股份转让的方式

股东转让其股份，应当在依法设立的证券交易场所进行或者按照国务院规定的其他方式进行。记名股票，由股东以背书方式或者法律、行政法规规定的其他方式转让，转让后由公司将受让人的姓名或者名称及住所记载于股东名册。无记名股票的转让，由股东将该股票交付给受让人后即发生转让的效力。

3. 公司股份的自行收购

公司不得收购本公司股份，但是，有下列情形之一的除外：①减少公司注册资本；②与持有本公司股份的其他公司合并；③将股份奖励给本公司职工；④股东因对股东大会作出的公司合并、分立决议持异议，要求公司收购其股份的。

任务四　公司的股东

一、股东概述

（一）股东的概念

股东是指因对公司进行投资或基于其他合法原因而持有公司一定份额的资本，依法享有股东权利并承担相应义务的主体。公司股东不以发起人为限，任何在公司设立阶段和公司成立后认购或受让公司出资或股份的人都可以成为公司的股东。

（二）股东资格的取得与丧失

1. 股东资格的取得方式

（1）原始取得。因直接认购出资或股份而取得股东资格。

（2）继受取得。因转让、继承、合并等方式取得公司出资或股份并成为公司股东。

2. 股东资格的丧失

(1)股权转让。股东因所持有的股权已经依法转让,从而丧失股东资格。

(2)除名。股东因未依公司章程约定履行股东义务,受到除名处置,从而丧失股东资格。

(3)股权的罚没。股东因违法受到没收财产等处罚而被剥夺股权,从而丧失股东资格。

(4)法律法规规定的其他事由。

(三)股东的法律地位

股东的法律地位既表现在股东与公司之间的法律关系中,也表现在股东相互之间的法律关系中。

1. 股东享有股权

就股东与公司之间的法律关系而言,股东将自己的财产交由公司进行经营,按其出资份额对公司享有资产收益、参与重大决策和选择管理者等权利,并负有忠实义务和勤勉义务,该种权利义务的总称即股权。

2. 股东之间平等

就股东相互之间的法律关系而言,公司中每个股东的权利和义务应当是平等的,各股东依其出资额享有平等的权利,负有同等的义务。

二、股东的权利和义务

(一)股东的权利

公司股东享有下列权利:

1. 依法享有资产收益、参与重大决策和选择管理者的权利。

2. 请求法院撤销权。股东会或者股东大会、董事会的会议召集程序、表决方式违反法律、行政法规或者公司章程,或者决议内容违反公司章程的,股东可以自决议作出之日起 60 日内,请求人民法院撤销。

3. 知情权。有限责任公司的股东有权查阅、复制公司章程、股东会会议记录、董事会会议决议、监事会会议决议和财务会计报告。股份有限公司的股东有权查阅公司章程、股东名册、公司债券存根、股东大会会议记录、董事会会议决议、监事会会议决议、财务会计报告,对公司的经营提出建议或者质询。

4. 提议召开临时股东会会议权。有限责任公司代表 1/10 以上表决权的股东、股份有限公司单独或者合计持有公司 10% 以上股份的股东有权提议召开临时股东会会议。

5. 召集和主持股东会会议权。

6. 请求回购权。有限责任公司的股东在特定情形下可以请求公司按照合理的价格收购其股权,股份有限公司的股东因对股东大会作出的公司合并、分立决议持异议的,可以要求公司收购其股份。

7. 选举权和被选举权。股东可依法选举或被选举为公司的董事、监事。

8. 出席或委托代理人出席股东会并行使表决权。

9. 起诉权。股东的诉讼包括代位诉讼和直接诉讼。

10. 请求法院解散公司权。公司经营管理发生严重困难，继续存续会使股东利益受到重大损失，通过其他途径不能解决的，持有公司全部股东表决权 10% 以上的股东，可以请求人民法院解散公司。

11. 依法转让出资或股份的权利。

12. 股利分配权及剩余财产的分配权。

(二)股东的义务

公司的股东负有下列义务：

1. 按期足额缴纳出资额。有限责任公司的股东应当按期足额缴纳公司章程中规定的各自所认缴的出资额。以发起设立方式设立股份有限公司的，发起人应当书面认足公司章程规定其认购的股份，并按照公司章程规定缴纳出资。以募集设立方式设立股份有限公司的，发起人认购的股份不得少于公司股份总数的 35%；但是，法律、行政法规另有规定的，从其规定。

2. 出资补缴义务。有限责任公司的股东不按规定缴纳出资的，除应当向公司足额缴纳外，还应当向已按期足额缴纳出资的股东承担违约责任。有限责任公司成立后，发现作为设立公司出资的非货币财产的实际价额显著低于公司章程所定价额的，应当由交付该出资的股东补足其差额，公司设立时的其他股东承担连带责任。股份有限公司的相关规定与此类似。

3. 以其认缴的出资额为限对公司承担责任。

4. 不得抽逃出资。公司成立后，股东不得抽逃出资。

5. 遵守公司章程的规定。公司章程对股东具有拘束力。

6. 不得滥用股东权利。公司股东不得滥用股东权利损害公司或者其他股东的利益，不得滥用公司法人独立地位和股东有限责任损害公司债权人的利益。

任务五　公司债券与公司财务、会计

一、公司债券

(一)公司债券的概念

公司债券，是指公司依照法定程序发行、约定在一定期限还本付息的有价证券。基于公司债券的发行，在债券的持有人和公司之间即形成了以还本付息为内容的债权债务法律关系。

(二)公司债券与股票的区别

1. 性质不同

股票表示的是股东权，是股权凭证；债券表示的是债权，是债权凭证。

2. 收益不同

股票持有人是从公司利润中分取股息、红利；债券持有人则不论公司是否盈利，都有权依事先约定的利率计取利息。

3. 承担的风险不同

债券持有人承担的风险相对于股票持有人要小。

4. 对公司经营管理享有的权利不同

股票持有人可通过在股东大会上行使表决权参与公司的经营管理,而债券持有人则无权参与公司的经营管理。

(三)公司债券的种类

1. 记名公司债券和无记名公司债券

这是以公司债券上是否载明债券持有人的姓名或者名称为标准来进行划分的。公司债券可以为记名债券,也可以为无记名债券。

2. 可转换公司债券和不可转换公司债券

这是以公司债券是否可转换成股票为标准来进行划分的。可转换公司债券,是指债券持有人有权依照约定的条件将所持有的公司债券转换为发行公司股份的债券。发行可转换为股票的公司债券的,公司应当按照其转换办法向债券持有人换发股票,但债券持有人对转换股票或者不转换股票有选择权。

3. 可上市公司债券和不可上市公司债券

这是以公司债券能否在证券市场公开交易为标准进行划分的。可上市公司债券,是指发行后可在证券交易所上市交易的公司债券。不可上市公司债券,是指发行后不能在证券交易所上市交易的公司债券。

(四)公司债券的发行与转让

1. 公司债券的发行

公司发行公司债券,应当符合《中华人民共和国证券法》规定的发行条件。发行公司债券的申请经国务院授权的部门核准后,应当公告公司债券募集办法。公司以实物券方式发行公司债券的,必须在债券上载明公司名称、债券票面金额、利率、偿还期限等事项,并由法定代表人签字,公司盖章。公司发行公司债券应当置备公司债券存根簿。

2. 公司债券的转让

公司债券可以转让,转让价格由转让人与受让人约定。公司债券在证券交易所上市交易的,按照证券交易所的交易规则转让。记名公司债券,由债券持有人以背书方式或者法律、行政法规规定的其他方式转让,转让后由公司将受让人的姓名或者名称及住所记载于公司债券存根簿。无记名公司债券的转让,由债券持有人将该债券交付给受让人后即发生转让的效力。

二、公司财务、会计

(一)公司财务、会计制度

1. 依法建立财务、会计制度

公司应当依照法律、行政法规和国务院财政部门的规定建立本公司的财务、会计制度。

2. 编制财务会计报告

公司应当在每一会计年度终了时编制财务会计报告,并依法经会计师事务所审计。

财务会计报告应当依照法律、行政法规和国务院财政部门的规定制作。

3. 财务会计报告的查阅

有限责任公司应当按照公司章程规定的期限将财务会计报告送交各股东，股份有限公司的财务会计报告应当在召开股东大会年会的 20 日前置备于本公司，供股东查阅。公开发行股票的股份有限公司必须公告其财务会计报告。

(二)公司的公积金

1. 公积金的概念

公积金，又称储备金、准备金，是公司为弥补亏损、增强财力和扩大生产经营，依照法律和公司章程的规定或股东会决议，从公司盈余或资本收益中提取的不作为股利分配，而暂存于公司内部的特殊用途的基金。

2. 公积金的分类

(1)盈余公积金和资本公积金

这是以公积金的来源不同进行划分的。盈余公积金是指公司依照法律或公司章程的规定，从公司的利润中提取的公积金，分为法定盈余公积金和任意盈余公积金。法定盈余公积金，是指公司向股东分配股利前，依法按一定比例从公司利润中提取的公积金。《公司法》规定，公司分配当年税后利润时，应当提取利润的 10% 列入公司法定公积金，公司法定公积金累计额为公司注册资本的 50% 以上的，可以不再提取。任意盈余公积金，是指根据公司章程及股东会的决议，从公司盈余中提取的公积金。《公司法》规定，公司从税后利润中提取法定公积金后，经股东会或者股东大会决议，还可以从税后利润中提取任意公积金。资本公积金是指依法直接由公司资本或其他收益所形成的公积金。由于资本公积金都是依法提留的，因而也称为法定资本公积金。《公司法》规定，股份有限公司以超过股票票面金额的发行价格发行股份所得的溢价款以及国务院财政部门规定列入资本公积金的其他收入，应当列为公司资本公积金。

(2)法定公积金和任意公积金

这是以公积金的提取是否为法律所强制规定来进行划分的。法定公积金是指依照法律的强制规定而提取的公积金，对其提取及提取比例，公司章程或股东会决议不得予以取消和变更。任意公积金是指非以法律的强制规定，而是依公司章程的规定或股东会的决议提取的公积金。任意公积金的用途由公司章程或股东会决议决定，法律不予限制。

3. 公积金的用途

公司的公积金用于弥补公司的亏损、扩大公司生产经营或者转为增加公司资本。但是，资本公积金不得用于弥补公司的亏损，法定公积金转为资本时，所留存的该项公积金不得少于转增前公司注册资本的 25%。

(三)公司利润分配

1. 公司利润的概念

公司的利润是指公司在一定期间内生产经营的财务成果。

2. 公司利润的分配顺序

公司利润的分配，按以下顺序进行：

(1)弥补以前年度亏损,但不得超过税法规定的弥补年限。公司发生年度亏损的,可以用下一纳税年度的所得弥补;下一纳税年度的所得不足弥补的,可以逐年延续弥补,但延续弥补期最长不得超过5年。

(2)缴纳所得税。根据《中华人民共和国企业所得税法》的规定,除另有规定外,企业适用25%的比例税率。

(3)弥补在税前利润弥补亏损之后仍存在的亏损。

(4)提取法定公积金。公司分配当年税后利润时,应当提取利润的10%列入公司法定公积金,公司法定公积金累计额为公司注册资本的50%以上的,可以不再提取。

(5)提取任意公积金。公司从税后利润中提取法定公积金后,经股东会或者股东大会决议,还可以从税后利润中提取任意公积金。

(6)向股东分配股利。有限责任公司按照股东的出资比例进行分配,股份有限公司按照股东持有的股份比例进行分配。

任务六　公司的变更、解散与清算

一、公司的变更

(一)公司合并、分立

1. 公司的合并

(1)公司合并的含义。公司的合并,是指两个或者两个以上的公司依照法定程序变为一个公司的行为。

(2)公司合并的形式。公司合并的形式有两种,一是吸收合并,二是新设合并。一个公司吸收其他公司为吸收合并,被吸收的公司解散。两个以上公司合并设立一个新的公司为新设合并,合并各方解散。

(3)债权、债务的承受。公司合并时,合并各方的债权、债务,应当由合并后存续的公司或者新设的公司承继。

2. 公司的分立

(1)公司分立的含义。公司的分立,是指一个公司依法分为两个或者两个以上的公司。

(2)债权、债务的承受。公司分立前的债务由分立后的公司承担连带责任,但公司在分立前与债权人就债务清偿达成的书面协议另有约定的除外。

3. 公司合并与分立的程序

(1)公司合并的程序

公司合并,应当由合并各方签订合并协议,并编制资产负债表及财产清单。公司应当自作出合并决议之日起10日内通知债权人,并于30日内在报纸上公告。债权人自接到通知书之日起30日内,未接到通知书的自公告之日起45日内,可以要求公司清偿债务或者提供相应的担保。

(2)公司分立的程序

公司分立,其财产作相应的分割。公司分立,应当编制资产负债表及财产清单。公司应当自作出分立决议之日起10日内通知债权人,并于30日内在报纸上公告。

(3)登记事项的变化

公司合并或者分立,登记事项发生变更的,应当依法向公司登记机关办理变更登记;公司解散的,应当依法办理公司注销登记;设立新公司的,应当依法办理公司设立登记。

(二)公司增资、减资

1.公司资本的增加

有限责任公司增加注册资本时,股东认缴新增资本的出资,按照《公司法》关于设立有限责任公司缴纳出资的有关规定执行。股份有限公司为增加注册资本发行新股时,股东认购新股应当按照《公司法》关于设立股份有限公司缴纳股款的有关规定执行。

2.公司资本的减少

公司需要减少注册资本时,必须编制资产负债表及财产清单。公司应当自作出减少注册资本决议之日起10日内通知债权人,并于30日内在报纸上公告。债权人自接到通知书之日起30日内,未接到通知书的自公告之日起45日内,有权要求公司清偿债务或者提供相应的担保。公司减资后的注册资本不得低于法定的最低限额。

3.变更登记

公司增加或者减少注册资本,应当依法向公司登记机关办理变更登记。

二、公司的解散、清算

(一)公司的解散

1.公司解散的原因

公司因下列原因解散:

(1)公司章程规定的营业期限届满或者公司章程规定的其他解散事由出现。

(2)股东会或者股东大会决议解散。

(3)因公司合并或者分立需要解散。

(4)依法被吊销营业执照、责令关闭或者被撤销。

(5)人民法院依照持有公司全部股东表决权10%以上股东的请求对公司予以解散。《公司法》第一百八十三条规定,公司经营管理发生严重困难,继续存续会使股东利益受到重大损失,通过其他途径不能解决的,持有公司全部股东表决权10%以上的股东,可以请求人民法院解散公司。

2.公司的存续

在公司章程规定的营业期限届满或者公司章程规定的其他解散事由出现的情况下,公司可以通过修改公司章程而存续。修改公司章程,有限责任公司须经持有2/3以上表决权的股东通过,股份有限公司须经出席股东大会会议的股东所持表决权的2/3以上通过。

(二)公司的清算

1.清算组的成立

(1)成立时间。公司解散(因合并或者分立需要解散的除外),应当在解散事由出现之日起 15 日内成立清算组，开始清算。

(2)清算组的组成。有限责任公司的清算组由股东组成，股份有限公司的清算组由董事或者股东大会确定的人员组成。逾期不成立清算组进行清算的，债权人可以申请人民法院指定有关人员组成清算组进行清算，人民法院应当受理该申请，并及时组织清算组进行清算。

2. 清算组的职权

清算组在清算期间行使下列职权：

(1)清理公司财产，分别编制资产负债表和财产清单。

(2)通知、公告债权人。

(3)处理与清算有关的公司未了结的业务。

(4)清缴所欠税款以及清算过程中产生的税款。

(5)清理债权、债务。

(6)处理公司清偿债务后的剩余财产。

(7)代表公司参与民事诉讼活动。

3. 清算组的职责

(1)通知和公告。清算组应当自成立之日起 10 日内通知债权人，并于 60 日内在报纸上公告。债权人应当自接到通知书之日起 30 日内，未接到通知书的自公告之日起 45 日内，向清算组申报其债权。清算组应当对债权进行登记。在申报债权期间，清算组不得对债权人进行清偿。

(2)制订清算方案。清算组在清理公司财产、编制资产负债表和财产清单后，应当制订清算方案，并报股东会、股东大会或者人民法院确认。

(3)特定情况下申请宣告破产。清算组在清理公司财产、编制资产负债表和财产清单后，发现公司财产不足清偿债务的，应当依法向人民法院申请宣告破产。公司经人民法院裁定宣告破产后，清算组应当将清算事务移交给人民法院。

(4)制作清算报告、申请注销公司登记。公司清算结束后，清算组应当制作清算报告，报股东会、股东大会或者人民法院确认，并报送公司登记机关，申请注销公司登记，公告公司终止。

(5)赔偿责任。清算组成员应当忠于职守，依法履行清算义务。清算组成员不得利用职权收受贿赂或者其他非法收入，不得侵占公司财产。清算组成员因故意或者重大过失给公司或者债权人造成损失的，应当承担赔偿责任。

4. 财产的分配

公司财产在分别支付清算费用、职工的工资、社会保险费用和法定补偿金，缴纳所欠税款，清偿公司债务后的剩余财产，有限责任公司按照股东的出资比例分配，股份有限公司按照股东持有的股份比例分配。清算期间，公司存续，但不得开展与清算无关的经营活动。公司财产在未按前款规定清偿前，不得分配给股东。

【情境总结】

1. 甲无资格继续担任 A 公司的董事。《公司法》规定，有下列情形之一的，不得担任公司的董事、监事、高级管理人员：无民事行为能力或者限制民事行为能力；因贪污、贿赂、侵占财产、挪用财产或者破坏社会主义市场经济秩序，被判处刑罚，执行期满未逾5年，或者因犯罪被剥夺政治权利，执行期满未逾5年；担任破产清算的公司、企业的董事或者厂长、经理，对该公司、企业的破产负有个人责任的，自该公司、企业破产清算完结之日起未逾3年；担任因违法被吊销营业执照、责令关闭的公司、企业的法定代表人，并负有个人责任的，自该公司、企业被吊销营业执照之日起未逾3年；个人所负数额较大的债务到期未清偿。本案例中，B企业因违法经营被吊销营业执照，甲负有个人责任，所以甲不能继续担任A公司的董事。

2. 丙的行为违反了《公司法》的规定。《公司法》规定，董事、监事、高级管理人员应当遵守法律、行政法规和公司章程，对公司负有忠实义务和勤勉义务。董事、高级管理人员不得违反公司章程的规定或者未经股东会、股东大会同意，与本公司订立合同或者进行交易；不得未经股东会或者股东大会同意，利用职务便利为自己或者他人谋取属于公司的商业机会，自营或者为他人经营与所任职公司同类的业务。丙作为A公司的董事，在未经股东会同意的情况下，自营与A公司同类的业务，违反了《公司法》关于竞业禁止的规定。

强化训练

一、单项选择题

1. 有限责任公司的股东人数为(　　)。

A. 2人以上200人以下　　B. 2人以上50人以下

C. 50人以下　　D. 无限制

2. 股份有限公司发起人持有的本公司股份，自公司成立之日起(　　)内不得转让。

A. 6个月　　B. 1年　　C. 3年　　D. 5年

3. 股份有限公司董事会作出决议，应由(　　)通过。

A. 出席会议的董事过半数　　B. 出席会议的董事2/3以上

C. 全体董事的过半数　　D. 全体董事的2/3以上

4. 有限责任公司董事会的成员为(　　)人。

A. 3～13　　B. 5～19　　C. 2～50　　D. 2～200

5. 股份有限公司的最高权力机构是(　　)。

A. 股东大会　　B. 职工代表大会　　C. 董事会　　D. 监事会

二、多项选择题

1. 公司章程对(　　)具有约束力。

A. 公司　　B. 股东　　C. 董事　　D. 债权人

2. 公司法定代表人依照公司章程的规定，由(　　)担任，并依法登记。

A. 董事长　　B. 执行董事　　C. 监事　　D. 经理

3. 有限责任公司的股东可以用(　　)出资。

A. 实物　　B. 知识产权　　C. 土地使用权　　D. 劳务

4. (　　)可以提议召开临时股东会会议。

A. 代表 1/10 以上表决权的股东　　B. 1/3 以上的董事

C. 监事会　　D. 董事长

5. 股东会会议作出(　　)的决议,必须经代表 2/3 以上表决权的股东通过。

A. 修改公司章程　　B. 增加或者减少注册资本

C. 公司合并、分立、解散　　D. 变更公司形式

三、案例分析题

A 有限责任公司于 2013 年 5 月召开临时股东会会议,作出如下决议:

(1)更换股东甲和职工乙出任公司的董事。

(2)经代表 1/2 以上表决权的股东通过,股东会会议作出了修改公司章程的决议。

(3)决定聘请丙为公司的经理。

(4)增选公司的财务负责人丁为监事。

(5)对公司内部的管理机构进行了调整,新设了两个业务部门。

(6)重新修订了公司的管理规章。

(7)经表决,同意公司对股东戊提供担保,戊参与了该项决议。

试分析:股东会的上述决议有哪些违反《公司法》之处?请说明理由。

知识链接

新《公司法》"新"在哪儿?

2014 年 3 月 1 日起施行的《公司法》修改主要涉及三方面:

第一,将注册资本实缴登记制改为认缴登记制。除法律、行政法规以及国务院决定对公司注册资本实缴另有规定的外,取消了关于公司股东(发起人)应当自公司成立之日起 2 年内缴足出资,投资公司可以在 5 年内缴足出资的规定;取消了一人有限责任公司股东应当一次足额缴纳出资的规定。根据新《公司法》公司股东(发起人)自主约定认缴出资额、出资方式、出资期限等,并记载于公司章程。

第二,放宽注册资本登记条件。除法律、行政法规以及国务院决定对公司注册资本最低限额另有规定的外,取消了有限责任公司最低注册资本 3 万元、一人有限责任公司最低注册资本 10 万元、股份有限公司最低注册资本 500 万元的限制;不再限制公司设立时股东(发起人)的首次出资比例;不再限制股东(发起人)的货币出资比例。

第三,简化登记事项和登记文件。有限责任公司股东认缴出资额、公司实收资本不再作为公司登记事项。公司登记时,不需要提交验资报告。

☞ 参考答案

一、单项选择题

1. C　2. B　3. C　4. A　5. A

二、多项选择题

1. ABC　2. ABD　3. ABC　4. ABC　5. ABCD

三、案例分析题

以下方面违反公司法规定:(1)决定职工乙出任公司的董事。职工代表担任公司董事的,应由公司职工通过职工代表大会、职工大会或者其他形式民主选举产生。(2)作出修改公司章程的决议。股东会会议作出修改公司章程的决议,必须经代表2/3以上表决权的股东通过。(3)决定聘请丙为公司的经理。有限责任公司可以设经理,由董事会决定聘任或者解聘。(4)增选公司的财务负责人丁为监事。董事、高级管理人员不得兼任监事。公司高级管理人员,是指公司的经理、副经理、财务负责人、上市公司董事会秘书和公司章程规定的其他人员。所以,财务负责人不能担任公司监事会成员。(5)对公司内部的管理机构进行了调整。决定公司内部管理机构的设置是董事会的职权。(6)重新修订了公司的管理规章。公司管理规章的修订是经理的职权。(7)同意公司对股东戊提供担保,戊参与了该项决议。经股东会或股东大会同意,可以为公司股东提供担保,但该股东不得参加该项决议的表决。

项目四

合伙企业法与个人独资企业法

学习目标

能力目标：掌握合伙企业入伙与退伙。

知识目标：理解合伙企业和个人独资企业的财产与事务执行。

素质目标：学会合伙企业和个人独资企业的事务管理。

【情境导入】

2013 年 1 月，甲出资设立了 A 个人独资企业，并聘请乙负责企业的事务管理。甲与乙约定，在经营过程中，凡乙对外签订标的额为 2 万元以上的合同，必须经过甲的同意。2013 年 5 月，乙未经甲同意，以 A 企业的名义向丙购入了 3 万元的货物。甲以乙违反了约定为由，认定该项买卖行为无效，并拒付货款。

【任务分析】

乙以 A 企业的名义向丙购入 3 万元货物的行为是否有效？

任务一　合伙企业法

一、合伙企业法概述

（一）合伙企业的概念和特征

1. 合伙企业的概念

合伙企业是指自然人、法人和其他组织依法在中国境内设立的，以合伙协议为基础，全体合伙人或部分合伙人对合伙企业债务承担无限连带责任的营利性组织。

2. 合伙企业的种类

我国的合伙企业，包括普通合伙企业和有限合伙企业。普通合伙企业是指由普通合伙人组成，合伙人对合伙企业债务承担无限连带责任的合伙企业。有限合伙企业是指由普通合伙人和有限合伙人组成，普通合伙人对合伙企业债务承担无限连带责任，有限合伙人以其认缴的出资额为限对合伙企业债务承担责任的合伙企业。

3. 合伙企业的特征

（1）合伙企业由两个以上的合伙人共同组建。

（2）合伙企业的设立和内部管理以合伙协议为基础。

(3)合伙企业不具有法人资格。

(4)全体合伙人或部分合伙人对合伙企业债务承担无限连带责任。

(二)合伙企业法的概念

合伙企业法,是指调整合伙企业在设立、经营、变更、终止过程中形成的各种社会关系的法律规范的总称。《中华人民共和国合伙企业法》(以下简称《合伙企业法》)于1997年2月23日第八届全国人民代表大会常务委员会第二十四次会议通过,并于1997年8月1日起施行。2006年8月27日第十届全国人民代表大会常务委员会第二十三次会议对《合伙企业法》进行了修订,于2007年6月1日起施行。

二、普通合伙企业

(一)合伙企业的设立

1. 普通合伙企业的设立条件

(1)有两个以上合伙人

合伙人可以为自然人、法人和其他组织,合伙人为自然人的,应当具有完全民事行为能力。国有独资公司、国有企业、上市公司以及公益性的事业单位、社会团体不得成为普通合伙人。

(2)有书面合伙协议

合伙协议依法由全体合伙人协商一致、以书面形式订立。订立合伙协议,应当遵循自愿、平等、公平、诚实信用原则。合伙协议应当载明下列事项:①合伙企业的名称和主要经营场所的地点;②合伙目的和合伙经营范围;③合伙人的姓名或者名称、住所;④合伙人的出资方式、数额和缴付期限;⑤利润分配、亏损分担方式;⑥合伙事务的执行;⑦入伙与退伙;⑧争议解决办法;⑨合伙企业的解散与清算;⑩违约责任。合伙协议经全体合伙人签字、盖章后生效,合伙人按照合伙协议享有权利,履行义务。修改或者补充合伙协议,应当经全体合伙人一致同意,但合伙协议另有约定的除外。合伙协议未约定或者约定不明确的事项,由合伙人协商决定,协商不成的,依照《合伙企业法》和其他有关法律、行政法规的规定处理。

(3)有合伙人认缴或者实际缴付的出资

合伙人应当按照合伙协议约定的出资方式、数额和缴付期限,履行出资义务。合伙人可以用货币、实物、知识产权、土地使用权或者其他财产权利出资,也可以用劳务出资。合伙人以实物、知识产权、土地使用权或者其他财产权利出资,需要评估作价的,可以由全体合伙人协商确定,也可以由全体合伙人委托法定评估机构评估。合伙人以劳务出资的,其评估办法由全体合伙人协商确定,并在合伙协议中载明。

(4)有合伙企业的名称和生产经营场所

合伙企业名称中应当标明“普通合伙”字样。

(5)法律、行政法规规定的其他条件

2. 普通合伙企业的设立程序

(1)设立申请

申请设立合伙企业,应当向企业登记机关提交登记申请书、合伙协议书、合伙人身份证明等文件。合伙企业的经营范围中有属于法律、行政法规规定在登记前须经批准的项目的,该项经营业务应当依法经过批准,并在登记时提交批准文件。

(2)登记发照

申请人提交的登记申请材料齐全、符合法定形式,企业登记机关能够当场登记的,应予当场登记,发给营业执照;除此情形外,企业登记机关应当自受理申请之日起20日内,作出是否登记的决定。予以登记的,发给营业执照;不予登记的,应当给予书面答复,并说明理由。合伙企业的营业执照签发日期,为合伙企业成立日期。

(3)分支机构的设立

合伙企业设立分支机构,应当向分支机构所在地的企业登记机关申请登记,领取营业执照。

【应用案例4-1】

甲、乙、丙三人共同出资设立一家普通合伙企业,以口头合伙协议约定:甲出资2万元,对合伙企业债务承担无限责任,乙出资3万元,仅以该3万元为限对企业债务承担责任,其余债务由甲、丙清偿;该合伙企业取名为“枫叶商贸有限责任公司”。上述约定,有哪些不符合《合伙企业法》之处?

案例解析:

《合伙企业法》规定,设立合伙企业应当有书面合伙协议,而不能采用口头合伙协议形式;普通合伙企业的合伙人对合伙企业债务承担无限连带责任,而非有限责任;普通合伙企业名称中应当标明“普通合伙”字样,而不能出现“有限”或“有限责任”字样。

(二)合伙企业的财产与事务执行

1. 合伙企业的财产

(1)合伙企业财产的构成

合伙企业的财产由三部分构成:一是合伙人的出资,即合伙人按照合伙协议实际缴付的出资;二是以合伙企业的名义取得的收益,即合伙人以合伙企业的名义从事经营活动的所得;三是合伙企业依法取得的其他财产。

(2)合伙人财产份额的转让

除合伙协议另有约定外,合伙人向合伙人以外的人转让其在合伙企业中的全部或者部分财产份额时,须经其他合伙人一致同意;合伙人之间转让在合伙企业中的全部或者部分财产份额时,应当通知其他合伙人。合伙人向合伙人以外的人转让其在合伙企业中的财产份额的,在同等条件下,其他合伙人有优先购买权,但合伙协议另有约定的除外。合伙人在合伙企业清算前私自转移或者处分合伙企业财产的,合伙企业不得以此对抗善意第三人。

(3)合伙人财产份额的出质

合伙人以其在合伙企业中的财产份额出质的,须经其他合伙人一致同意;未经其他合伙人一致同意,其行为无效,由此给善意第三人造成损失的,由行为人依法承担赔偿责任。

2. 合伙事务的执行

(1)合伙事务的执行方式

合伙人对执行合伙事务享有同等的权利。按照合伙协议的约定或者经全体合伙人决定,可以委托一个或者数个合伙人对外代表合伙企业,执行合伙事务。不执行合伙事务的合伙人有权监督执行事务合伙人执行合伙事务的情况。作为合伙人的法人、其他组织执行合伙事务的,由其委派的代表执行。合伙企业对合伙人执行合伙事务以及对外代表合伙企业权利的限制,不得对抗善意第三人。

(2)合伙事务执行后果的承担

由一个或者数个合伙人执行合伙事务的,执行事务合伙人应当定期向其他合伙人报告事务执行情况以及合伙企业的经营和财务状况,其执行合伙事务所产生的收益归合伙企业,所产生的费用和亏损由合伙企业承担。

(3)合伙事务的决定

合伙人对合伙企业有关事项作出决议,按照合伙协议约定的表决办法办理。合伙协议未约定或者约定不明确的,实行合伙人一人一票并经全体合伙人过半数通过的表决办法。除合伙协议另有约定外,合伙企业的下列事项应当经全体合伙人一致同意:①改变合伙企业的名称;②改变合伙企业的经营范围、主要经营场所的地点;③处分合伙企业的不动产;④转让或者处分合伙企业的知识产权和其他财产权利;⑤以合伙企业名义为他人提供担保;⑥聘任合伙人以外的人担任合伙企业的经营管理人员。

(4)合伙人的忠实义务

合伙人不得自营或者同他人合作经营与本合伙企业相竞争的业务。除合伙协议另有约定或者经全体合伙人一致同意外,合伙人不得同本合伙企业进行交易。合伙人不得从事损害本合伙企业利益的活动。

(5)合伙企业的利润分配、亏损分担

合伙企业的利润分配、亏损分担,按照合伙协议的约定办理;合伙协议未约定或者约定不明确的,由合伙人协商决定;协商不成的,由合伙人按照实缴出资比例分配、分担;无法确定出资比例的,由合伙人平均分配、分担。合伙协议不得约定将全部利润分配给部分合伙人或者由部分合伙人承担全部亏损。

(6)合伙企业的聘任管理

被聘任的合伙企业的经营管理人员应当在合伙企业授权范围内履行职务。被聘任的合伙企业的经营管理人员,超越合伙企业授权范围履行职务,或者在履行职务过程中因故意或者重大过失给合伙企业造成损失的,依法承担赔偿责任。

【应用案例4-2】

甲、乙、丙三人共同出资成立了A普通合伙企业,其中,甲出资6万元,乙出资3万元,丙出资1万元,合伙协议未约定合伙事项的表决办法及利润分配、亏损分担方法。2012年12月,A合伙企业对企业购买原材料事项进行了表决,甲同意购买,乙、丙不同意购买,甲认为,由于其出资额过半,因此该项表决获得通过。此外,A合伙企业就分配事项进行了协商,未达成协议,于是决定平均进行分配。上述做法有哪些不符合《合伙企业法》之处？

案例解析：

《合伙企业法》规定，合伙人对合伙企业有关事项作出决议，按照合伙协议约定的表决办法办理；合伙协议未约定或者约定不明确的，实行合伙人一人一票并经全体合伙人过半数通过的表决办法。本案例中关于购买原材料事项的决议，由于过半数的合伙人反对，因此不能获得通过。此外，《合伙企业法》还规定，合伙企业的利润分配、亏损分担，按照合伙协议的约定办理；合伙协议未约定或者约定不明确的；由合伙人协商决定，协商不成的，由合伙人按照实缴出资比例分配、分担；无法确定出资比例的，由合伙人平均分配、分担。本案例中关于2万元利润的分配，应按各合伙人的实缴出资比例进行，即甲、乙、丙分别分得1.2万元、0.6万元、0.2万元。

（三）入伙与退伙

1. 入伙

（1）入伙的概念

入伙是指在合伙企业存续期间，合伙人以外的第三人加入合伙，从而取得合伙人地位和资格的法律行为。

（2）入伙的条件

新合伙人入伙，除合伙协议另有约定外，应当经全体合伙人一致同意，并依法订立书面入伙协议。订立入伙协议时，原合伙人应当向新合伙人如实告知原合伙企业的经营状况和财务状况。

（3）新合伙人的权利与责任

入伙的新合伙人与原合伙人享有同等权利，承担同等责任。入伙的新合伙人对入伙前合伙企业的债务承担无限连带责任。

2. 退伙

（1）退伙的概念

退伙是指在合伙企业存续期间，合伙人退出合伙企业，从而丧失合伙人资格的法律行为。

（2）退伙的类型

退伙分为自愿退伙和法定退伙两种形式。

自愿退伙，是指合伙人基于自愿的意思表示而退伙。自愿退伙又可分为协议退伙和通知退伙两种形式。合伙协议约定合伙期限的，在合伙企业存续期间，有下列情形之一的，合伙人可以退伙：①合伙协议约定的退伙事由出现；②经全体合伙人一致同意；③发生合伙人难以继续参加合伙的事由；④其他合伙人严重违反合伙协议约定的义务。合伙协议未约定合伙期限的，合伙人在不给合伙企业事务执行造成不利影响的情况下，可以退伙，但应当提前30日通知其他合伙人。

法定退伙，是指合伙人因出现法律规定的事由而退伙。法定退伙又可分为当然退伙和除名两种形式。合伙人有下列情形之一的，视作当然退伙：①作为合伙人的自然人死亡或者被依法宣告死亡；②个人丧失偿债能力；③作为合伙人的法人或者其他组织依法被吊销营业执照、责令关闭、撤销,或者被宣告破产;④法律规定或者合伙协议约定合伙人必须具有相关资格而丧失该资格;⑤合伙人在合伙企业中的全部财产份额被人民法院强制执行。合伙人被依法认定为无民事行为能力人或者限制民事行为能力人的,经其他合伙人一致同意,可以依法转为有限合伙人,普通合伙企业依法转为有限合伙企业。其他合伙人未能一致同意的,该无民事行为能力或者限制民事行为能力的合伙人退伙。合伙人有下列情形之一的,经其他合伙人一致同意,可以决议将其除名:①未履行出资义务;②因故意或者重大过失给合伙企业造成损失;③执行合伙事务时有不正当行为;④发生合伙协议约定的事由。对合伙人的除名决议应当书面通知被除名人,被除名人接到除名通知之日,除名生效,被除名人退伙。被除名人对除名决议有异议的,可以自接到除名通知之日起30日内,向人民法院起诉。

(3)合伙财产的继承与退还

合伙人死亡或者被依法宣告死亡的,对该合伙人在合伙企业中的财产份额享有合法继承权的继承人,按照合伙协议的约定或者经全体合伙人一致同意,从继承开始之日起,取得该合伙企业的合伙人资格。有下列情形之一的,合伙企业应当向合伙人的继承人退还被继承合伙人的财产份额:①继承人不愿意成为合伙人;②法律规定或者合伙协议约定合伙人必须具有相关资格,而该继承人未取得该资格;③合伙协议约定不能成为合伙人的其他情形。合伙人的继承人为无民事行为能力人或者限制民事行为能力人的,经全体合伙人一致同意,可以依法成为有限合伙人,普通合伙企业依法转为有限合伙企业;全体合伙人未能一致同意的,合伙企业应当将被继承合伙人的财产份额退还该继承人。

(4)退伙的效力

合伙人退伙,其他合伙人应当与该退伙人按照退伙时的合伙企业财产状况进行结算,退还退伙人的财产份额。退伙人对给合伙企业造成的损失负有赔偿责任的,相应扣减其应当赔偿的数额。退伙时有未了结的合伙企业事务的,待该事务了结后进行结算。退伙人在合伙企业中财产份额的退还办法,由合伙协议约定或者由全体合伙人决定,可以退还货币,也可以退还实物。退伙人对基于其退伙前的原因发生的合伙企业债务,承担无限连带责任。合伙人退伙时,合伙企业财产少于合伙企业债务的,退伙人应当按照合伙协议的约定办理;合伙协议未约定或者约定不明确的,由合伙人协商决定;协商不成的,由合伙人按照实缴出资比例分担;无法确定出资比例的,由合伙人平均分担。

(四)特殊的普通合伙企业

以专业知识和专门技能为客户提供有偿服务的专业服务机构,可以设立为特殊的普通合伙企业。特殊的普通合伙企业名称中应当标明“特殊普通合伙”字样。

一个合伙人或者数个合伙人在执业活动中因故意或者重大过失造成合伙企业债务的,应当承担无限责任或者无限连带责任,其他合伙人以其在合伙企业中的财产份额为限承担责任。合伙人在执业活动中非因故意或者重大过失造成的合伙企业债务以及合伙企业的其他债务,由全体合伙人承担无限连带责任。合伙人在执业活动中因故意或者重大过失造成的合伙企业债务,以合伙企业财产对外承担责任后,该合伙人应当按照合伙协议的约定对给合伙企业造成的损失承担赔偿责任。

特殊的普通合伙企业应当建立执业风险基金、办理职业保险。执业风险基金用于偿付合伙人执业活动造成的债务,执业风险基金应当单独立户管理,具体管理办法由国务院规定。

三、有限合伙企业

(一)有限合伙企业的设立条件

1. 合伙人符合法定人数

有限合伙企业由2个以上50个以下合伙人设立,但是,法律另有规定的除外。有限合伙企业至少应当有一个普通合伙人。

2. 有书面的合伙协议

有限合伙企业的合伙协议除符合普通合伙企业合伙协议的规定外,还应当载明下列事项:①普通合伙人和有限合伙人的姓名或者名称、住所;②执行事务合伙人应具备的条件和选择程序;③执行事务合伙人权限与违约处理办法;④执行事务合伙人的除名条件和更换程序;⑤有限合伙人入伙、退伙的条件、程序以及相关责任;⑥有限合伙人和普通合伙人相互转变程序。

3. 有合伙人缴纳的出资

有限合伙人可以用货币、实物、知识产权、土地使用权或者其他财产权利作价出资。有限合伙人不得以劳务出资。有限合伙人应当按照合伙协议的约定按期足额缴纳出资;未按期足额缴纳的,应当承担补缴义务,并对其他合伙人承担违约责任。

4. 有合伙企业的名称

有限合伙企业名称中应当标明"有限合伙"字样。

5. 法律、行政法规规定的其他条件

法律、行政法规对有限合伙企业的设立规定了其他条件的,应当符合该规定。

(二)有限合伙企业的财产及事务执行

1. 有限合伙企业的财产

(1)财产份额的出质

有限合伙人可以将其在有限合伙企业中的财产份额出质,但合伙协议另有约定的除外。

(2)财产份额的转让

有限合伙人可以按照合伙协议的约定向合伙人以外的人转让其在有限合伙企业中的财产份额,但应当提前30日通知其他合伙人。

(3)合伙人债务的清偿

有限合伙人的自有财产不足清偿其与合伙企业无关的债务的,该合伙人可以以其从有限合伙企业中分取的收益用于清偿;债权人也可以依法请求人民法院强制执行该合伙人在有限合伙企业中的财产份额用于清偿。人民法院强制执行有限合伙人的财产份额时,应当通知全体合伙人,在同等条件下,其他合伙人有优先购买权。

2. 有限合伙企业的事务执行

(1) 事务执行方式

有限合伙企业由普通合伙人执行合伙事务。执行事务合伙人可以要求在合伙协议中确定执行事务的报酬及报酬提取方式。有限合伙人不执行合伙事务,不得对外代表有限合伙企业。

(2) 不视为执行合伙事务的行为

有限合伙人的下列行为,不视为执行合伙事务:①参与决定普通合伙人入伙、退伙;②对企业的经营管理提出建议;③参与选择承办有限合伙企业审计业务的会计师事务所;④获取经审计的有限合伙企业财务会计报告;⑤对涉及自身利益的情况,查阅有限合伙企业财务会计账簿等财务资料;⑥在有限合伙企业中的利益受到侵害时,向有责任的合伙人主张权利或者提起诉讼;⑦执行事务合伙人怠于行使权利时,督促其行使权利或者为了本企业的利益以自己的名义提起诉讼;⑧依法为本企业提供担保。

(3) 交易与竞业的允许

除合伙协议另有约定外,有限合伙人可以同本有限合伙企业进行交易,可以自营或者同他人合作经营与本有限合伙企业相竞争的业务。

3. 有限合伙企业与第三人的关系

第三人有理由相信有限合伙人为普通合伙人并与其交易的,该有限合伙人对该笔交易承担与普通合伙人同样的责任。有限合伙人未经授权以有限合伙企业名义与他人进行交易,给有限合伙企业或者其他合伙人造成损失的,该有限合伙人应当承担赔偿责任。

4. 合伙人身份的转化

除合伙协议另有约定外,普通合伙人转变为有限合伙人,或者有限合伙人转变为普通合伙人,应当经全体合伙人一致同意。有限合伙企业仅剩有限合伙人的,应当解散;有限合伙企业仅剩普通合伙人的,转为普通合伙企业。有限合伙人转变为普通合伙人的,对其作为有限合伙人期间有限合伙企业发生的债务承担无限连带责任。普通合伙人转变为有限合伙人的,对其作为普通合伙人期间合伙企业发生的债务承担无限连带责任。

5. 入伙与退伙

(1) 新入伙的有限合伙人责任的承担

新入伙的有限合伙人对入伙前有限合伙企业的债务,以其认缴的出资额为限承担责任。

(2) 有限合伙人的当然退伙

有限合伙人有下列情形之一的,视作当然退伙:①作为合伙人的自然人死亡或者被依法宣告死亡;②作为合伙人的法人或者其他组织依法被吊销营业执照、责令关闭、撤销,或者被宣告破产;③法律规定或者合伙协议约定合伙人必须具有相关资格而丧失该资格;④合伙人在合伙企业中的全部财产份额被人民法院强制执行。

(3) 合伙人资格的继受

作为有限合伙人的自然人死亡、被依法宣告死亡或者作为有限合伙人的法人及其他组织终止时,其继承人或者权利承受人可以依法取得该有限合伙人在有限合伙企业中的资格。

(4)有限合伙人退伙后责任的承担

有限合伙人退伙后，对基于其退伙前的原因发生的有限合伙企业债务，以其退伙时从有限合伙企业中取回的财产承担责任。

四、合伙企业的解散与清算

(一)合伙企业的解散

1. 合伙企业解散的概念

合伙企业的解散，是指合伙企业因某些法律事实的发生而使其民事主体资格归于消灭的行为。

2. 合伙企业解散的事由

合伙企业有下列情形之一时，应当解散：①合伙期限届满，合伙人决定不再经营；②合伙协议约定的解散事由出现；③全体合伙人决定解散；④合伙人已不具备法定人数满30天；⑤合伙协议约定的合伙目的已经实现或者无法实现；⑥依法被吊销营业执照、责令关闭或者被撤销；⑦法律、行政法规规定的其他原因。

(二)合伙企业的清算

1. 清算人的确定

合伙企业解散，应当由清算人进行清算。清算人由全体合伙人担任；经全体合伙人过半数同意，可以自合伙企业解散事由出现后15日内指定一个或者数个合伙人，或者委托第三人，担任清算人。自合伙企业解散事由出现之日起15日内未确定清算人的，合伙人或者其他利害关系人可以申请人民法院指定清算人。

2. 清算人的职责

清算人在清算期间执行下列事务：①清理合伙企业财产，分别编制资产负债表和财产清单；②处理与清算有关的合伙企业未了结的事务；③清缴所欠税款；④清理债权、债务；⑤处理合伙企业清偿债务后的剩余财产；⑥代表合伙企业参加诉讼或者仲裁活动。

3. 债权的申报

清算人自被确定之日起10日内将合伙企业解散事项通知债权人，并于60日内在报纸上公告。债权人应当自接到通知书之日起30日内，未接到通知书的自公告之日起45日内，向清算人申报债权。债权人申报债权，应当说明债权的有关事项，并提供证明材料，清算人应当对债权进行登记。

4. 财产的分配

合伙企业财产在支付清算费用和职工工资、社会保险费用、法定补偿金以及缴纳所欠税款、清偿债务后的剩余财产的分配，按照合伙协议的约定办理；合伙协议未约定或者约定不明确的，由合伙人协商决定；协商不成的，由合伙人按照实缴出资比例分配；无法确定出资比例的，由合伙人平均分配。

5. 清算结束

清算结束，清算人应当编制清算报告，经全体合伙人签字、盖章后，在15日内向企业登记机关报送清算报告，申请办理合伙企业注销登记。合伙企业注销后，原普通合伙人对合伙企业存续期间的债务仍应承担无限连带责任。

(三)合伙企业的破产

合伙企业不能清偿到期债务的,债权人可以依法向人民法院提出破产清算申请,也可以要求普通合伙人清偿。合伙企业依法被宣告破产的,普通合伙人对合伙企业债务仍应承担无限连带责任。

任务二 个人独资企业法

一、个人独资企业法概述

(一)个人独资企业的概念和特征

1. 个人独资企业的概念

个人独资企业,是指依法在中国境内设立,由一个自然人投资,财产为投资人个人所有,投资人以其个人财产对企业债务承担无限责任的经营实体。

2. 个人独资企业的特征

个人独资企业具有如下法律特征:

(1)仅由一个自然人投资。

(2)企业财产为投资人个人所有。个人独资企业投资人对本企业的财产依法享有所有权,其有关权利可以依法进行转让或继承。

(3)投资人对企业债务承担无限责任。

(4)个人独资企业不具有法人资格。

(二)个人独资企业法的概念和基本原则

1. 个人独资企业法的概念

个人独资企业法是调整个人独资企业在设立、经营、终止过程中所产生的经济关系的法律规范的总称。《中华人民共和国个人独资企业法》(以下简称《个人独资企业法》)于 1999 年 8 月 30 日第九届全国人民代表大会常务委员会第十一次会议通过,自 2000 年 1 月 1 日起施行。该法共六章 48 条。

2. 个人独资企业法的基本原则

个人独资企业法遵循下列基本原则:

(1)保护个人独资企业投资人和债权人的合法权益。

(2)依法保护个人独资企业的财产和其他合法权益。

(3)个人独资企业职工的合法权益受法律保护。

(4)个人独资企业从事经营活动必须遵守法律、行政法规,遵守诚实信用原则,不得损害社会公共利益。

二、个人独资企业的设立

(一)个人独资企业的设立条件

1. 投资人为一个自然人

个人独资企业的投资人只能是中国公民,且应具有完全民事行为能力。法律、行政法规禁止从事营利性活动的人,不得作为投资人申请设立个人独资企业。

2. 有合法的企业名称

个人独资企业的名称应当与其责任形式及从事的营业相符合。个人独资企业的名称中不得使用“有限”、“有限责任”字样,也不得使用“公司”字样。

3. 有投资人申报的出资

个人独资企业投资人在申请企业设立登记时明确以其家庭共有财产作为个人出资的,应当依法以家庭共有财产对企业债务承担无限责任。

4. 有固定的生产经营场所和必要的生产经营条件

个人独资企业应具备与其业务相适应的生产经营场所和生产经营条件。

5. 有必要的从业人员

个人独资企业应具备与其经营规模相适应的从业人员。

(二)个人独资企业的设立程序

1. 设立申请

申请设立个人独资企业,应当由投资人或者其委托的代理人向个人独资企业所在地的登记机关提交设立申请书、投资人身份证明、生产经营场所使用证明等文件。委托代理人申请设立登记时,应当出具投资人的委托书和代理人的合法证明。个人独资企业不得从事法律、行政法规禁止经营的业务;从事法律、行政法规规定须报经有关部门审批的业务,应当在申请设立登记时提交有关部门的批准文件。个人独资企业设立申请书应当载明下列事项:①企业的名称和住所;②投资人的姓名和居所;③投资人的出资额和出资方式;④经营范围。

2. 登记发照

登记机关应当在收到设立申请文件之日起 15 日内,对符合《个人独资企业法》规定条件的,予以登记,发给营业执照;对不符合《个人独资企业法》规定条件的,不予登记,并应当给予书面答复,说明理由。个人独资企业的营业执照的签发日期,为个人独资企业成立日期。在领取个人独资企业营业执照前,投资人不得以个人独资企业名义从事经营活动。

3. 分支机构的设立

个人独资企业设立分支机构,应当由投资人或者其委托的代理人向分支机构所在地的登记机关申请登记,领取营业执照。分支机构经核准登记后,应将登记情况报该分支机构隶属的个人独资企业的登记机关备案。分支机构的民事责任由设立该分支机构的个人独资企业承担。

三、个人独资企业的事务管理

(一)个人独资企业事务管理的方式

个人独资企业投资人可以自行管理企业事务,也可以委托或者聘用其他具有民事行为能力的人负责企业的事务管理。投资人委托或者聘用他人管理个人独资企业事务,应当与受托人或者被聘用的人签订书面合同,明确委托的具体内容和授予的权利范围。受托人或者被聘用的人员应当履行诚信、勤勉义务,按照与投资人签订的合同负责个人独资企业的事务管理。

投资人对受托人或者被聘用的人员职权的限制,不得对抗善意第三人。

(二)受托人或者被聘用的管理人的义务

投资人委托或者聘用的管理个人独资企业事务的人员不得有下列行为:①利用职务上的便利,索取或者收受贿赂;②利用职务或者工作上的便利侵占企业财产;③挪用企业的资金归个人使用或者借贷给他人;④擅自将企业资金以个人名义或者以他人名义开立账户储存;⑤擅自以企业财产提供担保;⑥未经投资人同意,从事与本企业相竞争的业务;⑦未经投资人同意,同本企业订立合同或者进行交易;⑧未经投资人同意,擅自将企业商标或者其他知识产权转让给他人使用;⑨泄露本企业的商业秘密;⑩法律、行政法规禁止的其他行为。

四、个人独资企业的权利与义务

(一)个人独资企业的权利

个人独资企业享有下列权利:

1. 经营自主权。个人独资企业依法自主经营,不受非法干涉。
2. 依法申请贷款。个人独资企业可以依法申请贷款,以供企业生产经营之用。
3. 取得土地使用权。
4. 拒绝摊派权。任何单位和个人不得违反法律、行政法规的规定,以任何方式强制个人独资企业提供财力、物力、人力。对于违法强制提供财力、物力、人力的行为,个人独资企业有权拒绝。
5. 法律、行政法规规定的其他权利。

(二)个人独资企业的义务

个人独资企业负有下列义务:

1. 依法设置会计账簿,进行会计核算。
2. 依法与职工签订劳动合同,保障职工的劳动安全,按时、足额发放职工工资。
3. 按照国家规定参加社会保险,为职工缴纳社会保险费。

五、个人独资企业的解散与清算

(一)个人独资企业的解散

个人独资企业有下列情形之一时,应当解散:①投资人决定解散;②投资人死亡或者被宣告死亡,无继承人或者继承人决定放弃继承;③被依法吊销营业执照;④法律、行政法规规定的其他情形。

(二)个人独资企业的清算

1. 清算人的确定

个人独资企业解散,由投资人自行清算或者由债权人申请人民法院指定清算人进行清算。投资人自行清算的,应当在清算前15日内书面通知债权人,无法通知的,应当予以公告。债权人应当在接到通知之日起30日内,未接到通知的应当在公告之日起60日内,向投资人申报其债权。

2. 财产清偿顺序

个人独资企业解散的,财产应当按照下列顺序清偿:

(1)所欠职工工资和社会保险费用。

(2)所欠税款。

(3)其他债务。

3. 债务的承担

清算期间,个人独资企业不得开展与清算目的无关的经营活动。在清偿债务前,投资人不得转移、隐匿财产。个人独资企业财产不足以清偿债务的,投资人应当以其个人的其他财产予以清偿。个人独资企业解散后,原投资人对个人独资企业存续期间的债务仍应承担偿还责任,但债权人在5年内未向债务人提出偿债请求的,该责任消灭。

4. 注销登记

个人独资企业清算结束后,投资人或者人民法院指定的清算人应当编制清算报告,并于15日内到登记机关办理注销登记。

【应用案例4-3】

甲于2011年3月成立了A个人独资企业。2012年5月,企业经营发生亏损,甲于是决定解散该企业,债权人丁遂申请人民法院指定清算人进行清算。经查,A企业及投资人甲的资产及债权债务情况如下:A企业欠缴税款4 000元,欠职工乙的工资6 000元,欠债权人丙10万元;A企业有银行存款2万元,企业设备等实物折价5万元,甲的个人财产5万元。试分析A企业应如何对丙进行清偿。

案例解析:

《个人独资企业法》规定,个人独资企业解散的,财产应当按照下列顺序清偿:(1)所欠职工工资和社会保险费用;(2)所欠税款;(3)其他债务。A企业的银行存款及实物折价共计7万元,在清偿职工乙的工资、所欠税款后,剩余6万元用于清偿所欠债权人丙的债务;对于以企业财产清偿后仍欠丙的4万元债务,可用甲的个人财产再行清偿。

【情境总结】

乙以A企业的名义向丙购入3万元货物的行为有效。《个人独资企业法》规定,个人独资企业投资人可以自行管理企业事务,也可以委托或者聘用其他具有民事行为能力的人负责企业的事务管理。投资人委托或者聘用他人管理个人独资企业事务,应当与受托人或者被聘用的人签订书面合同,明确委托的具体内容和授予的权利范围。投资人对受托人或者被聘用的人员职权的限制,不得对抗善意第三人。因此,本案例中乙以A企业的名义向丙购入3万元货物的行为有效。

强化训练

一、单项选择题

1. 合伙企业的成立日期是(　　)。

A. 申请设立日　　B. 营业执照签发日

C. 合伙协议签订日　　D. 全体合伙人共同出资日

2. 入伙的新合伙人对入伙前普通合伙企业的债务(　　)。

A. 不承担责任　　B. 承担有限责任

C. 承担无限连带责任　　D. 按合伙协议的约定承担责任

3. 合伙协议未约定合伙期限的,合伙人在不给合伙企业事务执行造成不利影响的情况下,可以退伙,但应当提前(　　)日通知其他合伙人。

A. 20　　B. 30　　C. 60　　D. 90

4. 有限合伙人不得以(　　)出资。

A. 实物　　B. 知识产权　　C. 土地使用权　　D. 劳务

5. 有限合伙企业由(　　)合伙人设立。

A. 2 个以上　　B. 2 个以上 50 个以下

C. 2 个以上 200 个以下　　D. 5 个以上

6. 除合伙协议另有约定外,普通合伙企业的合伙人向合伙人以外的人转让其在合伙企业中的全部或者部分财产份额时,须经(　　)。

A. 全体合伙人过半数同意

B. 全体合伙人 2/3 以上同意

C. 出资额占合伙企业全部出资过半数的合伙人同意

D. 其他合伙人一致同意

7. 申请设立普通合伙企业的,企业登记机关应当自受理申请之日起(　　)内,作出是否登记的决定。

A. 15 日　　B. 20 日　　C. 30 日　　D. 60 日

8. 个人独资企业解散的,财产应当首先支付(　　)。

A. 所欠职工工资和社会保险费用　　B. 所欠税款

C. 所欠债务　　D. 投资人收益

9. 个人独资企业设立分支机构,应当由投资人或者其委托的代理人向(　　)的登记机关申请登记。

A. 个人独资企业所在地　　B. 分支机构所在地

C. 投资人所在地　　D. 个人独资企业的主营业地

10. 个人独资企业解散后,原投资人对个人独资企业存续期间的债务仍应承担偿还责任,但债权人在(　　)内未向债务人提出偿债请求的,该责任消灭。

A. 1 年　　B. 2 年　　C. 3 年　　D. 5 年

二、多项选择题

1. (　　)不得成为普通合伙人。

A. 国有独资公司　　B. 有限责任公司

C. 上市公司　　D. 公益性的事业单位

2. 除合伙协议另有约定外,普通合伙企业(　　)事项应当经全体合伙人一致同意。

A. 改变合伙企业的名称

B. 处分合伙企业的不动产

C. 转让合伙企业的知识产权

D. 聘任合伙人以外的人担任合伙企业的经营管理人员

3. 合伙人有(　　)情形的,当然退伙。

A. 作为合伙人的自然人死亡

B. 个人丧失偿债能力

C. 合伙人在合伙企业中的全部财产份额被人民法院强制执行

D. 合伙人被依法认定为无民事行为能力人

4. 个人独资企业有(　　)情形时,应当解散。

A. 投资人决定解散　　B. 投资人死亡,无继承人

C. 被依法吊销营业执照　　D. 投资人被宣告死亡,继承人决定放弃继承

5. 个人独资企业的设立条件包括(　　)。

A. 投资人为一个自然人或法人　　B. 有合法的企业名称

C. 有投资人申报的出资　　D. 有必要的从业人员

三、案例分析题

甲、乙、丙三人共同出资成立了A普通合伙企业。2012年3月,为解决资金困难,三人向银行贷款4万元人民币,贷款期限为1年。2012年9月,甲提出,将其在A合伙企业中的全部财产份额转让给丁,获得乙和丙的同意。几天后,甲办理了退伙手续,丁加入合伙企业。2012年11月,乙、丙、丁决定解散该合伙企业,并将企业财产共计2万元进行分配,但对银行贷款的清偿问题未作处理。2013年3月,贷款到期,银行要求甲偿还全部贷款,甲以自己已经退出合伙企业为由拒绝偿还。银行遂要求丁偿还全部贷款,丁认为该笔贷款是在其入伙前所借,与己无关。试分析:甲、丁拒绝偿贷的理由是否符合法律规定?该笔贷款应如何偿还?

知识链接

解读新《合伙企业法》

2006年8月27日,第十届全国人民代表大会常务委员会第二十三次会议对《合伙企业法》进行了修订,并自2007年6月1日起施行。此次修订幅度较大,将原法的九章78条内容调整为六章109条,同时,在一些具体的合伙法律制度上作出了重大的突破。下面对《合伙企业法》的主要修订内容作一简要的解读。

1. 扩大了合伙人的范围

新《合伙企业法》将合伙人的范围由自然人扩大到了自然人、法人和其他组织。同时,对合伙人又进行了一定的限制,规定国有独资公司、国有企业、上市公司以及公益性的事业单位、社会团体不得成为普通合伙人。

2. 增加了有限合伙制度

原《合伙企业法》规定,合伙人对合伙企业债务承担无限连带责任。新《合伙企业法》增加了有限合伙制度,即允许设立部分合伙人仅承担有限责任的有限合伙企业。新《合伙企

业法》规定,有限合伙企业由普通合伙人和有限合伙人组成,普通合伙人对合伙企业债务承担无限连带责任,有限合伙人以其认缴的出资额为限对合伙企业债务承担责任。

3. 增加了特殊的普通合伙制度

为了避免部分合伙人在执业活动中因故意或者重大过失造成合伙企业债务,致使其他合伙人承担无限连带责任,新《合伙企业法》允许会计师事务所等以专业知识和专门技能为客户提供有偿服务的专业服务机构,设立为特殊的普通合伙企业。对于特殊的普通合伙企业,一个合伙人或者数个合伙人在执业活动中因故意或者重大过失造成合伙企业债务的,应当承担无限责任或者无限连带责任,其他合伙人以其在合伙企业中的财产份额为限承担责任。合伙人在执业活动中非因故意或者重大过失造成的合伙企业债务以及合伙企业的其他债务,由全体合伙人承担无限连带责任。

4. 规定了合伙企业的破产问题

2006 年 8 月 27 日通过的《中华人民共和国企业破产法》将破产程序适用于具有法人资格的企业,但该法在第一百三十五条规定"其他法律规定企业法人以外的组织的清算,属于破产清算的,参照适用本法规定的程序",即不具有法人资格的企业,在法律有特别规定的情况下,也可适用破产程序。这就为合伙企业的破产问题留下了法律空间。新《合伙企业法》第九十二条规定,合伙企业不能清偿到期债务的,债权人可以依法向人民法院提出破产清算申请,也可以要求普通合伙人清偿。合伙企业依法被宣告破产的,普通合伙人对合伙企业债务仍应承担无限连带责任。

5. 完善了合伙企业的利润分配与亏损分担方式

原《合伙企业法》规定,合伙企业的利润和亏损,由合伙人依照合伙协议约定的比例分配和分担;合伙协议未约定利润分配和亏损分担比例的,由各合伙人平均分配和分担。新《合伙企业法》对合伙企业的利润分配与亏损分担方式进一步加以了完善和细化。新法规定,合伙企业的利润分配、亏损分担,按照合伙协议的约定办理;合伙协议未约定或者约定不明确的,由合伙人协商决定;协商不成的,由合伙人按照实缴出资比例分配、分担;无法确定出资比例的,由合伙人平均分配、分担。

☞ 参考答案

一、单项选择题

1. B　2. C　3. B　4. D　5. B　6. D　7. B　8. A　9. B　10. D

二、多项选择题

1. ACD　2. ABCD　3. ABC　4. ABCD　5. BCD

三、案例分析题

甲、丁拒绝偿贷的理由不符合法律规定。甲、丁均应当对此项债务承担无限连带责任。对此项债务的分担,合伙人应当按照合伙协议的约定办理;合伙协议未约定或者约定不明确的,由合伙人协商决定;协商不成的,由合伙人按照实缴出资比例分担;无法确定出资比例的,由合伙人平均分担。

项目五 外商投资企业法

学习目标

能力目标：区分不同外商投资企业。

知识目标：掌握不同外商投资企业的组织形式、出资方式和事务管理。

素质目标：掌握外商投资企业的设立程序。

【情境导入】

中、美两家公司拟在中国境内设立一中外合资经营企业。合营企业合同约定：合营企业的组织形式为股份有限公司；企业注册资本为500万美元，其中，中方出资400万美元，美方出资100万美元；按照股份有限公司的运作模式，合营企业的最高权力机构为股东大会；企业的法定代表人由总经理出任。

【任务分析】

上述合营企业合同的约定有哪些不符合法律规定之处？

任务一　外商投资企业法概述

一、外商投资企业的概念和特征

（一）外商投资企业的概念

外商投资企业，是指依照我国法律的规定，在我国境内设立的，由中国投资者和外国投资者共同投资或者仅由外国投资者投资的企业。外商投资企业是有外资介入的企业，主要包括中外合资经营企业、中外合作经营企业和外资企业，这三类企业一般统称为“三资企业”。

（二）外商投资企业的特征

1. 外商投资企业是具有中国国籍的企业

外商投资企业是依照中国法律的规定，在中国境内设立的企业，其具有中国国籍，法律地位等同于中国企业，受中国法律的管辖和保护。

2. 外商投资企业是能够独立享有民事权利和承担民事义务的经济实体

无论是中外合资经营企业、中外合作经营企业还是外资企业，都依法独立地享有民事权利和承担民事义务，其经营自主权受法律保护。

3. 外商投资企业是有外资介入的企业

无论是中外合资经营企业、中外合作经营企业还是外资企业，其开办企业的资金中均有外方投资。其中，中外合资经营企业和中外合作经营企业由中方和外方共同投资设立，而外资企业则全部由外方投资设立。

二、外商投资企业法的概念与基本原则

（一）外商投资企业法的概念与立法概况

1. 外商投资企业法的概念

外商投资企业法，是指调整外商投资企业在设立、运营、终止过程中所发生的经济关系的法律规范的总称。

2. 外商投资企业法的立法概况

（1）《中华人民共和国中外合资经营企业法》（以下简称《中外合资经营企业法》），1979 年 7 月 1 日第五届全国人民代表大会第二次会议通过，1990 年 4 月 4 日第七届全国人民代表大会第三次会议修正，2001 年 3 月 15 日第九届全国人民代表大会第四次会议第二次修正。

（2）《中华人民共和国中外合作经营企业法》（以下简称《中外合作经营企业法》），1988 年 4 月 13 日第七届全国人民代表大会第一次会议通过，2000 年 10 月 31 日第九届全国人民代表大会常务委员会第十八次会议修正。

（3）《中华人民共和国外资企业法》（以下简称《外资企业法》），1986 年 4 月 12 日第六届全国人民代表大会第四次会议通过，2000 年 10 月 31 日第九届全国人民代表大会常务委员会第十八次会议修正。

（二）外商投资企业法的基本原则

1. 国家主权原则

外商投资企业的设立，须经我国审批机关的审查批准，企业的一切活动应遵守我国法律、法规的规定。

2. 平等互利原则

《中外合资经营企业法》规定，合营企业设董事会，其人数组成由合营各方协商，在合同、章程中确定，并由合营各方委派和撤换。董事长和副董事长由合营各方协商确定或由董事会选举产生。中外合营者的一方担任董事长的，由他方担任副董事长。董事会根据平等互利的原则，决定合营企业的重大问题。

3. 参照国际惯例原则

按照《中外合资经营企业法》，合营企业在批准的经营范围内所需的原材料、燃料等物资，按照公平、合理的原则，可以在国内市场或者在国际市场购买。这一规定即体现了参照国际惯例原则。

任务二　中外合资经营企业法

一、中外合资经营企业的概念和特征

（一）中外合资经营企业的概念

中外合资经营企业简称为合营企业，是指中国合营者与外国合营者依照中国法律的规定，在中国境内设立的，由中外合营各方共同投资、共同经营，并按投资比例分享利润、分担风险和亏损的企业。

（二）中外合资经营企业的特征

1. 合营企业的一方为外国合营者，另一方为中国合营者

外国合营者为外国的公司、企业和其他经济组织或个人，中国合营者为中国的公司、企业或其他经济组织。

2. 合营企业为股权式企业

中外合营各方共同投资、共同经营，并按投资比例分享利润、分担风险和亏损。

3. 合营企业的组织形式为有限责任公司

合营企业的组织形式为有限责任公司，合营各方对合营企业的责任以各自认缴的出资额为限。

4. 合营企业是中国法人

在中国境内设立的中外合资经营企业是中国的法人，受中国法律的管辖和保护。

二、中外合资经营企业的设立

（一）中外合资经营企业的设立条件

1. 积极条件

在中国境内设立的合营企业，应当能够促进中国经济的发展和科学技术水平的提高，有利于社会主义现代化建设。

2. 消极条件

申请设立合营企业有下列情况之一的，不予批准：

（1）有损中国主权的；

（2）违反中国法律的；

（3）不符合中国国民经济发展要求的；

（4）造成环境污染的；

（5）签订的协议、合同、章程显属不公平，损害合营一方权益的。

（二）中外合资经营企业的设立程序

1. 设立申请

（1）报送文件

申请设立合营企业，由中外合营者共同向审批机构报送下列文件：①设立合营企业的申请书；②合营各方共同编制的可行性研究报告；③由合营各方授权代表签署的合营企业协议、合同和章程；④由合营各方委派的合营企业董事长、副董事长、董事人选名单；

⑤审批机构规定的其他文件。

(2)合营企业的协议、合同、章程

合营企业协议,是指合营各方对设立合营企业的某些要点和原则达成一致意见而订立的文件。合营企业合同,是指合营各方为设立合营企业就相互权利、义务关系达成一致意见而订立的文件。合营企业章程,是指按照合营企业合同规定的原则,经合营各方一致同意,规定合营企业的宗旨、组织原则和经营管理方法等事项的文件。合营企业协议与合营企业合同有抵触时,以合营企业合同为准。经合营各方同意,也可以不订立合营企业协议而只订立合营企业合同、章程。

2. 设立审批

(1)审批机关

在中国境内设立合营企业,必须经我国对外经济贸易主管部门审查批准。凡具备下列条件的,国务院授权省、自治区、直辖市人民政府或者国务院有关部门审批:①投资总额在国务院规定的投资审批权限以内,中国合营者的资金来源已经落实的;②不需要国家增拨原材料,不影响燃料、动力、交通运输、外贸出口配额等方面的全国平衡的。

(2)审批时限

审批机关要在接到全部文件之日起3个月内决定批准或不批准。

3. 设立登记

申请者应当自收到批准证书之日起1个月内,按照国家有关规定,向登记管理机构办理登记手续。合营企业的营业执照签发日期,即为该合营企业的成立日期。

三、中外合资经营企业的注册资本和出资

(一)中外合资经营企业的注册资本和投资总额

1. 合营企业的注册资本

合营企业的注册资本,是指为设立合营企业在登记管理机构登记的资本总额,应为合营各方认缴的出资额之和。合营企业在合营期内不得减少其注册资本。因投资总额和生产经营规模等发生变化,确需减少的,须经审批机构批准。合营一方向第三者转让其全部或者部分股权的,须经合营他方同意,并报审批机构批准,向登记管理机构办理变更登记手续。合营一方转让其全部或者部分股权时,合营他方有优先购买权。合营一方向第三者转让股权的条件,不得比向合营他方转让的条件优惠。合营企业注册资本的增加、减少,应当由董事会会议通过,并报审批机构批准,向登记管理机构办理变更登记手续。在合营企业的注册资本中,外国合营者的投资比例一般不低于25%。

2. 合营企业的投资总额

合营企业的投资总额,是指按照合营企业合同、章程规定的生产规模需要投入的基本建设资金和生产流动资金的总和。

3. 注册资本与投资总额的比例

中外合资经营企业的注册资本与投资总额的比例,应当遵守如下规定:

(1)中外合资经营企业的投资总额在300万美元以下(含300万美元)的,其注册资本至少应占投资总额的7/10。

(2)中外合资经营企业的投资总额在300万美元以上至1 000万美元(含1 000万美元)的,其注册资本至少应占投资总额的1/2,其中投资总额在420万美元以下的,注册资本不得低于210万美元。

(3)中外合资经营企业的投资总额在1 000万美元以上至3 000万美元(含3 000万美元)的,其注册资本至少应占投资总额的2/5,其中投资总额在1 250万美元以下的,注册资本不得低于500万美元。

(4)中外合资经营企业的投资总额在3 000万美元以上的,其注册资本至少应占投资总额的1/3,其中投资总额在3 600万美元以下的,注册资本不得低于1 200万美元。

(二)中外合资经营企业合营各方的出资方式和出资期限

1. 出资方式

合营者可以用货币出资,也可以用建筑物、厂房、机器设备或者其他物料、工业产权、专有技术、场地使用权等作价出资。以建筑物、厂房、机器设备或者其他物料、工业产权、专有技术作为出资的,其作价由合营各方按照公平合理的原则协商确定,或者聘请合营各方同意的第三者评定。

外国合营者作为投资的技术和设备,必须确实是适合我国需要的先进技术和设备。如果有意以落后的技术和设备进行欺骗,造成损失的,应赔偿损失。中国合营者的投资可包括为合营企业经营期间提供的场地使用权。如果场地使用权未作为中国合营者投资的一部分,合营企业应向中国政府缴纳使用费。

2. 出资期限

合营各方应当按照合同规定的期限缴清各自的出资额。逾期未缴或者未缴清的,应当按合同规定支付迟延利息或者赔偿损失。合营合同中规定一次缴清出资的,合营各方应从营业执照签发之日起6个月内缴清;规定分期缴付出资的,合营各方第一期出资,不得低于各自认缴出资额的15%,并且应在营业执照签发之日起3个月内缴清。

【应用案例5-1】

A中外合资经营企业的注册资本为600万美元,其中,中国合营者的出资额为200万美元,外国合营者的出资额为400万美元,合营企业合同约定分期缴付出资。试分析外国合营者第一期出资应不得低于多少。

案例解析:

合营合同中规定一次缴清出资的,合营各方应从营业执照签发之日起6个月内缴清;规定分期缴付出资的,合营各方第一期出资,不得低于各自认缴出资额的15%,并且应在营业执照签发之日起3个月内缴清。本案例中,外国合营者第一期出资应不得低于60万美元。

四、中外合资经营企业的组织机构

(一)董事会

1. 董事会的法律地位

董事会是合营企业的最高权力机构,决定合营企业的一切重大问题。

2. 董事会的组成

董事会成员不得少于 3 人。董事名额的分配由合营各方参照出资比例协商确定。

3. 董事会的职权

董事会的职权是按合营企业章程规定,讨论决定合营企业的一切重大问题:企业发展规划、生产经营活动方案、收支预算、利润分配、劳动工资计划、停业,以及总经理、副总经理、总工程师、总会计师、审计师的任命或聘请及其职权和待遇等。

4. 董事长和副董事长

董事长和副董事长由合营各方协商确定或者由董事会选举产生。中外合营者的一方担任董事长的,由他方担任副董事长。董事长是中外合资经营企业的法定代表人。

5. 董事的任期

董事的任期为 4 年,经合营各方继续委派可以连任。

6. 董事会会议

(1)会议的召开

董事会会议每年至少召开 1 次,由董事长负责召集并主持。董事长不能召集时,由董事长委托副董事长或者其他董事负责召集并主持董事会会议。经 1/3 以上董事提议,可以由董事长召开董事会临时会议。董事会会议应当有 2/3 以上董事出席方能举行。董事不能出席的,可以出具委托书委托他人代表其出席和表决。董事会会议一般应当在合营企业法定地址所在地举行。

(2)决议

对于一般性事项,可以由董事会根据合营企业章程载明的议事规则作出决议。下列事项,由出席董事会会议的董事一致通过方可作出决议:①合营企业章程的修改;②合营企业的中止、解散;③合营企业注册资本的增加、减少;④合营企业的合并、分立。

(二)中外合资经营企业的经营管理机构

合营企业设经营管理机构,负责企业的日常经营管理工作。经营管理机构设总经理 1 人,副总经理若干人。副总经理协助总经理工作。

总经理执行董事会会议的各项决议,组织领导合营企业的日常经营管理工作。在董事会授权范围内,总经理对外代表合营企业,对内任免下属人员,行使董事会授予的其他职权。

总经理、副总经理由合营企业董事会聘请,可以由中国公民担任,也可以由外国公民担任。经董事会聘请,董事长、副董事长、董事可以兼任合营企业的总经理、副总经理或者其他高级管理职务。总经理处理重要问题时,应当同副总经理协商。总经理或者副总经理不得兼任其他经济组织的总经理或者副总经理,不得参与其他经济组织对本企业的商业竞争。

总经理、副总经理及其他高级管理人员有营私舞弊或者严重失职行为的,经董事会决议可以随时解聘。

五、中外合资经营企业的合营期限、解散和清算

(一)中外合资经营企业的合营期限

1. 约定

合营企业的合营期限,按不同行业、不同情况,作不同的约定。有的行业的合营企业,应当约定合营期限;有的行业的合营企业,可以约定合营期限,也可以不约定合营期限。下列行业应该约定合营期限:

(1)饭店、娱乐、出租汽车、维修等服务业;

(2)从事土地开发及经营房地产的;

(3)从事资源勘查开发的;

(4)国家规定限制投资项目的;

(5)法律、法规规定其他需要约定合营期限的。

2. 合营期限的延长

约定合营期限的合营企业,合营各方同意延长合营期限的,应在距合营期满 6 个月前向审查批准机关提出申请。审查批准机关应在接到申请之日起 1 个月内决定批准或者不批准。

(二)中外合资经营企业的解散

1. 解散的情形

合营企业在下列情况下解散:

(1)合营期限届满;

(2)企业发生严重亏损,无力继续经营;

(3)合营一方不履行合营企业协议、合同、章程规定的义务,致使企业无法继续经营;

(4)因自然灾害、战争等不可抗力遭受严重损失,无法继续经营;

(5)合营企业未达到其经营目的,同时又无发展前途;

(6)合营企业合同、章程所规定的其他解散原因已经出现。

2. 申请与批准

前述第(2)、(4)、(5)、(6)项情况发生的,由董事会提出解散申请书,报审批机构批准;第(3)项情况发生的,由履行合同的一方提出申请,报审批机构批准。在前述第(3)项情况下,不履行合营企业协议、合同、章程规定的义务一方,应当对合营企业由此造成的损失负赔偿责任。

(三)中外合资经营企业的清算

1. 清算委员会的组成

合营企业宣告解散时,应当进行清算。合营企业应当按规定成立清算委员会,由清算委员会负责清算事宜。清算委员会的成员一般应当在合营企业的董事中选任。董事不能担任或者不适合担任清算委员会成员时,合营企业可以聘请中国的注册会计师、律师担任。审批机构认为必要时,可以派人进行监督。

2. 清算委员会的任务

清算委员会的任务是对合营企业的财产、债权、债务进行全面清查,编制资产负债表

和财产目录，提出财产作价和计算依据，制订清算方案，提请董事会会议通过后执行。清算期间，清算委员会代表该合营企业起诉和应诉。

3. 债务的承担与剩余财产的分配

合营企业以其全部资产对其债务承担责任。合营企业清偿债务后的剩余财产按照合营各方的出资比例进行分配，但合营企业协议、合同、章程另有规定的除外。合营企业解散时，其资产净额或者剩余财产减除企业未分配利润、各项基金和清算费用后的余额，超过实缴资本的部分为清算所得，应当依法缴纳所得税。

4. 注销登记

合营企业的清算工作结束后，由清算委员会提出清算结束报告，提请董事会会议通过后，报告审批机构，并向登记管理机构办理注销登记手续，缴销营业执照。

任务三　中外合作经营企业法

一、中外合作经营企业的概念和特征

（一）中外合作经营企业的概念

中外合作经营企业简称为合作企业，是指中国合作者与外国合作者依照中国法律的规定，在中国境内共同举办的，按合作企业合同的约定分配收益或者产品、分担风险和亏损的企业。

（二）中外合作经营企业的特征

1. 合作企业的投资主体包括外方合作者和中方合作者

中外合作经营企业的外方合作者包括外国的企业和其他经济组织或者个人，中方合作者包括中国的企业或者其他经济组织。

2. 合作企业是契约式企业

合作企业是契约式企业，意味着合作各方不以股份比例来分享利润和承担亏损，其权利义务是由各方在平等协商的基础上，通过合同加以规定的。中外合作者在合作企业合同中约定投资或者合作条件、收益或者产品的分配、风险和亏损的分担、经营管理的方式和合作企业终止时财产的归属等事项。

3. 合作企业是具有中国国籍的企业

合作企业是具有中国国籍的企业，国家依法保护合作企业和中外合作者的合法权益。合作企业必须遵守中国的法律、法规，不得损害中国的社会公共利益。国家有关机关依法对合作企业实行监督。

4. 合作企业的法人资格有可选择性

合作企业包括依法取得中国法人资格的合作企业和不具有法人资格的合作企业。合作企业依法取得中国法人资格的，为有限责任公司，除合作企业合同另有约定外，合作各方以其投资或者提供的合作条件为限对合作企业承担责任。不具有法人资格的合作企业及其合作各方，依照中国民事法律的有关规定，承担民事责任。

5. 合作企业中的外国合作者可先行回收投资

中外合作者在合作企业合同中约定合作期满时合作企业的全部固定资产归中国合作者所有的，可以在合作企业合同中约定外国合作者在合作期限内先行回收投资的办法。合作企业合同约定外国合作者在缴纳所得税前回收投资的，必须向财政税务机关提出申请，由财政税务机关依照国家有关税收的规定审查批准。外国合作者在合作期限内先行回收投资的，中外合作者应当依照有关法律的规定和合作企业合同的约定对合作企业的债务承担责任。

6. 合作企业的管理体制具有多样性

合作企业可以采取董事会制、联合管理制及委托管理制等多种管理体制。

二、中外合作经营企业的设立

（一）中外合作经营企业的设立条件

1. 积极条件

国家鼓励举办产品出口的或者技术先进的生产型合作企业。

2. 消极条件

申请设立合作企业，有下列情形之一时，不予批准：

（1）损害国家主权或者社会公共利益的；

（2）危害国家安全的；

（3）对环境造成污染损害的；

（4）有违反法律、行政法规或者国家产业政策的其他情形的。

（二）中外合作经营企业的设立程序

1. 设立申请

设立合作企业，应当由中国合作者向审查批准机关报送下列文件：

（1）设立合作企业的项目建议书，并附送主管部门审查同意的文件；

（2）合作各方共同编制的可行性研究报告，并附送主管部门审查同意的文件；

（3）由合作各方的法定代表人或其授权的代表签署的合作企业协议、合同、章程；

（4）合作各方的营业执照或者注册登记证明、资信证明及法定代表人的有效证明文件，外国合作者是自然人的，应当提供有关其身份、履历和资信情况的有效证明文件；

（5）合作各方协商确定的合作企业董事长、副董事长、董事或者联合管理委员会主任、副主任、委员的人选名单；

（6）审查批准机关要求报送的其他文件。

2. 审查批准

设立合作企业由国务院对外经济贸易主管部门或者国务院授权的部门和地方人民政府审查批准。设立合作企业属于下列情形的，由国务院授权的部门或者地方人民政府审查批准：

（1）投资总额在国务院规定由国务院授权的部门或者地方人民政府审批的投资限额以内的；

(2)自筹资金,并且不需要国家平衡建设、生产条件的;

(3)产品出口不需要领取国家有关主管部门发放的出口配额、许可证,或者虽需要领取,但在报送项目建议书前已征得国家有关主管部门同意的;

(4)有法律、行政法规规定由国务院授权的部门或者地方人民政府审查批准的其他情形的。

审查批准机关应当自收到规定的全部文件之日起45天内决定批准或者不批准。审查批准机关认为报送的文件不全或者有不当之处的,有权要求合作各方在指定期间内补全或者修正。

3. 设立登记

设立合作企业的申请经批准后,应当自接到批准证书之日起30天内向工商行政管理机关申请登记,领取营业执照。合作企业的营业执照签发日期,为该企业的成立日期。合作企业应当自成立之日起30天内向税务机关办理税务登记。

三、中外合作经营企业的注册资本与投资、合作条件

(一)中外合作经营企业的注册资本

合作企业的注册资本,是指为设立合作企业,在工商行政管理机关登记的合作各方认缴的出资额之和。注册资本以人民币表示,也可以用合作各方约定的一种可自由兑换的外币表示。合作企业注册资本在合作期限内不得减少。但是,因投资总额和生产经营规模等变化,确需减少的,须经审查批准机关批准。

(二)中外合作经营企业的投资、合作条件

中外合作者的投资或者提供的合作条件可以是现金、实物、土地使用权、工业产权、非专利技术和其他财产权利。在依法取得中国法人资格的合作企业中,外国合作者的投资一般不低于合作企业注册资本的25%。合作各方应当以其自有的财产或者财产权利作为投资或者合作条件,对该投资或者合作条件不得设置抵押权或者其他形式的担保。中外合作者应当依照法律、法规的规定和合作企业合同的约定,如期履行缴足投资、提供合作条件的义务。逾期不履行的,由工商行政管理机关限期履行;限期届满仍未履行的,由审查批准机关和工商行政管理机关依照国家有关规定处理。中外合作者的投资或者提供的合作条件,由中国注册会计师或者有关机构验证并出具证明。未按照合作企业合同约定缴纳投资或者提供合作条件的一方,应当向已按照合作企业合同约定缴纳投资或者提供合作条件的他方承担违约责任。

四、中外合作经营企业的组织机构

(一)权力机构

1. 董事会或者联合管理委员会

合作企业设董事会或者联合管理委员会。董事会或者联合管理委员会是合作企业的权力机构,按照合作企业合同或者章程的规定,决定合作企业的重大问题。其中,有法人资格的合作企业实行董事会制,而无法人资格的合作企业实行联合管理制。

2. 成员及任期

董事会或者联合管理委员会成员不得少于3人,其名额的分配由中外合作者参照其投资或者提供的合作条件协商确定。董事或者委员的任期由合作企业章程规定,但每届任期不得超过3年。董事或者委员任期届满,委派方继续委派的,可以连任。

3. 董事会董事长、副董事长或者联合管理委员会主任、副主任的产生

董事会董事长、副董事长或者联合管理委员会主任、副主任的产生办法由合作企业章程规定,中外合作者的一方担任董事长、主任的,副董事长、副主任由他方担任。董事长或者主任是合作企业的法定代表人。

4. 董事会或者联合管理委员会会议

(1)会议的召开

董事会会议或者联合管理委员会会议每年至少召开1次,由董事长或者主任召集并主持。董事长或者主任因特殊原因不能履行职务时,由董事长或者主任指定副董事长、副主任或者其他董事、委员召集并主持。1/3以上董事或者委员可以提议召开董事会会议或者联合管理委员会会议。董事会会议或者联合管理委员会会议应当有2/3以上董事或者委员出席方能举行,不能出席董事会会议或者联合管理委员会会议的董事或者委员应当书面委托他人代表其出席和表决。

(2)表决

董事会会议或者联合管理委员会会议作出决议,须经全体董事或者委员的过半数通过。董事或者委员无正当理由不参加又不委托他人代表其参加董事会会议或者联合管理委员会会议的,视为出席董事会会议或者联合管理委员会会议并在表决中弃权。董事会或者联合管理委员会的议事方式和表决程序,除法律法规另有规定的外,由合作企业章程规定。下列事项由出席董事会会议或者联合管理委员会会议的董事或者委员一致通过,方可作出决议:①合作企业章程的修改;②合作企业注册资本的增加或者减少;③合作企业的解散;④合作企业的资产抵押;⑤合作企业合并、分立和变更组织形式;⑥合作各方约定由董事会会议或者联合管理委员会会议一致通过方可作出决议的其他事项。

【应用案例5-2】

某中外合作经营企业的合同规定:合作企业董事的任期为5年,董事长及副董事长均由美方担任;1/4以上的董事可以提议召开董事会会议,董事会会议须有过半数董事出席方能举行;修改合作企业章程、增加或者减少合作企业注册资本的决议,须由出席董事会会议的董事2/3以上通过。试分析上述合作企业合同的约定有哪些不符合法律规定之处。

案例解析:

合作企业董事的任期由合作企业章程规定,但每届任期不得超过3年,中外合作者的一方担任董事长的,副董事长由他方担任;1/3以上董事可以提议召开合作企业董事会会议,董事会会议应当有2/3以上董事出席方能举行;合作企业章程的修改、合作企业注册资本的增加或者减少,由出席董事会会议的董事一致通过方可作出决议。

(二)经营管理机构

合作企业设总经理1人,负责合作企业的日常经营管理工作,对董事会或者联合管

理委员会负责。合作企业的总经理由董事会或者联合管理委员会聘任、解聘。总经理及其他高级管理人员可以由中国公民担任,也可以由外国公民担任。经董事会或者联合管理委员会聘任,董事或者委员可以兼任合作企业的总经理或者其他高级管理职务。合作企业成立后改为委托中外合作者以外的他人经营管理的,必须经董事会或者联合管理委员会一致同意,报审查批准机关批准,并向工商行政管理机关办理变更登记手续。

五、中外合作经营企业的分配收益与回收投资

(一)中外合作经营企业的分配收益

中外合作经营企业的中外合作者可以采用分配利润、分配产品或者合作各方共同商定的其他方式分配收益。

(二)中外合作经营企业的回收投资

中外合作者在合作企业合同中约定合作期满时合作企业的全部固定资产归中国合作者所有的,可以在合作企业合同中约定外国合作者在合作期限内先行回收投资的办法。具体可按照下列方式进行:

(1)在按照投资或者提供合作条件进行分配的基础上,在合作企业合同中约定扩大外国合作者的收益分配比例;

(2)经财政税务机关按照国家有关税收的规定审查批准,外国合作者在合作企业缴纳所得税前回收投资;

(3)经财政税务机关和审查批准机关批准的其他回收投资方式。

外国合作者依照上述规定在合作期限内先行回收投资的,中外合作者应当依照有关法律的规定和合作企业合同的约定,对合作企业的债务承担责任。合作企业的亏损未弥补前,外国合作者不得先行回收投资。

六、中外合作经营企业的合作期限和解散

(一)中外合作经营企业的合作期限

合作企业的合作期限由中外合作者协商并在合作企业合同中订明。合作企业期限届满,中外合作者同意延长合作期限的,应当在距合作期满 180 天前向审查批准机关提出申请。审查批准机关应当自接到申请之日起 30 天内决定批准或者不批准。

(二)中外合作经营企业的解散

合作企业在下列情形之一出现时解散:

1. 合作期限届满;

2. 合作企业发生严重亏损,或者因不可抗力遭受严重损失,无力继续经营;

3. 中外合作者一方或者数方不履行合作企业合同、章程规定的义务,致使合作企业无法继续经营;

4. 合作企业合同、章程中规定的其他解散原因已经出现;

5. 合作企业违反法律、行政法规,被依法责令关闭。

合作企业的清算事宜依照国家有关法律、行政法规及合作企业合同、章程的规定办理。

任务四　外资企业法

一、外资企业的概念和特征

(一)外资企业的概念

外资企业又称为外商独资企业,是指依照中国法律的规定,在中国境内设立的全部资本由外国投资者投资的企业。

(二)外资企业的特征

1. 外资企业是具有中国国籍的企业

外资企业是依照中国有关法律的规定,在中国境内设立的企业,具有中国国籍。

2. 外资企业的资本全部由外国投资者投资

外资企业的投资者为外国的企业和其他经济组织或者个人。

3. 外资企业受中国法律的管辖和保护

外资企业必须遵守中国的法律、法规,不得损害中国的社会公共利益。国家保护外资企业和外国投资者的合法权益。国家对外资企业不实行国有化和征收;在特殊情况下,根据社会公共利益的需要,对外资企业可以依照法律程序实行征收,并给予相应的补偿。禁止任何单位向外资企业摊派。

二、外资企业的设立

(一)外资企业的设立条件

1. 积极条件

设立外资企业,必须有利于中国国民经济的发展,能够取得显著的经济效益。国家鼓励外资企业采用先进技术和设备,从事新产品开发,实现产品升级换代,节约能源和原材料,并鼓励举办产品出口的外资企业。

2. 消极条件

申请设立外资企业,有下列情况之一的,不予批准:

(1)有损中国主权或者社会公共利益的;

(2)危及中国国家安全的;

(3)违反中国法律、法规的;

(4)不符合中国国民经济发展要求的;

(5)可能造成环境污染的。

(二)外资企业的设立程序

1. 设立申请

外国投资者设立外资企业,应当通过拟设立外资企业所在地的县级或者县级以上地方人民政府向审批机关提出申请。

2. 审查批准

设立外资企业的申请,由国务院对外经济贸易主管部门或者国务院授权的机关审查批准。审查批准机关应当在接到申请之日起 90 天内决定批准或者不批准。设立外资企业的申请属于下列情形的，国务院授权省、自治区、直辖市和计划单列市、经济特区人民政府审查批准后，发给批准证书：

(1)投资总额在国务院规定的投资审批权限以内的；

(2)不需要国家调拨原材料，不影响能源、交通运输、外贸出口配额等全国综合平衡的。

3. 设立登记

设立外资企业的申请经审批机关批准后，外国投资者应当在收到批准证书之日起30天内向工商行政管理机关申请登记，领取营业执照。外资企业的营业执照签发日期，为该企业成立日期。外国投资者在收到批准证书之日起满30天未向工商行政管理机关申请登记的，外资企业批准证书自动失效。外资企业应当在企业成立之日起30天内向税务机关办理税务登记。

三、外资企业的组织形式、注册资本与出资

(一)外资企业的组织形式

外资企业的组织形式为有限责任公司，经批准也可以是其他责任形式。外资企业为有限责任公司的，外国投资者对企业的责任以其认缴的出资额为限；外资企业为其他责任形式的，外国投资者对企业的责任适用中国法律、法规的规定。

(二)外资企业的注册资本与投资总额

外资企业的注册资本，是指为设立外资企业在工商行政管理机关登记的资本总额，即外国投资者认缴的全部出资额。外资企业的投资总额，是指开办外资企业所需资金总额，即按其生产规模需要投入的基本建设资金和生产流动资金的总和。外资企业的注册资本与投资总额的比例应当符合中国有关规定。外资企业在经营期内不得减少其注册资本。因投资总额和生产经营规模等发生变化，确需减少的，须经审批机关批准。外资企业注册资本的增加、转让，须经审批机关批准，并向工商行政管理机关办理变更登记手续。

(三)外资企业的出资

1. 外资企业的出资方式

(1)出资形式

外国投资者可以用可自由兑换的外币出资，也可以用机器设备、工业产权、专有技术等作价出资。经审批机关批准，外国投资者也可以用其从中国境内举办的其他外商投资企业获得的人民币利润出资。

(2)出资要求

外国投资者以机器设备作价出资的，该机器设备应当是外资企业生产所必需的设备。该机器设备的作价不得高于同类机器设备当时的国际市场正常价格。外国投资者以工业产权、专有技术作价出资的，该工业产权、专有技术应当为外国投资者所有，且应当备有详细资料，包括所有权证书的复制件，有效状况及其技术性能、实用价值，作价的计算根据和标准等，作为设立外资企业申请书的附件一并报送审批机关。

2. 外资企业的出资期限

外国投资者缴付出资的期限应当在设立外资企业申请书和外资企业章程中载明。

【应用案例5-3】

某外国投资者在中国境内设立一外资企业，该投资者以一项专有技术及200万元人民币出资，其专有技术作价为100万元人民币。试分析上述出资有哪些不符合法律规定之处。

案例解析：

外国投资者的人民币出资，必须是其从中国境内举办的其他外商投资企业获得的人民币利润，且应经审批机关批准。

四、外资企业的管理

（一）经营管理

外资企业有权自行决定购买本企业自用的机器设备、原材料、燃料等物资。外资企业在中国购买物资，在同等条件下，享受与中国企业同等的待遇。外资企业可以在中国市场销售其产品。国家鼓励外资企业出口其生产的产品。

（二）税务管理

外资企业应当依照中国法律、法规的规定，缴纳税款。外资企业的职工应当依照中国法律、法规的规定，缴纳个人所得税。

（三）外汇管理

外资企业的外汇事宜，应当依照中国有关外汇管理的法规办理。外资企业凭工商行政管理机关发给的营业执照，可以在中国境内经营外汇业务的银行开立账户，由开户银行监督收付。外资企业的外汇收入，应当存入其开户银行的外汇账户；外汇支出，应当从其外汇账户中支付。

（四）财务会计管理

外资企业应当依照中国法律、法规和财政机关的规定，建立财务会计制度并报其所在地财政、税务机关备案。外资企业依照中国税法规定缴纳所得税后的利润，应当提取储备基金和职工奖励及福利基金。储备基金的提取比例不得低于税后利润的10%，当累计提取金额达到注册资本的50%时，可以不再提取。职工奖励及福利基金的提取比例由外资企业自行确定。外资企业以往会计年度的亏损未弥补前，不得分配利润；以往会计年度未分配的利润，可与本会计年度可供分配的利润一并分配。

（五）职工管理

外资企业在中国境内雇用职工，企业和职工双方应当依照中国的法律、法规签订劳动合同。合同中应当订明雇用、辞退、报酬、福利、劳动保护、劳动保险等事项。外资企业不得雇用童工。外资企业应当负责职工的业务、技术培训，建立考核制度，使职工在生产、管理技能方面能够适应企业的生产与发展需要。

五、外资企业的经营期限、终止与清算

（一）外资企业的经营期限

外资企业的经营期限，根据不同行业和企业的具体情况，由外国投资者在设立外资企业的申请书中拟订，经审批机关批准。外资企业的经营期限，从其营业执照签发之日起计算。外资企业经营期满需要延长经营期限的，应当在距经营期满180天前向审批机关报送延长经营期限的申请书，审批机关应当在收到申请书之日起30天内决定批准或者不批准。外资企业经批准延长经营期限的，应当自收到批准延长期限文件之日起30天内，向工商行政管理机关办理变更登记手续。

（二）外资企业的终止

外资企业有下列情形之一的，应当予以终止：

1. 经营期限届满；

2. 经营不善，严重亏损，外国投资者决定解散；

3. 因自然灾害、战争等不可抗力而遭受严重损失，无法继续经营；

4. 破产；

5. 违反中国法律、法规，危害社会公共利益被依法撤销；

6. 外资企业章程规定的其他解散事由已经出现。

（三）外资企业的清算

1. 清算委员会的组成

外资企业的清算由清算委员会组织实施。清算委员会应当由外资企业的法定代表人、债权人代表以及有关主管机关的代表组成，并聘请中国的注册会计师、律师等参加。

2. 清算委员会的职权

清算委员会行使下列职权：

（1）召集债权人会议；

（2）接管并清理企业财产，编制资产负债表和财产目录；

（3）提出财产作价和计算依据；

（4）制订清算方案；

（5）收回债权和清偿债务；

（6）追回股东应缴而未缴的款项；

（7）分配剩余财产；

（8）代表外资企业起诉和应诉。

3. 财产的处置

外资企业在清算结束之前，外国投资者不得将企业的资金汇出或者携出中国境外，不得自行处理企业的财产。外资企业清算结束，其资产净额和剩余财产超过注册资本的部分视同利润，应当依法缴纳所得税。外资企业清算结束，应当向工商行政管理机关办理注销登记手续，缴销营业执照。外资企业清算处理财产时，在同等条件下，中国的企业或者其他经济组织有优先购买权。

【情境总结】

1. 合营企业的组织形式为有限责任公司，不应采取股份有限公司形式。

2. 在合营企业的注册资本中，外国合营者的投资比例一般不低于25%，而美方的出资仅占企业注册资本的20%，未达到规定的出资比例。

3. 董事会是合营企业的最高权力机构，而非股东大会。
4. 董事长是合营企业的法定代表人，而非总经理。

强化训练

一、单项选择题

1. 中外合资经营企业的组织形式为(　　)。

A. 有限责任公司　B. 股份有限公司　C. 无限责任公司　D. 合伙企业

2. 在合营企业的注册资本中，外国合营者的投资比例一般不低于(　　)。

A. 20%　B. 25%　C. 30%　D. 50%

3. 合营合同中规定分期缴付出资的，合营各方第一期出资，应在营业执照签发之日起(　　)内缴清。

A. 1 个月　B. 3 个月　C. 6 个月　D. 1 年

4. 合营企业的最高权力机构是(　　)。

A. 股东会　B. 董事会　C. 监事会　D. 联合管理委员会

5. 申请设立合作企业，审查批准机关应当自收到规定的全部文件之日起(　　)内决定批准或者不批准。

A. 30 天　B. 45 天　C. 60 天　D. 90 天

6. 合作企业董事会董事或者联合管理委员会委员的任期由合作企业章程规定，但每届任期不得超过(　　)。

A. 2 年　B. 3 年　C. 4 年　D. 5 年

7. 合作企业董事会会议或者联合管理委员会会议应当有(　　)董事或者委员出席方能举行。

A. 1/3 以上　B. 过半数　C. 2/3 以上　D. 全体

8. 不具有法人资格的合作企业的最高权力机构是(　　)。

A. 股东会　B. 董事会　C. 监事会　D. 联合管理委员会

9. 设立外资企业的申请经审查批准机关批准后，外国投资者应当在收到批准证书之日起(　　)内向工商行政管理机关申请登记，领取营业执照。

A. 30 天　B. 45 天　C. 60 天　D. 90 天

10. 外资企业经营期满需要延长经营期限的，应当在距经营期满(　　)前向审批机关报送延长经营期限的申请书。

A. 60 天　B. 90 天　C. 120 天　D. 180 天

二、多项选择题

1. 以下关于合营企业的描述，正确的是(　　)。

A. 合营企业为股权式企业

B. 合营企业为契约式企业

C. 合营企业的组织形式为有限责任公司

D. 合营企业的组织形式为合伙企业

2. 合营企业的中国合营者出资方式包括(　　)。

A. 现金　　B. 实物　　C. 工业产权　　D. 场地使用权

3. 以下关于合作企业的描述,正确的是(　　)。

A. 合作企业是契约式企业

B. 合作企业的法人资格有可选择性

C. 合作企业的外国合作者可先行回收投资

D. 合作企业的管理机构具有多样性

4. 合作企业因(　　)情形出现时解散。

A. 合作期限届满

B. 中外合作者一方或者数方不履行合作企业合同、章程规定的义务,致使合作企业无法继续经营

C. 合作企业合同、章程中规定的其他解散原因已经出现

D. 合作企业违反法律、行政法规,被依法责令关闭

5. 设立外资企业,外国投资者可以用(　　)出资。

A. 可自由兑换的外币

B. 机器设备

C. 工业产权、专有技术

D. 从中国境内举办的其他外商投资企业获得的人民币利润

三、案例分析题

A中外合资经营企业合同规定:合营企业的注册资本为600万美元,其中,中方出资500万美元,外方出资100万美元;企业的投资总额为2 000万美元;合营各方从营业执照签发之日起1年内一次缴清出资;在合营期满前,外方可先行回收投资;合营企业设立联合管理委员会,委员的任期为5年。

试分析上述合营企业合同的规定有哪些不符合法律规定之处,并请说明理由。

知识链接

合营企业与合作企业比较面面观

合营企业与合作企业都是由中国投资者与外国投资者依照中国法律的规定,在中国境内共同投资设立的,两者的区别主要表现在以下几个方面:

1. 投资者权利义务的享有与承担方式不同

合营企业为股权式企业,中外合营各方共同投资、共同经营,并按投资比例分享利润、分担风险和亏损。合作企业是契约式企业,合作各方不以出资比例来分享利润和分担亏损,其权利义务是由各方在平等协商的基础上,通过合作企业合同加以约定的。

2. 企业的组织形式不同

合营企业具有法人资格,其组织形式为有限责任公司,合营各方以各自认缴的出资

额为限对合营企业承担责任。合作企业的法人资格有可选择性:合作企业依法取得法人资格的,为有限责任公司,除合作企业合同另有约定外,合作各方以其投资或者提供的合作条件为限对合作企业承担责任;不具有法人资格的合作企业,其合作各方是一种合伙关系,依照我国相关法律的规定承担责任。

3. 企业的经营管理模式不同

合营企业采取的是董事会制,董事会是合营企业的最高权力机构,决定合营企业的重大问题。合作企业的经营管理模式具有多样性:具有法人资格的合作企业采取的是董事会制,董事会作为合作企业的最高权力机构,按照合作企业合同或者章程的规定,决定合作企业的重大问题;不具有法人资格的合作企业采取的是联合管理制,由联合管理机构作为合作企业的最高权力机构;此外,合作企业还可采取委托管理制,合作企业成立后改为委托中外合作者以外的他人经营管理的,必须经董事会或者联合管理机构一致同意,报审查批准机关批准,并向工商行政管理机关办理变更登记手续。

4. 投资回收方式不同

合营企业的合营各方在合营期满前不能回收投资。合作企业的中外合作者在合作企业合同中约定合作期满时合作企业的全部固定资产归中国合作者所有的,可以在合作企业合同中约定外国合作者在合作期限内先行回收投资的办法。

5. 收益分配方式不同

合营企业的收益分配采取的是利润分配的方式,即合营各方按各自的投资比例分享利润。合作企业的合作各方可以采用分配利润、分配产品或者合作各方共同商定的其他方式分配收益。

☞ 参考答案

一、单项选择题

1. A　2. B　3. B　4. B　5. B　6. B　7. C　8. D　9. A　10. D

二、多项选择题

1. AC　2. ABCD　3. ABCD　4. ABCD　5. ABCD

三、案例分析题

以下方面的规定不合法:(1)企业的投资总额为2 000万美元,而注册资本为600万美元。中外合资经营企业的投资总额在1 000万美元以上至3 000万美元(含3 000万美元)的,其注册资本至少应占投资总额的2/5,本案中依此规定注册资本应至少为800万美元。(2)中方出资500万美元,外方出资100万美元。即使按照600万美元的注册资本,外国合营者的出资比例一般不少于25%即150万美元。(3)合营各方从营业执照签发之日起1年内一次缴清出资。合营合同中规定一次缴清出资的,合营各方应从营业执照签发之日起6个月内缴清。(4)外方可先行回收投资。合营期满前,外国合营者不得先行回收投资。(5)合营企业设立联合管理委员会,委员的任期为5年。合营企业设立董事会,董事任期为4年。

项目六 企业破产法

学习目标

能力目标：明晰破产界限，界定破产财产和破产债权。

知识目标：掌握我国和解、整顿制度的特点，破产清算的执行。

素质目标：掌握公司依法申请破产程序。

【情境导入】

某市酒厂为国有企业，截至2011年末，企业累计负债已高达8 000万元，而企业资产只有3 000万元，无法清偿到期债务且呈连续状态。经上级主管部门同意，该企业向法院提出破产申请。法院受理破产案件，要求债权人进行债权申报，并召集、主持了第一次债权人会议。

2012年3月企业被宣告破产，管理人负责破产财产的保管、清算和分配。第二次债权人会议讨论并通过破产财产的分配方案。可供分配的破产财产为1 000万元，第一分配顺序清偿职工工资及劳动保护费用为700万元，第二分配顺序清偿欠缴税款300万元，尚有20万元税款未能清偿。破产财产分配完毕，破产程序终结。

【任务分析】

1. 债务人企业能否提出破产申请？
2. 企业破产界限的含义是什么？法院应否受理该破产案件？
3. 债权人会议的实质是什么？法院可否召集第一次债权人会议？
4. 破产财产的分配是否合法？为什么？

任务一　企业破产法概要

一、破产的概念

破产是指当债务人的全部资产不能清偿其到期债务时，由法院主持执行其全部资产，依照法定的程序，以公平清偿全体债权人，从而免除债务人不能清偿的债务的一种法律制度。破产是市场竞争的必然结果，具有下列法律特征：

（一）破产是一种法定特殊偿债手段

当债务人不能清偿到期债务时，如何分配债务人的财产，如何满足多个债权人的清偿要求,非有法律之特别规定,一般的民事诉讼程序或者执行程序,难以解决这样的问题。所以,法律特别规定专门的程序,破产程序即为其一。

(二)破产以债务人不能清偿到期债务且资产不足抵偿债务为原因

债务人不能清偿到期债务,资产不足抵偿债务,是破产的原因,破产只不过是对债务人不能清偿到期债务的事实予以法律确认,即通过法院的司法裁决承认债务人事实上的破产状态。

(三)破产以公平清偿债权为宗旨

债务人不能清偿到期债务时,利用破产程序可以合理地协调多数债权人之间就债务人的有限财产如何受偿的利益冲突,使债权人共同分担损失和共同享受利益,即同一顺序的债权人地位平等和受偿机会均等。“公平清偿”是指按照企业破产法确定的全部财产,按一定比例分配给债权人,防止债务人对个别债务的清偿,使债权人得到公平的补偿,以保护债权人的合法权益。

(四)破产是一种特殊的执行程序

首先,作为一种执行程序,破产程序处于法院的严格控制下。其次,破产程序优先于个别民事执行程序,在破产程序开始后,必须中止对债务人财产的民事执行程序,所有的无财产担保的债权人均须通过破产程序行使权利。最后,破产程序是对债务人全部财产与经济关系进行的彻底清算。

二、破产法及其特征

破产法是规定当债务人不能清偿到期债务,且资产不足以清偿全部债务或明显缺乏偿债能力时,人民法院强制执行其全部财产,公平清偿债权人,或通过重整、和解程序,避免债务人破产的法律规范的总称。现代意义上的破产法不仅包括对债务人破产清算的法律规范,而且包括以避免企业法人破产为主要目的的有关和解与重整的法律规范。

1994 年 3 月,第八届全国人民代表大会财政经济委员会根据第八届全国人民代表大会常务委员会立法规划开始组织新破产法的起草工作。第九届、第十届全国人民代表大会常务委员会均将企业破产法列入立法规划。2004 年 6 月 21 日,在第十届全国人民代表大会常务委员会第十次会议上,新破产法草案首次提请审议。2006 年 8 月 27 日,第十届全国人民代表大会常务委员会第二十三次会议通过了《中华人民共和国企业破产法》(以下简称《破产法》),自 2007 年 6 月 1 日起施行,旧《破产法》同时废止。新《破产法》历时 10 年完成草案起草工作,又经过全国人民代表大会常务委员会两年三次审议、修改后,方才破茧而出。新《破产法》的诞生具有重要的经济和社会意义:它是中国第一部市场经济的破产法,一部现代意义的破产法,并将对我国市场机制的完善产生深远的影响。

《破产法》具有以下特征:

1. 综合性。解决债务人无力偿债问题,涉及多方的利益,涉及社会经济发展和安定,因此《破产法》要运用多种法律机制综合调整。

2. 特殊性。与民法、商法、民事诉讼法相比,《破产法》要在基本概念、原理上与普通法尽量一致,但是又必须有自己的特殊规则。

3. 强制性与灵活性。例如,破产活动中有些程序是必需的,但是也允许当事人协商,因此,《破产法》兼具强制性和灵活性。

三、破产法内容概要

《破产法》的内容包括破产程序规范、破产实体规范和法律责任三部分。其中破产程序规范主要包括破产清算、重整和和解三种程序。一旦债务人不能清偿到期债务,符合法定的破产条件,则债权人或债务人都可以依法提出破产申请。在提出破产申请以后,法院经审查认为符合法律规定的,就应当受理。在破产案件受理后,可以根据不同情形分别适用以下三种程序:

1. 破产清算程序

破产清算程序具体又包括三个步骤:

(1)破产债权的申报。在法院决定受理破产案件后,符合清算条件的,法院应当裁定进入清算程序。此时,法院首先要采取必要的保全措施,发出通知或公告,要求债权人在法定期限内申报债权。

(2)确定破产财产的范围。所谓破产财产,是指能够依据破产程序分配给债权人的、属于债务人的所有财产,包括债务人在破产宣告时所有的或者经营管理的全部财产,债务人在破产宣告后至破产程序终结前取得的财产,以及应当由债务人行使的其他财产权利。如果在破产企业中有属于他人的财产的,所有人享有取回权,这些财产不属于破产财产的范围。

(3)法院认为债务人达到破产条件的,应当作出破产宣告,进行破产清算。破产财产的分配方案由管理人提出,提交债权人会议讨论通过,并最终由法院裁定许可。

2. 重整程序

重视重整制度是国际上企业破产法发展的重要趋势,各国企业破产法都十分详细地规定了重整制度。重整是在企业无力偿债但有复苏希望的情况下,经债权人同意,实现债务调整和企业重组,使企业摆脱困境的一项制度。

3. 和解程序

所谓和解程序,是指破产程序开始后,债务人和债权人在法院的主持下,就债务人延期清偿债务、减少债务数额等事项达成协议,从而中止破产程序的制度。采用和解程序有利于使债务人获得复苏的机会,同时,也使债权人有可能获得比破产清算更多的债务清偿。从和解的积极作用角度考虑,应当鼓励当事人在破产开始前或破产进行中实行和解,这样,就需要放宽对和解条件所设定的限制。在破产程序开始以后,甚至在破产宣告以后,无论是债权人,还是债务人,只要认为和解对其是有利的,都可以提出和解。一旦达成和解协议,破产清算程序即告中止,债务人应当按照和解协议的规定清偿债务,债权人也应当按照和解协议接受履行。

任务二 破产申请及受理

一、企业破产界限

破产界限是适用破产程序所依据的特定法律事实,它是法院据以宣告债务人破产的法律标准，通常又称之为破产原因。

根据法律对破产原因规定的不同，破产可以分为事实上的破产和法律上的破产。从《破产法》的角度讲，有两种测算标准和方法可以用来判断一个债务人是否构成无偿付能力。第一种方法，叫做资产负债表测试法。这种方法是通过资产负债的比例来判断一个债务人是否具有偿付能力。如果一个企业资产是500万元，负债是400万元，那么它资产负债率是80%；如果它的资产是600万元，负债是900万元，那么它的资产负债率是150%，负债超过了资产，资不抵债，我们就说它是无偿付能力，这是事实上的破产。第二种方法叫做现金流测试法，这是法律上的破产。一个债务人可能出现这样一种情况，即资产是500万元，负债是400万元，现在是资大于债的，但它的负债是现金负债，资产则包括厂房、设备、仓库存货，也确实达到了500万元，而现金一分没有或只有200万元，这时即使这个企业是资大于债，我们也可以说它是无偿付能力的。

《破产法》规定："企业法人不能清偿到期债务，并且资产不足以清偿全部债务或明显缺乏清偿能力的，依照本法规定清偿债务。"这一法律规定有以下含义：一是不能清偿的是"到期债务"；二是债务人明显缺乏清偿债务的能力，即不能以财产、信用或能力等任何方式清偿债务；三是债务人对全部或主要债务连续不能偿还。

债务人停止清偿到期债务并呈连续状态，如无相反证据，可推定为不能清偿到期债务。

破产界限是宣告债务人破产的法定原因，但并非达到破产界限并进入破产程序的企业都要被宣告破产，可依法进行重整。

二、破产申请

当债务人达到破产界限时债务人和债权人都有权提出破产申请。企业法人在清算期间，且资产不足以清偿到期债务的，清算人应向法院提出破产申请。

破产申请应向有管辖权的法院提出，并应采用书面形式。我国破产案件的受理法院实行属地原则，即由债务人住所地法院管辖。债务人住所地指债务人主要办事机构所在地。办事机构所在地不明确的，由其注册地人民法院管辖。

破产申请人应向人民法院提交破产申请书及相关证据。破产申请书的主要载明事项有：①申请人、被申请人的基本情况；②申请目的；③申请的事实和理由，含债务的由来、债权的性质和数额、债务人不能清偿的事实等。债务人提出破产申请的，还应当向人民法院提交以下材料：财产状况说明、债权清册、债务清册、财务会计报告、职工安置预案以及职工工资的支付和社会保险费用的缴纳情况等。

三、破产案件的受理

（一）受理程序

人民法院收到破产申请后，应当依法对申请人提交的材料进行审查，并在法定时间内决定是否立案。对决定受理的破产案件，应当制作案件受理通知书，并送达申请人和债务人。对不予受理的破产案件，应作出驳回申请的裁定。人民法院应当自裁定受理破产申请之日起25日内通知已知债权人，并予以公告。

通知和公告应当载明下列事项：(1)申请人、被申请人的名称或者姓名；(2)人民法院受理破产申请的时间;(3)申报债权的期限、地点和注意事项;(4)管理人的名称或者姓名及其处理事务的地址;(5)债务人的债务人或者财产持有人应当向管理人清偿债务或者交付财产的要求;(6)第一次债权人会议召开的时间和地点;(7)人民法院认为应当通知和公告的其他事项。

(二)受理的法律效力

法院受理破产申请,意味着破产程序的开始。破产程序开始后,债务人的财产进入保全状态,债权人的权利行使也受到约束。具体说,发生以下法律效力:

1. 对债务人的约束

自破产案件受理之日起,债务人及其法定代表人承担以下义务:

(1)财产保全义务、说明义务和提交义务。这是债务人在破产法上的重要义务。

(2)不对个别债权人清偿的义务。人民法院受理破产申请后,债务人不得对个别债权人清偿债务,也不得以其财产设立新的担保。

2. 对债权人的约束

破产程序的一个重要任务,就是维护债权人集体受偿的秩序。因此,破产程序开始的一个重要效果,就是自动冻结债权人的个别追索行为。具体为:(1)破产案件受理后,债权人只能通过破产程序行使权利。债权人不得个别追索债务,也不能向法院提起新的民事诉讼。(2)有财产担保的债权人,在破产案件受理后至破产宣告前的期间,未经人民法院准许,不得行使优先权。

3. 对其他民事程序的影响

破产程序开始后,为了实现公平清偿,原则上有关债务人财产的所有请求和争议都必须在同一程序中审理。为此,我国《破产法》有如下规定:

(1)民事诉讼程序的中止或终结

破产案件受理后,如果向债务人请求给付的经济纠纷案件尚未审结而无连带责任人的,应当终结诉讼;尚未审结而另有连带责任人的,应当中止诉讼。如果债务人向他人请求给付的经济纠纷案件,受诉法院不能在3个月内结案的,应当移送受理破产案件的人民法院。

(2)民事执行程序的中止

破产案件受理后,对债务人财产的其他民事执行程序必须中止。这里所说的“其他民事执行程序”,是指对非依破产程序所生的法律文书的个别执行程序。

(3)财产保全的中止

破产案件受理后,一切依个别债权人请求而实施的对债务人的财产保全应当中止。对于已经查封、扣押、冻结或者以其他方式予以保全的债务人财产,应当解除保全措施,纳入破产财产的管理。

【应用案例6-1】

2012年10月20日,A市甲公司与乙企业签订一份货物购销合同,合同约定由乙企业在未来3个月内分批向甲公司提供生产用材料,材料价款为30万元。甲公司最迟应在2013年2月15日前一次性支付全部货款。乙企业按合同约定全面履行了自己的义务,但至2013年3月10日，甲公司仍未支付货款。经多次催告无效后，乙企业对甲公司提起上诉，A市法院判决甲公司支付货款30万元。判决生效后，在规定的期限内，甲公司仍未履行义务。2013年4月乙企业向A市法院申请对甲公司价值30万元的轿车强制执行。A市法院扣押了该轿车并准备拍卖，正在此时，B市人民法院受理了甲公司的破产申请。试分析A市人民法院应该采取什么行为？乙企业在这种情况下应否向B市人民法院申报破产债权？

案例解析：

A市法院应当解除保全措施，中止对甲公司小轿车的强制执行，甲公司小轿车应依法纳入破产财产，公平清偿全体债权人。依据《破产法》规定，破产案件受理后，一切依个别债权人请求而实施的对债务人的财产保全应当中止。对于已经查封、扣押、冻结或者以其他方式予以保全的债务人财产，应当解除保全措施，纳入破产财产的管理。乙企业在这种情况下应向B市人民法院申报破产债权。

四、债权申报

债权申报是债权人在破产案件受理后依法定程序主张并证明其债权，以便参加破产程序的法律行为。人民法院受理破产申请后，应当确定债权人申报债权的期限。

（一）申报期限

债权申报期限自人民法院发布受理破产申请公告之日起计算，最短不得少于30日，最长不得超过3个月。债权人应当在法定期限内申报其债权。具体期限为：收到法院通知的债权人，应在收到通知后30日内申报债权。未收到通知的债权人，应当自公告之日起3个月内申报债权。债权人逾期未申报债权的，视为自动放弃债权。其后果是不再是债权人，无权出席债权人会议，无表决权，不能参加破产财产分配。逾期未申报的债权人失去通过破产程序获得清偿的资格。

（二）申报范围

破产案件受理前成立的对债务人的债权，均为可申报的债权。未到期的债权，在破产案件受理时视为到期。有财产担保的债权和无财产担保的债权，均可申报。债务人的保证人，在履行担保义务向债权人清偿后，可以在清偿的范围内申报债权。连带债务的债权人，在连带债务人之一破产时，享有在破产程序中申报债权的权利。债务人所欠职工的工资和医疗、伤残补助、抚恤费用，所欠的应当划入职工个人账户的基本养老保险、基本医疗保险费用，以及法律、行政法规规定应当支付给职工的补偿金，不必申报，由管理人调查后列出清单并予以公示。

（三）申报材料

债权人申报债权时，应当向人民法院提交下列材料：

1. 债权发生的事实与证据；

2. 债权性质、数额、有无担保，并附证据。

人民法院对于申报的债权，应当指派专人，进行登记造册，编制债权表。登记造册时，应当对有财产担保的债权和无财产担保的债权，予以分别登记。申报的债权，须经债权人会议审查确认。因此，在我国《破产法》上，审查债权的唯一主体是债权人会议，这是债权人自治原则的体现,人民法院不负责审查债权。

任务三　破产管理人及债务人财产

一、破产管理人

破产管理人,是指破产宣告后,在法院的指挥和监督之下全面接管破产财产并负责对其进行保管、清理、估价、处理和分配的专门机构,是人民法院指定的总管破产事务的人。

(一)破产管理人的产生及地位

破产管理人由人民法院指定,破产管理人没有正当理由不得辞去职务。管理人辞去职务应当经人民法院许可。

破产管理人是独立于人民法院、债权人会议、债务人之外的组织,破产管理人的破产管理为有偿服务,其报酬由人民法院确定。破产管理人是破产程序中最重要的一个组织,它具体管理破产中的各项事务,破产程序进行中的其他机关或组织仅起监督或辅助作用。破产程序能否在公正、公平和高效率的基础上顺利进行和终结,与破产管理人的活动密切相关。

(二)破产管理人的组成

破产管理人可以由有关部门、机构的人员组成的清算组或者依法设立的律师事务所、会计师事务所、破产清算事务所等社会中介机构担任。

管理人也可以由自然人担任。人民法院根据债务人的实际情况,可以在征询有关社会中介机构的意见后,指定该机构具备相关专业知识并取得执业资格的人员担任破产管理人。

有下列情形之一的,不得担任管理人:因故意犯罪受过刑事处罚;曾被吊销相关专业执业证书;与该破产案件有利害关系;人民法院认为不宜担任破产管理人的其他情形。

(三)破产管理人的职责

管理人向人民法院报告工作,并接受债权人会议和债权人委员会的监督,履行以下职责:1. 接管债务人的财产、印章和账簿、文书等资料;2. 调查债务人财产状况,制作财产状况报告;3. 决定债务人的内部管理事务;4. 决定债务人的日常开支和其他必要开支;5. 在第一次债权人会议召开之前,决定继续或者停止债务人的营业;6. 管理和处分债务人的财产;7. 代表债务人参加诉讼、仲裁或者其他法律程序;8. 提议召开债权人会议;9. 人民法院认为管理人应当履行的其他职责。

二、债务人财产

(一)债务人财产的概念及范围

破产财产是指在破产申请受理时属于债务人的全部财产,以及在破产申请受理后至破产程序终结前,债务人取得的财产,为债务人财产。

根据我国《破产法》第三十条规定,债务人财产由下列财产构成:

1. 破产案件受理时属于破产企业经营管理的全部财产。这些财产大体包括 4 类:有形财产,如厂房、机器设备、运输工具、原材料等;无形财产,如土地使用权、专利权、商标权、著作权、特许权等;货币和有价证券;投资权益,如破产企业在其他公司中享有的股权。

2. 破产企业在破产申请受理后至破产程序终结前取得的财产。主要包括以下几种:因破产企业的债务人清偿和财产持有人的交还而取得的财产;因未履行合同的继续履行而取得的财产;由破产企业享有的投资权益所产生的收益;破产财产所生的孳息,如房租、银行利息;清算期间继续营业的收益。应注意的是破产宣告后,破产企业在有利于破产债权人利益的前提下,可以进行必要的营业,由此增加的营业所得就应归入破产财产。基于其他合法原因而取得的财产,如因他人侵犯破产企业的专利权而获得的赔偿。另外,已作为担保物的财产不属于破产财产。担保物的价款超过其所担保的债务数额的,超过部分属于破产财产。

(二)撤销权、抵销权、取回权

1. 撤销权

撤销权是指因债务人实施的减少其财产的行为危及债权人的债权时,管理人请求人民法院撤销该行为的权利。

人民法院受理破产申请前1年内,涉及债务人财产的下列行为,管理人有权请求人民法院予以撤销:(1)无偿转让财产的;(2)以明显不合理的价格进行交易的;(3)对没有财产担保的债务提供财产担保的;(4)对未到期的债务提前清偿的;(5)放弃债权的。

人民法院受理破产申请前6个月内,债务人不能清偿到期债务,且资产不足以清偿全部债务或明显缺乏清偿能力的,债务人仍对个别债权人进行清偿的,管理人有权请求人民法院予以撤销。但是,个别清偿使债务人财产受益的除外。

【应用案例6-2】

2012年9月10日,人民法院受理了远东公司的破产申请,破产管理人发现公司此前发生以下行为:2011年3月公司将1套设备赠送给A企业;2011年12月放弃了对B企业的债权20万元;2012年4月清偿了还有2个月到期的C企业债务30万元;2012年6月将本公司价值15万元的货车1辆,用于为此前未设置财产担保的对D公司的债务。试分析管理人可以对以上哪些行为请求行使撤销权?

案例解析:

依据《破产法》规定,人民法院受理破产申请前一年内,涉及债务人财产的下列行为,管理人有权请求人民法院予以撤销:(1)无偿转让财产的;(2)以明显不合理的价格进行交易的;(3)对没有财产担保的债务提供财产担保的;(4)对未到期的债务提前清偿的;(5)放弃债权的。所以本案例中,债务人远东公司放弃债权20万元的行为、提前2个月清偿债务30万元的行为、对没有财产担保的债务用价值15万元货车提供担保的行为,管理人可以请求行使撤销权。

2. 抵销权

抵销权是指债权人在破产申请受理前对债务人负有债务的,有权向管理人主张抵销。但前提是债权人对债务人所负的应是产生于破产申请受理前的债务,而且抵销权只能由债权人向管理人提出并行使。

有下列情形之一的,不得抵销:

(1)债务人的债务人在破产申请受理后取得他人对债务人的债权的;

(2)债权人已知债务人有不能清偿到期债务或者破产申请的事实,对债务人负担债务的;但是,债权人因为法律规定或者有破产申请一年前所发生的原因而负担债务的除外;

(3)债务人的债务人已知债务人有不能清偿到期债务或者破产申请的事实,对债务人取得债权的;但是,债务人的债务人因为法律规定或者有破产申请一年前所发生的原因而取得债权的除外。

3.取回权

人民法院受理破产申请后,债务人占有的不属于债务人的财产,该财产的权利人可以通过管理人取回。但是,本法另有规定的除外。

任务四　债权人会议

一、债权人会议的性质

债权人会议是在人民法院受理破产案件后,为保障债权人的合法权益,表达债权人的意志和统一债权人的行动而由全体申报债权的债权人组成的临时性的议事机构。

债权人会议是全体债权人参加破产程序并集体行使权利的决议机构。从性质上讲,债权人会议是债权人团体在破产程序中的意思发表机关。也就是说,债权人会议的职能是要使全体债权人能够作为一个整体,就他们的权利行使和权利处分作出共同的意思表示,并为维护他们的共同利益而采取必要的行动。所以,债权人会议本质上是一个组织体。

公平清偿是《破产法》的基本目标。在债务人无力偿债的情况下,债务人的财产无法满足所有债权人的清偿请求。此时,必然存在着不同债权人在清偿利益上的冲突。这种利益冲突难免表现为债权人相互间的意志冲突和行为冲突。如果没有一定的程序制度,使债权人作为一个整体来表达意志和实施行为,则破产事件势必陷入无序状态,从而导致种种不公平现象以及时间和财产的浪费。

债权人自治,是指全体债权人通过债权人会议,对破产程序进行中涉及债权人利益的各重大事项作出决定,并监督破产财产管理和分配的一系列权利,以及保障这些权利实现的有关程序制度。实行债权人自治,是《破产法》的一项重要原则。有关债权人权利行使和权利处分的一切事项,均应由债权人会议独立地作出决议。债权人在债权人会议上应享有充分的自由表达和自主表决的权利。债权人会议作出的关于债权确认、与债务人和解、破产财产变价和分配等重大事项的决议,是程序进行的重要根据。债权人会议还应享有监督破产财产管理和处分的权利。

二、债权人会议的组成与召集

由所有申报债权的债权人组成,包括无财产担保的债权人、有财产担保的债权人和代替债务人清偿债务的保证人等。债权人会议成员分为有表决权的债权人和无表决权的债权人两种。有表决权的债权人是指有权出席债权人会议和发表意见,并有权对债权人会议议决事项投票表达个人意志的债权人。无表决权的债权人是指有权出席债权人会议和发表意见,但无权对债权人会议议决事项投票表达个人意志的债权人。

债权人既可以亲自出席,也可以委托代理人出席债权人会议。债权人会议设会议主席,即负责主持和召集债权人会议的人,由人民法院在第一次债权人会议召开时,从有表决权的债权人中指定。

第一次债权人会议由人民法院召集,以后的债权人会议由会议主席召集。第一次债权人会议,按规定,它应当在债权申报期限届满后 15 日内召开;以后的债权人会议在人民法院或者会议主席认为必要时召开,也可以在管理人或者占无财产担保债权总额的1/4以上的债权人要求时召开。债务人的上级主管部门可以派员列席债权人会议,债务人的法人代表必须列席并有义务回答债权人的询问,拒绝列席的,人民法院可依法拘传。

三、债权人会议的职权

1. 核查债权。审查和确认债权是债权人会议的首要职权。(1)审查债权。在债权人会议上,人民法院应当提供债权表和所有证明材料,并方便他们随时查阅。债权人对个别债权有疑问或异议的,可以向申报人提出询问,或者提出异议;(2)确认债权。债权人申报的债权,经审查无异议的,通过债权人会议决议加以确认。对于有异议的债权,债权人会议认为不应予以确认的,以决议加以否认。

2. 申请人民法院更换管理人,审查管理人的费用和报酬。

3. 监督管理人。

4. 选任和更换债权人委员会成员。

5. 决定继续或者停止债务人的营业。

6. 通过重整计划。

7. 通过和解协议。债权人会议对债务人提交的和解协议草案,有权进行讨论和作出是否予以接受的决议。和解通常是在债权人作出让步的基础上达成的。债权人让步(如免除利息、免除部分本金、延长偿还期限、将债权转换为股权等)属于权利处分行为,必须由权利人自主决定。由于破产程序是集体清偿程序,故债权人的权利处分也必须通过集体行为来实施。所以,和解协议只有经债权人会议议决方能生效。

8. 通过债务人财产的管理方案。

9. 通过破产财产的变价方案。

10. 通过破产财产的分配方案。

11. 人民法院认为应当由债权人会议行使的其他职权。

四、债权人会议的决议

债权人会议的决议,对全体债权人都有约束力。一般采用表决人数与所占债权比例均过半数的方式通过决议。我国《破产法》对债权人会议决议的通过,采用人数和债权数额双重标准。并根据议决事项的不同,分为普通决议和特别决议。

普通决议,由出席会议的有表决权的债权人过半数通过,并且其所代表的债权额占无财产担保债权总额的1/2以上。

特别决议,主要有:和解协议草案的决议,由出席会议的有表决权的债权人过半数通过,并且其所代表的债权额必须占无担保债权总额的2/3以上;重整计划草案的决议,按债权类型分组表决,由出席会议同一表决组的债权人过半数通过,并且其所代表的债权额必须占无担保债权总额的2/3以上。

由此可见,债权人会议的决议的通过,应当同时具备两个条件:第一,按人数计算,出席会议的有表决权的债权人过半数赞成;第二,按金额计算,一般情况下,赞成票所代表的债权额占无财产担保债权总额的半数以上,但是,在通过和解协议的情况下,应当占这一总额的2/3以上。这里所说的"过半数"不包括本数,"半数以上"和"2/3以上"均包括本数。

债权人会议的决议是债权人团体的共同意思表示。一旦决议依法定程序获得通过,各债权人不论是否出席了会议,不论是否参加表决,也不论是否投票赞成,都当然地受决议的约束。对决议的异议,债权人认为债权人会议决议违反法律规定的,可以在债权人会议作出决议后7日内提请法院裁定。

任务五 重整及和解

一、和解制度

各国的和解立法大致可分为两类:一是和解前置主义(英国),即破产案件提出后,双方必须首先进行和解,只有在和解不成立的情况下,才适用破产清算程序;另一种是和解分立主义,即和解并非破产清算的必经程序,当事人可自行选择和解或直接进行破产清算。债务人可以直接向人民法院申请和解;也可以在人民法院受理破产申请后、宣告债务人破产前,向人民法院申请和解。

债务人申请和解,应当提出和解协议草案。《破产法》第九十六条规定,人民法院经审查认为和解申请符合本法规定的,应当裁定和解,予以公告,并召集债权人会议讨论和解协议草案。债权人会议通过和解协议的,由人民法院裁定认可,中止破产程序,并予以公告。管理人应当向债务人移交财产和营业事务,并向人民法院提交执行职务的报告。和解协议草案经债权人会议表决未获得通过,或者已经债权人会议通过的和解协议未获得人民法院认可的,人民法院应当裁定终止和解程序,并宣告债务人破产。

《破产法》第一百条规定,经人民法院裁定认可的和解协议,对债务人和全体和解债权人均有约束力。和解协议自公告之日起具有法律效力,债务人必须以和解协议进行生产、经营,在有清偿能力时,应按和解协议规定的方式和程序清偿债务。债务人不按和解协议规定的内容清偿全部债务的,相关债权人可以申请人民法院强制执行。债务人不履行或者不能履行和解协议的,经债权人申请,人民法院应当裁定恢复破产程序。和解的目的在于预防和避免破产,并使债权人有可能从债务人处获得比通过破产程序更多的清偿。

二、重整制度

重整是指在企业无力偿债的情况下,依照法律规定的程序,保护企业继续营业,实现债务调整和企业整理,使之摆脱困境,走向复兴的再建型债务清理制度。

(一)重整原因

由于重整程序与破产清算程序的目标不同,《破产法》对适用重整程序的破产原因需要作扩大的规定。这就是,企业因为经营或者财务发生困难将导致不能清偿到期债务的,也可以适用该法规定的重整程序。换句话说,企业法人无论是基于已经发生的无力偿债的事实状态,还是将要发生的无力偿债的事实状态,都可以申请企业重整。所以,重整原因的范围比一般的破产原因大。这一概念体现了对企业困境"早发现,早治疗"的思想,符合重整程序拯救企业的制度目标。

我国《破产法》规定,重整程序仅适用于具有该法第2条规定的情形但有挽救希望的企业法人。这些情形包括:1. 债务人具备破产原因,即不能清偿到期债务;2. 债务人将要出现破产原因,即因为经营或者财务发生困难将导致不能清偿到期债务。

(二)重整程序的发动

按照大多数国家的通行做法,重整程序的开始由申请和受理构成。因此,程序的开始必须由有申请资格的当事人提出申请。当然,有申请资格的当事人的范围在不同国家是不一样的。我国《破产法》规定,债务人、债权人或者持有债务人注册资本1/10以上的出资人可以在案件开始时或者在案件受理后和破产宣告前向人民法院申请重整。

(三)重整保护期间的营业

我国《破产法》规定,自人民法院裁定许可债务人进行重整时起,至人民法院裁定批准重整计划或者终止重整程序时止,为重整保护期间。在此期间,对重整企业营业保护的主要措施有:

1. 自动停止

自动停止是重整保护期间对债务人营运价值的保护措施,其宗旨是制止债权人的一切个别追讨行动。这些保护措施主要体现在以下几个方面:(1)法律程序停止;(2)担保权暂停行使。在人民法院受理破产案件后,破产宣告前,对债务人的财产或者权利享有的抵押权暂停行使;(3)对抵销的限定,在重整保护期间,不适用破产抵销的特殊规定,只允许以同种类的到期债务按照合同法的规定进行抵销。

2. 继续营业的限制

继续营业通常伴随着重整企业财产减少和债务增加,这可能损及债权人的清偿利益。因此,债权人可能对企业财产的转让或者以企业财产设置担保的借贷提出异议。为此,《破产法》对保护有担保债权人的利益作出了一些规定。为了尽可能地减少无担保债权人因过分增加程序开始后的债务而可能蒙受的损失,《破产法》对重整中的借款规定了一些限制性措施。

(四)重整计划

重整计划是重整程序中最重要的法定文件。它是债务人、债权人和其他利害关系人在协商基础上就债务清偿和企业拯救作出的安排。围绕重整计划的制订、通过、批准、执行、变更和终止的一系列规定,形成了一个由法律规制和有法院参与的多边协商机制。

一般规定,重整计划应当包括以下内容:1. 重整企业的经营方案;2. 债权调整方案;

3. 债权的清偿方案；4. 重整执行人；5. 重整计划的执行期限；6. 有利于企业重整的其他方案。

关于重整计划的通过和批准，《破产法》设立了一系列的程序规则，如债权人会议应当依照规定的债权分类分成不同的表决组，对重整计划进行分组表决；如果重整计划未获通过，还有一些补救措施可以应用。

重整计划通过以后，管理人应当向法院提出批准重整计划的申请。法院认为申请符合《破产法》规定的，即裁定批准重整计划。如果法院经审查认为重整计划不符合《破产法》的规定，则应裁定驳回请求批准重整计划的申请。关于重整计划的效力和执行，法律规定，经法院裁定批准的重整计划对破产案件受理以前成立的所有债权均有约束力。此时尚未申报的债权，在重整计划执行期间不得行使；在重整计划执行完毕以后，可以按照重整计划中同类债权的清偿条件行使权利。

重整执行人负责重整计划的执行。重整企业的权力机关作出的一切决定，违反重整计划的，重整执行人有权予以否决。在重整计划执行完毕时，重整执行人应当终止执行职务，并及时向法院提交执行报告。法院在审查确认后应裁定终结破产案件。如果重整企业不能执行或者不执行重整计划，法院可以应利害关系人的请求，裁定终止重整计划的执行。

（五）重整程序的终止

各国重整立法都承认，企业拯救并不是《破产法》的唯一目标。在某些情况下，破产清算不失为更为明智的选择。在重整程序开始以后，如果企业拯救已无成功的可能，或者因拯救成本过高或存在其他障碍而难以继续进行，则应当终止重整程序和转入破产清算程序。

我国《破产法》规定，首先，具备规定事由的，经利害关系人请求，法院可以裁定终止重整程序。这些事由如，债务人的经营状况和财产状况继续恶化，缺乏复兴的可能性；债务人有诈欺、恶意减少企业财产、无理拖延或者其他显著不利于债权人的行为；由于债务人的法人机关及工作人员的行为，致使管理人无法执行职务。其次，在通过和批准重整计划的过程中，债权人会议没有通过重整计划草案，而该草案在协商后仍未获得有关债权人的通过，或者法院不予批准的，应终止重整程序。再次，在重整计划执行阶段，重整企业无理或者拒绝遵循重整计划的，法院可以依利害关系人的申请，裁定终止重整计划的执行。此时，如果债务人具备破产原因，应宣告其破产。

任务六　破产清算

一、破产宣告

破产宣告是指法院依据当事人的申请或法定职权裁定宣布债务人破产以清偿债务的行为。破产宣告，就是法院对债务人具备破产原因的事实作出有法律效力的认定。

破产宣告的法律效力

人民法院宣告企业破产的裁定自宣告之日起发生法律效力。破产宣告对于破产案件的效果,就是破产案件转入破产清算程序。在破产案件受理后,破产宣告以前,债务人还可以通过和解或者其他方式(例如取得担保,在短期内清偿债务)而避免破产清算。而一旦破产宣告,则破产案件不可逆转地进入清算程序。

1. 对债务人的效力

自宣告之日起,破产宣告对债务人产生身份上、财产上的一系列法律后果:(1)债务人成为破产企业,破产企业仅在清算意义上存续,债务人成为破产人。在我国,被申请破产的企业,在破产宣告前称为债务人,在破产宣告后称为破产企业。所谓破产人,就是民事权利受到破产程序拘束的人;(2)债务人财产成为破产财产。破产宣告后,债务人的财产成为破产财产,即成为归管理人占有、支配并用于破产分配的财产。债务人丧失对财产和事务的管理权。

2. 对债权人的效力

对债权人来说,破产宣告使他们获得了行使权利的特别许可。在破产清算前,所有的债权请求都处于冻结状态。破产宣告后,因破产宣告以前的原因而发生的请求权,得依照破产程序的规定接受清偿。

(1)未到期的债权视为到期。破产宣告时未到期的债权,视为已到期债权,但是应当减去未到期的利息。

(2)有财产担保的债权人可以由担保物获得清偿。破产宣告后,破产分配前,有财产担保的债权人可以随时请求由担保物获得优先清偿,受偿不足的部分按一般破产债权处理。

(3)对破产企业负有债务的债权人享有破产抵销权。我国《破产法》规定,债权人对破产企业负有债务的,可以在破产清算前抵销。

(4)无担保债权人依破产分配方案获得清偿。无财产担保的债权人不享有由特定财产优先受偿的权利,而只能依照法律规定的清偿顺序,通过法定程序集体确定分配方案,由破产财产获得清偿。

二、破产债权

(一)破产债权的概念

破产债权是基于破产宣告前的原因而发生的,能够通过破产分配由破产财产公平受偿的财产请求权。我国《破产法》第一百零七条规定,债务人被宣告破产后,债务人称为破产人,债务人财产称为破产财产,人民法院受理破产申请时对债务人享有的债权称为破产债权。人民法院受理破产申请前成立的无财产担保的债权和放弃优先受偿权利的有财产担保的债权为破产债权。

(二)破产债权的法律特征

1. 破产债权必须是依法申报并获得确认的债权

破产企业的债权人逾期未申报的,一般视为弃权。债权人申报债权后,还需经债权人会议依法确认。

2. 破产债权仅限于财产上的请求权

财产请求权是指直接以金钱为给付内容,或虽然不直接表现为金钱,但是可以以金钱计算的请求权。其本质仍然是债权，一种财产请求权。

3. 破产债权原则上仅限于破产宣告前成立的无财产担保的债权

但在破产宣告后，管理人决定解除破产宣告时尚未了解的双务合同，相对人的损害赔偿请求权也可以作为破产债权。

（三）破产债权的范围

破产宣告前成立的以下请求权，应成为破产债权。

1. 无财产担保的债权

凡是在破产宣告前成立、以财产给付为内容、以破产财产为义务主体的无财产担保的请求权，在破产宣告时尚未终止的，均得成为破产债权。得成为破产债权的请求权，可以是合同之债，也可以是非合同之债（侵权行为之债、不当得利之债或者无因管理之债）。

2. 放弃优先受偿权的债权

所谓放弃优先受偿权，在我国《破产法》上，专指自愿不由担保物优先受偿，而愿意参加破产清算程序，与其他破产债权人一起依照破产分配方案接受清偿的行为。例如，因抵押物灭失而被迫放弃优先受偿权的，仍得成为破产债权。

3. 有财产担保的债权，经由担保物清偿后的未足清偿部分

担保债权的数额大于担保物在清偿时实现的价值，其超过部分即为未由担保物受清偿的部分债权。这部分债权因为没有特定的财产担保，即成为破产债权。

4. 破产人的连带债务人，因代替破产人清偿债务而取得的求偿权

破产人的保证人和其他连带债务人，在代替破产人向债权人清偿债务后，取得对破产财产的追偿权。

5. 应计算利息的债权，至破产宣告之日止的利息

应计算利息的债权，指依照合同或者法律的规定，应当在破产宣告前的一定期间内计付利息的债权（通常为金钱债权）。常见的情况有：(1)有息贷款；(2)迟延支付货款或其他合同付款，依法应支付迟延期间的利息的；(3)因不当得利，依法应于返还本金的同时支付利息的；(4)因迟延执行生效的给付判决，依法应支付利息的。

6. 待履行合同之相对人的赔偿请求权

破产宣告后，管理人决定解除破产案件受理前成立但尚未履行的合同（待履行合同），致合同相对人受到损害的，该相对人得以其赔偿请求权，主张破产债权。该赔偿请求权的数额有争议的，可经法院裁决。

7. 其他合法请求权

其他有合法根据的财产请求权，亦得成为破产债权。例如，破产企业为其他企业的出资人，但没有履行出资义务。因后者不能履行债务，其债权人依法请求该破产企业在欠缴出资的范围内承担债务清偿责任的，此种请求权得成为破产债权，参加破产分配。

三、破产费用和共益债务

破产费用指法院在受理破产案件时收取的案件受理费及管理人为破产债权人的共同利益而在破产程序中所支出的各项费用的总和。由于这些费用是为破产债权人的共同利益而支出的，按照民事诉讼法关于民事执行费用由债务人承担的规则和民法关于共

益费用优先受偿的规则，这些费用应当从破产财产中优先拨付。

共益债务，是指破产程序中，为全体债权人的利益，而管理、变价、分配破产财产所负担的债务。

（一）破产费用

我国《破产法》第四十一条规定，人民法院受理破产申请后发生的下列费用，为破产费用：1. 破产案件的诉讼费用；2. 管理、变价和分配债务人财产的费用；3. 管理人执行职务的费用、报酬和聘用工作人员的费用。

（二）共益债务

我国《破产法》在第四十二条中规定，人民法院受理破产申请后发生的下列债务，为共益债务：1. 因管理人或者债务人请求对方当事人履行双方均未履行完毕的合同所产生的债务；2. 债务人财产受无因管理所产生的债务；3. 因债务人不当得利所产生的债务；4. 为债务人继续营业而应支付的劳动报酬和社会保险费用以及由此产生的其他债务；5. 管理人或者相关人员执行职务致人损害所产生的债务；6. 债务人财产致人损害所产生的债务。

（三）清偿原则

我国《破产法》在第四十三条中规定，破产费用和共益债务由债务人财产随时清偿。债务人财产不足以清偿所有破产费用和共益债务的，先行清偿破产费用；债务人财产不足以清偿所有破产费用或者共益债务的，按照比例清偿；债务人财产不足以清偿破产费用的，管理人应当提请人民法院终结破产程序。人民法院应当自收到请求之日起 15 日内裁定终结破产程序，并予以公告。

四、破产财产的变价和分配

（一）破产财产的变价

管理人应当及时拟订破产财产变价方案，提交债权人会议讨论。管理人应当按照债权人会议通过的或者人民法院依法裁定的破产财产变价方案，适时变价出售破产财产。变价出售破产财产应当通过拍卖进行。但是，债权人会议另有决议的除外。破产企业可以全部或者部分变价出售。企业变价出售时，可以将其中的无形资产和其他财产单独变价出售。按照国家规定不能拍卖或者限制转让的财产，应当按照国家规定的方式处理。

（二）破产财产的分配

指管理人将所制订的破产分配方案交债权人会议讨论通过，并经人民法院认可后，根据分配方案，将可分配的破产财产按照法定的清偿顺序，公平分配给破产债权人。破产分配是破产清算的最后阶段，分配结束，破产程序终结。所以，破产分配标志着破产清算的完成。

（三）破产分配的顺序

根据《破产法》规定，破产财产在优先清偿破产费用和共益债务后，依照下列顺序清偿：

1. 破产人所欠职工的工资和医疗、伤残补助、抚恤费用，所欠的应当划入职工个人账户的基本养老保险、基本医疗保险费用，以及法律、行政法规规定应当支付给职工的补偿金。

2. 破产人欠缴的除前项规定以外的社会保险费用和破产人所欠税款。

3. 普通破产债权。

破产财产不足以清偿同一顺序的清偿要求的，按照比例分配。破产企业的董事、监事和高级管理人员的工资按照该企业职工的平均工资计算。

【应用案例 6-3】

某房地产公司 2013 年 4 月向所在地法院提出破产申请，法院于 5 月 8 日受理了破产案件。并指定破产管理人接管了该公司，该公司财产情况如下：

(1) 全部财产的变现价值为 3 000 万元。其中包括：价值 200 万元的机器作为等值担保物向工商银行贷款；价值 600 万元的商品房作为所欠建设银行 400 万元的抵押担保。(2) 全部债务为 5 800 万元，其中包括：所欠职工工资 160 万元；所欠职工社会保险费 240 万元；所欠国家税款 85 万元。破产管理人接管该公司后，解除了该公司与某建筑企业的一份合同，因此给建筑公司造成 130 万元的经济损失。破产案件的诉讼费为 15 万元、评估费 35 万元、为继续营业而支付的职工工资等 8 万元。

试分析本案中破产费用是多少？共益债务为多少？建筑公司可获得的清偿数额为多少？

案例解析：

本案的破产费用为 50 万元，由 15 万元诉讼费、35 万元评估费组成。共益债务为 8 万元，即为继续营业而支付的职工工资。

破产财产的清偿顺序为：先将已设置担保的财产用于清偿所欠工商银行、建设银行贷款，即 600 万元(200 + 400)，优先支付破产费用和共益债务 58 万元(15 + 35 + 8)，然后支付所欠职工工资、社会保险费 400 万元(160 + 240)，支付所欠国家税款 85 万元，余下部分用于清偿其他债权。剩余破产财产为 1 857 万元，剩余破产债权为 4 657 万元。建筑公司可获清偿数额为 51.84 万元(130 × 1 857 ÷ 4 657)。

(四) 追加分配

追加分配是在破产分配完成，破产程序终结以后，对于新发现的属于破产人而可用于破产分配的财产，由法院按照破产程序的有关规则对尚未获得满足的破产请求权进行清偿的补充性程序。

五、破产程序的终结

破产程序的终结，是指当债权人的债权通过破产程序的实施得到全部或部分清偿，或者由于某种原因的发生使破产程序的继续已无意义，由人民法院作出裁定，最终结束破产程序。破产程序终结，应由人民法院作出裁定，并将裁定书副本送达有关单位。裁定书的内容应予公告。

(一) 破产程序终结的原因

破产程序终结的原因，是指引起破产程序终结的法律事实。

1. 和解整顿程序的终结

我国《破产法》的规定，和解整顿程序的进行可能产生如下后果：(1) 和解整顿期限届满，债权人能够按照和解协议的规定清偿到期债务的，宣告和解整顿程序终结，同时宣告已经开始的破产程序相应终结；(2)和解整顿程序进行期间，债务人的财务状况继续恶化，债权人会议申请终结整顿的，宣告和解整顿程序终结，转而启动中止的破产清算分配程序；(3)和解整顿程序进行过程中，债务人不执行和解协议或者实施《破产法》规定的严重损害债权人利益的行为的，宣告和解整顿程序终结，启动中止的破产清算分配程序。归纳起来，因和解整顿程序的开始而引发的破产程序的终结不外乎有两种情况，一是和解整顿成功而终结破产程序，此时，企业生命得以继续延续；二是因和解整顿程序失败而致企业进入破产清算分配程序。待分配程序完成后，破产程序随之终结。

2. 破产财产不足以支付破产费用

破产程序因破产财产的不足而终结，是各国破产立法的通例。根据我国《破产法》的规定，破产财产不足以支付破产费用时，人民法院应当宣告破产程序终结。破产费用应当在破产分配实施之前从破产财产中优先拨付。如果破产财产的数额不足以支付破产费用，破产债权人的债权就根本不可能再从破产财产中得到任何分配。此时，破产程序继续进行既不可能，也无实益。

3. 破产财产分配完毕

我国《破产法》规定："破产财产分配完毕，由清算组提请人民法院终结破产程序。"破产程序在进行过程中，如果没有成立和解，也没有其他特殊情形，通常以破产财产被分配完毕而结束，这是破产程序终结中最常见、最基本的方式。在破产财产最后分配完结后，清算组应当申请人民法院裁定终结破产程序，破产程序随人民法院的裁定而终结。

(二)破产终结程序

1. 破产案件终结的程序

破产财产分配完毕后，破产清算组应当提请人民法院终结破产程序，人民法院应当在7日内裁定终结破产程序。破产程序终结后，清算组应当向破产企业原登记机关办理破产企业注销登记，并将办理情况告知人民法院。破产清算组办理注销登记时，应当提交由破产清算组签署的申请注销登记的报告、人民法院终结破产程序的裁定书、破产企业的营业执照及其副本、营业用章等。企业被登记注销后，没有得到分配的债权即行消灭。破产企业注销登记后，人民法院应宣布清算组撤销。

按照规定，破产程序终结后发现的破产企业的财产请求权，由破产企业的上级主管部门行使。追回的财产，由人民法院依照《破产法》的规定进行追加分配。如财产较少，人民法院认为没有再行分配的必要，可归破产企业的上级主管部门所有。

2. 破产终结的效力

(1)对于破产人的效力

由于我国现行的破产法律仅适用于企业法人，因此，破产程序因分配完毕和破产财产不足支付破产费用而终结后，法人的主体资格归于消灭，其所负剩余债务当然予以免除。

(2)对于破产债权人的效力

由于破产程序终结后破产企业的主体资格归于消灭，债权人未得到分配的债权，于破产终结裁定作出后视为消灭。破产债权人不能于程序结束后向债务人另行主张权利。和解协议实现后，和解债权人于达成和解协议时所免除的部分债权，在整顿成功后亦不得向债务企业再行索要。

(3)对破产机构的效力

破产程序终结后，破产清算组、债权人会议等破产机构宣布解散，但破产清算组如有关于破产财产的未完结的诉讼、债权确认诉讼或者对债权分配表等异议之诉等遗留事务时，仍须对破产财产进行管理和处分。

(三)破产程序终结的法律后果

因企业整顿成功而终结破产程序的，企业恢复活力，继续进行正常的生产经营活动；因破产财产不足以支付破产费用或破产财产分配完毕而终结破产程序的，企业的法人资格消灭，由破产清算组织向破产企业原登记机关办理注销登记，债权人未得到清偿的债权不再清偿。

【情境总结】

1. 债务人企业能够提出破产申请。《破产法》规定：当债务人达到破产界限时债务人和债权人都有权提出破产申请。企业法人在清算期间，且资产不足以清偿到期债务的，清算人应向法院提出破产申请。

债务人提出破产申请的，还应当向人民法院提交以下材料：财产状况说明、债权清册、债务清册、财务会计报告、职工安置预案以及职工工资的支付和社会保险费用的缴纳情况等。

2. 法院应该受理该破产案件，依《破产法》规定，破产界限及含义：

"企业法人不能清偿到期债务，且资产不足以清偿全部债务或明显缺乏清偿能力的，依照本法规定清偿债务"。这一法律规定有以下含义：一是不能清偿的是"到期债务"；二是债务人明显缺乏清偿债务的能力，即不能以财产、信用或能力等任何方式清偿债务；三是债务人对全部或主要债务连续不能偿还。

3. 债权人会议的实质是：由全体申报债权的债权人组成的临时性的议事机构，是全体债权人参加破产程序并集体行使权利的决议机构。债权人会议是债权人团体在破产程序中的意思发表机关，并实行债权人自治。其本质上是一个组织体。

法院可以召集第一次债权人会议。《破产法》规定：第一次债权人会议由人民法院召集，以后的债权人会议由会议主席召集，在人民法院或者会议主席认为必要时召开。

4. 破产财产的分配符合法律规定。根据《破产法》规定，破产财产在优先清偿破产费用和共益债务后，依照下列顺序清偿：①破产人所欠职工的工资和医疗、伤残补助、抚恤费用，所欠的应当划入职工个人账户的基本养老保险、基本医疗保险费用，以及法律、行政法规规定应当支付给职工的补偿金；②破产人欠缴的除前项规定以外的社会保险费用和破产人所欠税款；③普通破产债权。破产财产不足以清偿同一顺序的清偿要求的，按照比例分配。

强化训练

一、单项选择题

1. 根据《破产法》的规定，下列各项中，不属于破产管理人的职责的是（　　）。

A. 接管债务人的账簿等资料

B. 决定债务人的日常开支

C. 代表债务人参加诉讼

D. 在第一次债权人会议召开后，决定继续债务人的营业

2. 破产财产应优先支付的是（　　）。

A. 破产企业所欠职工工资　　B. 破产企业所欠税款

C. 破产企业所欠银行贷款　　D. 破产费用和共益费用

3. 人民法院裁定受理破产申请，下列做法错误的是（　　）。

A. 人民法院裁定受理破产申请的，应当同时指定破产管理人

B. 人民法院受理破产申请后，有关债务人财产的保全措施不应解除

C. 人民法院应当自裁定受理破产申请之日起 25 日内通知已知债权人，并予以公告

D. 人民法院受理破产申请后，债务人对个别债权人的债务清偿无效

4. 下列有关破产管理人产生方式和组成的说法中，正确的是（　　）。

A. 破产管理人由债权人会议依法指定

B. 破产管理人可以由依法设立的律师事务所担任

C. 因故意犯罪受过刑事处罚但已经刑满释放的人可以担任破产管理人

D. 破产企业的法定代表人可以担任破产管理人

5. 根据《破产法》的有关规定，人民法院受理破产案件后，对债务人财产的其他民事执行程序所带来的法律后果是（　　）。

A. 中止执行　　B. 继续执行

C. 终结执行　　D. 与破产程序合并执行

6. 假设人民法院于 2012 年 9 月 10 日受理某企业法人破产案件，12 月 10 日作出破产宣告裁定。在破产企业清算时，下列选项中，破产管理人可依法行使撤销权的有（　　）。

A. 该企业于 2011 年 3 月 1 日对应于同年 10 月 1 日到期的债务提前予以清偿

B. 该企业上级主管部门于 2011 年 4 月 1 日从该企业无偿调出价值 10 万元的机器设备 1 套

C. 该企业于 2012 年 5 月 8 日与其债务人签订协议，放弃其 15 万元债权

D. 该企业于 2011 年 9 月 1 日将价值 25 万元的车辆作价 8 万元转让他人

7. 甲公司租赁乙公司的注塑设备 1 台，在租赁期间人民法院受理了甲公司的破产申

请,进入破产程序。乙公司出租的该台设备,应由乙公司(　　)。

A. 向人民法院申报债权　　B. 向甲公司申请收回

C. 向人民法院申请收回　　D. 向管理人申请收回

二、多项选择题

1. 下列各项中,能够申报成为破产债权的是(　　)。

A. 诉讼未决的债权　　B. 未到期的债权

C. 附期限的债权　　D. 债务人所欠职工的工资

2. 根据企业破产法律制度的规定,在人民法院受理破产申请后,下列有关破产申请受理的效力的表述中,正确的有(　　)。

A. 债务人不得对个别债权人的债务进行清偿

B. 债务人的债务人应当向破产管理人清偿债务

C. 有关债务人财产的执行措施应当终止

D. 有关债务人的民事诉讼只能向受理破产申请的法院提起

3. 根据《破产法》的规定,下列机构或人员中,可以担任破产管理人的有(　　)。

A. 依法设立的律师事务所　　B. 依法设立的会计师事务所

C. 因贪污罪而受过刑事处罚的人　　D. 破产企业的债权人

4. 下列各项中,可以召开债权人会议的有(　　)。

A. 债权人会议主席提议时

B. 占债权总额 1/4 以上的债权人要求时

C. 人民法院认为必要时

D. 占无财产担保债权总额 1/4 以上的债权人要求时

5. 根据《破产法》的规定,人民法院受理破产申请前 1 年内,下列涉及债务人财产的行为中,属于破产管理人有权请求人民法院予以撤销的有(　　)。

A. 债务人无偿转让财产的行为

B. 债务人以明显不合理的价格进行交易的行为

C. 债务人对未到期的债务提前清偿的行为

D. 债务人为逃避债务隐匿财产的行为

6. 下列有关重整制度的表述中,符合《破产法》规定的有(　　)。

A. 债务人尚未进入破产程序时,债权人可以直接向人民法院申请对债务人进行重整

B. 债权人申请对债务人进行破产清算的,在人民法院受理破产申请后、宣告债务人破产前,出资额占债务人注册资本 20% 的出资人可以向人民法院申请重整

C. 破产管理人负责管理财产和营业事务的,重整计划草案可以由破产管理人制定

D. 按照重整计划减免的债务,自重整计划执行完毕时起,债务人不再承担清偿责任

三、案例分析题

1. 东方建筑公司实有资产 4 000 万元,到期债务为 3 500 万元。但是该公司以“实有

资产2 800万元,负债3 500万元”为理由向当地人民法院提交了破产申请书,同时将1 000万元财产转移并隐蔽起来。该法院接到申请书后立即作出以下裁定:宣告该公司破产还债,并公告该公司所有债权人自公告之日起两个月内申报债权,逾期者一律视为放弃债权。公司所在地建设银行看到公告后立即申请债权,并说明自己的债权是有财产担保的,因为该公司3个月前向该银行借贷时以厂房作为抵押。但法院认为破产还债,所有债权人都是一样的,应该平等对待,裁定2 800万元财产由全体债权人按比例平均分配。

试分析:运用我国现行企业破产法,分析本案例中有哪些不符合法律之处,并说明理由。

2. 2012年9月20日,债权人因某机械制造厂不能支付到期债务向人民法院对其提出破产申请,人民法院于2012年10月10日裁定受理该债权人对机械制造厂提出的破产申请,同时指定某律师事务所为破产管理人。管理人接管机械制造厂后,清理资产、负债情况为:

(1)人民法院受理破产申请时,机械制造厂全部财产的变现值为8 400万元。其中,全部厂房变现价值780万元,办公楼变现价值为975万元;全部机器设备变现价值720万元。

(2)此外,人民法院还发现,2011年12月该机械制造厂将一台价值100万元机械设备无偿赠送给了某企业。

(3)人民法院受理破产申请时,该机械制造厂负债总额为16 500万元。其中包括以下负债:

①应付职工工资270万元,未交税金330万元;2012年4月6日,以甲公司全部厂房作抵押,向中国建设银行贷款650万元;2012年7月3日,以机器设备作抵押,向中国农业银行贷款600万元。

②应付A公司到期货款570万元。A公司催要后提起诉讼,2012年7月20日,法院终审判决甲公司支付A公司欠款及违约金和赔偿金等共计620万元。A公司申请强制执行,人民法院对机械制造厂办公楼予以查封。人民法院受理甲公司破产申请时,此判决尚未执行。

③应付B公司2010年5月18日到期货款270万元,2011年2月16日应B公司的要求,机械制造厂与B公司签订了一份担保合同,担保合同约定:以机械制造厂机器设备作抵押,若2012年7月17日前仍不能支付B公司270万元的货款,则以机械制造厂机器设备变卖受偿。

④应付C公司未到期货款300万元。

(4)人民法院的诉讼费用45万元,管理人报酬30万元,为继续营业而支付的职工工资及社会保险费用225万元。

根据以上案例,试分析:

(1)人民法院查封的机械制造厂的办公楼可否用于偿还所欠A公司的货款?并说明原因。

(2)对机械制造厂无偿赠与价值100万元设备的行为,管理人可以申请行使何种权利?并说明理由。

(3)哪些属于破产费用?哪些属于共益债务?

(4)C公司尚未到期的债权是否属于破产债权?并说明理由。

(5)对于机械制造厂向B公司设定的抵押担保,管理人能否向人民法院申请撤销?并说明理由。

(6)机械制造厂的破产财产额是多少?如何分配?

(7)C公司可获破产清偿的金额为多少?

知识链接

案例一 安然破产案

通过合并,肯尼斯·莱1985年创建安然公司。十多年时间里,安然迅速发展成美国能源业的巨头。世界500强企业,一度成为世界上最大的天然气交易商和最大的电力交易商,鼎盛时期其年收入达1 000亿美元,雇用2万多员工,其业务遍布欧洲、亚洲和世界其他地区。

2001年10月17日,安然公司公布季度财务报告,其利润由2000年的1 000亿美元突降到亏损6.38亿美元。《华尔街日报》一篇文章披露安然公司利用合伙公司隐瞒巨额债务。10月22日,美国证券交易委员会介入安然事件调查。11月8日,安然公司被迫承认做了假账。自1997年以来,安然虚报盈利共计近6亿美元。11月21日,休斯敦的达力智能源公司取消了原定收购安然的计划,进一步加速了安然覆灭的速度。

12月2日,美国安然公司根据美国破产法第十一章规定,向纽约破产法院申请破产保护,其在破产申请文件中开列的资产总额为498亿美元,创下美国历史上最大的公司破产纪录。

12月12日,美国众议院一个特别委员会开始对该公司破产案展开调查。1月16日,纽约证交所正式取消安然股票相关交易,并拟取消其上市资格。

随着安然宣告破产,500亿美元灰飞烟灭。安然破产案的启示是:企业应当十分注意对自身财务风险的控制,同时也从另一个角度表明,重组制度在破产程序中的重要作用和由此带来的社会意义。

案例二 三鹿破产案

2008年9月,三鹿生产的婴儿奶粉,被发现导致多位食用婴儿出现肾结石症状,“三聚氰胺”事件爆发。据卫生部通报,截止2008年12月底,全国累计报告因食用三鹿牌奶粉和其他个别问题奶粉导致泌尿系统出现异常的患儿共29.6万人。

奶粉事件发生后，国务院高度重视，决定在全国全面检查奶制品，整顿奶制品行业。三鹿等22家责任企业向奶粉事件患儿主动赔偿，对近30万名确诊患儿给予一次性现金赔偿，并出资2亿元建立医疗赔偿基金，用于支付患儿医疗费，直至年满18周岁。2008年12月19日，三鹿集团借款9.02亿用于治疗和赔偿患儿。

三鹿牌婴幼儿配方奶粉重大食品安全事故发生后，三鹿集团于2008年9月12日全面停产。截止10月31日财务审计和资产评估，三鹿集团资产总额为15.61亿元，总负债17.62亿元，净资产 -2.01亿元，12月19日三鹿集团又借款9.02亿元付给全国奶协，用于支付患病婴幼儿的治疗和赔偿费用。目前，三鹿集团净资产为 -11.03亿元(不包括10月31日后企业新发生的各种费用)，已经严重资不抵债。

依据《中华人民共和国企业破产法》的有关规定，申请人(债权人)石家庄商业银行和平西路支行向石家庄市中级人民法院提出了对被申请人（债务人)石家庄三鹿集团股份有限公司进行破产清算的申请，石家庄市中级人民法院已经受理，受理该申请的裁定书已于2008年12月23日送达石家庄三鹿集团股份有限公司。

进入破产程序的三鹿集团于2009年2月13日召开了第一次债权人会议。上午9时左右，由274名三鹿债权人参加的债权人会议在石家庄中院大审判厅召开。法院合议庭当场宣读了三鹿集团破产的有关法律文书，发出三鹿集团破产民事裁定书，正式宣告三鹿破产。

2009年3月，包括原董事长在内的一批集团高管和相关责任人，分别一审被判处死刑、死缓、无期徒刑……

"三鹿"的破产，或许告诉我们这样一个道理：一个道德缺失的企业领导者，缔造不出一个百年企业；一个道德缺失的行业群体，创造不出一个健康的行业发展环境。诚信和责任是市场经济的基本准则，失去它也就失去了市场。

☞ 参考答案

一、单项选择题

1. D　2. D　3. B　4. B　5. A　6. C　7. D

二、多项选择题

1. BC　2. ABCD　3. AB　4. ACD　5. ABD　ABC　6. BCD

三、案例分析题

1. 以下方面不符合法律规定：(1)法院宣告公司破产的行为。企业法人不能清偿到期债务，且资产不足以清偿全部债务或明显缺乏清偿能力的，依照破产法规定清偿债务。(2)并公告该公司所有债权人自公告之日起两个月内申报债权，逾期者一律视为放弃债权。收到法院通知的债权人，应在收到通知后30日内申报债权。未收到通知的债权人，应当自公告之日起3个月内。(3)裁定2 800万元财产由全体债权人按比例平均分配。破产宣告后,破产分配前,有财产担保的债权人可以随时请求由担保物获得优先清偿,受偿不足的部分按一般破产债权处理。

2.(1)人民法院查封的机械制造厂的办公楼不能用于偿还所欠A公司的货款,因为破产案件受理后,对债务人财产的其他民事执行程序必须中止。(2)撤销权,因为人民法院受理破产申请前一年内,涉及债务人财产的无偿转让行为,管理人有权请求人民法院予以撤销。(3)75万元属于破产费用,即人民法院的诉讼费用45万元,管理人报酬30万元。225万元属于共益债务,即为继续营业而支付的职工工资及社会保险费用225万元。(4)属于破产债权,因为未到期的债权,在破产案件受理时视为到期。(5)能向人民法院申请撤销。因为人民法院受理破产申请前一年内,对未设置担保的债务设置担保的,管理人有权请求人民法院予以撤销。(6)破产财产额为7 250万元(8 400 + 100 - 650 - 600),根据《破产法》规定,破产财产在优先清偿75万元破产费用和225万元共益债务后,再支付破产人所欠职工工资270万元,再支付未交税金330万元,再支付普通破产债权。(7)C公司可获破产清偿的金额为151.57万元[7 250 × 300/(16 500 - 650 - 600 - 75 - 225 - 270 - 330]。

第三篇

经济活动法

项目七

合同法

学习目标

能力目标:掌握合同的订立。

知识目标:了解合同的形式及其订立程序,掌握合同的基本条款、合同的效力与担保。

素质目标:依法处理合同有关事务。

【情境导入】

A企业为了控制合同风险,明确规定其法定代表人张某对外签订合同的最高限额为200万元。2012年4月1日,张某在一次商品交易会上,为了抓住稍纵即逝的商机,代表A企业与B企业签订了一份250万元的买卖合同,B企业并不知道张某违反了A企业的内部约定。按照买卖合同的约定,由A企业在2012年6月5日前向B企业提供货物,B企业收到货物后的10天内支付货款250万元。

2012年6月1日,A企业按照合同约定完成全部货物的生产,6月2日A企业有确切证据得知B企业经营状况严重恶化,可能无力支付250万元的货款。6月5日,B企业要求A企业提交货物,遭到A企业的拒绝,A企业要求B企业提供担保。B企业以自己的厂房作为抵押,担保的价值为100万元,同时B企业请求C企业为保证人,C企业担保的价值为150万元。6月20日,A、B签订了抵押合同,双方在抵押合同中约定,如B企业不能支付到期货款,该厂房的所有权直接归A企业所有。6月22日,A、B企业办理了抵押物的登记手续。6月30日,A企业与C企业签订了保证合同,双方在保证合同中约定,C企业的保证方式为连带保证,但双方未约定保证期间。

7月1日,A企业按照合同约定向B企业提交了全部货物。B企业接到货物后,对标的物的数量和质量未提出异议,但由于经营状况不佳,7月10日(支付货款的最后期限)无力支付货款。7月12日,A企业向B企业要求行使抵押权,发现该厂房已经被政府有关部门征用,B企业由此获得补偿金80万元,在A企业的要求下,B企业将80万元的补偿金全额支付给A企业。2013年6月1日,A企业要求C企业承担保证责任,支付其担保的150万元,C企业表示拒绝。A企业于是请求人民法院判定C企业履行保证责任。

【任务分析】

1. A、B两个企业签订的买卖合同是否有效?

2. A 企业在 2012 年 6 月 5 日是否可以中止履行合同？为什么？

3. A、B 两个企业签订的抵押合同是否有效？为什么？

4. 在 A、C 企业的保证合同中，C 企业的保证期间是多少？

5. C 企业拒绝履行保证责任的理由是否成立？为什么？

任务一　合同法概要

一、合同的概念与特征

（一）合同的概念

合同，又称契约，是当事人之间设立、变更、终止某种权利义务关系的协议。我国的合同法中所指的合同，是平等主体的自然人、法人、其他组织之间设立、变更、终止民事权利义务关系的协议。

（二）合同的特征

1. 合同是平等主体之间的民事法律行为。合同主体间的法律地位完全平等。作为合同主体的自然人、法人和其他组织，虽然它们在力量上有强弱之分，但它们在法律地位上是完全平等的。

2. 合同是两个或者两个以上当事人的民事法律行为。合同的主体必须有两个或两个以上，合同的成立是各方当事人意思表示一致的结果。

3. 合同是以设立、变更和终止民事权利义务关系为目的的民事法律行为。合同在当事人之间设立、变更、终止特定的民事权利义务关系，以实现当事人特定的经济目的。

4. 合同是具有相应法律效力的协议。合同依法成立，发生法律效力之后，当事人各方都必须全面正确履行合同中规定的义务，不得擅自变更或者解除。当事人不履行合同中规定的义务，要依法承担违约责任。

二、合同法的概念与特征

（一）合同法的概念

合同法是调整平等主体之间商品交换关系的法律规范的总称，它调整合同的订立、效力、履行、担保、变更和转让、权利义务终止及违约责任关系。

（二）合同法的特征

1. 合同法强调主体平等、自愿协商、等价有偿的原则。这些原则是商品交换的基本原则，在合同法中得到充分的体现。

2. 合同法贯彻契约自由的原则。在合同法中，主要通过任意性法律规范而不是强制性法律规范调整合同。

我国曾制定了 3 部不同的合同法，即《中华人民共和国经济合同法》、《中华人民共和国涉外经济合同法》、《中华人民共和国技术合同法》。这 3 部合同法律曾在我国的法制建设方面发挥了重要的作用，促进了商品交换和市场经济体制的建立，保护了当事人的合法权益。

但随着改革开放的深入和经济贸易的发展，这 3 部合同法已不能适应新形势的要求。因此在1999年3月15日,第九届全国人民代表大会第二次会议通过了《中华人民共和国合同法》(以下简称《合同法》),自1999年10月1日起施行。为保障《合同法》的顺利实施,最高人民法院于1999年12月1日通过了《关于适用〈中华人民共和国合同法〉若干问题的解释(一)》(以下简称《合同法解释》),该解释自1999年12月29日起施行。

三、合同法的基本原则

(一)平等原则

合同当事人法律地位一律平等,一方不得将自己意志强加给另一方,各方应在权利义务对等的基础上订立合同。

(二)自愿原则

当事人依法享有自愿订立合同的权利,任何单位和个人不得非法干预。

(三)公平原则

当事人应当遵循公平原则确定各方的权利和义务。任何当事人不得滥用权力,不得在合同中规定显失公平的内容。

(四)诚实信用原则

当事人应当诚实守信,善意地行使权利、履行义务,不得有欺诈等恶意行为。

(五)守法、不损害社会公共利益原则

当事人订立、履行合同,应当遵守法律、行政法规,尊重社会公德,不得扰乱社会经济秩序,损害社会公共利益。

四、合同的分类

(一)有名合同与无名合同

根据法律是否对合同规定有确定的名称与调整规则,合同分为有名合同与无名合同。有名合同又称典型合同,是立法上规定有确定名称与规则的合同。如《合同法》在分则中规定的买卖合同、赠与合同、借款合同、租赁合同等各类合同。无名合同又称非典型合同,是立法上尚未规定有确定名称与规则的合同。

(二)单务合同与双务合同

根据合同当事人是否互相享有权利、负有义务,可将合同分为单务合同与双务合同。单务合同是指仅有一方当事人承担义务的合同,如典型的赠与合同。双务合同是指双方当事人相互享受权利、承担义务的合同,如买卖合同、承揽合同、租赁合同等。

(三)有偿合同与无偿合同

根据合同当事人是否为从合同中得到的利益支付对价,可将合同分为有偿合同与无偿合同。有偿合同是指当事人为从合同中得到利益要支付相应代价的合同。无偿合同是指当事人不需为从合同中得到的利益支付相应代价的合同,如典型的赠与合同。

(四)诺成合同与实践合同

根据合同是自当事人意思表示一致时成立,还是在当事人意思表示一致后,仍须有实际交付标的物的行为才能成立,可将合同分为诺成合同与实践合同。诺成合同是在当事人意思表示一致时即告成立的合同。实践合同是在当事人意思表示一致后,仍须有实际交付标的物的行为才能成立的合同。

(五)要式合同与不要式合同

根据法律是否要求合同必须符合一定的形式才能成立,可将合同分为要式合同与不要式合同。要式合同是必须按照法律规定的特定形式订立方可成立的合同。不要式合同是法律对合同订立未规定特定的形式的合同。

(六)主合同与从合同

根据某一合同是否须以其他合同的存在为前提而存在,可将合同分为主合同与从合同。

主合同是无须以其他合同存在为前提即可独立存在的合同。从合同是必须以其他合同的存在为前提才可存在的合同。

任务二　合同的订立

一、合同的内容和形式

(一)合同的内容

1. 合同的内容概念

合同的内容,是合同当事人订立合同的意思表示,具体体现为合同的各项条款。根据《合同法》规定,在不违反法律强制性规定的情况下,合同的内容由当事人约定,一般包括以下条款:(1)当事人的名称或者姓名和住所;(2)标的;(3)数量;(4)质量;(5)价款;(6)履行期限、地点和方式;(7)违约责任;(8)解决争议的方法。

2. 格式条款

格式条款又称定型化条款,是指一方当事人为了与不特定多数人订立合同重复使用而单方预先拟定,并在订立合同时不允许对方协商变更的条款。《合同法》规定,采用格式条款订立合同的,提供格式条款的一方应当遵循公平原则确定当事人之间的权利和义务,并采取合理的方式提请对方注意免除或者限制其责任的条款,按照对方的要求,对该条款予以说明。如果格式条款具有《合同法》规定的合同无效和免责条款无效的情形,或者提供格式条款一方免除其责任、加重对方责任、排除对方主要权利,该条款无效。此外,《合同法》还规定,对格式条款的理解发生争议的,应当按照通常理解予以理解。对格式条款有两种以上解释的,应当作出不利于提供格式条款一方的解释。格式条款和非格式条款不一致的,应当采用非格式条款。

(二)合同的形式

合同的形式,是指合同当事人意思表示一致的外在表现形式。当事人订立合同,可以采取书面形式、口头形式和其他形式。对法律、行政法规规定或者当事人约定采用书面形式的合同,当事人应当采用书面形式。

二、合同订立的程序

合同订立的程序包括要约和承诺。

(一)要约

1. 要约的概念和要件

要约是指希望和他人订立合同的意思表示。要约的要件包括:

(1)内容具体确定,即表达出订立合同的意思;(2)表明经受要约人承诺,要约人即受该意思表示约束。

2. 要约与要约邀请的区别

要约邀请是希望他人向自己发出要约的意思表示,不属于订立合同的行为。寄送的价目表、拍卖公告、招标公告、招股说明书、商业广告等,性质为要约邀请。但若商业广告的内容符合要约的规定,如悬赏广告,则视为要约。

【应用案例7-1】

2013年3月1日,某超市想要购进一批毛巾,于是向几家毛巾厂发出求购信息,称:本超市欲购进毛巾,如果有全棉新款,请附图样与说明,我超市将派人前往洽谈购买事宜。于是有几家毛巾厂回电话,称自己能够满足该超市的要求并且附上了图样与说明。其中甲厂寄送了图样和说明后,又送了100条毛巾到该超市,超市看货后不满意,于是决定不购买甲厂的毛巾。甲厂认为超市发出的是要约,其送毛巾的行为是承诺,合同因为承诺而生效。超市拒绝购买是违约行为,应该承担违约责任,而超市认为发出求购信息的行为是一种要约邀请而不是要约,超市不受该行为约束。试分析超市拒绝甲厂是否违约行为?

案例解析:

这个求购信息是超市发出的,是特定的人发出的。但是,根据对这个求购信息内容的判断,该求购信息是不具备一个合同应该具备的主要条款的。没有标的的数量、价款,也没有履行的期限。因此该求购信息不是一份要约,而是一项要约邀请,超市不受该行为的约束,超市和甲厂之间没有法律上的关系,甲厂受到的损失应该自己承担。

3. 要约的生效

要约可以向特定人发出,也可以向非特定人发出。要约到达受要约人时生效。采用数据电文形式订立合同,收件人指定特定系统接收数据电文的,该数据电文进入该特定系统的时间,视为到达时间;未指定特定系统的,该数据电文进入收件人的任何系统的首次时间,视为到达时间。

4. 要约的撤回、撤销及失效

要约可以撤回。撤回要约的通知应当在要约到达受要约人之前或者与要约同时到达受要约人。

要约可以撤销。撤销要约的通知应当在受要约人发出承诺通知之前到达受要约人。但有下列情形之一的,要约不得撤销:(1)要约人确定了承诺期限或者以其他形式明示要约不可撤销;(2)受要约人有理由认为要约是不可撤销的,并已经为履行合同作了准备工作。

要约失效的情形:(1)拒绝要约的通知到达要约人;(2)要约人依法撤销要约;(3)承诺期限届满,受要约人未作出承诺;(4)受要约人对要约的内容作出实质性变更。

(二)承诺

1. 承诺的概念和要件

承诺是受要约人同意要约的意思表示。承诺的要件包括:(1)承诺必须由受要约人向要约人作出;(2)承诺的内容须与要约的内容相一致;(3)承诺应当在承诺期间到达。

2. 承诺的方式

承诺应当由受要约人向要约人以通知的方式作出,通知的方式依要约要求可以是口头或书面形式,但根据交易习惯或者要约表明可以通过行为作出承诺的除外。通知的方式采取口头、书面或者要约规定的其他方式的,也称承诺的明示方式;行为的方式是指受要约人没有通过书面或口头方式明确表达其意思,但是通过实施一定的行为作出承诺,也称为承诺的默示方式,这种方式只有在根据交易习惯或者当事人有特别约定的情况下才能使用。

3. 承诺的生效

(1)承诺的生效时间。承诺应当在要约确定的期限内到达要约人。要约以信件或者电报作出的,承诺期限自信件载明的日期或者电报交发之日开始计算。要约以电话、传真等快速通信方式作出的,承诺期限自要约到达受要约人时开始计算。承诺不需要通知的,自根据交易习惯或者要约的要求作出承诺的行为时生效。采用数据电文形式订立合同,收件人指定特定系统接收数据电文的,该数据电文进入该特定系统的时间,视为承诺到达时间。

(2)承诺的撤回。承诺可以撤回,条件是撤回承诺的通知应当在承诺通知到达要约人之前或者与承诺通知同时到达要约人,即在承诺生效前到达要约人。

4. 承诺的法律效力

承诺的法律效力表现为,承诺生效时合同成立。承诺自通知到达要约人时生效。

5. 承诺对要约的变更

承诺的内容对要约的内容作出实质性变更的,为新要约。有关合同标的、数量、质量、价款或者报酬、履行期限、履行地点和方式、违约责任和解决争议方法等内容的变更,是对要约内容的实质性变更。承诺对要约的内容作出非实质性变更的,除要约人及时表示反对或者要约表明承诺不得对要约的内容作出任何变更的以外,该承诺有效,合同的内容以承诺的内容为准。

(三)合同成立的时间与地点

1. 合同成立的时间

合同成立的方式不同,成立时间的标准也不同。在一般情况下,承诺生效时合同成立。当事人约定采用合同书形式订立合同的,自双方当事人签字或者盖章时合同成立。如双方当事人未同时在合同书上签字或盖章,则以当事人中最后一方签字或盖章的时间为合同的成立时间。当事人采用信件、数据电文等形式订立合同的,可以要求在合同成立之前签订确认书。合同在签订确认书时成立,而不是承诺生效时成立。

2. 合同成立的地点

承诺生效的地点为合同成立的地点。采用数据电文形式订立合同的,收件人的主营业地为合同成立的地点;没有主营业地的,其经常居住地为合同成立的地点。当事人另有约定的,按照其约定。当事人采用合同书形式订立合同的,双方当事人签字或者盖章的地点为合同成立的地点。双方当事人未在同一地点签字或盖章,则以当事人中最后一方签字或盖章的地点为合同成立的地点。

三、缔约过失责任

缔约过失责任是指合同当事人在订立合同过程中,因违反法律规定、违背诚实信用原则,致使合同未能成立,并给对方造成损失,而应承担的损害赔偿责任。

《合同法》规定当事人在订立合同过程中有下列情形之一,给对方造成损失的,应当承担损害赔偿责任:

1. 假借订立合同,恶意进行磋商;

2. 故意隐瞒与订立合同有关的重要事实或者提供虚假情况;

3. 有其他违背诚实信用原则的行为。《合同法》第四十三条规定:"当事人在订立合同过程中知悉的商业秘密,无论合同是否成立,不得泄露或者不正当地使用。泄露或者不正当地使用该商业秘密给对方造成损失的,应当承担损害赔偿责任。"

任务三 合同的效力

一、合同的生效

(一)合同生效的概念

合同的生效,是指已依法成立的合同,发生相应的法律效力。合同的成立,是指当事人经过要约和承诺,意思表示一致而达成协议。合同生效的前提是合同成立,合同成立并不一定合同生效。

(二)合同生效的时间

1. 依法成立的合同,自成立时生效。

2. 法律、行政法规规定应当办理批准、登记等手续生效的,在依照其规定办理批准、登记等手续后生效。如《担保法》规定,房屋抵押合同自办理登记手续之日起生效。

3. 当事人对合同的效力可以约定附条件。附生效条件的合同,自条件成就时生效。附解除条件的合同,自条件成就时失效。

4. 当事人对合同的效力可以约定附期限。附生效期限的合同,自期限届至时生效。附终止期限的合同,自期限届满时失效。

二、代理

当事人依法可以委托代理人订立合同。《合同法》规定:

1. 限制民事行为能力人订立的合同,经法定代理人追认后,该合同有效。但纯获利益的合同或者与其年龄、智力、精神健康状况相适应而订立的合同,不必经法定代理人追认。

2. 行为人没有代理权、超越代理权或者代理权终止后以被代理人名义订立的合同,未经被代理人追认,对被代理人不发生效力,由行为人承担责任。相对人可以催告被代理人在1个月内予以追认。被代理人未作表示的,视为拒绝追认。合同被追认之前,善意相对人有撤销的权利。撤销应当以通知的方式作出。

3. 行为人没有代理权、超越代理权或者代理权终止后以被代理人名义订立合同,相对人有理由相信行为人有代理权的,该代理行为有效。这是关于表见代理的规定。所谓表见代理,是指客观上存在使相对人相信无权代理人的行为有代理权的情况和理由,且相对人主观上为善意时,代理行为有效。

4. 法人或者其他组织的法定代表人、负责人超越权限订立的合同,除相对人知道或者应当知道其超越权限的以外,该代表行为有效,合同成立有效。

5. 无处分权的人处分他人财产,经权利人追认或者无处分权的人订立合同后取得处分权的,该合同有效。

三、无效合同、可撤销合同及其法律后果

(一)无效合同

1. 无效合同的概念

无效合同是指已经订立,但因违反法律、行政法规规定的成立与生效条件而不发生法律效力,不具有法律约束力的合同。合同的无效,分为合同的全部无效与合同的部分无效两种情况。

2. 无效合同的情形

《合同法》第五十二条规定,有下列情形之一的,合同无效:(1)一方以欺诈、胁迫的手段订立合同,损害国家利益;(2)恶意串通,损害国家、集体或第三人利益;(3)以合法形式掩盖非法目的;(4)损害社会公共利益;(5)违反法律、行政法规的强制性规定。

3. 免责条款

免责条款是指合同当事人在合同中规定的免除或限制一方或双方当事人违约法律责任的条款。通常,对当事人自愿订立的免责条款,法律是不加干涉的。但如免责条款约定属于下列情况的,免责的条款无效:(1)造成对方人身伤害的;(2)因故意或者重大过失造成对方财产损失的。

(二)可撤销合同

1. 可撤销合同的概念和情形

可撤销合同是指因存在法定事由,合同一方当事人可请求人民法院或者仲裁机构撤销或者变更的合同。《合同法》规定,有下列情形之一的,合同当事人一方有权请求人民法院或者仲裁机构撤销或者变更:

(1)因重大误解订立的。所谓重大误解是指当事人对合同的性质、对方当事人、标的物的种类、质量、数量等涉及合同后果的重要事项存在错误认识,违背其真实意思表示订立合同,并因此受到较大损失的行为。

(2)在订立合同时显失公平的。显失公平是指一方当事人利用优势或者对方没有经验,在订立合同时致使双方的权利与义务明显违反公平、等价有偿原则的行为。

(3)一方以欺诈、胁迫的手段或者乘人之危,使对方在违背真实意思的情况下订立的合同,受损害方有权请求人民法院或者仲裁机构变更或者撤销。

2. 无效合同与可撤销的合同的区别

无效合同因违法而自始没有法律约束力。可撤销的合同主要是订立合同时意思表示不真实的合同，在合同订立后，当事人的意思表示还可能改变，不一定非得撤销或变更，所以，在被撤销之前仍是有效合同。对可撤销的合同是否撤销，或是采取撤销还是变更措施，完全由当事人决定。当事人请求变更的，人民法院或者仲裁机构不得撤销。

【应用案例 7-2】

甲、乙公司于2012年3月10日签订买卖合同，3月15日甲公司发现自己对合同标的存有重大误解，遂于3月20日向法院请求撤销该合同，4月10日法院依法撤销该合同。试问该合同什么时候归于无效？

案例解析：

根据《合同法》规定，可撤销合同被依法撤销后，自始没有效力。所以该合同自3月10日起归于无效。

任务四　合同的履行

一、合同的履行原则

（一）合同履行原则的概念

合同的履行，是指合同的双方当事人正确、适当、全面地完成合同中规定的各项义务的行为。当事人应当按照合同约定全面履行自己的义务。在合同的履行中当事人应当遵循诚实信用原则，根据合同的性质、目的和交易习惯履行通知、协助、保密等义务。

（二）合同履行原则的内容

合同生效后，当事人就质量、价款或者报酬、履行地点等内容没有约定或者约定不明确的，可以协议补充；不能达成补充协议的，按照合同有关条款或者交易习惯确定。依照上述履行原则仍不能确定的，适用《合同法》的下列规定：

1. 质量要求不明确的，按照国家标准、行业标准履行；没有国家标准、行业标准的，按照通常标准或者符合合同目的的特定标准履行。

2. 价款或者报酬不明确的，按照订立合同时履行地的市场价格履行；依法应当执行政府定价或者政府指导价的，按照规定履行。

3. 履行地点不明确，给付货币的，在接受货币一方所在地履行；交付不动产的，在不动产所在地履行；其他标的，在履行义务一方所在地履行。

4. 履行期限不明确的，债务人可以随时履行，债权人也可以随时要求履行，但应当给对方必要的准备时间。

5. 履行方式不明确的，按照有利于实现合同目的的方式履行。

6. 履行费用的负担不明确的，由履行义务一方负担。

合同生效后，当事人不得因姓名、名称的变更或者法定代表人、负责人、承办人的变动而不履行合同义务。

二、合同履行的抗辩权

根据《合同法》规定，在合同的履行中，当事人可享有同时履行抗辩权、后履行抗辩权和不安抗辩权。这些履行抗辩权利的设置，使当事人在法定情况下可以对抗对方的请求权，使当事人的拒绝履行行为不构成违约，可以更好地维护当事人的合法权益。

（一）同时履行抗辩权

同时履行抗辩权，是指双务合同的当事人应同时履行义务的，一方在对方未履行前，有拒绝对方请求自己履行合同的权利。《合同法》规定，当事人互负债务，没有先后履行顺序的，应当同时履行。一方在对方履行之前有权拒绝其履行要求。一方在对方履行债务不符合约定时，有权拒绝其相应的履行要求。

（二）后履行抗辩权

后履行抗辩权，是指双务合同中应先履行义务的一方当事人未履行时，对方当事人有拒绝对方请求履行的权利。《合同法》规定，当事人互负债务，有先后履行顺序，先履行一方未履行的，后履行一方有权拒绝其履行要求。先履行一方履行债务不符合约定的，后履行一方有权拒绝其相应的履行要求。

【应用案例 7-3】

甲公司与乙公司订立的买卖合同约定：甲公司向乙公司购买西服，价款总值为 9 万元，甲公司于 8 月 1 日前向乙公司预先支付货款 6 万元，余款于 10 月 15 日在乙公司交付西服后 2 日内一次付清。甲公司以资金周转困难为由，未按合同约定预先支付货款 6 万元。10 月 15 日，甲公司要求乙公司交付西服，乙公司拒绝交付。试问乙公司可否拒绝甲公司的请求？

案例解析：

根据《合同法》规定，当事人互负债务，有先后履行顺序，先履行一方未履行的，后履行一方有权拒绝其履行要求。先履行一方履行债务不符合约定的，后履行一方有权拒绝其相应的履行要求。所以乙公司可以拒绝甲公司的请求。

（三）不安抗辩权

不安抗辩权，是指双务合同中应先履行义务的一方当事人，有证据证明对方当事人不能或可能不能履行合同义务时，在对方当事人未履行合同或就合同履行提供担保之前，有暂时中止履行合同的权利。《合同法》规定，应当先履行债务的当事人，有确切证据证明对方有下列情形之一的，可以中止履行：1. 经营状况严重恶化；2. 转移财产、抽逃资金，以逃避债务；3. 丧失商业信誉；4. 有丧失或者可能丧失履行债务能力的其他情形。

当事人没有确切证据中止履行的，应当承担违约责任。当事人行使不安抗辩权中止履行的，应当及时通知对方。对方提供适当担保时，应当恢复履行。中止履行后，对方在合理期限内未恢复履行能力并且未提供适当担保的，中止履行的一方可以解除合同。

三、代位权与撤销权

(一)代位权

1. 代位权的概念

代位权,是指当债务人怠于行使其权利而危及债权人利益时,债权人为保全债权,可以自己的名义代位行使债务人权利的权利。《合同法》第七十三条规定,因债务人怠于行使其到期债权,对债权人造成损害的,债权人可以向人民法院请求以自己的名义代位行使债务人的债权,但该债权专属于债务人自身的除外。代位权的行使范围以债权人的债权为限。债权人行使代位权的必要费用,由债务人负担。

2. 代位权行使的条件

债权人提起代位权诉讼,应当符合下列条件:(1)债权人对债务人的债权合法;(2)债务人怠于行使其到期债权,对债权人造成损害;(3)债务人的债权已到期;(4)债务人的债权不是专属于债务人自身的债权。

(二)撤销权

撤销权,是指债权人对债务人实施的危及债权人利益的减少财产行为,可以请求人民法院予以撤销的权利。撤销权行使的结果是恢复债务人相应的财产与权利,债权人就撤销权行使的结果并无优先受偿权利。

《合同法》规定,因债务人放弃其到期债权或者无偿转让财产,对债权人造成损害的,债权人可以请求人民法院撤销债务人的行为。债务人以明显不合理的低价转让财产,对债权人造成损害,并且受让人知道该情形的,债权人也可以请求人民法院撤销债务人的行为。撤销权的行使范围以债权人的债权为限。债权人行使撤销权的必要费用,由债务人负担。

撤销权自债权人知道或应当知道撤销事由之日起1年内行使。如果债权人无法知道撤销事由,债权人应自债务人行为发生之日起5年内行使撤销权,否则,其撤销权消灭。

任务五 合同的担保

一、合同担保概述

(一)担保的概念与特征

担保是指法律规定或者当事人约定的保证合同履行、保障债权人利益实现的法律措施。担保方式包括保证、抵押、质押、留置和定金。

担保具有以下法律特征:

1. 从属性

担保合同是从属于主合同的从合同,除担保合同另有约定者外,主合同无效,担保合同无效。

2. 补充性

担保对债权人权利的实现仅具有补充作用,一般只有在所担保的债务得不到履行时，才行使担保权利。据此，一般保证的保证人对债权人享有先诉抗辩权。

3. 相对独立性

担保可相对独立于所担保的债权发生或存在。

（二）担保合同的效力与担保责任概述

1. 无效的担保合同

担保合同必须合法方才有效。根据有关法律和司法解释规定，下列担保合同无效：

（1）国家机关和以公益为目的的事业单位、社会团体违法提供担保的，担保合同无效。

（2）董事、经理违反《公司法》规定，以公司资产为本公司的股东或者其他个人债务提供担保的，担保合同无效。除债权人知道或者应当知道的外，债务人、担保人应当对债权人的损失承担连带赔偿责任。

（3）以法律、法规禁止流通的财产或者不可转让的财产设定担保的，担保合同无效。

2. 无效担保合同的责任

担保合同被确认无效时，债务人、担保人、债权人有过错的，应当根据其过错各自承担相应的民事责任，即承担缔约过失责任。

（1）主合同有效而担保合同无效，债权人无过错的，担保人与债务人对主合同债权人的经济损失，承担连带赔偿责任；债权人、担保人有过错的，担保人承担民事责任的部分，不应超过债务人不能清偿部分的1/2。

（2）主合同无效而导致担保合同无效，担保人无过错则不承担民事责任；担保人有过错的，应承担的民事责任不超过债务人不能清偿部分的1/3。

（3）担保人因无效担保合同向债权人承担赔偿责任后，可以向债务人追偿。

二、保证

（一）保证的概念

保证，是指保证人和债权人约定，当债务人不履行债务时，保证人按照约定履行债务或者承担责任的行为。保证的方式有两种，即一般责任保证和连带责任保证。

（二）保证人的范围

保证人可以是具有代为清偿债务能力的法人、其他组织或者公民。但不具有完全代偿能力的法人、其他组织或者自然人，以保证人身份订立保证合同后，不能以自己没有代偿能力要求免除保证责任。

保证人范围的除外情形包括以下方面：

1. 除经国务院批准为使用外国政府或者国际经济组织贷款进行转贷担保者外，国家机关不得为保证人。

2. 学校、幼儿园、医院等以公益为目的的事业单位、社会团体不得为保证人，但从事经营活动的事业单位、社会团体可以为保证人。

3. 企业法人的分支机构、职能部门不得为保证人。企业法人的分支机构有法人书面授权的，可以在授权范围内提供保证，该分支机构经营管理的财产不足以承担保证责任的，由企业法人承担民事责任。如果法人的书面授权范围不明，法人的分支机构应当对保证合同约定的全部债务承担保证责任。

保证人可为两人以上。同一债务有两个以上保证人的，保证人应当按照保证合同约定的保证份额承担保证责任。各保证人与债权人没有约定保证份额的，应当认定为连带共同保证。连带共同保证的保证人不能以其相互之间约定各自承担的份额对抗债权人。连带共同保证的保证人一人或者数人承担保证责任后，有权向债务人追偿。各连带保证人应按其内部约定的比例分担保证责任，没有约定的，平均分担。

（三）保证合同

保证合同应当以书面形式订立。保证人与债权人可以就单个主合同订立保证合同，也可以协议在最高债权额限度内就一定期间连续发生的借款合同或者某项交易合同订立一个保证合同。最高额保证合同的不特定债权确定后，保证人应当对在最高债权额限度内一定期间连续发生的债权余额承担保证责任。

保证合同应当包括以下内容：1. 被保证的主债权种类、数额；2. 债务人履行债务的期限；3. 保证的方式；4. 保证担保的范围；5. 保证的期间；6. 双方认为需要约定的其他事项。

（四）保证方式

保证方式是保证人对债权人承担保证责任的形式。根据《担保法》的规定，保证人的保证责任方式有一般保证和连带责任保证两种。

1. 一般保证

当事人在保证合同中约定，债务人不能履行债务时，才由保证人承担保证责任的，为一般保证。一般保证的保证人对债权人享有先诉抗辩权，即在主合同纠纷未经审判或仲裁，并就债务人财产依法强制执行仍不能清偿债务前，对债权人可拒绝承担保证责任。但有下列情形之一的，保证人不得行使先诉抗辩权：(1)债务人住所变更，致使债权人要求其履行债务发生重大困难的；(2)人民法院受理债务人破产案件，中止执行程序的；(3)保证人以书面形式放弃先诉抗辩权的。一般保证的保证人在主债权履行期间届满后，向债权人提供了债务人可供执行财产的真实情况的，债权人放弃或怠于行使权利致使该财产不能被执行，保证人可以请求法院在其提供可供执行财产的实际价值范围内免除保证责任。

2. 连带责任保证

当事人在保证合同中约定保证人与债务人对债务承担连带责任的，为连带责任保证。只要债务人在主合同规定的债务履行期届满时没有履行债务，债权人可直接要求保证人在其保证范围内承担保证责任。当事人对保证方式没有约定或者约定不明确的，按照连带责任保证承担保证责任。

（五）保证责任

1. 保证责任的范围

根据我国《担保法》第二十一条的规定，保证责任的范围包括主债权及利息，违约金，损害赔偿金和实现债权的费用。保证合同对保证责任的范围有约定的，从其约定；对保证责任的范围没有约定或者约定不明确的，保证人应当就上述范围的全部承担保证责任。

2. 保证责任的变动

(1)债权转让与保证责任

《担保法》第二十二条规定:“保证期间,债权人依法将主债权转让给第三人的,保证人在原保证担保的范围内继续承担保证责任。保证合同另有约定的,按照约定。”《担保法解释》第二十八条规定:“保证人与债权人事先约定仅对特定的债权人承担保证责任或者禁止债权转让的,保证人不再承担保证责任。”

(2)债务转让与保证责任

《担保法》第二十三条规定:“保证期间,债权人许可债务人转让债务的,应当取得保证人书面同意,保证人对未经其同意转让的债务,不再承担保证责任。”《担保法解释》第二十九条规定:“保证期间,债权人许可债务人转让部分债务未经保证人书面同意的,保证人对未经其同意转让部分的债务,不再承担保证责任。”根据上述两条的规定,债务的转移将因是否取得保证人的书面同意而产生两种不同的法律后果,即经保证人书面同意的,保证人继续承担保证责任;未经保证人书面同意的,保证人对未经其同意而转让的债务,不再承担保证责任。

【应用案例7-4】

甲公司向银行贷款100万元,由乙公司为其100万元的债务提供担保,在保证期间内,银行许可甲公司转让100万元的债务给某信托公司,但该转让行为未经乙公司的同意。试问乙公司是否继续承担保证责任?

案例解析:

《担保法》规定:保证期间,债权人许可债务人转让债务的,应当取得保证人书面同意,保证人对未经其同意转让的债务,不再承担保证责任。所以乙公司的担保因债务的转移而消灭。

(3)主合同内容变更与保证责任

《担保法》第二十四条规定:“债权人与债务人协议变更主合同的,应当取得保证人书面同意,未经保证人书面同意的,保证人不再承担保证责任。保证合同另有约定的,按照约定。”但如果是减轻债务人的债务的,保证人仍应当对变更后的合同承担保证责任;如果加重债务人的债务的,保证人对加重的部分不承担保证责任。债权人与债务人对主合同履行期限作了变动,未经保证人书面同意的,保证期间为原合同约定的或者法律规定的期间。债权人与债务人协议变动主合同内容,但并未实际履行的,保证人仍应当承担保证责任。

3. 保证期间与保证的诉讼时效

保证期间,是指当事人约定的或法律规定的保证人承担保证责任的时间期限。保证人与债权人约定保证期间的,按照约定执行。未约定保证期间的,法律规定的保证期间为主债务履行期届满之日起6个月。保证合同约定保证人承担保证责任直至主债务本息还清时为止等类似内容的,视为约定不明,保证期间为主债务履行期届满之日起2年。主合同对主债务履行期限没有约定或者约定不明的,保证期间自债权人要求债务人履行义务的宽限期届满之日起计算。

在合同约定或法律规定的保证期间，债权人未对一般保证的债务人提起诉讼或者申请仲裁的，保证人免除保证责任；债权人已提起诉讼或者申请仲裁的，保证的诉讼时效中断，从判决或者仲裁裁决生效之日起，开始计算保证合同的诉讼时效。在保证期间，债权人未要求连带责任保证的保证人承担保证责任的，保证人免除保证责任；要求保证人承担保证责任的，从债权人要求保证人承担保证责任之日起，开始计算保证合同的诉讼时效。

4. 保证责任的免除条款

有下列情形之一的，保证人不承担民事责任：(1)主合同当事人双方串通，骗取保证人提供保证的；(2)主合同债权人采取欺诈、胁迫等手段，使保证人在违背真实意思的情况下提供保证的。如果出现上述情况之一的，则保证人既不承担保证责任，也不承担保证责任以外的其他民事责任。

三、抵押

(一)抵押的概念

抵押，是指债务人或者第三人不转移对财产的占有，将该财产作为债权的担保。债务人不履行债务时，债权人有权依法以该财产折价或者以拍卖、变卖该财产的价款优先受偿。提供财产担保的债务人或者第三人为抵押人，债权人为抵押权人，提供担保的财产为抵押物。

(二)抵押合同与抵押物登记

1. 抵押合同的内容

抵押合同应当以书面形式订立，应当包括以下内容：(1)被担保的主债权种类、数额；(2)债务人履行债务的期限；(3)抵押物的名称、数量、质量、状况、所在地、所有权权属或者使用权权属；(4)抵押担保的范围；(5)当事人认为需要约定的其他事项。

2. 抵押物登记

《担保法》第四十一条、第四十二条规定，以下财产作抵押物时应进行登记，抵押合同自登记之日起生效：(1)以无地上定着物的土地使用权抵押的；(2)以城市房地产或乡(镇)、村企业的厂房等建筑物抵押的；(3)以林木抵押；(4)以航空器、船舶、车辆抵押的；(5)以企业的设备和其他动产抵押的。

《担保法》第四十三条规定：当事人以上述5种财产以外的其他财产抵押的，可以自愿办理抵押物登记，抵押合同自签订之日起生效。未办理抵押登记的，不得对抗第三人。

【应用案例7-5】

2012年1月12日，李某向张某借款5万元，双方签订了抵押借款协议。协议中约定李某将自己的一辆"富康"轿车作为抵押物，还约定了其他有关事项，其中约定2013年1月12日，李某连本带息一次还清借款。由于两人是老朋友，为了简化手续，未办理登记手续。借款期满后，张某多次向李某催还借款，但李某始终以各种理由推脱不还。2013年4月15日，李某未经张某同意将车出售给了第三人，张某得知后，诉至法院，请求宣布李某与第三人的买卖行为无效，并依法将车判归张某。试分析张某的请求能否得到法院的支持？

案例解析：

根据《担保法》的规定以航空器、船舶、车辆抵押的应进行登记，抵押合同自登记之日起生效。李某和张某签订的抵押合同应登记而未登记，因此该抵押合同没有效力。李某与第三人的买卖行为是有效的，根据《担保法》的规定抵押期间抵押人转让已办理登记的抵押物，应当通知抵押权人并告知受让人，未通知抵押权人或者未告知受让人的，转让无效，但未登记的不受限制。所以法院不能支持张某的请求。

（三）抵押权的效力

1. 抵押担保的债权范围

《担保法》第四十六条规定："抵押担保的范围包括主债权及利息、违约金、损害赔偿金和实现抵押权的费用。抵押合同另有约定的，按照约定。"

2. 抵押权及于抵押物的效力范围

抵押权及于抵押物的效力范围包括抵押物及其附合物、混合物、加工物、天然孳息、法定孳息、代位物、从物。

（1）抵押物。主债权未受全部清偿的，抵押权人可以就抵押物的全部行使其抵押权。抵押物被分割或者部分转让的，抵押权人可以就分割或者转让后的抵押物行使抵押权。抵押期间抵押人转让已办理登记的抵押物，应当通知抵押权人并告知受让人，未通知抵押权人或者未告知受让人的，转让无效。

（2）附合物、混合物、加工物。《担保法解释》第六十二条规定："抵押物因附合、混合或者加工使抵押物的所有权为第三人所有的，抵押权的效力及于补偿金；抵押物所有人为附合物、混合物或者加工物的所有人的，抵押权的效力及于附合物、混合物或者加工物；第三人与抵押物所有人为附合物、混合物或者加工物的共有人的，抵押权的效力及于抵押人对共有物享有的份额。"

（3）孳息。抵押权的孳息是指由抵押物所产生的收益，在债务履行期届满以前，抵押物的孳息由抵押人收取。《担保法》第四十七条规定："债务履行期届满，债务人不履行债务致使抵押物被人民法院依法扣押的，自扣押之日起抵押权人有权收取由抵押物分离的天然孳息以及抵押人就抵押物可以收取的法定孳息。抵押权人未将扣押抵押物的事实通知应当清偿法定孳息的义务人的，抵押权的效力不及于该孳息。"自扣押之日起，抵押权人收取的由抵押物分离的天然孳息和法定孳息，按照下列顺序清偿：①收取孳息的费用；②主债权的利息；③主债权。

（4）代位物。代位物是指因抵押物发生毁损或者其他原因致抵押物的价值发生变化而使抵押人获得的代替抵押物价值形态的其他物。《担保法》第五十八条规定："抵押权因抵押物灭失而消灭。因灭失所得的赔偿金，应当作为抵押财产。"《担保法解释》第八十条第1款规定："在抵押物灭失、毁损或者被征用的情况下，抵押权人可以就该抵押物的保险金、赔偿金或者补偿金优先受偿。"上述所讲的保险金、赔偿金或者补偿金就是抵押物的代位物。

（5）从物。在抵押时，应当遵循从物应当追随主物一起成为抵押物。《担保法解释》第六十三条规定："抵押权设定前为抵押物的从物的，抵押权的效力及于抵押物的从物。

但是，抵押物与其从物为两个以上的人分别所有时，抵押权的效力不及于抵押物的从物。"依此规定，并非两物之间有主从关系，抵押权的效力就必然及于从物，且必须主物与从物同属一人所有。所以，具有主从关系的两物所有权归属于不同人时，以主物设定抵押权，其效力不及于从物；或者两物原同属于抵押人所有，但在以主物设定抵押前，第三人取得从物的所有权的，抵押权的效力不及于从物。

（四）抵押权的实现

1. 抵押权的实现的概念

抵押权的实现，是指债务人届期不履行债务时，抵押权人有权以法定方式处分抵押物并就处分所得优先受偿的行为。《民法通则》第八十九条第2款、《担保法》第五十三条规定，抵押人在其抵押担保的债权到期，但债务人不能清偿债务时，则抵押权人就可以实现其抵押权。

2. 抵押权实现的方式

抵押权的实现方式包括折价、拍卖、变卖等3种方式。具体采用哪种方式，可由抵押权人与抵押人协议确定，协议不成，抵押权人可以向人民法院起诉。

（1）折价

抵押物折价是指债务人在履行期限届满未履行其债务时，经抵押权人与抵押人协议，或者协议不成时经由人民法院判决，按照抵押物自身的品质、参考市场价格，由抵押权人取得抵押物的所有权，从而实现抵押权的一种方式。协议折价时一定要注意时间要求，即协议折价必须在债权清偿期届满时订立，抵押权人和抵押人在合同中不得约定在债务履行期届满抵押权人未受清偿时，抵押物的所有权转移为债权人所有。

（2）拍卖

抵押物拍卖，是指以公开竞价的方式，在特定时间由特定的拍卖机构将抵押物出售给最高应价者的抵押权实现方式。拍卖可以分为任意拍卖和强制拍卖两类。抵押权人与抵押人就抵押权发生争执而诉至法院，人民法院经审理后判决拍卖抵押物的，则属于强制拍卖。由于拍卖以市场竞争机制为基础，拍卖的成交价格能够最大限度地体现拍卖物的价值，这既有利于维护抵押人的利益，也能够充分发挥抵押物对债权的担保效能，因此拍卖方式适用的最为广泛。

（3）变卖

抵押物变卖与拍卖不同，它不采用竞价出卖，而只是将抵押物参照市场价格出售给第三者，抵押权人就卖得的价金优先受偿。当事人可以协商将抵押物变卖，协商不成的，抵押权人可以向法院起诉，在获得胜诉判决后通过法院的强制执行程序将抵押物变卖。

3. 抵押权实现的受偿顺序

当抵押物的折价、拍卖或者变卖是由当事人通过协商进行的，则抵押权人和抵押人之间可以就该抵押物折价、拍卖或者变卖后所得价款的清偿顺序作出约定。如果当事人没有约定，则按以下清偿顺序：实现抵押权的费用，主债权的利息，主债权。

同一抵押物上设立2个以上的债权担保，在拍卖、变卖抵押物后，所得的价款清偿债务时的顺序为：

(1)抵押合同已登记生效的,按照抵押物登记的先后顺序清偿,如果顺序相同,则按照债权比例受偿。当事人同一天在不同的法定登记部门办理抵押物登记的,视为顺序相同。因登记部门的原因致使抵押物进行连续登记的,抵押物第一次登记的日期,视为抵押登记的日期,并依此确定抵押权的顺序。

(2)抵押合同自签订之日起生效的,该抵押物已登记的,按照登记的先后顺序清偿,顺序相同的,按照债权比例清偿;该抵押物未登记的,不论合同成立生效的时间先后,按照债权比例清偿。

(3)抵押合同自签订之日起生效,在设立两个以上抵押权时,有抵押物已登记和未登记两种情况时,抵押物已登记的先于未登记的受偿。

(4)同一财产向两个以上债权人抵押的,顺序在后的抵押权所担保的债权先到期的,抵押权人只能就抵押物价值超出顺序在先的抵押担保债权的部分受偿。顺序在先的抵押权所担保的债权先到期的,抵押权实现后的剩余价款应予以提存,留待清偿顺序在后的抵押担保债权。

(五)抵押权的消灭

抵押权因以下原因而消灭:

1. 主债权消灭,抵押权随之消灭

主债权消灭的原因主要有清偿、抵销、混同、提存和免除。

2. 抵押权因实现而消灭

当债务人不履行合同债务时,债权人可以依法将抵押物折价或者以拍卖、变卖抵押物的价款优先受偿,从而使抵押权消灭。

3. 抵押权可因抵押物灭失而消灭

《担保法》第五十八条规定:"抵押权因抵押物灭失而消灭。因灭失所得的赔偿金,应当作为抵押财产。"

(六)最高额抵押

最高额抵押,是指抵押人与抵押权人协议,在最高债权额限度内以抵押物对一定期间内连续发生的债权作担保。借款合同可以附最高额抵押合同。债权人与债务人就某项商品在一定期间内连续发生交易而签订的合同,也可以附最高额抵押合同。最高额抵押的主合同债权不得转让。

根据《担保法解释》规定,最高额抵押权所担保的债权范围,不包括抵押物因财产保全或者执行程序被查封后或债务人、抵押人破产后发生的债权。当事人对最高额抵押合同的最高限额、最高额抵押期间进行变更,不得以其变更对抗顺序在后的抵押权人。

最高额抵押权所担保的不特定债权在特定后,债权已届清偿期的,最高额抵押权人可以根据普通抵押权的规定行使其抵押权。抵押权人实现最高额抵押权时,如果实际发生的债权余额高于最高限额的,以最高限额为限,超过部分不具有优先受偿的效力;如果实际发生的债权余额低于最高限额的,以实际发生的债权余额为限对抵押物优先受偿。

四、质押

（一）质押的概念

质押为一种物的担保形式，是为了担保债权的履行，债务人或者第三人将其动产或权利移交债权人占有，当债务人不履行债务时，债权人有就其占有的财产优先受偿的权利。债务人或第三人为出质人，又称质押人；债权人为质权人；移交的动产或权利凭证为质物。质押分为动产质押和权利质押。

（二）质押与抵押的区别

质押与抵押都是物的担保的重要形式，两种是性质不同的担保方式，其主要区别表现为以下方面：

1. 质权的标的物与抵押权的标的物的范围不同

质权的标的物为动产和财产权利，动产质押形成的质权为典型质权。我国法律未规定不动产质权。抵押权的标的物可以是动产和不动产，以不动产最为常见。

2. 标的物的占有权是否发生转移不同

抵押权的设立不转移抵押标的物的占有，而质权的设立必须转移质押标的物的占有。这是质押与抵押最重要的区别。

3. 对标的物的保管义务不同

抵押权的设立不交付抵押物的占有，因而抵押权人没有保管标的物的义务，而在质押的场合，质权人对质物则负有善良管理人的注意义务。

4. 受偿顺序不同

在质权设立的情况下，一物只能设立一个质押权，因而没有受偿的顺序问题。而一物可设数个抵押权，当数个抵押权并存时，有受偿的先后顺序之分。

5. 能否重复设置担保不同

在抵押担保中，抵押物价值大于所担保债权的余额部分，可以再次抵押，即抵押人可以同时或者先后就同一项财产向两个以上的债权人进行抵押。而在质押担保中，由于质押合同是从质物移交给质权人占有之日起生效，因此不可能存在同一质物上重复设置质权的现象。

6. 对标的物孳息的收取权不同

在抵押期间，不论抵押物所生的是天然孳息还是法定孳息，均由抵押人收取，抵押权人无权收取。只有在债务履行期间届满，债务人不履行债务致使抵押物被法院依法扣押的情况下，自扣押之日起，抵押权人才有权收取孳息。在质押期间，质权人依法有权收取质物所生的天然孳息和法定孳息。

（三）动产质押

1. 动产质押的概念

动产质押，是指债务人或者第三人将其动产移交给债权人占有，将该动产作为债权的担保。债务人不履行债务时，债权人有权依照法律的规定以该动产折价或者拍卖、变卖该动产的价款优先受偿。动产质押是质押的一种形式，是由债务人或者第三人与债权人设定的以动产作为担保的一种担保物权。

2. 动产质押的设定

动产质押的设定,是指出质人与债权人协议,以出质人享有所有权、处分权的动产作为债权的担保,并将动产移交债权人从而创设质权的行为。

(1)动产质押设定有两方当事人,即出质人和质权人。质权人是质权所担保债权的债权人。出质人是提供动产财产设定质权的人,既可以是债务人也可以是债务人以外的第三人,若出质人为第三人时,其为债务人履行债务的物上保证人。

(2)动产质押合同的内容。质押合同应当包括以下内容:①被担保的主债权类、数额;②债务人履行债务的期限;③质物的名称、数量、质量、状况;④质押担保的范围;⑤质物移交的时间;⑥当事人认为需要约定的其他事项。

(3)动产质押合同的客体。动产质押合同的客体,是指质押合同当事人权利义务指向的对象,即质押合同的标的。动产质押的标的物,除人身及不动产、法律禁止流通的动产外,其他一切动产均可以作为质押权的标的物。

(四)权利质押

1. 权利质押的概念

权利质押,是指以所有权、用益物权之外的可让与的财产权作为标的的质权。权利质权的标的是权利,但不是说任何权利都可以作为权利质权的标的。能够作为权利质权标的的权利,在性质上必须具有以下特点:(1)必然是财产权;(2)必须是可让与的财产权;(3)必须是不违背质权性质的财产权。

2. 可以设定质权的权利

权利质押的标的只能是财产权利,是所有权之外的具有可让与性的财产权利。具体来说以下权利可以质押:(1)汇票、支票、本票、债券、存款单、仓单、提单;(2)依法可以转让的股份、股票;(3)依法可以转让的商标专用权,专利权、著作权中的财产权;(4)依法可以质押的其他权利。

3. 权利质押合同的生效

权利质押合同因权利的不同,生效时间也不相同,具体如下:

(1)交付生效

以汇票、支票、本票、债券、存款单、仓单、提单出质的,出质人应当在合同约定的期限内将权利凭证交付质权人。质押合同自权利凭证交付之日起生效。以汇票、支票、本票、公司债券出质,出质人与质权人没有背书记载“质押”字样的,票据、债券的出质不得对抗善意第三人。上述票据、单据中载明的兑现或者提货日期先于债务履行期的,质权人可以在债务履行期届满前兑现或者提货,并与出质人协议将兑现的价款或者提取的货物用于提前清偿所担保的债权或者向与出质人约定的第三人提存。上述票据、单据兑现或者提货日期后于债务履行期的,质权人只能在兑现或者提货日期届满时兑现款项或者提取货物。

(2)登记生效

以依法可以转让的股票出质的,出质人与质权人应当订立书面合同,并向证券登记机构办理出质登记。质押合同自登记之日起生效。以依法可以转让的商标专用权、专利权、著作权中的财产权出质的，出质人与债权人应当订立书面合同，并向其管理部门办理出质登记。质押合同自登记之日起生效。

(3)记载生效

以有限责任公司的股份出质的，适用公司法股份转让的有关规定。质押合同自股份出质记载于股东名册之日起生效。

4. 质权的消灭

(1)因质物灭失而消灭

《担保法》第七十三条规定："质权因质物灭失而消灭。因灭失所得的赔偿金，应当作为出质财产。"质物全部灭失的，质权因无所依存而全部消灭。质物部分灭失的，剩余部分仍为质物，质权仍然存在于剩余部分之上。

(2)因债权消灭而消灭

《担保法》第七十四条规定："质权与其担保的债权同时存在，债权消灭的，质权也消灭。"债权消灭的原因，除因实现质权而消灭外，还有清偿、抵销、混同、提存、解除等原因。

五、留置

(一)留置与留置权

留置是《担保法》规定的一种债的担保方式，属于物的担保范畴。留置是债权人按照合同约定占有债务人的动产，债务人不按照合同约定的期限履行债务时，债务人有权留置该项财产，以留置的财产折价或者以拍卖、变卖该财产的价款优先受偿的担保方式。

留置权，是指债权人依合同的约定占有债务人的动产，在债务人不按照合同约定的期限履行债务时，债权人有留置该财产并依法以该财产折价或者以拍卖、变卖该动产的价款优先受偿的权利。

(二)留置权与类似权利的区别

1. 留置权与抵押权的区别

留置权与抵押权的区别包括：(1)成立依据不同。留置由法律直接规定而产生，即留置权是法定担保物权；抵押原则上是依当事人的合意而产生的，因此抵押权为约定担保物权；(2)成立要件不同。留置权不仅以占有动产为要件，而且标的物与所担保的债权之间必须存在牵连关系。抵押权的成立不须占有抵押物；(3)担保物的范围不同。留置物只能是动产，抵押物可以是动产，也可以是不动产；(4)担保人不同。留置担保人是债务人自己；抵押担保人则可以是债务人自己，也可以是第三人。

2. 留置权与质押权的区别

留置权与质权的区别包括：(1)成立的依据不同。留置权为法定担保物权，依照法律的直接规定而产生；质权基于当事人的合意而产生，为约定担保物权；(2)成立条件不同。留置权所占有的动产须与所担保的债权之间有牵连关系；质权所占有质物不需要与所担保的债权有牵连关系；(3)担保物的范围不同。留置仅限于动产；质权的标的既可以是动产，也可以是权利；(4)实现条件不同。质权的实现以债务人届期不履行债务为条件，质权人仅负通知的义务；留置权的实现不仅需要债务人届期不履行债务，而且需要经过2个月以上的催告期；(5)消灭的原因不同。留置权人丧失占有，留置权即消灭；质权人只有在丧失占有而且不能请求返还时才消灭。此外,留置权可因债务人提供其他相应的担保而消灭,质权则不会因此项原因而消灭。

(三)留置权的成立

1. 留置权成立的要件

留置权的成立是指债权人对其占有的债务人的财产,因法定事由的具备而发生留置该财产并对抗债务人的给付请求权之效力。其成立的要件包括:(1)须债权人占有债务人的动产;(2)须债权已届满清偿期;(3)须债权的发生与该动产有牵连关系。

2. 留置权的排除

留置权排除的情形包括:(1)因侵权行为占有标的物。留置权的取得以对债务人动产的占有为前提,但其占有必须是合法占有。如果是因侵权行为占有他人的动产,不发生留置权;(2)违反社会公共利益和国家利益。如果留置债务人的动产导致产生违反社会公共利益和国家利益的结果,则债权人不产生留置权。即使债务人同意留置该财产,仍不产生留置的效力;(3)动产的留置与债权人所承担的义务相抵触的。债权人留置债务人的动产如果与其所承担的义务相抵触时,是不能行使留置权的;(4)双方当事人约定不得留置的,也不发生留置权。

(四)留置权的效力

1. 留置担保的范围

《担保法》第八十三条规定:"留置担保的范围包括主债权及利息、违约金、损害赔偿金、留置物保管费用和实现留置权的费用。"

2. 留置权人的权利

留置权人的权利包括:(1)对留置权的占有权;(2)对留置物孳息的收取权;(3)对留置物的价值优先受偿的权利。

3. 留置权人的义务

留置权人的义务包括:(1)妥善保管留置物的义务;(2)返还留置物的义务。

(五)留置权的消灭

1. 因债权消灭而消灭

留置权的目的在于担保债权的受偿,如果债权因为清偿、提存、混同、抵销、免除等原因全部灭失时,留置权也随之消灭。如果债务部分消灭,因留置权行使的不可分性,留置权并不消灭。

2. 因丧失占有而消灭

债权人对留置物的占有,是留置权成立和存续的前提条件。留置权人丧失对留置物的占有,留置权即归于消灭。如果留置权人非因归责于自己的原因而丧失留置物的占有时,可向不法侵害人请求返还留置物,留置物回复占有的,留置权不消灭,留置权不能回复的,视为留置权消灭。

3. 因留置权人弃权而消灭

留置权是一种民事权利,债权人可以依法享有此项权利,也可以放弃此项权利。留置人的弃权就表现为返还留置物,留置权人弃权,也就丧失了对留置物的占有,留置权就归消灭。

4. 因债务人与债权人协商另行提供担保替代留置担保而消灭

留置期间,债务人可与债权人协商,另行提供保证、抵押、质押等担保,以替代留置担保,留置权即归于消灭。

六、定金

(一)定金的概念

定金,是指合同当事人为了确保合同的履行,依据法律规定或者当事人双方的约定,由当事人一方在合同订立时,或者订立后、履行前,按合同标的额的一定比例,预先给付对方当事人的金钱或其他代替物。

定金属于金钱担保。定金罚则的适用以违反有效合同为前提,其基本内容是:给付定金的一方违约,就丧失了定金的所有权,无权要求返还;接受定金的一方违约,根据对等原则,应当双倍返还定金。

(二)定金与相关制度的区别

1. 定金与预付款的区别

定金与预付款都是合同一方当事人在合同订立时或者履行前向对方当事人交付的货币,但两者在性质上截然不同。

(1)定金合同属于主合同的从合同,是相对独立的法律关系。交付定金是为了担保债权。预付款为主合同给付的一部分,属于履行债务行为。

(2)定金虽有预付款的作用,但定金的交付不是清偿,而是担保合同的履行。预付款为价款的一部分的先行给付,在性质上仍属于清偿。

(3)定金的效力在于,交付定金的一方当事人不履行合同,无权要求返还定金,收受定金一方当事人不履行合同,应当双倍返还定金。而预付款却无此效力,无论哪一方当事人不履行合同致使合同解除时,预付款都应当返还。

2. 定金与违约金的区别

定金是当事人预先交付的违约金,因此,定金属于特殊担保而不是一般担保。违约金是约定或者法律规定的、由违约人向被违约人交付的货币。违约金在确定违约责任后交付,而不是预先交付。定金与违约金虽然性质不同,但是合并适用会产生不公平的后果,因此《合同法》规定,当事人既约定违约金,又约定定金的,一方违约时,对方可以选择适用违约金或者定金条款。

(三)定金的成立与生效

我国《担保法》规定,定金合同应当采用书面形式。定金合同从实际交付定金之日起生效。

定金合同是主合同的从合同,因而其成立和有效以主合同的成立和有效为前提。主合同无效或者被撤销时,定金合同不发生效力,主合同因解除或其他原因消灭时,定金合同也消灭。

定金的数额是当事人约定,但不得超过主合同标的额的20%,超过部分人民法院不予保护。实际交付的定金数额多于或者少于约定数额,视为变更定金合同。收受定金的一方提出异议并拒绝接受定金的,定金合同不生效。

(四)定金的消灭

定金主要因为下列原因发生而消灭:

1. 因定金的担保目的实现而消灭

合同当事人均已履行了定金担保的合同义务,定金的担保目的实现,定金归于消灭。

2. 因所担保债权的消灭而消灭

定金担保的债权因为当事人的清偿、抵销、提存、免除、法律规定等原因的发生而终止效力时,定金的效力也随之消灭。

3. 因当事人的放弃消灭

定金担保为债权性担保,当事人可以放弃或者抛弃依照定金合同所享有的权利。合同当事人单方抛弃定金担保权利,定金的效力对抛弃定金担保权利的当事人终止;当事人合意终止定金担保合同的,定金的效力对双方当事人终止。

任务六 合同的变更和转让

依法成立的合同受法律保护,对当事人具有法律约束力。当事人应当按照合同约定履行自己的义务,不得擅自变更或者解除合同。但合同订立之后,也可能发生一些当事人订立合同时未及预料的情况,影响到当事人订立合同目的的实现,需要依法进行调整,因此便出现了合同的变更和转让。

一、合同的变更

(一)合同变更的概念

合同的变更,是指在合同依法成立后,但尚未履行或尚未完全履行前,基于当事人的意思表示或者法律的规定而发生,经双方当事人同意或依照法定的程序,部分地变更合同的条款,而其他部分保持不变。

(二)合同变更的效力

合同的变更原则上仅向将来发生效力,因此在合同变更之前已经履行的部分一方无权因合同的变更而要求对方对此予以恢复原状,除非经对方当事人同意。合同的变更仅对于合同中已经变更部分发生效力,未变更部分的权利义务仍将继续有效。

二、合同的转让

(一)合同转让的概念

合同的转让,即合同主体的变更,指当事人将合同的权利和义务全部或者部分转让给第三人。合同的转让分为债权的转让和债务的转让,当事人一方经对方同意,也可以将自己在合同中的权利和义务一并转让给第三人。合同的转让根据转让对象的不同,可以分为债权转让、合同义务移转和权利义务概括承受三种情形。

(二)债权转让

1. 债权转让的概念

债权转让,是债权人将其合同权利转让给第三人的行为,其中将债权转让给第三人的债权人为出让人，接受债权转让的第三人为受让人。债权转让包括合同权利的全部转让和合同权利的部分转让。

2. 债权转让的条件

《合同法》第七十九条规定："债权人可以将合同的权利全部或者部分转让给第三人，但有下列情形之一的除外：(一)根据合同性质不得转让；(二)按照当事人约定不得转让；(三)依照法律规定不得转让。"

根据《合同法》第八十条规定，债权人转让权利的，应当通知债务人。未经通知，该转让对债务人不发生效力。

3. 债权转让的效力

(1)从权利的转移。《合同法》第八十一条规定："债权人转让权利的，受让人取得与债权有关的从权利，但该从权利专属于债权人自身的除外。"

(2)抗辩权的转移。《合同法》第八十二条规定："债务人接到债权转让通知后，债务人对让与人的抗辩，可以向受让人主张。"

(3)抵销权的转移。《合同法》第八十三条规定："债务人接到债权转让通知时，债务人对让与人享有债权，并且债务人的债权先于转让的债权到期或者同时到期的，债务人可以向受让人主张抵销。"

(三)合同义务转移

1. 合同义务转移的概念

合同义务转移，是指债务人将合同义务转让给第三人的行为。它包括合同义务的全部移转和合同义务的部分移转。转移合同义务，应取得债权人的同意。

2. 合同义务转移的效力

(1)在合同义务全部移转情况下，义务的承担人取代了原义务人的位置而成为新的债务人，原债务人对此债务不再承担责任。

(2)从权利转移。《合同法》第八十六条规定："债务人转移义务的，新债务人应当承担与主债务有关的从债务，但该从债务专属于原债务人自身的除外。"

(3)抗辩权转移。《合同法》第八十五条规定："债务人转移义务的，新债务人可以主张原债务人对债权人的抗辩。"

(四)合同权利义务的概括承受

1. 合同权利义务的概括承受的概念

合同权利义务的概括承受的概念是指合同当事人一方将其权利和义务一并转让给第三人，它主要因两种情况而发生：其一，当事人合意；其二，由法律所规定的必须进行的权利义务之概括承受。它只能发生在双务合同中。

2. 合同权利义务概括承受的法律效力

(1)从权利和从义务的转移。但该从权利专属于债权人自身和该从义务专属于原债务人自身的除外。

(2)抗辩权的转移。当合同权利义务一并转移时，抗辩权也一并转移。

(3)抵销权的转移。一方当事人转让其合同权利和义务的，受让人可以依照《合同法》关于抵销权行使的规定,向另一方当事人主张抵销。

任务七 合同的权利义务终止

一、合同的权利义务终止的原因

合同的权利义务终止,是指因发生法律规定或当事人约定的情况,使当事人之间的权利义务关系消灭,而使合同终止法律效力。

《合同法》第九十一条规定:合同的权利义务终止的情形:1. 债务已经按照约定履行;2. 合同解除;3. 债务相互抵销;4. 债务人依法将标的物提存;5. 债权人免除债务;6. 债权债务同归于一人;7. 法律规定或者当事人约定终止的其他情形。

二、合同的解除

合同的解除,是指已成立生效的合同因发生法律规定或当事人约定的情况,或经当事人协商一致而使合同关系终止。合同的解除,分为合意解除与法定解除两种情况。

(一)合意解除

合意解除,是指根据当事人事先约定的情况或经当事人协商一致而解除合同。在订立合同时,当事人可以约定一方解除合同的条件。解除合同的条件成就时,解除权人可以解除合同。法律规定或者当事人约定解除权行使期限,期限届满当事人不行使的,该权利消灭。法律没有规定或者当事人没有约定解除权行使期限,经对方催告后在合理期限内不行使的,该权利消灭。合同订立后,经当事人协商一致,也可以解除合同。

(二)法定解除

法定解除,在是指根据法律规定而解除合同。《合同法》第九十四条规定:当事人可以解除合同的情形:(1)因不可抗力致使不能实现合同目的;(2)在履行期限届满之前,当事人一方明确表示或者以自己的行为表明不履行主要债务;(3)当事人一方迟延履行主要债务,经催告后在合理期限内仍未履行;(4)当事人一方迟延履行债务或者有其他违约行为致使不能实现合同目的;(5)法律规定的其他情形。当事人一方行使解除权,或依照《合同法》第九十四条的规定解除合同的应当通知对方。合同自通知到达对方时解除。对方有异议的,可以请求人民法院或者仲裁机构确认解除合同的效力。

当事人解除合同,法律、行政法规规定应当办理批准、登记等手续的,应依照其规定办理。

对合同解除的法律效力是否溯及既往,对已经履行的部分是否恢复原状,各国立法规定不一,我国则作了较为灵活的处理。《合同法》第九十七条规定:“合同解除后,尚未履行的,终止履行;已经履行的,根据履行情况和合同性质,当事人可以要求恢复原状、采取其他补救措施,并有权要求赔偿损失。”也就是说,解除效力是否溯及既往,要根据履行情况和合同性质确定。对已经履行的部分,当事人原则上可以要求采取恢复原状等措施,但如履行情况不影响当事人的利益,或合同性质决定其无法恢复原状,则不适用溯及既往的原则。此外,合同的权利义务终止,不影响合同中结算和清理条款的效力。

三、债务抵销

当事人互为债权人和债务人时，对债务可行使抵销的权利。抵销产生使合同终止的效力。抵销分为法定抵销与约定抵销。法定抵销指依法律规定的抵销条件抵销，约定抵销指由当事人自行达成协议抵销。

对法定抵销，《合同法》第九十九条规定："当事人互负到期债务，该债务的标的物种类、品质相同的，任何一方可以将自己的债务与对方的债务抵销，但依照法律规定或者按照合同性质不得抵销的除外。当事人主张抵销的，应当通知对方。通知自到达对方时生效。抵销不得附条件或者附期限。"

对约定抵销，《合同法》第一百条规定："当事人互负债务，标的物种类、品质不相同的，经双方协商一致，也可以抵销。"

四、提存

在合同履行中，有时会出现因债权人等方面的原因使债务人难以履行债务的情况，这时债务人可以采取提存的方法履行债务。提存之后，合同终止。《合同法》规定，有下列情形之一，难以履行债务的，债务人可以将标的物提存：1. 债权人无正当理由拒绝受领；2. 债权人下落不明；3. 债权人死亡未确定继承人或者丧失民事行为能力未确定监护人；4. 法律规定的其他情形。标的物不适于提存或者提存费用过高的，债务人依法可以拍卖或者变卖标的物，提存所得的价款。

债权人可以随时领取提存物，但债权人对债务人负有到期债务的，在债权人未履行债务或者提供担保之前，提存部门根据债务人的要求应当拒绝其领取提存物。债权人领取提存物的权利，自提存之日起 5 年内不行使则消灭，提存物扣除提存费用后归国家所有。此处规定的五年时效为不变期间，不适用诉讼时效中止、中断或者延长的规定。

五、债务的免除与混同

债权人免除债务人部分或者全部债务的，合同的权利义务部分或者全部终止。债权和债务同归于一人，即债权债务混同时，合同的权利义务终止，但涉及第三人利益的除外。

任务八　合同的违约责任

一、违约责任概述

（一）违约责任的概念

违约责任，是指当事人违反合同义务所应承担的民事责任。违约责任是一种民事责任，因当事人违反合同义务而产生，主要表现为财产责任，可由当事人在法律规定的范围内事先约定，约定对违约产生的损失赔偿额的计算方法，约定免除责任的条款等。

符合约定的，应当承担继续履行、采取补救措施或者赔偿损失等违约责任。当事人双方都违反合同的，应当各自承担相应的责任。当事人一方因第三人的原因造成违约的，应当向对方承担违约责任。

（二）违约责任的归责原则

违约责任的归责原则主要有两项，即过错责任原则和严格责任原则。过错责任原则以过错的存在作为追究违约责任的要件。对过错的存在采取两种方式确认，其一是适用“谁主张，谁举证”的原则，由债权人举证证明债务人存在过错；其二是在特定情况下适用“举证责任倒置”的原则，债务人须举证证明自己不存在过错。严格责任原则追究违约责任不以过错的存在作为要件，适用于法律明文规定的情况。《合同法》规定的违约责任归责原则为严格责任原则。

二、承担违约责任的方式

《合同法》规定的承担违约责任的方式主要有以下几种：继续履行、补救措施、赔偿损失、支付违约金。

（一）继续履行

继续履行，又称实际履行，是指债权人在债务人不履行合同义务时，可请求人民法院或者仲裁机构强制债务人实际履行合同义务。《合同法》规定，当事人一方未支付价款或者报酬的，对方可以要求其支付价款或者报酬。当事人一方不履行非金钱债务或者履行非金钱债务不符合约定的，对方可以要求履行，但有下列情形之一的除外：1. 法律上或者事实上不能履行；2. 债务的标的不适于强制履行或者履行费用过高；3. 债权人在合理期限内未要求履行。

（二）补救措施

补救措施，是债务人履行合同义务不符合约定，债权人在请求人民法院或者仲裁机构强制债务人实际履行合同义务的同时，可根据合同履行情况要求债务人采取的补救履行措施。《合同法》第一百一十一条规定：“质量不符合约定的，应当按照当事人的约定承担违约责任。对违约责任没有约定或者约定不明确，依照本法第六十一条的规定仍不能确定的，受损害方根据标的的性质以及损失的大小，可以合理选择求对方承担修理、更换、重作、退货、减少价款或者报酬等违约责任。”

（三）赔偿损失

当事人一方不履行合同义务或者履行合同义务不符合约定的，在履行义务或者采取补救措施后，对方还有其他损失的，应当赔偿损失。损失赔偿额应当相当于因违约所造成的损失，包括合同履行后可以获得的利益，但不得超过违反合同一方订立合同时预见到或者应当预见到的因违反合同可能造成的损失。当事人可以在合同中约定因违约产生的损失赔偿额的计算方法。

当事人一方违约后，对方应当采取适当措施防止损失的扩大，没有采取适当措施致使损失扩大的，不得就扩大的损失要求赔偿。当事人因防止损失扩大而支出的合理费用由违约方承担。

（四）支付违约金

违约金，是按照当事人约定或者法律规定，一方当事人违约时应当根据违约情况向对方支付的一定数额的货币。

约定的违约金低于造成的损失的，当事人可以请求人民法院或者仲裁机构予以增加;约定的违约金过分高于造成的损失的,当事人可以请求人民法院或者仲裁机构予以适当减少。

(五)免责事由

免责事由,是指当事人约定或者法律规定的债务人不履行合同时,可以免除承担违约责任的条件与事项。《合同法》规定的一般免责事由为不可抗力,其他法律对特定合同免责事由有规定的,适用于特定合同。当事人可以在合同中自愿约定合理的免责条款。

不可抗力,是指不能预见、不能避免并不能克服的客观情况。因不可抗力不能履行合同的,根据不可抗力的影响,部分或者全部免除责任,但法律另有规定的除外。当事人迟延履行后发生不可抗力的,不能免除责任。当事人一方因不可抗力不能履行合同的,应当及时通知对方,以减轻可能给对方造成的损失,并应当在合理期限内提供证明。

【情境总结】

1. A、B 两个企业签订的买卖合同有效。根据《合同法》的有关规定,法人的法人代表人超越权限订立的合同,除相对人知道或者应当知道其超越权限的以外,该代表行为有效,合同成立有效。在本案中,B 企业并不知道 A 企业的法定代表人张某超越了内部权限,因此张某的代表行为有效,买卖合同成立有效。

2. A 企业有权在 6 月 5 日行使不安抗辩权,中止履行合同。根据《合同法》的有关规定,应当先履行债务的当事人,有确切证据证明对方经营状况严重恶化的,可以中止履行,要求对方提供担保。

3. A、B 两个企业签订的抵押合同有效。

4. 根据《担保法》的有关规定,保证人 C 与债权人 A 未约定保证期间的,保证期间为主债务履行届满之日期 6 个月。在本案中,主债务的履行期届满之日为 7 月 10 日,所以保证人 C 的保证期间为 2012 年 7 月 10 日至 2013 年 1 月 10 日。

5. C 企业拒绝履行保证责任的理由成立。根据《担保法》的有关规定,在合同约定的保证期间或者法律规定的保证期间,债权人未要求保证人承担保证责任的(适用于连带责任保证),保证人免除保证责任。在本案中,C 企业的保证期间为 2012 年 7 月 10 日至 2013 年 1 月 10 日。债权人 A 直到 2013 年 6 月 1 日才要求保证人 C 承担保证责任,已超出了保证期间,所以 C 的保证责任免除。

强化训练

一、单项选择题

1. 下列各项合同中,属于《合同法》调整的是(　　)。

A. 监护合同　　B. 劳动合同　　C. 收养合同　　D. 借款合同

2. 根据《合同法》的规定,下列合同中,属于实践合同的有(　　)。

A. 抵押合同　　B. 买卖合同　　C. 定金合同　　D. 赠与合同

3. 要约与要约邀请的区别是(　　)。

A. 要约不可以撤销,而要约邀请可以撤销

B. 要约邀请是由要约人发出的,要约是由受要约人发出的

C. 要约邀请可以不遵守,而要约是必须遵守

D. 要约是订立合同的准备行为,要约邀请是订立合同的行为

4. A 公司以欺诈手段故意制造假象使 B 公司造成错误认识而与之签订合同,但未损害国家利益,那么应认定为(　　)。

A. 无效合同　　B. 有效合同　　C. 可撤销合同　　D. 效力待定合同

5. 保证期间,主合同债权依法转让的,保证债权(　　)。

A. 同时转让　　B. 不得转让

C. 经债务人同意后转让　　D. 经保证人同意后转让

6. 对于可撤销的合同,享有撤销权的当事人(　　)。

A. 应当在合同订立后 1 年内行使撤销权

B. 可以在合同订立后 1 年内放弃撤销权

C. 应当在知道撤销事由后立即起诉

D. 应当在知道撤销事由后 1 年内行使撤销权

7. A 公司与 B 服装厂签订 1 份服装的买卖合同,约定货到后 3 天内付款。后 B 服装厂在交货前有确切的证据证明 A 公司经营状况严重恶化,面临破产。根据规定,B 服装厂可以采取的措施是(　　)。

A. 行使同时履行抗辩权　　B. 行使后履行抗辩权

C. 行使不安抗辩权　　D. 解除合同

8. 债务人转移债务的,应当(　　)。

A. 取得保证人的同意　　B. 通知债权人

C. 通知保证人　　D. 取得债权人的同意

9. 下列各项中,可以为合同债务人的债务履行作保证人的是(　　)。

A. 医院　　B. 学校　　C. 公司　　D. 慈善基金会

10. 下列合同中无效的是(　　)。

A. 有违约责任的合同　　B. 12 岁儿童订立的合同

C. 合法形式掩盖非法目的的合同　　D. 有免责条款的合同

二、多项选择题

1. 甲公司向乙公司提出以每吨 2 500 元的价格购买 12 吨钢材,乙公司答复因为钢材紧缺,只能向甲公司供应 6 吨钢材。乙公司的答复将(　　)。

A. 导致甲公司的要约失效　　B. 构成新要约

C. 不构成新要约　　D. 构成承诺

2. 以下行为属于要约邀请的是(　　)。

A. 价目表　　B. 拍卖公告　　C. 招股说明书　　D. 商业广告

3. 下列财产中可以作为抵押物的有(　　)。

A. 土地所有权　　B. 国有土地使用权

C. 房屋　　D. 汽车

4. 在(　　)上可以设定权利质押。

A. 股票　　B. 自行车

C. 著作权中的署名权　　D. 专利权

5. (　　)可以造成合同的终止。

A. 清偿　　B. 抵销　　C. 解除　　D. 免除

三、案例分析题

1. 2011 年 6 月,甲公司向乙、丙、丁肉类加工厂发出函电(函件一)称:"我公司每月需鲜牛肉 30 吨,如能满足供应,速来函,我方愿派人前往购买。"3 家加工厂都向原告复电(函件二),告知价格。其中丁厂在发出函电的同时,派车送货 30 吨,但甲公司拒绝接受。甲公司最终接受了乙厂的报价,但在给乙厂回函(函件三)中表示,希望乙厂能送货上门。乙厂表示同意,双方订立了为期一年的合同,约定在每月 15 日交货,货款每半年结算一次。在合同履行过程中,出现下列情况:9 月,制冷设备发生故障,导致乙厂库存的牛肉变质,乙厂不能按照约定的数量交货。12 月,下了一场暴雪,从乙厂通向甲公司的道路停止使用,乙方不能按照约定时间交货。2012 年起,甲公司的经营状况恶化,至 2012 年 3 月,甲公司已经累计亏损 500 万元。2012 年 4 月 1 日,乙厂向甲公司发出函件,除非甲公司能证明其有能力支付货款,乙厂将暂时停止向甲公司供货。

根据《合同法》的有关规定,试分析:

(1)丁厂在发出函电的同时,派车送货 30 吨,甲公司拒绝接受,是否应当赔偿丁厂的损失?

(2)函件(一)(二)(三)具有什么性质?

(3)乙厂两次不能按时交货所承担的责任相同吗?为什么?

(4)乙厂后来停止向甲公司供货的做法合法吗?为什么?

(5)如果甲公司没有理睬乙厂的要求,乙厂可以采取什么措施?

2. 2012 年 3 月 10 日,甲公司与某啤酒厂签订了买卖啤酒的合同,合同总金额为 50 万元。合同约定:甲公司在 4 月 30 日前支付 5 万元定金;某啤酒厂在 7 月 10 日交货。

4 月 5 日,某啤酒厂发生火灾,设备、原料大部分被烧毁,严重影响了履行债务的能力。甲公司闻讯后,认为某啤酒厂极有可能丧失履行合同的能力,于是通知某啤酒厂中止履行合同,不再支付定金。后经某啤酒厂交涉,甲公司同意由乙公司为某啤酒厂作一般保证,甲公司按期向某啤酒厂支付定金,合同仍继续履行。

7 月 10 日,某啤酒厂未交货。甲公司要求某啤酒厂返还定金,赔偿甲公司经济损失。某啤酒厂拒绝了甲公司的要求。随后,甲公司要求乙公司承担保证责任,但乙公司也拒绝了甲公司的要求。

8 月 25 日,在多次协商未果的情况下,甲公司向法院起诉,要求某啤酒厂和乙公司承担违约责任,赔偿损失。经法院查明,由于某啤酒厂违约,甲公司除 5 万元定金没有收回外,还发生经济损失 3 万元。法院同时查明,甲公司尚欠某啤酒厂设备款 13 万元,但该笔债务尚未到期。最终在法院的调解下,双方同意将债务抵销。

根据上述事实,请分别回答下列问题:

(1)甲公司单方面通知某啤酒厂中止履行合同是否违反法律规定?说明理由。

(2)乙公司拒绝甲公司要求其为某啤酒厂承担保证责任的要求是否符合法律规定?说明理由。

(3)甲公司与某啤酒厂的债务能否相互抵销?说明理由。

知识链接

案例一　三星石厂的合同纠纷

被告四川航天建筑工程公司于2003年通过招投标方式向古蔺县交通局承包古蔺县金兰大道A1段建设工程,向原告三星石厂(私人独资企业,经营范围为石灰石露天开采)定作建设工程所需水泥砼管,三星石厂于2003年5月30日前陆续将水泥砼管送到被告施工现场。后因古蔺县交通局未完成拆迁,导致工程停工。四川航天建筑工程公司在向古蔺县交通局索赔的诉讼中,已将原告交付的水泥砼管作为材料损失一并主张并得到四川省高级人民法院终审判决支持。原告已交付的水泥砼管经鉴定价值78 039.50元。由于原、被告未签订书面合同和订单,双方对合同的履行及价款发生争议,被告至今未支付原告定作报酬,原告向法院起诉,请求被告给付货款104 368.90元、赔偿损失并给付利息。

被告四川航天建筑工程公司辩称:被告从未向原告定作过水泥砼管,既没有发出要约,也没有订单。时任发包方古蔺县交通局领导的梅某强行介绍并要求被告接受原告方的供货,且双方在价格上未达成一致意见。但原告仍利用该领导的关系,将其厂内原有的水泥砼管强行运至被告施工现场堆放至今。故被告没有支付货款义务。

四川省古蔺县人民法院经审理认为,原告三星石厂不是专门从事水泥砼管生产的企业,如果被告未定作水泥砼管,原告必然不敢批量生产并实际交付到被告工地,根据《合同法》第三十六条的规定,当事人未采用书面形式订立合同但一方已经履行主要义务,对方接受的,该合同成立,故推定原、被告的定作合同关系成立。但由于双方未签订书面合同和订单,对合同标的的数量、质量、规格、价款、履行期限不能确定,故只能以双方实际交付的水泥砼管作为合同履行的标的,参照鉴定的价值给付价款。

根据《中华人民共和国合同法》第二百六十三条"定作人应当按照约定的期限支付报酬。对支付报酬的期限没有约定或者约定不明确,依照本法第61条的规定仍不能确定的,定作人应当在承揽人交付工作成果时支付;工作成果部分交付的,定作人应当相应支付"的规定,定作人应自最后批次货物交付次日起参照银行同类贷款利率支付利息。

据此,四川省古蔺县人民法院于2006年11月28日判决:

一、由被告四川航天建筑工程公司给付原告三星石厂78 039.50元,并自2003年6月1日起按中国人民银行规定的同类银行贷款利率计付利息,限于判决生效后十日内付清。

二、驳回原告三星石厂的其他诉讼请求。

案例二　房地产买卖定金纠纷

"80后"晓林经中介商介绍看中了一套二手房,便签署了"房地产买卖定金协议书",支付1万元定金。谁知,该房屋因贷款在银行设有抵押,晓林提出毁约终止房屋继续买卖,遭拒绝后,晓林把中介商上海德佑房地产经纪有限公司和卖家周女士告上法院,要求解除定金协议书,讨回定金1万元。近日,上海市静安区人民法院对晓林该诉请判决不予支持。

经德佑公司介绍,晓林看中周女士名下坐落在上海市武定路某号房屋。2011年12月27日,晓林签署了"房地产买卖定金协议书"约定,晓林以155万元购买建筑面积57.1平方米该房屋,支付了定金1万元。次日,周女士也在该协议书上签字认可,收取了由中介商转交的定金1万元。在协议书中,双方还约定了违约责任等项条款。

2月下旬,晓林起诉到法院称,与周女士签署了"房地产买卖定金协议书"后,支付了定金1万元。事后,他从区房地产交易中心查阅信息,发现该房屋已经抵押给了民生银行上海分行,请求法院判令解除定金协议书,归还定金1万元。

德佑公司辩称在签订定金协议书前,就向晓林讲明了该房屋设有抵押情况,所收取的定金1万元,转交给了周女士。认为晓林起诉是房屋买卖,中介商不属于买卖一方。周女士也称房屋贷款抵押,从没有隐瞒过晓林,签署定金协议书后,晓林还询问如何归还贷款事宜。双方约定在2012年1月4日签订正式的买卖合同,但晓林毁约,所付1万元定金应当予以没收。

审理中,德佑公司向法院提供了"房屋状况及产权人信息"、"房地产他项状况信息"各一份,打印日期时间均为:2011年12月27日10点6分4秒,以证明将该房屋贷款情况告知晓林。而晓林声称,德佑公司在向自己介绍该房屋买卖时,隐瞒了有抵押贷款的情况,自己是事后才了解到的,遂提出不再购买的方案。

法院认为,房屋买卖是一项重大的民事交易行为,晓林对准备购买的房屋相关信息应当进行了解。该房屋存在抵押贷款,是一项公开的信息,从德佑公司提供的"房地产他项状况信息"、"房屋状况及产权人信息"打印时间看,是同时查询获知。周女士出售该设抵押贷款房屋,双方可以在签署正式买卖合同过程中,就该笔贷款如何清偿进行协商,不影响双方的房屋买卖交易,现因晓林的反悔,导致房屋买卖合同无法履行,遂法院判决晓林败诉。

☞ 参考答案

一、单项选择题

1.D　2.D　3.C　4.C　5.D　6.D　7.B　8.B　9.C　10.C

二、多项选择题

1.AB　2.ABCD　3.BC　4.ACD　5.ABCD

三、案例分析题

1.(1) 不应当赔偿丁厂的损失,因为甲公司并未对丁厂发出的要约作出承诺。

(2)函件(一)为要约邀请,(二)为要约,(三)为新要约。(3)不同,前者乙厂应承担违约责任,后者因不可抗力可免除责任。(4)合法。《合同法》规定,应当先履行债务的当事人,有确切证据证明对方有下列情形之一的,可以中止履行:(1)经营状况严重恶化;(2)转移财产、抽逃资金,以逃避债务;(3)丧失商业信誉;(4)有丧失或者可能丧失履行债务能力的其他情形。(5)可以要求甲公司提供适当担保,否则可以解除合同。当事人行使不安抗辩权中止履行的,应当及时通知对方。对方提供适当担保时,应当恢复履行。中止履行后,对方在合理期限内未恢复履行能力并且未提供适当担保的,中止履行的一方可以解除合同。

2.(1)合法。甲公司可依法行使不安抗辩权,《合同法》规定,应当先履行债务的当事人,有确切证据证明对方有下列情形之一的,可以中止履行:①经营状况严重恶化;②转移财产、抽逃资金,以逃避债务;③丧失商业信誉;④有丧失或者可能丧失履行债务能力的其他情形。(2)合法。一般保证的保证人对债权人享有先诉抗辩权,即在主合同纠纷未经审判或仲裁,并就债务人财产依法强制执行仍不能清偿债务前,对债权人可拒绝承担保证责任。(3)能够。当事人互负债务,标的物种类、品质不相同的,经双方协商一致,也可以抵销。

项目八

消费者权益保护法

学习目标

能力目标：区分消费者的权利和经营者的义务。

知识目标：领会消费者权益保护法的基本原则、熟悉我国的消费者权益保护制度。

素质目标：依法维护消费者的合法权益。

【情境导入】

2010年1月15日，何某在被告某家具有限公司购得发票称为橡木的沙发、床各1件，价值计3 308元。2011年12月11日，原告通过当日《××日报》登载的文章得知自已所购橡木沙发、床实为橡胶木后，发觉自己的利益受到侵害，于2012年2月、5月先后两次去函与被告交涉，提出赔偿要求。因双方协商未成，原告于2012年7月向法院提起诉讼。原告何某诉称：2011年年底，从《××日报》上得知已在2010年1月15日从被告处购得的橡木沙发、床各1件实为橡胶木，故要求确认买卖行为无效，并由被告赔偿3 308元。

被告某家具有限公司辩称：原告所购的沙发、床确为橡胶木，这是因为当时市场上对于橡木和橡胶木的标名比较混乱，所以在标名和发票上也写成橡木，但向原告收款是按橡胶木价格收取的，再则原告起诉时已超过法定诉讼时效，故不同意原告诉讼请求。

【任务分析】

1. 何某与某家具有限公司的买卖行为是否有效？
2. 何某向法院起诉时是否已超过法定诉讼时效？
3. 某家具有限公司是否应承担法律责任？如是，应如何承担？

任务一　消费者权益保护法概述

一、消费者权益保护法的概念

消费者权益保护法是调整在保护消费者权益过程中发生的经济关系的法律规范的总称。它有广义和狭义之分。狭义的消费者权益保护法是指1993年10月31日八届全国人大常委会第四次会议通过，并于1994年1月1日施行的《中华人民共和国消费者权益保护法》（以下简称《消费者权益保护法》），它是我国最具代表性的保护消费者权益方面的法律。2013 年 10 月 25 日,十二届全国人大常委会第五次会议经表决通过了关于修改消费者权益保护法的决定。新法将于 2014 年 3 月 15 起施行。广义的消费者权利保护法除《消费者权益保护法》之外,还包括其他法律、法规中的保护消费者权益的法律规范,如《中华人民共和国产品质量法》(以下简称《产品质量法》)、《中华人民共和国食品卫生法》等法律法规中有关保护消费者权益的内容。

(一)"消费者"的涵义

消费,从广义上讲,它涵盖了人类生活领域的一切物质消耗,消费者也就是消耗、花费的人。它既包括生产消费者,又包括生活消费者。从这个意义上讲人人都是消费者。

这里所指的消费者是法律意义上的消费者,即为满足生活消费的需要,而购买、使用商品或者接受服务的人。它应具备以下几个条件:1. 消费者消费的目的是为生活所进行的消费,如果消费目的用于生产,则不属于消费者范畴;2. 消费者应当是商品或服务的受用者;3. 消费的客体既包括商品,也包括服务;4. 消费者主要指个人,也包括单位消费,只要是用于生活消费的,都属于消费者范畴。

(二)"消费者权利"的涵义

消费者的权利就是消费者在购买、使用商品或接受服务时依法享有的受法律保护的利益。它具有以下特征:

1. 消费者的权利是消费者所享有的权利,也就是说,消费者的权利是与消费者的身份联系在一起的。

2. 消费者的权利通常是法定权利,作为法定权,它具有强制性,任何人不得限制或剥夺。

3. 消费者的权利是法律基于消费者的弱者地位而特别赋予的权利。

二、立法宗旨、适用范围与基本原则

(一)立法宗旨

《消费者权益保护法》明确规定了该法的立法宗旨是保护消费者的合法权益,维护社会经济秩序,以促进社会主义市场经济的健康发展。从三项内容的关系来看,保护消费者权益是本法的基本出发点。为实现这一目标,除赋予消费者权利外,还规范了经营者的行为,并为消费者和经营者之间经常发生的消费关系确立行为准则。这就把消费者与经营者、经营者与经营者之间的社会经济关系纳入了秩序化轨道,也就必然要促进社会生产的健康发展,从而有利于市场经济的健康发展。

(二)适用范围

我国《消费者权益保护法》,对于中华人民共和国主权所及的全部领域都是适用的。我国《消费者权益保护法》还从主体及其行为角度规定了该法的适用范围,即消费者为生活消费需要购买、使用商品或接受服务,其权益受该法保护;经营者为消费者提供其生活、销售的商品或提供服务,也应当遵守该法。另外,农民购买、使用直接用于农业生产的生产资料,亦应参照该法执行。

(三)基本原则

消费者权益保护法的基本原则是指贯穿于消费者权益保护立法、司法以及消费活动的基本准则，它集中反映了在市场经济条件下，国家保护消费者权益的指导思想。

根据《消费者权益保护法》规定，我国消费者权益保护法的基本原则有以下几项：

1. 自愿、平等、公平、诚实信用原则

自愿，是指经营者与消费者的交易必须建立在双方的真实意愿的基础之上，一方不得强迫另一方进行交易，也不允许第三者非法干预；平等，是指经营者与消费者在交易活动中的法律地位平等，不因财产多少、地位高低而有所差别；公平，具体要求经营者与消费者的权利义务大致相当，不得显失公平；诚实信用，是指在市场交易过程中，经营者与消费者应当以诚相待、信守诺言，不得弄虚作假、恶意欺诈。

2. 国家保护消费者的合法权益不受侵害原则

这一条原则是对我国消费者权益保护法的立法宗旨的体现。《消费者权益保护法》规定了一系列条款明确消费者的权利。当消费者的合法权益受到侵犯后，《消费者权益保护法》规定，侵权者必须承担相应的法律责任。

3. 国家保护与社会监督相结合的原则

保护消费者权益不仅是国家机关的责任，而且也是企事业单位、社会团体以及消费者自身的责任。国家鼓励、支持一切组织和个人对损害消费者合法权益的行为进行社会监督。大众传播媒介应当做好维护消费者合法权益的宣传，对损害消费者合法权益的行为进行舆论监督。

任务二 消费者的权利与经营者的义务

一、消费者的权利

（一）消费者的安全权

安全是人们一种最基本的心理需要，国家和社会有义务为人们提供一个安全的生活环境。由此，获得安全保障就成为人们一项最基本的权利。

这里所称的消费者的安全权，是指消费者在购买、使用商品和接受服务时享有的人身、财产安全不受损害的权利。

（二）消费者的知悉真情权

知情权是消费者在购买、使用商品或接受服务时所享有的知悉有关商品或服务真实情况的权利。

运用这一权利，消费者有权要求经营者提供商品的价格、产地、生产者、性能、用途、等级、主要成分、生产日期、有效期限、检验合格证明、使用方法说明书，从而有选择地与经营者进行交易。但消费者不可滥用这一权利，如要求经营者提供商业秘密或技术秘密，经营者有权拒绝回答。

（三）消费者的选择权

自主选择是指消费者享有的自主选择商品或者服务的权利。

该权利包括以下几个方面：1. 有权自主选择提供商品或者服务的经营者；2. 有权自主选择商品品种或者服务方式；3. 有权自主决定购买，或者不购买任何一种商品、接受或者不接受任何一项服务的权利;4.有权对商品或者服务进行比较、鉴别和挑选。

(四)消费者的公平交易权

公平交易是指消费者在购买商品或者接受服务时所享有的获得质量保障和价格合理、计量正确等公平交易条件的权利。此外,消费者还有权拒绝经营者的强制交易行为,这与消费者权益保护法的基本原则的要求也是一致的。

公平交易是市场经济的一项准则。在市场交易过程中,相对于经营者而言,受各种因素的影响,消费者明显处于弱者地位,最易受到不公平待遇。因此,赋予消费者以公平交易权,对维护消费者权益是至关重要的。

(五)消费者的索赔权

依法求偿权指消费者在因购买、使用商品或者接受服务受到人身、财产损害时,依法享有的要求并获得赔偿的权利。依法求偿权是弥补消费者所受损害不可少的救济性权利。

(六)消费者的结社权

依法结社权是指消费者为维护自己的权益,成立消费者团体的权利。这是宪法规定的结社权在消费领域的具体体现。

结社权作为法律赋予消费者的一项重要权利,消费者应该十分珍惜。消费者通过结社可形成自己有组织的力量,与不法经营者相抗衡,形成完备的对消费者的保护机制。

(七)消费者的受教育权

受教育权是指消费者享有获得消费和消费者权益保护方面的知识以及获得所需商品或服务的知识和使用技能的权利。

这项权利具有双重性,既是消费者的权利,也是消费者的义务。

(八)消费者的尊严权

尊严权是消费者在购买、使用商品、接受服务时享有的人格尊严、民族风俗习惯受到尊重的权利。主要指公民的姓名、名誉、荣誉、肖像等方面的权利。

我国是一个多民族的国家,由于政治、经济、历史、地理等环境不同,各少数民族在自己长期的生产、生活过程中,逐渐形成了各具特色的民族风俗习惯,这些民族民俗习惯在消费过程中应得到尊重。

(九)消费者的监督权

监督权是指消费者享有对商品和服务以及保护消费者权益工作进行监察和督导的权利。即消费者有权检举、控告侵害消费者权益的行为和国家机关及其工作人员在保护消费者权益工作中的违法失职行为,有权对保护消费者权益工作提出批评、建议。

【应用案例8-1】

2012年1月28日中午,沈阳某厂的3名女工到某街口的“港台时装店”内买鞋,经过比较后,其中一位姓陈的女工让女营业员拿出一双价值370元的女靴试穿,试穿后感到不理想,准备离开。这时营业员将她拦住说,不能白试穿,得给20元的试穿费,否则不许离开这个店。另外两名女工赶紧跑出去,向该区消协投诉。在扣留陈某一个多小时过程中,两名营业员态度蛮横,口出污言,陈某身心遭到极大伤害。

试分析本案例中消费者的哪种权利受到了侵害或行使了哪种权利?

案例解析:

陈某要求营业员拿鞋试穿,这是消费者对鞋子的价格、质量、生产者、性能、规格等进行鉴别后所作出的决定,是消费者依法行使的知悉情权。经试穿后,感觉不适,便不想买,这是消费者依法行使的自主选择权。营业员要求陈某付20元试穿费,违背了自愿、公平原则,是强制交易行为,消费者的公平交易权受到了侵犯。非法扣留消费者1个多小时,并辱骂消费者,给消费者身心造成了极大伤害,是对消费者人格尊严权的侵犯。在此情况下,另外两女工依法行使监督批评权,向消费者协会投诉,最终使陈某的人身、财产损失得以赔偿,是消费者行使求偿权的结果。

二、经营者的义务

(一)依法定或约定履行义务

经营者向消费者提供商品或者服务,应当履行法律、法规直接规定的经营者应当承担的义务。如不履行,将承担相应的法律后果。这种法定义务除《消费者权益保护法》规定的外,还散见于其他法律、法规之中。此外,经营者和消费者有约定的,应当按照约定履行义务,但双方的约定不得违背法律、法规的规定。

经营者提供商品或服务,按照国家规定或者与消费者的约定,承担包修、包换、包退或其他责任的,应当按照国家规定或约定履行,不得故意拖延或无理拒绝。

(二)听取意见和接受监督

这是与消费者的监督批评权相对应的经营者的义务。经营者应当听取消费者对其提供的商品或者服务的意见,接受消费者的监督。

经营者听取消费者意见,可以通过与消费者面对面的交流,书面征询消费者对商品或服务的意见与建议,从新闻媒介了解消费者对商品和服务的看法与反映等方式来进行。经营者接受消费者的监督,可以通过设立意见箱、意见簿以及投诉电话,及时处理消费者的投诉等方式进行。

(三)保障人身和财产安全

这是与消费者的保障安全权相对应的经营者的义务。它要求经营者应当保证其提供的商品或者服务符合保障人身、财产安全的要求。对可能危及人身、财产安全的商品和服务,应当向消费者作出真实的说明和明确的警示,并说明和标明正确使用商品或者接受服务的方法以及防止危害发生的方法。

经营者发现其提供的商品或者服务存在严重缺陷,即使正确使用商品或者接受服务仍然可能对人身、财产安全造成危害的,应当立即向有关行政部门报告和告知消费者,并采取防止危害发生的措施。

(四)提供真实信息

这是与消费者的知悉真情权相对应的经营者的义务。经营者应当向消费者提供有关商品或者服务的真实信息,并不得作引人误解的虚假宣传。经营者对消费者就其提供的商品或者服务质量和使用方法等问题提出的询问,应当作出真实、明确的答复。商店提供商品应当明码标价。

（五）标明真实名称和标记

经营者提供商品或者服务，应当标明其真实名称和标记。租赁他人柜台或者场地的经营者，应当标明其真实名称和标记。这项义务要求经营者在进行经营活动中，必须如实标明自己的名称或者标记，而不得假冒其他经营者的名称或标记，以便消费者能对其准确识别，并作出正确选择。

（六）出具相应的凭证单据

经营者提供商品或者服务，应当按照国家有关规定或者商业惯例向消费者出具购买凭证或者服务单据；消费者索要购货凭证或者服务单据的，经营者必须出具。

（七）提供符合要求的商品或服务

经营者应当保证在正常使用商品或者提供服务的情况下说明其提供的商品或者服务应当具有的质量、性能、用途和有效期限；但消费者在购买该商品或者接受该服务前已经知道其存在瑕疵的除外。

此外，经营者以广告、产品说明、实物样品或其他方式表明商品或者服务的质量状况的，应当保证其提供的商品或者服务的实际质量与表明的质量状况相符。

（八）不得从事不公平、不合理的交易

这是与消费者的公平交易权相对应的经营者的义务。经营者不得以格式合同、通知、声明、店堂告示等方式作出对消费者不公平、不合理的规定，或者减轻、免除其损害消费者合法权益应当承担的民事责任。

此外，格式合同、通知、声明、店堂告示等含有对消费者作出的不公平、不合理的规定或者减轻、免除经营者损害赔偿责任等内容的，其内容无效。

（九）不得侵犯消费者的人格尊严和人身自由

人身自由和人格尊严是我国公民的一项基本权利。消费者的人身自由、人格尊严不受侵犯。经营者不得对消费者进行侮辱、诽谤，不得搜查消费者的身体及其携带的物品，不得侵犯消费者的人身自由。

【应用案例 8-2】

2012 年 3 月 10 日，消费者张某从商场购得白灯芯绒西服一件，价值 648 元。穿了一个星期后，张某于同年 3 月 25 日送至某干洗店干洗，干洗店收取干洗费 10 元。几天后，张某取衣时，发现该衣服多处染上黄色，衣扣掉了，绒也倒了，还有几处破损。张某当即提出赔偿 648 元的要求。干洗店承认自己对该衣服的损坏负有责任，也同意赔偿，但只能按取衣凭条上的“说明”进行，赔偿洗衣费的 10 倍 100 元。张某不同意，辩称：我六百多元钱买来的衣服，穿了一个星期，被损坏，只赔 100 元，太亏了。干洗店主辩称：你没看这“说明”吗？这是事先定好的，不行也没办法。无奈，张某只得向所在市消费者协会投诉，请求处理。

试分析经营者出具的取衣凭条上的“说明”是否有效？

案例解析：

干洗店完全根据自己的主观意志确定的“说明”，是事先由干洗店一方拟定的有失公平的格式合同。它没有消费者的参与，对合同内容，消费者要么接受，要么拒绝，不得提出修改意见或与干洗店讨价还价。根据《消费者权益保护法》的规定，合同中对消费者作出明显不公平、不合理的条款，是经营者用于减轻自己承担法律责任的依据，违背了公平原则，因而是无效的，不能对消费者产生约束力。

任务三 消费者权益保护

一、国家和社会对消费者合法权益的保护

(一)国家对消费者合法权益的保护

依据我国《消费者权益保护法》的规定，国家对消费者合法权益的保护主要体现在以下几方面：

1. 立法机关的保护

国家在制定有关消费者权益的法律、法规时，应当听取消费者的意见和要求。对消费者正确意见要在消费者保护法中予以反映，使其成为国家意志。

2. 行政机关的保护

各级人民政府应当加强领导，组织、协调、督促有关行政部门做好保护消费者合法权益的工作。各级人民政府应当加强监督，预防危害消费者人身、财产安全的行为。

各级人民政府工商行政管理部门和其他有关行政部门应当依照法律、法规的规定在各自的职责范围内，采取措施，保护消费者的合法权益。其他相关行政部门的监督包括技术监督部门对产品质量的监督，计量部门对计量工作监督，卫生监督部门对食品卫生、药品的生产经营实施监督，物价管理部门对物价的监督，进出口商品检验部门对商品的质量、规格、重量和包装等的监督。此外，有关行政部门应当听取消费者及其社会团体对经营者交易行为、商品和服务质量问题的意见，及时调查处理。

3. 司法机关的保护

这是指人民法院依照法律、法规的规定，对经营者在提供商品和服务中侵害消费者合法权益构成犯罪的行为进行惩罚，而对消费者的合法权益进行保护。

(二)社会对消费者合法权益的保护

《消费者权益保护法》明确规定，保护消费者的合法权益是全社会的共同责任。国家鼓励、支持一切组织和个人对损害消费者合法权益的行为进行社会监督。

大众传播媒介应当做好维护消费者合法权益的宣传，对损害消费者合法权益的行为进行舆论监督。在这方面消费者组织起着至为重要的作用，是消费者合法权益的社会团体。各级人民政府对消费者协会履行职能应当予以支持。

消费者协会的职能是：1. 向消费者提供消费信息和咨询服务；2. 参与有关行政部门对商品和服务的监督、检查；3. 就有关消费者合法权益的问题，向有关行政部门反映、查询，提出建议；4. 受理消费者的投诉，并对投诉事项进行调查、调解；5. 投诉事项涉及商品和服务质量问题的，可以提请鉴定部门鉴定，鉴定部门应当告知鉴定结论；6. 就损害消费者合法权益的行为，支持受损害的消费者提起诉讼；7. 对损害消费者合法权益的行为，通过大众传播媒介予以揭露、批评。

二、争议的解决

消费者权益争议是指在消费领域发生的，消费者在购买、使用商品或接受服务过程中，因经营者不依法履行或者不适当履行义务，使消费者合法权益受到损害而引起的争议。

（一）争议的解决途径

根据我国《消费者权益保护法》的规定，消费者和经营者发生消费者权益争议的，可以通过下列途径解决：

1. 与经营者协商和解

这是指经营者和消费者双方在平等、自愿、互谅的基础上就与争议有关的问题达成和解协议，使纠纷得以解决和活动。这是一种最快速、最方便的解决方式。

2. 消费者协会调解

依据我国《消费者权益保护法》的有关规定，消费者协会具有调解消费者权益争议的职能。当经营者和消费者就消费者权益争议不能通过和解方式解决时，消费者可请求第三人消费者协会调解，消费者协会调解应在自愿、合法的基础上进行。

3. 行政申诉

当经营者和消费者就消费者权益争议不能通过和解方式解决时，也可以直接向有关行政部门申诉。申诉时应根据商品和服务的性质向具有相关职能的行政部门提出。有关行政部门主要有工商、物价、技术监督、卫生、商检等机关。有关行政机关对受理的消费争议，应及时审查，获取证据，分清责任，可在自愿、合法的前提下，组织双方调解，达成协议。如发现经营者违反法律、行政法规，应承担行政责任时，可依法对其予以行政处罚；发现有犯罪嫌疑的，应移交司法机关处理。

4. 仲裁

仲裁是指双方当事人在争议发生之前或者在争议发生之后达成协议，自愿将争议交由第三方作出裁决，以解决争议的法律制度。消费者与经营者产生消费争议后，如果双方协商和解不成，可凭事前或事后与经营者达成的仲裁协议向仲裁机关申请仲裁。

5. 提起诉讼

消费争议发生后当事人在没有仲裁协议的情况下，可以向人民法院提起诉讼，其中包括自诉、刑事诉讼和刑事附带民事诉讼，但主要是民事诉讼。

（二）赔偿责任主体的确定

1. 由生产者、销售者、服务者承担

（1）消费者在购买、使用商品时，其合法权益受到损害的，可以向销售者要求赔偿。销售者赔偿后，属于生产者的责任或者属于销售者提供的其他销售者的责任的，销售者有权向生产者或者其他销售者追偿。

（2）消费者或者其他受害人因产品缺陷造成人身、财产损害的，可以向销售者要求赔偿，也可以向生产者要求赔偿。属于生产者责任的，销售者赔偿后，有权向生产者追偿。

（3）消费者在接受服务时，其合法权益受到损害的，可以向服务者要求赔偿。

（4）消费者在展览会、租赁柜台购买商品或者接受服务，其合法权益受到损害的，可以向销售者或者服务者要求赔偿。展览会结束或者柜台租赁期满,也可以向销售者或者服务者要求赔偿。展览会结束或者柜台租赁期满,也可以向展览会的举办者、柜台的出租者要求赔偿。展览会的举办者、柜台的出租者赔偿后,有权向销售者或者服务者追偿。

2. 由变更后的企业承担

消费者在购买、使用商品或者接受服务时,其合法权益受到损害,因原企业分立、合并的,可以由变更后承担其权利义务的企业赔偿。

3. 由营业执照的使用人或持有人承担

使用他人营业执照的违法经营者提供商品或者服务,损害消费者合法权益的,消费者可以向其要求赔偿,也可以向营业执照的持有人要求赔偿。

4. 由从事虚假广告行为的经营者和广告的经营者承担

消费者因经营者利用虚假广告提供商品或者服务,其合法权益受到损害的,可以向经营者要求赔偿。广告的经营者发布虚假广告的,消费者可以请求行政主管部门予以惩处。广告的经营者不能提供经营者的真实名称、地址的,应当承担赔偿责任。

【应用案例 8－3】

王某借用朋友的营业执照经营,出售不合格茶杯。消费者李某在王某处购买了5个茶杯,不久后茶杯碎裂,碎片划伤李某。请问李某可以向谁请求赔偿?

案例解析:

李某可以向王某或其朋友要求赔偿。根据《消费者权益保护法》的规定,使用他人营业执照的违法经营者提供商品或者服务,损害消费者合法权益的,消费者可以向其要求赔偿,也可以向营业执照的持有人要求赔偿。

任务四　违反消费者权益保护法的法律责任

一、民事责任的承担

(一)对经营者应承担责任的商品和服务规定

经营者提供商品或者服务有下列情形之一的,除《消费者权益保护法》另有规定的以外,应当按照《产品质量法》和其他有关法律、法规的规定,承担民事责任。

1. 商品存在缺陷的;
2. 不具备商品应当具备的使用性能而在出售时未作说明的;
3. 不符合在商品或者其包装上注明采用的商品标准的;
4. 不符合商品说明、实物样式等方式表示的质量状况的;
5. 生产国家明令淘汰的商品或者销售失效、变质的商品的;
6. 销售的商品数量不足的;
7. 服务的内容和费用违反约定的;
8. 对消费者提出的修理、重作、更换、退货、补足商品数量、退还货款和服务费用或者赔偿损失的要求,故意拖延或者无理拒绝的;
9. 法律、法规规定的其他损害消费者权益的情形。

（二）侵犯人身权承担民事责任的专门规定

1. 经营者提供商品或者服务，造成消费者或者其他受害人人身伤害的，应当赔偿医疗费、护理费、交通费等为治疗和康复支出的合理费用，以及因误工减少的收入。造成残疾的，还应当赔偿残疾生活辅助具费和残疾赔偿金。造成死亡的，还应当赔偿丧葬费和死亡赔偿金。

2. 经营者侵害消费者的人格尊严、侵犯消费者人身自由或者侵害消费者个人信息依法得到保护的权利的，应当停止侵害、恢复名誉、消除影响、赔礼道歉，并赔偿损失。

3. 经营者有侮辱诽谤、搜查身体、侵犯人身自由等侵害消费者或者其他受害人人身权益的行为，造成严重精神损害的，受害人可以要求精神损害赔偿。

（三）侵犯财产权承担民事责任的专门规定

1. 经营者提供商品或者服务，造成消费者财产损害的，应当依照法律规定或者当事人约定承担修理、重作、更换、退货、补足商品数量、退还货款和服务费用或者赔偿损失等民事责任。

2. 对国家规定或者经营者与消费者约定包修、包换、包退的大件商品，消费者要求经营者修理、重作、更换、退货的，经营者应当承担运输等合理费用。

3. 经营者以邮购方式提供商品的，应当按照约定提供。未按照约定提供的，应当按照消费者的要求履行约定或者退回货款，并应当承担消费者必须支付的合理费用。

4. 经营者以预收款方式提供商品或者服务的，应当按照约定提供。未按照约定提供的，应当按照消费者的要求履行约定或者退回预付款，并应当承担预付款的利息和消费者必须支付的合理费用。

5. 依法经有关行政部门认定为不合格的商品，消费者要求退货的，经营者应当负责退货。

6. 经营者提供商品或者服务有欺诈行为的，应当按照消费者的要求增加赔偿其受到的损失，增加赔偿的金额为消费者购买商品的价款或者接受服务的费用的 3 倍；增加赔偿的金额不足 500 元的，为 500 元。法律另有规定的，依照其规定。

二、行政责任的承担

经营者有下列情形之一，《产品质量法》和其他相关法律、法规的处罚机关和处罚方式有规定的，依照法律、法规的规定执行；法律、法规未作规定的，由工商行政管理部门责令改正，可以根据情节单处或者并处警告、没收违法所得、处以违法所得1 倍以上 10 倍以下的罚款，没有违法所得的，处以 50 万以下的罚款，情节严重的，责令停业整顿、吊销营业执照：1. 提供的商品或者服务不符合保障人身、财产安全要求的；2. 在商品中掺杂、掺假、以假充真、以次充好，或者以不合格商品冒充合格商品的；3. 生产国家明令淘汰的商品或者销售失效、变质的商品的；4. 伪造商品的产地，伪造或者冒用他人的厂名、厂址，篡改生产日期，伪造或者冒用认证标志等质量标志的；5. 销售的商品应当检验、检疫而未检验、检疫或者伪造检验、检疫结果的；6. 对商品或者服务作引人误解的虚假宣传的；7. 对消费者提出的修理、重作、更换、退货、补足商品数量、退还货款和服务费用或者赔偿损失的要求，故意拖延或者无理拒绝的；8. 拒绝或者拖延有关行政部门责令对缺陷商品或者服务采取停止销售、警示、召回、无害化处理、销毁、停止生产或者服务等措施的；9. 侵害消费者人格尊严、侵犯消费者人身自由或者侵害消费者个人信息依法得到保护的权利的；10. 法律、法规规定的对损害消费者权益应当予以处罚的其他情形。

三、刑事责任的承担

依照我国《消费者权益保护法》的有关规定，追究刑事责任的情况主要包括以下几种：

1. 经营者提供商品或者服务，造成消费者或者其他受害人人身伤害，构成犯罪的；

2. 经营者提供商品或者服务，造成消费者或者其他受害人死亡，构成犯罪的；

3. 以暴力、威胁等方法阻碍有关行政部门工作人员依法执行职务的；

4. 国家机关工作人员有玩忽职守或者包庇经营者侵害消费者合法权益的行为，情节严重，构成犯罪的。

【情境总结】

《消费者权益保护法》规定了消费者的权益。其中规定，消费者享有知悉其购买、使用的商品或者接受的服务的真实情况的权利。消费者有权根据商品或者服务的不同情况，要求经营者提供商品的价格、产地、生产者、性能、用途、等级、主要成分、生产日期、有效期限、检验合格证明、使用方法说明书等有关情况。作为经营者有义务说明其提供的商品或者服务应当具有的质量、性能、用途和有效期限等有关情况。此外，经营者以广告、产品说明、实物样品或者其他方式表明商品或者服务的质量状况的，应当保证其提供的商品或者服务的实际质量与表明的质量状况相符。

从本例看，被告某市家具有限公司将橡胶木的沙发、床以橡木标名出售，隐瞒了商品的真实情况，原告何某在不明真相的情况下购买了上述家具。因此，被告某家具有限公司具有明显的欺诈行为，原告与某家具有限公司买卖沙发、床的行为无效。

原告何某在知道受到损害之日起 2 年内向法院提起诉讼，符合法律规定的诉讼时效。另据《消费者权益保护法》的规定，经营者提供商品或者服务有欺诈行为的，应当按照消费者的要求增加赔偿其受到的损失，增加赔偿的金额为消费者购买商品的价款或者接受服务的费用的 1 倍。因此，某市家具有限公司应退还何某购物款 3 308 元，赔偿 3 308元。

强化训练

一、单项选择题

1.《消费者权益保护法》中所指的“消费者”为(　　)。

A. 为生产、生活需要而购买、使用商品或者接受服务的自然人

B. 为生产、生活需要而购买、使用商品或者接受服务的单位和个人

C. 为生活消费需要而购买使用、商品或者接受服务的自然人

D. 有偿取得商品和服务，满足生产消费或者物质、文化消费的单位和个人

2. 关于《消费者权益保护法》的适用范围，下列说法正确的是（　　）。

A. 农民的消费活动不适用《消费者权益保护法》

B. 农民的生活消费活动适用《消费者权益保护法》，但购买、使用直接用于农业生产的生产资料时不适用该法

C. 人类的所有消费活动均适用《消费者权益保护法》

D. 农民购买、使用直接用于农业生产的生产资料，参照《消费者权益保护法》执行

3. 消费者对商品进行比较、鉴别和挑选的权利属于（　　）。

A. 自主选择权　　B. 公平交易权

C. 知悉权　　D. 求偿权

4. 下列表述中，（　　）属于消费者行使自主选择权的情形。

A. 消费者要求经营者所售商品的价格与价值相符

B. 消费者要求经营者提供的电器具备安全使用性能

C. 消费者对商品进行比较和鉴别

D. 消费者要求所购商品计量正确

5. 关于对经营者不法行为行使监督权的主体，下列说法不当的是（　　）。

A. 国家工商行政机关应依职权对经营者的行为进行监督

B. 大众媒体应在对经营者的监督中发挥重要作用

C. 消费者只能对与自己当次消费行为有关的经营者的行为进行监督

D. 消费者可以随时随地行使监督权

二、多项选择题

1. 下列各项中，属于消费者权益争议解决方式的是（　　）。

A. 请求消费者协会调解　　B. 与经营者协商和解

C. 向有关行政部门申请仲裁　　D. 向人民法院提起诉讼

2. 经营者提供商品或者服务，造成消费者或者其他受害人人身伤害的，应当承担的费用中包括（　　）。

A. 医疗费　　B. 其抚养的人所必需的生活费

C. 治疗期间的护理费　　D. 因误工减少的收入

3. 下列关于虚假广告责任的说法正确的是（　　）。

A. 消费者因经营者利用虚假广告提供商品或者服务，其合法权益受到损害的，经营者和广告的经营者承担连带责任

B. 广告的经营者发布虚假广告的，消费者可以请求行政主管部门予以惩处

C. 广告的经营者不能提供经营者的真实名称、地址的，应当承担赔偿责任

D. 消费者因经营者利用虚假广告提供商品或者服务，其合法权益受到损害的，可以向经营者要求赔偿

4. 消费者李某在某购物中心购买了 1 台音响设备，经有关部门检验发现该音响设备属于不合格商品，李某找到购物中心要求退货。下列处理方法中不正确的是（　　）。

A. 该购物中心认为可以通过更换使李某得到合格产品，因而拒绝退货

B. 该购物中心认为该产品经过修理能达到合格，因而拒绝退货

C. 该购物中心应按照消费者的要求无条件负责退货

D. 该购物中心可以依法选择修理、更换、退货中的任一方式

5. 甲花 500 元在乙商场购得茅台酒一瓶，饮后产生种种不适症状，住院治疗共花费 1 000 元，经检验某甲所购茅台酒为假酒。下列救济措施合法的是(　　)。

A. 主张买卖合同无效，要求返还 500 元价款，并依法要求乙赔偿损失

B. 要求乙给付真茅台酒 1 瓶，并赔偿损失

C. 依《消费者权益保护法》，要求乙给付相当于价款 2 倍的罚款，并赔偿损失

D. 主张乙违约，要求乙承担违约责任

三、案例分析题

1. 2011 年 5 月 20 日，张某等 5 位农民在 × 县化肥厂销售部购 6 袋尿素(每袋 50 千克)，共计 400 元人民币。2011 年 5 月 25 日，张某等人将尿素撒进地里。过了几天，张某到地里观察庄稼长势情况，发现庄稼不仅没有如预料的那样长得更好，反而出现萎黄的趋势。后来，部分庄稼的叶子出现干枯现象，年底收成比往年大幅度减产。张把剩的尿素拿到县技术监督局去检验。经化验表明，张某等人所买的化肥里氮含量根本达不到其所标明的 46%，只有 10% 左右，里面还有大量的生石灰。在张某等人往地里撒尿素时，尿素里的生石灰遇水产生热量烧坏了庄稼，只是由于当时天降大雨，冲刷掉不少石灰，才使庄稼免于枯死。

2011 年 12 月 10 日，由张某带头，一同购买化肥的 5 户农民到县化肥厂要求赔偿。县化肥厂答复说，本厂 5 月份出产的那批化肥系不合格产品。凡对于购买那批化肥的人，厂里可以退回化肥款，或更换合乎质量标准的化肥，但是不予赔偿损失。张某等声称，购买的 6 袋化肥倒不值多少钱，关键是要赔偿造成的庄稼损失。因工厂拒绝赔偿，张某等人于 2012 年 1 月 4 日向县人民法院提起诉讼。

试分析：

(1) 什么是消费者？什么是消费者权利？

(2) 案中张某等农民是否为消费者？本案可否适用《消费者权益保护法》处理？

2. 2013 年 2 月 22 日上午，吉林省某市消费者郑某在将 3 节电池装入电子游戏机时，其中 1 节在其右手中爆炸，伤及其右手及面部，郑某当即被护送至某市人民医院住院治疗。经治疗后，郑某右手小指近端指面关节以下缺失，无名指远端指间关节畸形愈合，不能伸直，中指端指面关节略畸形，食指近端和远端指间关节屈曲障碍。经某市中级人民法院法医鉴定，郑某右手炸伤被定为伤残九级。经查：爆炸的 5 号充电电池是吉林省某市百货公司从一名自称是福建某无线电厂推销员的孙某手中购买的，单价为 12 元，电池上无中文标识，此事发生后孙某下落不明。

请问：郑某应找谁赔偿损失？如何赔偿？本案问题可通过哪些途径解决？

知识链接

开瓶费官司

2006年9月13日,王先生在北京湘水之珠大酒楼用餐时自带了1瓶白酒。用餐后,酒楼服务员向他收取了296元餐费,王先生发现其中包含了100元的开瓶服务费。付款时,王先生要求酒楼在发票上注明"开瓶费"字样,被拒绝。该酒楼只在商业小票上注明此100元为"服务费"。

王先生认为,该酒楼向其收取开瓶费是带有强制性的行为,侵害了其公平交易权,因此向海淀区人民法院提起诉讼,要求对方返还开瓶费100元,并赔礼道歉。湘水之珠大酒楼辩称,酒楼菜谱中已经注明"客人自带酒水按本酒楼售价的50%另收取服务费,本酒楼没有的酒水按100元每瓶收取服务费"内容,故不应返还。

2006年12月21日,海淀区法院认为,湘水之珠大酒楼在菜谱中注明的自带酒水另收取服务费的规定是单方意思表示,属格式条款,应属无效。酒楼加收开瓶费的做法侵害了消费者的公平交易权,一审判决其返还王先生开瓶费100元。酒楼不服,上诉至北京市一中院。

北京市一中院审理认为,对于加重消费者义务的重要条款,提供合同方如果没有以一些特别标示出现或出现于一些特别显著醒目的位置,则无法推定消费者已经明知。湘水之珠大酒楼没有证据证明其事前明示消费者收取开瓶服务费,侵犯了消费者的知情及公平交易的权利,其应当就此承担相应的侵权责任,终审判决酒楼退还消费者王先生所支付的"服务费"100元。

获悉北京市一中院的终审判决后,北京市消费者协会有关人士表示,该判决维护了消费者权益,在一定意义上为今后解决此类问题起到了示范作用,希望广大餐饮业经营者主动规范自身行为,不设定"禁止自带酒水"的规定,在保护消费者合法权益的同时促进行业健康发展。

☞ 参考答案

一、单项选择题

1. C　2. D　3. A　4. C　5. C

二、多项选择题

1. ABCD　2. ABD　ACD　3. BCD　4. AB　5. ABCD

三、案例分析题

1. (1)消费者,即为满足生活消费的需要,而购买、使用商品或者接受服务的人。消费者的权利就是消费者在购买、使用商品或接受服务时依法享有的受法律保护的利益。

(2)我国《消费者权益保护法》,对于中华人民共和国主权所及的全部领域都是适用的。我国《消费者权益保护法》还从主体及其行为角度规定了该法的适用范围,即消费者为生活消费需要购买、使用商品或接受服务，其权益受该法保护；经营者为消费者提供其生活、销售的商品或提供服务，也应当遵守该法。另外，农民购买、使用直接用于农业生产的生产资料，亦应参照该法执行。

所以案中张某等农民是消费者，本案可适用《消费者权益保护法》处理。

2.（1）郑某因电池爆炸而致右手九级伤残，对此损害，该电池的销售者与生产者均有赔偿之义务，但由于电池上无中文标识，生产者不明，向经营者供货的孙某又不知下落，因此，直接向郑某出售该电池的销售者，某市百货公司应对此承担赔偿责任。

（2）应由某市百货公司赔偿医疗费、护理费、因误工减少的收入、残疾生活补助费、残疾赔偿金以及由其扶养的人所必需的生活费等费用，并承担郑某到有关医院继续治疗的治疗费和路费。

（3）本案问题可通过以下途径解决：与经营者协商和解、消费者协会调解、行政申诉、仲裁、提起诉讼。

项目九 知识产权法

学习目标

能力目标：熟悉专利权、商标权、著作权的保护。

知识目标：掌握专利权、商标权、著作权基本内容。

素质目标：不侵犯他人知识产权、保护自有知识产权。

【情境导入】

甲公司为国内生产数控机床的公司，拥有与数控机床有关的多项发明专利技术。2011年4月，甲公司与外国乙公司分别签订了商标使用许可合同和著作权使用许可合同。根据商标使用许可合同，甲公司获得了乙公司的A注册商标的独占使用权，核准使用的商品为数控机床。根据著作权许可使用合同，甲公司获得乙公司的B软件在中国大陆地区的专用使用权，但合同没有约定甲公司是否可以许可第三人使用该软件。

2011年7月，甲公司与丙公司签订代销合同，约定丙公司以自己的名义试销贴有A注册商标的数控机床10台，销售价格为每台15万元，每销售1台收取代销费2万元。

2012年3月，丙公司以每台15万元的价格向丁公司销售了3台数控机床。丁公司收到3台数控机床后，自己使用1台，将其余2台出租给其他公司。2012年8月，丙公司未经甲公司同意，将其余7台数控机床的A注册商标清除，更换为自己的C注册商标，并以每台15万元的价格卖出了5台。

【任务分析】

1. 甲公司是否可以许可第三人在中国大陆使用B软件？
2. 丁公司出租数控机床的行为是否侵犯甲公司的专利权？
3. 丙公司更换A注册商标的行为是否侵犯乙公司的商标权？

任务一　知识产权法概述

一、知识产权的概念与特征

（一）知识产权的概念

知识产权是指智力成果的创造人对所创造的智力成果和工商活动的行为人对所拥有的标记依法所享有的权利的总称。知识产权主要包括著作权、专利权、商标权。

(二)知识产权的特征

知识产权是一种与物权、债权并列的独立的民事权利,其具有如下特征:

1. 知识产权的无形性

知识产权的客体是智力成果或具有财产价值的标记,是一种没有形体的财富。知识产权客体的非物质性,是知识产权的本质属性,这是其与其他有形财产所有权最根本的区别。

2. 知识产权的法定性

知识产权的法定性是指知识产权的范围和产生由法律规定。知识产权的法定性是由无形性决定的。由于其没有形体。因此其可以同时为多个主体所共同占有,很难为拥有者所完全控制,因此,知识产权必须通过法律加以确认。

3. 知识产权的专有性

专有性即排他性。知识产权的专有性主要体现在两个方面:一是知识产权为权利人所独占,权利人垄断这种专有权并受到严格保护,没有法律规定或未经权利人许可,任何人不得使用权利人的知识产品;二是对同一项知识产品,不允许有两个或两个以上的主体同时对同一属性的知识产品享有权利。

4. 知识产权的地域性

知识产权作为专有权在空间上的效力并不是无限的,而要受到地域的限制,其效力仅限于本国境内。按照一国法律获得承认和保护的知识产权,只能在该国发生法律效力。

5. 知识产权的时间性

知识产权作为一种民事权利,有时间上的限制。即知识产权只有在法律规定的期限内受到保护,一旦超过法律规定的有效期限,这一权利就自行消灭,而其客体就会成为整个社会的共同财富,为全人类所共同使用。

二、知识产权法的概念

知识产权法是指调整在创造、利用智力成果和商业标记过程中所产生的各种权利义务关系的法律规范的总称。

我国没有专门就知识产权制定统一的法律。而是在《民法通则》规定的总的指导原则下,根据知识产权的不同类型制定有不同的单项法律、法规以及规章,这些法律、法规和规章共同构成了我国知识产权的法律体系。

任务二 专利法

一、专利法概述

(一)专利权的概念

专利权是指专利权人在法定期限内对其发明创造成果享有的专有权利。它是国家专利行政部门授予发明人或申请人生产经营其发明创造并禁止他人生产经营其发明创造的某种特权,是对发明创造的独占的排他权。

作为知识产权之一的专利权，具有知识产权所具有的各项特征。

（二）专利法的概念

专利法是指调整因发明创造的开发、实施及其保护等发生的各种社会关系的法律规范的总称。

专利法有广义和狭义之分。狭义的专利法仅指全国人大常委会通过的《中华人民共和国专利法》（以下简称《专利法》）。广义的专利法还包括国家有关法律、行政法规和规章中关于专利的法律规范，如《中华人民共和国专利法实施细则》、《专利代理条例》、《专利管理机关查处冒充专利行为规定》、《专利行政执法办法》等。我国参加缔结的有关专利权国际保护方面的条约、协定，经批准公布具有国内法效力的，也属于广义的专利法的范畴。

二、专利权的主体

专利权的主体是指具体参加特定的专利权法律关系并享有专利权的人。根据《专利法》的规定，发明人或者设计人、职务发明创造的单位、外国人和外国企业或者外国其他组织都可以成为专利权的主体。

（一）发明人或者设计人

发明人或者设计人，是指对发明创造的实质性特点作出创造性贡献的人。在完成发明创造过程中，只负责组织工作的人、为物质技术条件的利用提供方便的人或者从事其他辅助工作的人，不是发明人或者设计人。

发明人或者设计人一般具有以下特征：

1. 发明人或者设计人为自然人

发明创造是人类脑力劳动的成果，是智慧的结晶，发明创造必须依靠人的大脑才得以完成，因此，发明人或者设计人只能是自然人。

2. 发明人或者设计人的认定不受其民事行为能力的限制

由于发明创造行为是一种事实行为，不是法律行为，因此，不论从事发明创造的人作为法律上的主体是否具备完全行为能力，只要其完成了发明创造，都可以被认定为发明人或者设计人。

3. 发明人或者设计人必须是对发明创造的实质性特点作出创造性贡献的人

与发明人或者设计人相关的一个概念是专利申请人，专利申请人是指有资格就发明创造向专利行政部门申请专利的人或者是已经向专利行政部门提出专利申请的自然人或法人。专利申请人可以是发明人、设计人，也可以不是发明人、设计人。因为，专利申请人只要对符合专利法规定的发明创造具有合法所有权即可，故职务发明创造的单位，发明创造的受让人、发明人或者设计人的合法继承人，都可以成为专利申请人。

（二）职务发明创造的单位

职务发明创造是指发明人或者设计人执行本单位的任务，或者主要是利用本单位的物质技术条件所完成的发明创造。凡是不能被证明为职务发明创造的，为非职务发明创造。

凡符合下列条件之一的，均属于职务发明创造。

1. 在本职工作中作出的发明创造

这里所称本职工作，是指发明人或者设计人的职务范围，即工作责任的范围，而不是指单位的业务范围，也不是指个人所学专业的业务范围。

2. 履行本单位交付的本职工作之外的任务所作出的发明创造

这里所称本单位交付的本职工作之外的任务，主要是工作人员根据单位领导的要求承担的短期或临时的任务。

3. 退职、退休或者调动工作后 1 年内作出的，与其在原单位承担的本职工作或者原单位分配的任务有关的发明创造。

4. 主要利用本单位的物质技术条件完成的发明创造

这里所称本单位的物质技术条件，是指本单位的资金、设备、零部件、原材料或者不对外公开的技术资料等。

对于职务发明创造，申请专利的权利属于该单位，申请被批准后，该单位为专利权人。对于非职务发明创造，申请专利的权利属于发明人或者设计人，申请被批准后，该发明人或者设计人为专利权人。利用本单位的物质技术条件所完成的发明创造，单位与发明人或者设计人订有合同，对申请专利的权利和专利权的归属作出约定的，从其约定。

（三）外国人、外国企业或者外国其他组织

三、专利权的客体

专利权的客体，也称专利法保护的对象，是指可以获得专利法保护的发明创造。我国《专利法》规定的发明创造是指发明、实用新型和外观设计。

（一）发明

发明是指对产品、方法或者其改进所提出的新的技术方案。其具有如下两个特征：1. 发明是利用自然规律而进行的创造。自然规律是脱离人的思维而独立存在的客观事物。发明则是在利用自然规律的基础上进行的一种创造。发明与发现不同，发现是对自然规律本身的新的认识，并不是利用，因此发现不能称之为发明；2. 发明是具体的技术方案。发明应能够解决特定的技术难题，必须产生一定的技术效果，具有一定的实用性。

（二）实用新型

实用新型是指对产品的形状、构造或者其结合所提出的适于实用的新的技术方案。

1. 实用新型是一种新的技术方案。实用新型实质上是一种技术方案，也是发明的一部分。

2. 实用新型仅限于产品，不包括方法。

3. 实用新型要求产品必须是具有固定的形状、构造的产品。气态、液态、凝胶状或颗粒粉末状的物质或者材料，不属于实用新型的产品范围。

（三）外观设计

外观设计是指对产品的形状、图案或者其结合以及色彩与形状、图案的结合所作出的富有美感并适于工业应用的新设计。

1. 外观设计必须与产品相结合。外观设计是产品的外观设计，外观设计必须以产品的外表为依托，构成产品与设计的组合。

2. 外观设计必须能在产业上应用。外观设计必须能够用于生产经营目的的制造或生产。如果设计不能用工业的方法复制出来,或者达不到批量生产的要求,就不是专利法意义上的外观设计。

3. 外观设计富有美感。外观设计包含的是美术思想,即解决产品的视觉效果问题,而不是技术思想。

四、授予专利权的条件

(一)授予专利权的发明和实用新型应当符合的条件

1. 新颖性

新颖性是指在申请日以前没有同样的发明或者实用新型在国内外出版物上公开发表过、在国内公开使用过或者以其他方式为公众所知,也没有同样的发明或者实用新型由他人向国务院专利行政部门提出过申请并且记载在申请日以后公布的专利申请文件中。

2. 创造性

创造性是指同申请日以前已有的技术相比,该发明有突出的实质性特点和显著的进步,该实用新型有实质性特点和进步。

3. 实用性

实用性一般具备 3 个条件:(1)具有可实施性。即发明创造必须能够解决技术问题,并且能够在产业中应用,能够制造或者使用;(2)具有再现性。即所属技术领域的技术人员根据公开的技术内容,能够重复实施专利申请中为解决技术问题所采用的技术方案;(3)具有有益性。即发明创造能够在经济、技术和社会等领域产生积极和有益的效果。

(二)授予专利权的外观设计应当符合的条件

《专利法》规定,授予专利权的外观设计,应当同申请日以前在国内外出版物上公开发表过或者国内公开使用过的外观设计不相同和不相近似,并不得与他人在先取得的合法权利相冲突。

由于外观设计是产品的一种新设计,是产品外在的东西,其本身并不涉及技术上的创造,因此,对于外观设计授予专利权的条件更多地体现在与同类产品的比较上是否具有新颖性。根据我国法律规定,外观设计的新颖性在判断标准上与发明、实用新型的新颖性基本相同。

(三)不授予专利权的项目

主要包括科学发现、智力活动的规则和方法、疾病的诊断和治疗方法、动物和植物品种、用原子核变换方法获得的物质。此外,我国《专利法》还规定,对违反国家法律、社会公德或者妨害公共利益的发明创造,不授予专利权。如专用于伪造货币的方法或者工具等。

【应用案例 9-1】

某医院眼科主任医师李某发明了一种治疗先天性近视的方法,该方法可以非常方便地诊断患者的近视程度,以利于治疗。与此同时,李某与所在医院共同研制、开发了一种“预防兼治疗先天性近视护眼罩”。李某打算将上述方法和护眼罩申报专利。试分析李某是否能将上述方法和护眼罩申报专利？

案例解析：

对于所发明的治疗先天性近视的方法，李某不能申请专利保护。因为根据《专利法》规定：疾病的诊断和治疗方法不享有专利权。李某与所在医院共同研制、开发的“预防兼治疗先天性近视护眼罩”可以申报专利。但专利权的申请人只能是医院，因为该项发明属于职务发明。根据《专利法》的规定，非职务发明创造的专利申请权属于发明人或设计人；职务发明创造的专利申请权属于单位，申请被批准后，该单位为专利权人。

五、专利权的取得、终止

（一）专利权的取得

1. 专利申请的原则

（1）先申请原则。先申请原则是指在两个以上的申请人分别就同样的发明创造申请专利的情况下，对先提出申请的申请人授予专利权。先申请的判断标准是专利申请日。如果两个以上申请人在同一日分别就同样的发明创造申请专利的，应当在收到专利行政管理部门的通知后自行协商确定申请人。

（2）单一性原则。单一性原则是指一份专利申请文件只能就一项发明创造提出专利申请，即“一申请一发明”原则。

（3）优先权原则。优先权原则是指将专利申请人首次提出专利申请的日期，视为后来一定期限内专利申请人就相同主题在他国或本国提出专利申请的日期。

2. 专利申请的提出、修改和撤回

（1）专利申请的提出。专利权不能自动取得，申请人必须履行专利法规定的专利申请手续，向国务院专利行政部门提交必要的申请文件。

国务院专利行政部门收到专利申请文件之日为申请日。如果申请文件是邮寄的，以寄出的邮戳日为申请日。

（2）专利申请的修改。专利申请的修改，可以由申请人自己主动提出修改，也可以根据国务院专利行政部门的要求进行修改。对于申请人自己主动提出修改的，由申请人自行修改。

（3）专利申请的撤回。申请人可以在被授予专利权之前随时撤回其专利申请。申请人撤回其专利申请的，应当向国务院专利行政部门提出书面的撤回申请。专利申请被撤回后，该申请视为自始即不存在。

（二）专利权的终止

专利权的终止，是指专利权因期限届满或者其他原因在期限届满前失去法律效力。专利权终止后，被授予专利权的发明创造成为人类的共同财富，任何单位和个人都可以无偿使用。

根据《专利法》的规定，有下列情形之一的，专利权终止：1. 专利权的期限届满；2. 没有按照规定缴纳年费的；3. 专利权人以书面声明放弃其专利的；4. 专利权人死亡，无继承人或受遗赠人的。

专利权在期限届满前终止的，由国务院专利行政部门登记和公告。

六、专利实施的强制许可

专利实施的强制许可，是指国务院专利行政部门依照法定条件和程序颁布的实施专利的一种强制性许可方式。申请人获得这种许可后，不必经专利权人的同意，就可以实施专利。

根据《专利法》的规定，可以给予专利实施强制许可的情况有以下几种：

1. 具备实施条件的单位以合理的条件请求发明或者实用新型专利权人许可实施其专利，而未能在合理长的时间内获得这种许可时，国务院专利行政部门根据该单位的申请，可以给予实施该发明专利或者实用新型专利的强制许可。

2. 在国家出现紧急状态或者非常情况时。或者为了公共利益的目的，国务院专利行政部门可以给予实施发明专利或者实用新型专利的强制许可。

3. 一项取得专利权的发明或者实用新型比此前已经取得专利权的发明或者实用新型具有显著经济意义的重大技术进步，其实施又有赖于前一发明或者实用新型的实施的，国务院专利行政部门根据后一专利权人的申请，可以给予实施前一发明或者实用新型的强制许可。

七、专利权的保护

（一）专利权的期限

专利权的期限，又称专利保护期。根据《专利法》的规定，发明专利权的期限为20年，实用新型专利权和外观设计专利权的期限为10年，均自申请日起计算。

（二）专利权的保护范围

专利权的保护范围，是指专利权效力所及的发明创造的技术特征和技术幅度。因此，专利权的范围即是专利权的保护范围。

根据《专利法》的规定，发明或者实用新型专利权的保护范围以其权利要求的内容为准，说明书及附图可以用于解释权利要求。外观设计专利权的保护范围以表示在图片或者照片中的该外观设计专利产品为准。

（三）侵害专利权的行为

根据《专利法》的规定，侵害专利权的行为主要包括以下几种：

1. 未经专利权人许可，实施其专利的行为

包括：(1)未经专利权人许可，为生产经营目的制造、使用、许诺销售、销售、进口其专利产品，或者使用其专利方法以及使用、许诺销售、销售、进口依照该专利方法直接获得的产品；(2)未经专利权人许可，为生产经营目的制造、销售、进口其外观设计专利产品；等等。

2. 假冒他人专利的行为

包括：(1)未经许可，在其制造或者销售的产品、产品的包装上标注他人的专利号；(2)未经许可，在广告或者其他宣传材料中使用他人的专利号，使人将所涉及的技术误认为是他人的专利技术；(3)未经许可，在合同中使用他人的专利号，使人将合同涉及的技术误认为是他人的专利技术；(4)伪造或者变造他人的专利证书、专利文件或者专利申请文件；等等。

3. 以非专利产品冒充专利产品、以非专利方法冒充专利方法的行为

包括:(1)制造或者销售标有专利标志的非专利产品;(2)专利权被宣告无效后,继续在制造或者销售的产品上标注专利标记;(3)在广告或者其他宣传材料中将非专利技术称为专利技术;(4)在合同中将非专利技术称为专利技术;(5)伪造或者变造专利证书、专利文件或者专利申请文件;等等。

4. 侵夺发明人或者设计人的非职务发明创造专利申请权以及其他权益的行为。

【应用案例 9-2】

中国和意大利均为"保护工业产权巴黎公约"的成员国。2010 年 6 月 18 日,意大利甲公司科技人员攻关完成了某"节能设备"实用新型,2010 年 6 月 30 日,甲公司向意大利政府提出了实用新型专利申请并获得专利。2011 年 8 月 16 日又向我国专利局递交了专利申请。专利局经查,我国北京广达公司于 2010 年 9 月 10 日完成了相同的"节能设备"实用新型,而且广达公司于 2011 年 5 月 5 日向我国专利局递交了专利申请。上海贸发公司于 2009 年独自完成同样的"节能设备"实用新型,并于 2010 年 2 月初开始组织生产,2010 年 12 月底准备就绪,投入生产。2011 年 5 月 18 日上海贸发公司向中国专利局提出"节能设备"实用新型专利申请。

试分析:中国专利局将专利权授予哪个公司?为什么?专利权授予后,其他两公司若继续生产"节能设备"是否构成侵权,为什么?

案例解析:

(1)中国专利局应当将专利权授予北京广达公司。理由如下:中国和意大利均为"保护工业产权巴黎公约"的成员国,因而应当遵守公约所确定的"优先权"原则。依公约规定,实用新型专利的优先权期限为 12 个月,自首次申请日起算。本例中,甲公司享有优先权期限始于 2010 年 6 月 30 日,终于 2011 年 6 月 30 日。甲公司于 2011 年 8 月 30 日向中国专利局递交专利申请,因而享有优先权的期限已过,不再有优先权,因此,甲公司的有效申请日不再是 2010 年 6 月 30 日,而是 2011 年 8 月 16 日。我国北京广达公司的有效申请日为 2011 年 5 月 5 日。根据《专利法》规定,两个以上的申请人分别就同样的发明创造申请专利的,专利权授予最先申请的人。故应授予我国北京广达公司,不能授予意大利甲公司。同样的理由,上海贸发公司于 2011 年 5 月 18 日提出专利申请,申请日晚于北京广达公司提出专利的申请日,该专利也不能授予上海贸发公司,只能授予北京广达公司。

(2)甲公司若继续生产"节能设备"不构成侵犯北京广达公司的专利权。因专利权具有地域性。专利权只在本国范围内有效,对其他国家不发生法律效力,即不发生域外效力。

任务三　商标法

一、商标法概述

(一)商标的概念及其特征

商标是指由文字、图形、字母、数字、三维标志和颜色组合,以及上述要素的组合,使

用于一定的商品或者服务项目,用以区别商标使用者与同类商品的生产经营者或者同类服务业经营者的显著标记。其具有如下特征:

1. 商标主要是由文字、图形或文字与图形结合而组成的标记

商标的构成具有多样性,凡能够将一企业的商品或者服务与另一企业的商品或者服务加以区别的任何标志或者标志的组合,均能构成一项商标。

2. 商标是使用于商品或者服务上的显著标记

商标依附于商品或者服务而存在,其使用具有商业意义和商业价值。

3. 商标是代表特定商品生产者、经销者或者服务提供者的专用符号

商标具有识别性和表彰性功能。商标的识别性功能,使消费者能够根据各自的需要认牌购货、认牌消费;商标的表彰性功能,代表着特定经营者的商业信誉、市场竞争能力和地位。

4. 商标是附于商品表面或包装或标于与所提供的服务相关的物品上的具有显著特征的简洁符号。

(二)商标的分类

根据不同的划分标准,可以将商标分成不同的种类。

1. 根据商标的结构,可将商标分为文字商标、图形商标、数字商标、三维商标以及组合商标

文字商标是以文字为主组成的商标,如"王老吉"凉茶等。图形商标是指用图形构成的商标,如上海老城隍庙工艺品商店就是以城隍庙的图形作为商标。数字商标是以阿拉伯数字组成的商标,如"555"等。三维商标即立体商标,如某酒瓶的包装等。组合商标是以文字、图形、数字等组合起来的商标,如双星集团的"双星"商标,不仅有文字"双星"、"DOUBLESTAR",还有图形四角双星。

2. 根据商标的用途,可将商标分为商品商标和服务商标

商品商标是用于生产销售的商品上的标记。服务商标是用于服务行业,以便与其他服务行业相区别的标记。

3. 根据商标的作用和功能,可将商标分为证明商标、集体商标、防御商标和联合商标

证明商标用以证明该商品或者服务的原产地、原料、制造方法、质量或者其他特定品质的标志。集体商标是指以团体、协会或者其他组织名义注册,供该组织成员在商事活动中使用,以表明使用者在该组织中的成员资格的标志。防御商标是将同一商标注册于不同的商品或服务上,构成一个防御体系,以防止他人在不同商品或服务上使用该商标可能给消费者造成的混淆。联合商标是指将与已注册商标相近似的商标在相同或类似商品或服务上加以注册。

4. 根据商标在相关市场上的知名度,可将商标分为驰名商标、著名商标和知名商标

驰名商标是指由商标局认定的在市场上享有较高声誉并为相关公众所熟知的商标。著名商标是指由省级工商行政管理部门认可的,在该行政区划范围内具有较高声誉和市场知名度的商标。知名商标是指由市一级工商行政管理部门认可的,在该行政区划范围内具有较高声誉和市场知名度的商标。

（三）商标法

商标法是指调整商标的组成、注册、使用、管理和商标专用权的保护等的法律规范的总称。

商标法有广义和狭义之分。狭义的商标法仅指全国人大常委会通过的《中华人民共和国商标法》（以下简称《商标法》）。广义的商标法还包括国家有关法律、行政法规和规章中关于商标的法律规范，如《中华人民共和国商标法实施条例》、《驰名商标认定和管理暂行规定》等。我国参加缔结的有关商标权国际保护方面的条约、协定，经批准公布具有国内法效力的，也属于广义的商标法的范畴。

二、商标权

（一）商标权的概念

商标权是指商标所有人对其商标拥有的独占的、排他的权利。由于我国在商标权的取得方面实行的是注册原则，因此. 商标权实际上是因商标所有人申请，经政府主管部门确认的专有权利，即因商标注册而产生的权利。从权利的性质上看，商标权与所有权一样，属于绝对权的范围，即权利主体对其注册商标享有完全的使用权和排他的权利。从权利的特征上看，商标权与一般知识产权一样，具有无形性、法定性、专有性、地域性和时间性。

（二）商标权的主体

商标权的主体是指通过法定程序，在自己生产、制造、加工、拣选、经销的商品或者提供的服务上享有商标专用权的人。根据《商标法》的规定，商标权的主体范围包括自然人、法人或者其他组织。

两个以上自然人、法人或者其他组织可以共同向商标局申请注册同一商标，共同享有和行使该商标专用权。

（三）商标权的客体

商标权的客体是指经商标局核准注册的商标，即注册商标。

1. 申请注册的商标应当具备的条件

（1）商标应当具备显著性。《商标法》规定，申请注册的商标，应当有显著特征，便于识别，并不得与他人在先取得的合法权利相冲突。商标具备的这种显著性，可以通过两种方式产生，一是商标本身具有显著性；二是通过长期的使用获得商标的显著性。

（2）商标应当符合可视性要求。《商标法》规定，任何能够将自然人、法人或者其他组织的商品与他人的商品区别开的可视性标志. 包括文字、图形、字母、数字、三维标志、颜色组合和声音等，以及上述要素的组合，均可以作为商标申请注册。

2. 商标的注册和使用禁止

根据《商标法》的规定，下列标志不得作为商标使用：（1）同中华人民共和国的国家名称、国旗、国徽、国歌、军旗、军歌、勋章相同或者近似的，以及同中央国家机关的名称、标志、所在地特定地点的名称或者标志性建筑物的名称、图形相同的；（2）同外国的国家名称、国旗、国徽、军旗相同或者近似的. 但该国政府同意的除外；（3）同政府间国际组织的名称、旗帜、徽记相同或者近似的，但经该组织同意或者不易误导公众的除外；（4）与表明实施控制、予以保证的官方标志、检验印记相同或者近似的,但经授权的除外;(5)同"红十字"、"红新月"的名称、标志相同或者近似的;(6)带有民族歧视性的;(7)夸大宣传并带有欺骗性的;(8)有害于社会主义道德风尚或者有其他不良影响的;(9)县级以上行政区划的地名或者公众知晓的外国地名。但是,地名具有其他含义或者作为集体商标、证明商标组成部分的除外。已经注册的使用地名的商标继续有效。

下列标志不得作为商标注册:(1)仅有本商品的通用名称、图形、型号的;(2)仅直接表示商品的质量、主要原料、功能、用途、重量、数量及其他特点的;(3)其他缺乏显著特征的。

另外,过去已获注册的驰名商标,虽然违反上述禁例,但仍可使用。如"青岛"啤酒、"中华"牙膏、"中华"轿车、"中南海"香烟等。

【应用案例9-3】

某洗涤剂有限责任公司经过多年的研究,生产了一种新型洗衣粉,该洗衣粉具有高效、去污力强、用量小、省水、省时、省力等优点。该公司决定推广生产,为占领市场,更好地体现这种新型洗衣粉的特点,设计了名为"洁白"的商标,并于当年申请注册。商标局审查后,认为该商标不符合商标法规定的条件,予以驳回,不予注册。该公司认为,"洁白"商标符合商标法规定的"商标使用的文字、图形或者其组合,应当具有显著特征,便于识别"的条件,应当获准注册。于是,该公司向商标评审委员会申请复审,商标评审委员会认为商标局驳回申请的理由成立,维持决定。

试分析:商标局和商标评审委员会驳回某洗涤剂有限责任公司的申请能否成立?

案例解析:

根据《商标法》规定,申请注册的商标应具备的条件是:(1)申请注册的商标,应当有显著特征,便于识别,并不得与他人在先取得的合法权利相冲突;(2)商标不得使用禁止的标志。其中在禁止使用的标志中,"仅仅直接表示商品的质量、主要原料、功能、用途、重量、数量及其他特点的"属禁止之列。某洗涤剂有限责任公司选用的商标"洁白"牌就违反了上述条件。该商标虽然是文字组成的,但该文字明确而又直接地表示了商品的功能、用途,同时又有夸大宣传的含义。所以,商标局及商标评审委员会对该申请予以驳回是能够成立的。

三、商标注册申请的原则和审查核准

(一)商标注册申请的原则

1. 申请在先原则

两个或者两个以上申请人,先后在同一或类似商品或者服务上,以相同或类似的商标申请注册的,商标权授予申请在先的人。申请先后的确定以申请日为准。在同一天申请注册的,商标权授予使用在先的人。对于使用在先的认定,由申请人自己在接到商标局通知后30日内提交第一次使用该商标的日期的证明,同日使用或均未使用的,由各申请人进行协商,协商不成的,由商标局裁定。

2. 优先权原则

优先权原则是商标权取得程序中的一项重要原则。根据《商标法》的规定,商标注册

申请程序中优先权表现在两个方面:

一是商标注册申请人自其商标在外国第一次提出商标注册申请之日起6个月内,又在中国就相同商品以同一商标提出商标注册申请的,可以享有优先权。申请人依照上述情形要求优先权的,应当在提出商标注册申请的时候提出书面声明,并且在3个月内提交第一次提出的商标注册申请文件的副本;未提出书面声明或者逾期未提交商标注册申请文件副本的,视为未要求优先权。

二是商标在中国政府主办的或者承认的国际展览会展出的商品上首次使用的,自该商品展出之日起6个月内,该商标的注册申请人可以享有优先权。申请人依照上述情形要求优先权的,应当在提出商标注册申请的时候提出书面声明,并且在3个月内提交展出其商品的展览会名称、在展出商品上使用该商标的证据、展出日期等证明文件;未提出书面声明或者逾期未提交证明文件的,视为未要求优先权。

【应用案例9-4】

某服装公司于2013年5月10日已在国外申请商标注册,并准备就该商标在我国申请注册。该国与我国签订了相互承认优先权的协议,根据商标法的规定,试问该公司应在多少日以前,向我国商标局提出,否则丧失优先权。

案例解析:

根据规定,商标注册申请人自其商标在外国第一次提出商标注册申请之日起6个月内,又在中国就相同商品以同一商标提出商标注册申请的,依照该外国同中国签订的协议或者共同参加的国际条约,或者按照相互承认优先权原则,可以享有优先权。该公司应在2013年11月10日以前,向我国商标局提出,否则丧失优先权。

(二)商标注册的审查核准

1. 形式审查

商标局收到商标注册申请文件后,应当首先进行形式审查。形式审查的内容主要包括:申请手续是否齐备;申请人是否具备申请资格;申请文件是否齐全;填写是否正确;是否按规定缴纳了申请注册费等。经过形式审查。凡符合规定的,商标局予以受理,编定申请号,发给受理通知书。

2. 实质审查

商标局对受理的申请,依照《商标法》的规定进行实质审查。实质审查的内容主要包括:申请注册的商标是否具有显著特征,便于识别;申请注册的商标是否与已注册在相同或类似商品或服务上的商标相同或近似;申请注册的商标是否违背商标法的禁止规定;等等。

3. 公告核准

申请注册的商标,凡符合《商标法》规定的,由商标局初步审定,予以公告。对于两个或者两个以上的商标注册申请人。在同一种商品或者类似商品上,以相同或者近似的商标申请注册的,初步审定并公告申请在先的商标;同一天申请的,初步审定并公告使用在先的商标,驳回其他人的申请,不予公告。申请注册的商标,凡不符合《商标法》规定的,由商标局驳回申请,不予公告。对初步审定的商标,自公告之日起3个月内,任何人均可以提出异议，公告期满无异议的，予以核准注册，发给商标注册证，并予以公告。

4. 复审或者裁定

对驳回申请、不予公告的商标，商标局应当书面通知商标注册申请人。商标注册申请人不服的，可以自收到通知之日起 15 日内向商标评审委员会申请复审，由商标评审委员会作出决定，并书面通知申请人。当事人对商标评审委员会的决定不服的，可以自收到通知之日起 30 日内向人民法院起诉。

对初步审定、予以公告的商标提出异议的，商标局应当听取异议人和被异议人陈述事实和理由，经调查核实后，作出裁定。当事人不服的，可以自收到通知之日起 15 日内向商标评审委员会申请复审。由商标评审委员会作出裁定，并书面通知异议人和被异议人。当事人对商标评审委员会的裁定不服的，可以自收到通知之日起 30 日内向人民法院起诉。经裁定异议不能成立的，予以核准注册，发给商标注册证，并予以公告；经裁定异议成立的，不予核准注册。经裁定异议不能成立而核准注册的，商标注册申请人取得商标专用权的时间自初审公告 3 个月期满之日起计算。

四、注册商标的续展、转让、使用许可

（一）注册商标的续展

注册商标的续展是指注册商标所有人在商标注册有效期届满前后的一定时间内，依法办理一定手续延长其注册商标有效期的制度。

根据《商标法》的规定，注册商标的有效期为 10 年，自核准注册之日起计算。注册商标有效期满，需要继续使用的，应当在期满前 12 个月内申请续展注册；在此期间未能提出申请的，可以给予 6 个月的宽展期。宽展期满仍未提出申请的，注销其注册商标。续展注册可以无限制地重复进行，每次续展注册的有效期为 10 年，自该商标上一次有效期满次日起计算。

（二）注册商标的转让

注册商标的转让是指注册商标所有人依法将因注册商标产生的商标权转让给他人的行为。注册商标转让后，原注册商标所有人不再享有该注册商标的专用权，受让人成为该注册商标的所有人，享有商标专用权。

根据《商标法》的规定，转让注册商标的，转让人和受让人应当签订转让协议，并共同向商标局提出申请。受让人应当保证使用该注册商标的商品质量。转让注册商标经商标局核准后，发给受让人相应证明，并予以公告。受让人自公告之日起享有商标专用权。

（三）注册商标的使用许可

注册商标的使用许可是指注册商标所有人通过签订商标使用许可合同，许可他人使用其注册商标，同时收取一定的许可使用费。

注册商标的使用许可应当符合下列条件：1. 许可人是被许可的注册商标的所有人或有充分处置权人；2. 被许可人有生产使用许可的商品的资格；3. 使用许可的商标在法律保护的期限内，且使用许可期限不得超过该注册商标的有效期限；4. 使用许可的商品在该注册商标核定使用的商品范围内；5. 使用许可的商标与注册商标一致。

五、商标使用的管理

商标使用的管理是指商标局对注册商标、未注册商标的使用进行监督管理，并对违反商标法规定的侵权行为予以制裁的活动。

（一）对注册商标使用的管理

经商标局核准注册的商标为注册商标，商标注册人依法享有商标专用权，受法律保护。根据《商标法》的规定，商标行政管理部门对注册商标的使用依法实行管理。具体管理工作包括以下内容：

1. 对使用注册商标的管理

使用注册商标，有下列行为之一的，由商标局责令限期改正或者撤销其注册商标：（1）自行改变注册商标的；（2）自行改变注册商标的注册人名称、地址或者其他注册事项的；（3）自行转让注册商标的；（4）连续 3 年停止使用的。

2. 监督使用注册商标的商品质量

使用注册商标，其商品粗制滥造，以次充好，欺骗消费者的，由各级工商行政管理部门责令限期改正，并可以予以通报或者处以罚款，或者由商标局撤销其注册商标。

3. 对被撤销、被宣告无效或注销的商标的管理

注册商标被撤销、被宣告无效或者期满不再续展的，自撤销、宣告无效或者注销之日起 1 年内，商标局对与该商标相同或者近似的商标注册申请，不予核准。

4. 对必须使用注册商标的商品的管理

对按照国家规定必须使用注册商标的商品，未申请注册而在市场销售的，由地方工商行政管理部门责令限期申请注册，可以并处罚款。

（二）对未注册商标使用的管理

未注册的商标不享有商标专用权，但由于我国对商标注册采取自愿原则，除国家规定必须使用注册商标的商品外，允许商品生产者、经营者或者服务提供者合法使用未注册商标。未注册商标的使用同样涉及商标专用权的保护、商品或者服务质量的保证和消费者利益的保障。因而商标管理工作也包括对未注册商标使用的管理。

根据《商标法》的规定，使用未注册商标，有下列行为之一的，由地方工商行政管理部门予以制止，限期改正。并可以予以通报或者处以罚款：1. 冒充注册商标的；2. 违反商标法中不得作为商标使用的标志的规定的；3. 粗制滥造，以次充好，欺骗消费者的。

任务四　著作权法

一、著作权法概述

（一）著作权的概念及其特征

著作权，亦称版权，是指作者及其他著作权人对其创作的文学、艺术和科学作品依法享有的权利。著作权包括人身权和财产权两个方面的内容。

著作权属于民事权利，是知识产权重要的组成部分。著作权除了具有知识产权所共有的特征，即具有专有性、地域性、时间性等特征外，与其他知识产权相比，还具有以下

特征：

1. 著作权因作品的创作完成而自动产生

专利权、商标权的取得必须以行政确认程序来确认权利的取得和归属。而著作权因作品的创作完成而自动产生，一般不必履行任何形式的登记或注册手续，也不论其是否已经发表。

2. 著作权突出对人身权的保护

著作权与作品的创作者密切相关，因此，在著作权中，保护作者对作品的人身权利是其重要的内容。著作权中作者的发表权、署名权、修改权、保护作品完整权等人身权利，永远归作者享有，不能转让，也不受著作权保护期限的限制。

（二）著作权法的概念

著作权法是指调整因文学、艺术和科学作品的创作和使用而产生的人身关系和财产关系的法律规范的总称。

著作权法有广义和狭义之分。狭义的著作权法仅指全国人大常委会通过的《中华人民共和国著作权法》（以下简称《著作权法》）。广义的著作权法还包括国家有关法律、行政法规和规章中关于著作权的法律规范，如《著作权法实施条例》、《著作权行政处罚实施办法》等。我国参加缔结的有关著作权国际保护方面的条约、协定，经批准公布具有国内法效力的，也属于广义的著作权法的范畴。

二、著作权的主体

著作权的主体又称著作权人，是指依法对文学、艺术和科学作品享有著作权的人。根据《著作权法》的规定，著作权人包括作者以及其他依法享有著作权的公民、法人或者其他组织。

（一）作者

作者是指文学、艺术和科学作品的创作人。根据《著作权法》的规定，作者按照以下标准进行认定：

1. 创作作品的公民是作者。这是作者最基本的认定原则。创作是指直接产生文学、艺术和科学作品的智力活动。为他人创作进行组织工作，提供咨询意见、物质条件，或者进行其他辅助工作，均不视为创作。

2. 由法人或者其他组织主持，代表法人或者其他组织意志创作，并由法人或者其他组织承担责任的作品，法人或者其他组织视为作者。

3. 如无相反证明，在作品上署名的公民、法人或者其他组织为作者。

（二）作者以外其他依法享有著作权的公民、法人或者其他组织

作者以外其他依法享有著作权的公民、法人或者其他组织，简称其他著作权人。其他著作权人取得著作权主要是著作权的财产权。

三、著作权的客体

著作权的客体，即著作权保护的对象，即为作品。

（一）著作权法保护的作品

著作权法所称作品，是指文学、艺术和科学领域内，具有独创性并能以某种有形形式

复制的智力创作成果。

根据作品的表现形式不同,我国著作权法保护的作品主要有:

1. 文字作品

这是指小说、诗词、散文、论文等以文字形式表现的作品。

2. 口述作品

口述作品是指即兴的演说、授课、法庭辩论等以口头语言创作、未以任何物质载体固定的作品。

3. 音乐、戏剧、曲艺、舞蹈、杂技艺术作品

音乐作品是指交响乐、歌舞等能够演唱或者演奏的带词或者不带词的作品。戏剧作品是指话剧、歌剧、地方戏曲等供舞台演出的作品。曲艺作品是指相声、快书、大鼓、评书等以说唱为主要形式表演的作品。舞蹈作品是指通过连续的动作、姿势、表情表现的作品。杂技艺术作品是指杂技、魔术、马戏等通过形体动作表现的作品。

4. 美术、建筑作品

美术作品是指绘画、书法、雕塑等以线条、色彩或者其他方式构成的有审美意义的平面或立体的造型艺术作品。建筑作品是指以建筑物或者构筑物形式表现的有审美意义的作品。

5. 摄影作品

摄影作品是指借助器械,在感光材料上或者其他介质上记录客观物体形象的艺术作品。

6. 电影作品和以类似摄制电影的方法创作的作品

电影作品是指摄制在一定介质上,由一系列有伴音或者无伴音的画面组成,并且借助适当装置放映或者以其他方式传播的作品。

7. 工程设计图、产品设计图、地图、示意图等图形作品和模型作品

工程设计图、产品设计图是指为施工和生产绘制的图样及对图样的文字说明。地图、示意图,是指地图、线路图、解剖图等反映地理现象、说明事物原理或者结构的图形。模型作品是指为展示、试验或者观测等用途,根据物体的形状和结构,按照一定比例制成的立体作品。

8. 计算机软件。这是指计算机程序及其有关的文档。

9. 法律、行政法规规定的其他作品

(二)不受著作权法保护的对象

根据《著作权法》的规定,不受著作权法保护的对象分为两类:一是不受著作权法保护的作品;二是不适用于著作权法的对象。

1. 不受著作权法保护的作品

这主要是指依法禁止出版、传播的作品。如违背法律,宣传反科学、反人类,危害公共安全,破坏社会善良风俗的反动、淫秽言论等作品。

2. 不适用于著作权法的对象

这主要包括:(1)法律、法规,国家机关的决议、决定、命令和其他具有立法、行政、司

法性质的文件,及其官方正式译文;(2)时事新闻;(3)历法、通用数表、通用表格和公式。

四、著作权的内容

著作权的内容是指著作权人享有的权利和承担的义务。根据《著作权法》的规定,著作权包括两个方面的内容,即著作人身权和著作财产权。

(一)著作人身权

著作人身权又称精神权利,是指作者基于作品的创作而依法享有的以精神利益为内容的权利。

根据《著作权法》的规定,著作人身权包括以下内容:(1)发表权。即决定作品是否公之于众的权利;(2)署名权。即表明作者身份,在作品上署名的权利;(3)修改权。即修改或者授权他人修改作品的权利;(4)保护作品完整权。即保护作品不受歪曲、篡改的权利。

(二)著作财产权

著作财产权,是指著作权人通过各种方式利用其作品以及基于利用作品而依法享有的以获得财产利益为内容的权利。

根据《著作权法》的规定,著作财产权包括以下内容:复制权、发行权、出租权、展览权、表演权、放映权、广播权、信息网络传播权、摄制权、改编权、翻译权、转让权、应当由著作权人享有的其他权利等。

五、著作权的保护期限

著作权保护期限是指著作权人依法取得的著作权的有效期限。在保护期内,著作权人的著作权受法律保护;超过保护期,该作品即进入公有领域,作者或者其他著作权人不再享有专有使用权。

根据《著作权法》的规定,著作权的保护期限具体规定为:

(1)作者的署名权、修改权、保护作品完整权的保护期不受限制。

(2)公民的作品,其发表权、著作权中的财产权的保护期为作者终生及其死亡后50年,截止到作者死亡后第50年的12月31日;如果是合作作品,截止到最后死亡的作者死亡后第50年的12月31日。

(3)法人或者其他组织的作品、著作权(署名权除外)由法人或者其他组织享有的职务作品,其发表权、著作权中的财产权的保护期为50年,截止到作品首次发表后第50年的12月31日,但作品自创作完成后50年内未发表的,不再受著作权法的保护。

(4)电影作品和以类似摄制电影的方法创作的作品、摄影作品,其发表权、著作权中的财产权的保护期为50年,截止到作品首次发表后第50年的12月31日,但作品自创作完成后50年内未发表的,不再受著作权法的保护。

【应用案例9-5】

甲为摄影家,曾于1931年“9·18事变”和1937年“卢沟桥事变”时分别拍有《人民的抗争》、《染血的大刀》两幅珍贵摄影作品,甲于1970年去世,此两幅作品于1983年由其独女乙整理后在国内首次发表。2011年丙公司未经许可且未注明作者,以《人民的抗争》、《染血的大刀》作为封面，制作并发售《中国近现代战争》系列 DVD。试问丙公司的行为侵犯了什么相关的著作权？

案例解析：

丙公司的行为侵犯了甲的著作人身权，侵犯了乙对《染血的大刀》的著作财产权。根据《著作权法》的规定，作者的署名权、修改权、保护作品完整权的保护期不受限制。电影作品和以类似摄制电影的方法创作的作品、摄影作品，其发表权、著作权中的财产权的保护期为 50 年，截止到作品首次发表后第 50 年的 12 月 31 日，但作品自创作完成后 50 年内未发表的，不再受著作权法的保护。本例中，《人民的抗争》于 1931 年创作完成，在 1983 年才首次发表，已超过 50 年，因此不受《著作权法》的保护。

六、著作权的许可使用和转让

（一）著作权的许可使用

著作权的许可使用是指著作权人许可作品使用人在一定期间、一定范围内以一定方式使用其作品的行为。根据《著作权法》的规定.使用他人作品应当同著作权人订立许可使用合同，法律规定可以不经许可的除外。

（二）著作权的转让

著作权的转让是指著作权人将其作品著作权中的财产权全部或者部分转让他人的行为。著作权的转让是著作权人行使著作权的一种方式。

根据《著作权法》的规定，转让著作权中的财产权利，应当订立书面合同。权利转让合同一般包括下列主要内容：1. 作品的名称；2. 转让的权利种类、地域范围；3. 转让价金；4. 交付转让价金的日期和方式；5. 违约责任；6. 双方认为需要约定的其他内容。

著作权转让合同中著作权人未明确转让的权利，未经著作权人同意，另一方当事人不得行使。

【情境总结】

1. 甲公司不能许可第三人在中国大陆使用 B 软件。根据规定，在著作权许可使用合同中，取得某项专有使用权的使用者，如果许可第三人行使同一权利，必须取得著作权人的许可，合同另有约定的除外。在本例中，由于合同没有约定甲公司是否可以许可第三人使用该软件，因此，甲公司不能许可第三人在中国大陆使用 B 软件。

2. 丁公司出租数控机床的行为不侵犯甲公司的专利权。根据规定，专利权人制造的产品售出后，使用或者销售该产品的，不视为侵犯专利权。

3. 丙公司更换 A 注册商标的行为侵犯了乙公司的商标权。根据规定，未经商标注册人同意，更换其注册商标并将该更换商标的商品又投入市场的，属于侵犯注册商标专用权的行为。

强化训练

一、单项选择题

1. 以下对象中可获得外观设计专利权的是（　　）。

A. 一种新型饮料　　B. 饮料的包装盒

C. 饮料的制造方法　　D. 饮料的配方

2. 我国著作权法中对公民作品的发表权的保护期限是（　　）。

A. 作者有生之年加死后 50 年　　B. 作品完成后 50 年

C. 没有限制　　D. 作者有生之年

3. 对发明创造新颖性不构成影响的公开是指在申请日以前 6 个月内（　　）。

A. 科技成果鉴定中的论证

B. 他人未经申请人同意泄露其发明创造

C. 申请人将发明创造内容写入专著，但尚未出版

D. 他人在申请人处看到与专利申请有关的次要附图

4. 两个以上的申请人分别就相同内容的发明创造向国务院专利行政部门提出申请，应该将专利权授予（　　）。

A. 同时申请的两个人　　B. 先申请人

C. 先使用人　　D. 发明人

5. 依照我国商标法，对初步审定的商标，任何人均可提出异议的 3 个月的起算日期为（　　）。

A. 申请日　　B. 公告日　　C. 注册日　　D. 使用日

二、多项选择题

1. 我国专利法规定，申请专利的发明创造在申请日以前 6 个月内，有下列情形之一的，不丧失新颖性（　　）。

A. 在规定的学术会议或技术会议上首次发表的

B. 在中国政府主办或者承认的国际展览会上首次展出的

C. 申请人将其内容写入文章发表

D. 将发明内容进行成果鉴定

2. 下列产品名称中的地理名称哪些属于原产地名称（　　）。

A. 金华火腿　　B. 茅台酒　　C. 涪陵榨菜　　D. 上海手表

3. 我国《商标法》除保护商品商标外还保护（　　）。

A. 服务商标　　B. 立体商标　　C. 气味商标　　D. 集体商标

4. 下列各项中，中国专利法规定不授予专利权的是（　　）。

A. 动物和植物新品种　　B. 智力活动的规则和方法

C. 疾病的诊断和治疗方法　　D. 科学发现

5. 下列哪些权利属于著作权人的权利(　　)。

A. 汇编权　　B. 放映权　　C. 表演权　　D. 发行权

三、案例分析题

广东省南海市富士宝家用电器有限公司向广东省佛山市中级人民法院起诉广东省南海市家乐仕电器有限公司侵犯其专利权。据查,原告富士宝公司向国家专利局提出外观设计专利申请,2010 年 5 月 14 日被公告,5 月 21 日被授予外观设计专利权。被告家乐仕公司的法定代表人潘应明曾任富士宝公司销售部经理,2010 年 6 月辞职离开富士宝公司。潘应明辞职前,已向工商行政部门申请注册了家乐仕公司。同年 7 月,家乐仕公司向国家专利局提出电热开水瓶外观设计专利申请,8 月开始生产 GD601、GD602 电热开水瓶,10 月投放市场。

被告家乐仕公司生产的电热开水瓶与原告富士宝公司的外观设计专利相比较:被告产品与专利产品为同一类;储水瓶均是头盔形的透明体,瓶体形状均属凸檐设计相近似;中间指示灯的设计位置相近似。经中华全国专利代理人协会专家委员会技术鉴定:家乐仕公司生产的 CD601、CD602 电热开水瓶与富士宝公司 96308427. 5ALXE 设计专利相近似。

请问:原告与被告的外观设计专利权是否都合法?本案原告要求维护的是自己的何种权利?如原告于 2013 年向法院起诉,法院是否受理?

知识链接

中华老字号王致和商标维权案

2006 年 3 月,中华老字号王致和腐乳、调味品、销售服务三类商标被一家名为“欧凯”的德国公司注册,这是王致和商标第一次在国外被抢注。欧凯公司主要经营中国食品,在德国销售包括王致和产品在内的多种中国知名商品。得知商标被抢注后,王致和集团委托了由中方、德方资深律师共同组成的律师团队,经过充分的准备和收集有关证据,于 2007 年 1 月 25 日向德国慕尼黑地方法院递交了起诉书,8 月 8 日正式开庭审理。

德国当地时间 2007 年 11 月 14 日下午,德国慕尼黑地方法院一审判决,被社会广泛关注的王致和商标被德国公司抢注一案,王致和集团胜诉。德国慕尼黑地方法庭判决欧凯公司停止使用王致和商标,并且依法撤销了他们的抢注。这是中华老字号首次在海外维权获得胜利。北京王致和集团总经理王家槐兴奋地说:“我们赢了,经过一年多的努力王致和商标终于又回到我们手里,我们打赢了中华老字号海外维权第一案。通过这次我们海外维权的胜利,我们企业在海外受到恶意侵权的时候,我们完全可以用法律手段夺回属于我们自己的权利。我们企业也应该增强自主知识产权的维权意识,只有这样,我们中国的企业才能更好地走向世界。”

根据德国《反不正当竞争法》、《商标法》等法律,欧凯公司在德国经销王致和的商品,因此明知王致和在中国是家喻户晓的知名品牌,却在未经王致和集团同意的情况下在德国注册王致和商标,这种行为属于恶意抢注,是一种不正当的商业竞争行为。

☞ 参考答案

一、单项选择题

1. B　2. A　3. C　4. B　5. B

二、多项选择题

1. AB　2. ABC　3. ABD　4. ABCD　5. ABCD

三、案例分析题

根据专利法的规定两个以上的申请人分别就同样的发明创造申请专利的情况下,对先提出申请的申请人授予专利权。先申请的判断标准是专利申请日。因此原告的外观设计专利权合法,被告的外观设计专利权不合法。原告要求维护的是自己专利的专有权,被告家乐仕公司未经原告的许可,生产、销售与富士宝公司专利产品相近似的电热开水瓶,侵犯了富士宝公司的专利权,应当承担侵权责任。如原告于 2013 年向法院起诉,法院不否受理,因为普通诉讼时效期间为 2 年。

第四篇

经济管理法

项目十

银行法

学习目标

能力目标:识别商业银行的经营原则及经营范围。

知识目标:掌握中国人民银行的职责及宏观调控方式、支付结算的方式。

素质目标:运用支付结算的方式进行款项支付。

【情境导入】

中国人民银行K市分行在上一年度从事了以下几项业务:

1. 1月份直接认购国库券100万元人民币;
2. 2月份向甲公司贷款20万元人民币;
3. 3月份向A市农业银行发放期限为2年的贷款300万元人民币;
4. 5月份向工商银行透支20万元人民币;
5. 8月份为乙国有企业购买设备40万元人民币提供了债务担保;
6. 9月份发行面额为10元的100万元人民币,面额为20元的50万元人民币;
7. 12月份向中国银行再贴现60万元人民币。

【任务分析】

中国人民银行K市分行的上述行为是否合法?

任务一　中国人民银行法

一、中国人民银行法概述

(一)中央银行的概念

中央银行是指代表国家制定和实施货币政策,对金融业实施监督管理并从事有关金融业务活动的特殊金融机构。我国的中央银行是中国人民银行。

(二)中国人民银行法的概念

中国人民银行法即中央银行法,是调整中央银行因制定实施货币政策、行使对金融业监督管理职能而产生的社会关系的法律规范的总称。

1995年3月18日全国人民代表大会通过了《中华人民共和国中国人民银行法》(以下简称《中国人民银行法》),并于2003年进行了修改。

(三)中国人民银行的性质

中国人民银行是中华人民共和国的中央银行,其全部资本由国家出资,属于国家所有。中国人民银行在国务院领导下依法独立执行货币政策,履行职责,开展业务,不受地方政府、各级政府部门、社会团体和个人的干涉。

(四)中国人民银行的职责

保持币值稳定,并以此促进经济增长,是中国人民银行履行职责的目标。中国人民银行依法履行下列职责。

1. 发布和履行与其职责有关的命令和规章;
2. 依法制定和执行货币政策;
3. 发行人民币,管理人民币流通;
4. 监督管理银行间同业拆借市场和银行间债券市场;
5. 实施外汇管理,监督管理银行间的外汇市场;
6. 监督管理黄金市场;
7. 持有、管理、经营国家外汇储备和黄金储备;
8. 经理国库;
9. 维护支付、清算系统的正常运行;
10. 指导、部署金融业反洗钱工作,负责反洗钱的资金监测;
11. 负责金融业的统计、调查、分析和预测;
12. 作为国家的中央银行,从事有关的国际金融活动;
13. 国务院规定的其他职责。

【应用案例 10-1】

中央银行和商业银行一样,以存贷款为主要业务。这一说法正确吗?

案例解析:

不正确。中央银行主要通过实施发行的银行、银行的银行、政府的银行和宏观调控的银行四大职能来对我国的金融业进行宏观管理,而不从事基本的存贷款业务,基本的存贷款业务是由商业银行完成的。

二、中国人民银行的组织机构

(一)中国人民银行的行长

中国人民银行实行行长负责制,设行长1人,副行长若干人协助行长工作。中国人民银行行长由国务院总理提名,报全国人民代表大会或常务委员会决定,由国家主席任免;副行长由国务院总理任免。

(二)货币政策委员会

货币政策委员会是中国人民银行的常设决策机构,其职责是在综合分析宏观经济形式的基础上,依据国家的宏观经济调控目标,讨论货币政策的制定、调整。有关货币政策委员会的职责、组成和工作程序,由国务院规定,报全国人民代表大会常务委员会备案。

货币政策委员会会议每月至少召开1次,并定期向全国人大常务委员会报告。

（三）中国人民银行的组织机构

中国人民银行根据履行职责的需要设立分支机构，作为中国人民银行的派出机构。中国人民银行对分支机构实行统一领导和管理。中国人民银行的分支机构根据中国人民银行的授权维护本辖区的金融稳定，承办有关业务。

三、中国人民银行的业务

（一）中国人民银行的主要业务

与商业银行及其他金融机构相比，中国人民银行的业务有两个显著特点：

一是不以盈利为目的；二是不经营一般银行业务。

人民银行依法开展如下业务：

1. 执行货币政策

货币政策是指国家为了保持货币币值的稳定，促进经济增长而制定的控制、调节和稳定货币的经济政策。中国人民银行为执行货币政策，可以运用下列货币政策工具：(1)要求银行业金融机构按照规定的比例缴存存款准备金；(2)确定中央银行基准利率；(3)为在中国人民银行开立账户的金融机构办理再贴现；(4)向商业银行提供贷款；(5)在公开市场上买卖国债、其他政府债券和金融债券及外汇；(6)国务院规定的其他货币政策工具。

2. 经理国库

政府的财政收支均由中国人民银行代理，财政存款是中国人民银行重要的资金来源，中国人民银行对财政存款不付利息。

3. 代理经营政府债券业务

中国人民银行可以代理国务院财政部门向金融机构组织发行、兑付国债和其他政府债券。中国人民银行经营证券业务的目的不在于营利，而是为了调剂金融市场的资金供求，实现货币稳值。中国人民银行不经营企业债券业务。

4. 办理银行业金融机构账户开立业务

5. 办理清算业务

中国人民银行办理银行业金融机构之间债权债务关系的结算，协调银行业金融机构相互之间的清算事项，提供清算服务。

【应用案例 10 -2】

中国人民银行为执行货币政策，可以运用下列哪些货币政策工具？

A. 缴存存款准备金　　B. 确定基准利率

C. 办理再贴现　　D. 在公开市场上买卖政府债券

案例解析：

正确答案是 ABCD。

（二）中国人民银行的业务限制

《中国人民银行法》对中国人民银行的业务活动作了如下限制性的规定：1. 中国人民银行不得为商业银行提供 1 年期以上的贷款；2. 中国人民银行不得对银行业金融机构的账户透支；3. 中国人民银行不得对政府财政透支，不得直接认购国债和其他政府债券；

4. 中国人民银行不得向地方政府、各级政府部门提供贷款,不得向非银行业金融机构以及其他单位和个人提供贷款,但国务院决定可以向特定的非银行业金融机构提供贷款的除外;5. 中国人民银行不得向任何单位和个人提供担保。

四、人民币管理

我国的法定货币是人民币,人民币是我国境内流通使用的唯一合法货币。人民币由中国人民银行统一印制、发行,其他任何单位和个人均无权发行货币或变相发行货币。任何单位和个人不得印制、发售代币票券,以代替人民币在市场上流通。

禁止伪造、变造人民币;禁止出售、购买伪造和变造的人民币;禁止运输、持有、使用伪造、变造的人民币;禁止故意毁损人民币;禁止在宣传品、出版物或者其他商品上非法使用人民币图样。

残缺、污损的人民币,按照中国人民银行的规定兑换,并由中国人民银行负责收回、销毁。

任务二 商业银行法

一、商业银行法概述

(一)商业银行的概念

商业银行是指依照《中华人民共和国商业银行法》和《中华人民共和国公司法》设立的吸收公众存款、发放贷款、办理结算等业务的企业法人。商业银行依法开展业务,不受任何单位和个人的干涉,并以其全部法人财产独立承担民事责任。

(二)商业银行法及调整对象

商业银行法是规定商业银行组织机构的设立、变更、终止、业务范围和基本业务规则与法律责任的法律规范的总称。1995 年 5 月 10 日全国人大常委会通过《中华人民共和国商业银行法》(以下简称《商业银行法》),并于 2003 年进行了修改。该法是我国商业银行法的基本表现形式。

我国商业银行法的调整对象为从事存放款业务的银行业金融机构,非银行业金融机构与银行的地位、业务范围明显不同,监管的内容也不一样,因此它们不属于《商业银行法》的调整对象。

二、商业银行的经营原则与业务范围

(一)商业银行的经营原则

我国商业银行以安全性、流动性、效益性为经营原则,实行自主经营、自担风险、自负盈亏、自我约束。

(二)商业银行的业务范围

1. 存款业务

商业银行办理个人储蓄存款业务,应当遵循存款自愿、取款自由、存款有息、为存款人保密的原则。对于个人储蓄存款、单位存款,商业银行有权拒绝任何单位或个人查询、冻结、扣划,但法律另有规定的除外。商业银行应当保证存款本金和利息的支付,不得拖延、拒绝支付存款本金和利息。

2. 贷款业务

贷款业务是商业银行的核心业务。商业银行开展贷款业务应根据国民经济和社会发展的需要，接受国家产业政策的指导。商业银行在发放贷款时应当对借款人的借款用途、偿还能力、还款方式等情况进行审查，并实行审贷分离、分级审批的制度。

3. 票据贴现业务

票据贴现是商业银行主要业务之一。票据贴现是指商业银行将扣除利息和相关费用后的票据款项支付给贴现申请人，从而成为票据的持票人，拥有票据相关权利。

4. 结算业务

商业银行是办理转账结算的主体，商业银行依法办理国内外结算业务。商业银行办理票据承兑、汇兑、委托收款等结算业务应当按照规定的期限兑现、收付入账，同时公布有关兑现、收付入账的期限。

5. 发行金融债券或者到境外借款业务

发行金融债券或者到境外借款应当依照法律、行政法规的规定。

6. 同业拆借业务

同业拆借是银行间的一种短期借贷。同业拆借的借入方一般是出现准备金头寸不足的商业银行，同业拆借的目的是解决商业银行临时性资金不足的问题。同业拆借的期限由拆借双方协议决定，拆借期限最长不得超过4个月。

7. 其他业务

除了上述业务以外，商业银行还从事代理发行、代理兑付、承销政府债券；买卖金融债券、政府债券；买卖、代理买卖外汇；从事银行卡业务；提供信用证服务及担保；代理收付款项及代理保险业务；提供保险箱服务以及经国务院银行业监督管理机构批准的其他业务。

【应用案例10－3】

商业银行进行同业拆借，应当按照中国人民银行规定的期限，拆借的最长期限不得超过多长时间？

A. 1个月　　B. 2个月　　C. 3个月　　D. 4个月

案例解析：

正确答案是D。

三、商业银行的设立、接管与终止

（一）商业银行的设立

1. 商业银行的设立条件

（1）有符合《商业银行法》和《公司法》规定的章程；

（2）有符合《商业银行法》规定的最低限额以上的注册资本。设立全国性商业银行的注册资本最低限额为10亿元人民币；设立城市商业银行的注册资本最低限额为1亿元人民币；设立农村商业银行的注册资本最低限额为5 000万元人民币。注册资本应当是实缴资本；

(3)有具备任职专业知识和业务工作经验的董事、高级管理人员；

(4)有健全的组织机构和管理制度；

(5)有符合要求的营业场所、安全防范措施和与业务有关的其他设施；

(6)符合其他审慎性条件。

2. 商业银行的设立程序

设立商业银行，申请人应按有关审批权限的规定，向国务院银行业监督管理机构提出申请。经批准设立的商业银行，由中国人民银行颁发“金融机构法人许可证”，并凭此证依法向公司登记机关申请设立登记。经公司登记机关核准设立登记并发给“企业法人营业执照”，营业执照签发日为商业银行成立日。

(二)商业银行的接管

商业银行已经或者将发生信用危机，严重影响存款人的利益时，国务院银行业监管机构可以对该银行实行接管。接管由国务院银行业监管机构决定并组织实施。接管自接管决定实施之日开始，由接管组织行使商业银行的经营管理权。接管期限最长不超过2年。

有下列情况之一的，接管终止：接管期限或延期届满；接管期限届满前已恢复正常经营能力；接管期限届满前，被合并或破产。

(三)商业银行的终止

商业银行可因解散、撤销和宣告破产而终止。

1. 因解散而终止

商业银行因分立、合并或者出现公司章程规定的解散事由需要解散的，应当向国务院银行业监督管理机构提出申请，并附解散的理由和支付存款的本金和利息等债务清偿计划，经国务院银行业监督管理机构批准后解散。

2. 因撤销而终止

商业银行因吊销经营许可证被撤销的，国务院银行业监督管理机构应当依法及时组织成立清算组，进行清算，按照清偿计划及时偿还存款本金和利息等债务。

3. 因破产终止

商业银行不能支付到期债务，经国务院银行业监督管理机构同意，由人民法院依法宣告其破产。商业银行破产清算时，在支付清算费用、所欠职工工资和劳动保险费用后，应当优先支付个人储蓄存款的本金和利息。

任务三　支付结算法

一、现金管理暂行条例

现金管理是我国一项重要的财经制度，为改善现金管理，促进商品生产和流通，加强对社会经济活动的监督，1988 年 9 月国务院颁布了《中华人民共和国现金管理暂行条例》(以下简称《现金管理暂行条例》)。

(一)现金管理的对象

凡在银行和其他金融机构(以下简称开户银行)开立账户的机关、团体、部队、企事业单位和其他组织(以下简称开户单位)收支和使用现金,必须遵守《现金管理暂行条例》的规定,接受开户银行的监督。

(二)现金管理的机构

中国人民银行总行是现金管理的主管部门。各级人民银行要严格履行金融主管机关的职责,负责对开户银行的现金管理进行监督和稽核。

开户银行负责现金管理的具体执行,对开户单位的现金收支、使用进行监督管理。一个单位只能在一家银行开设现金结算账户支取现金,并由该家银行负责核定现金库存款限额和进行现金管理检查。

(三)现金的使用范围

开户单位之间的经济往来,必须通过银行进行转账结算。根据《现金管理暂行条例》规定,开户单位可以在下列范围内使用现金:

1. 职工工资、津贴;

2. 个人劳动报酬;

3. 根据国家规定颁发给个人的科学技术、文化艺术、体育等各种奖金;

4. 各种劳保、福利费用以及国家规定的对个人的其他现金支出;

5. 向个人收购农副产品和其他物资支付的价款;

6. 出差人员必须随身携带的差旅费;

7. 结算起点 1 000 元以下的零星支出。结算起点为 1 000 元人民币,需要增加时,由中国人民银行总行确定后,报国务院备案;

8. 中国人民银行确定需要支付现金的其他支出。

除上述范围第 5、6 项外,开户单位支付给个人的款项,超过使用现金限额的部分,应当以支票或者银行本票支付;确需支付现金的,经开户银行审查后予以支付。单位购置国家规定的专项控制商品,必须采取转账结算方式,不得使用现金。

【应用案例 10-4】

下列各项开支,可以用现金支付的有哪些?

A. 职工工资

B. 甲公司向乙公司支付货款 2 万元

C. 丙公司向商场支付办公用品费 890 元

D. 棉花公司向棉农支付收购款 3 万元

案例解析:

正确答案是 ACD。向个人支付或单位之间 1 000 元以下的开支可以用现金支付。

(四)库存现金限额的管理

库存现金限额由开户银行核定。开户银行根据实际需要,原则上以开户单位 3 ~ 5 天的日常零星开支所需核定库存现金限额。边远地区和交通不发达地区的开户单位的库存现金限额,可以适当放宽,但不得超过 15 天的日常零星开支。

（五）现金收支管理

开户单位收入现金应于当日送存银行，当日送存确有困难的，由开户银行确定送存时间。

开户单位支付现金，可以从本单位现金库存中支付或者从开户银行提取，不得从本单位的现金收入中直接支付，即不得“坐支”现金；需要直接支付的单位，要事先报经开户银行审查批准，由开户银行核定支出范围和限额。

开户单位从开户银行提取现金的，应当如实写明用途，由本单位财会部门负责人签字盖章，并经开户银行审查批准后方可支付。

（六）现金管理纪律

开户单位不准用不符合财务制度的凭证顶替库存现金；不准利用银行账户代替其他单位和个人存取现金；不准将单位收入的现金以个人名义存储；不准保留账外公款；禁止发行变相货币，不准以任何票券代替人民币在市场上流通。

【应用案例 10－5】

甲学校组织学生进行了为期半个月的“支农”勤工俭学活动，共收取勤工俭学收入30万元。学校财务室当即从收入中支付了学生超额完成任务的奖励及带队教师生活补助等款项8万元，又开支20万元给每个教室配置了一台电视机。然后，将余款2万元存入学校账户。

试分析甲学校的做法是否合法？为什么？

案例解析：

甲学校的做法违反了《现金管理暂行条例》的规定，属于“坐支”现金的行为，即直接从学校的现金收入中支付支出。该校应该将收取的30万元收入于当日交存银行，需要开支的各项支出，可以从开户银行提取。

二、支付结算法律制度

支付结算是指单位、个人在社会经济活动中使用票据、信用卡和汇兑、托收承付、委托收款等结算方式进行货币给付及其资金清算的行为。即当事人采用银行支付手段进行货币给付及其资金清算的行为。

（一）支付结算的基本要求

1. 单位、个人和银行办理支付结算，必须使用按中国人民银行统一规定印制的票据和结算凭证。否则，银行不予受理。

2. 单位、个人和银行应当按照人民币银行结算账户管理办法的规定开立、使用账户。在银行开立存款账户的单位和个人办理支付结算时，账户内须有足够的资金保证支付。

3. 票据和结算凭证上的签章和其他记载事项应当真实，不得伪造、变造。

4. 填写各种票据和结算凭证应当规范。

（二）支付结算的方式

我国现行支付结算方式包括：银行汇票、商业汇票、银行本票、支票、信用卡、汇兑、托收承付、委托收款和信用证。其中前4种称为票据结算，本章主要介绍非票据结算。

1. 汇兑

汇兑是汇款人委托银行将其款项汇给外地收款人的结算方式。汇兑分为信汇和电汇两种。收款人是单位的,汇入银行应将汇给收款人的款项直接转入其账户,并向其发出收账通知。收款人是个人的,凭个人身份证支取款项。支取现金的款项,必须在汇款凭证上注明“现金”字样。

2. 托收承付

托收承付是指根据购销合同由收款人发货后委托银行向异地付款人收取款项,由付款人向银行承认付款的结算方式。使用托收承付的单位,必须是国有企业、供销合作社以及经营管理较好,并经开户行审查同意的城乡集体所有制工业企业。办理托收承付结算的款项,必须是商品交易,以及因商品交易而产生的劳务供应的款项。代销、寄销、赊销商品的款项,不得办理托收承付结算。托收承付结算每笔的金额起点为 1 万元,新华书店系统每笔的金额起点为 1 000 元。

3. 委托收款

委托收款是收款人委托银行向付款人收取款项的结算方式。在银行或其他金融机构开立账户的单位和个人,凭已承兑商业汇票、债券、存单等付款人债务证明均可办理款项的结算。委托收款同城、异地均可办理,不受金额起点限制。

4. 信用证

信用证是银行应买方的请求,开给卖方的一种保证付款的书面凭证。我国信用证是一种不可撤销、不可转让的跟单信用证,适用于国内企业之间的商品交易的转账结算,不得支取现金。

5. 信用卡

信用卡是指商业银行向个人和单位发行的,凭其向特约单位购物、消费或向银行存取现金,且具有消费信用的特制载体卡片,如“牡丹卡”、“长城卡”等。

(三)支付结算纪律

单位和个人办理结算,必须严格遵守支付结算办法的规定。不准套取银行信用;不准签发空头支票、印章与预留印鉴不符的支票以及没有资金保证的票据;不准无理拒付,任意占用他人资金;不准违反规定开立和使用账户;不准签发、取得和转让没有真实交易和债权债务关系的票据,套取银行和他人资金。

【应用案例 10-6】

下列支付结算方式中,有结算金额起点规定的有哪些?

A. 委托收款　　B. 托收承付　　C. 信用证　　D. 汇兑

案例解析:

正确答案是 B。

三、银行结算账户

银行结算账户是指银行为存款人开立的办理资金收付的人民币活期存款账户。按存款人不同分为单位银行结算账户和个人银行结算账户。单位银行结算账户按用途分为基本存款账户、一般存款账户、专用存款账户和临时存款账户 4 种。

(一)基本存款账户

1. 基本存款账户的概念

基本存款账户,是指存款人因处理日常转账结算和现金收付需要开立的银行结算账户。可以申请开立基本存款账户的存款人主要有:企业法人;非法人企业;机关、事业单位;团级(含)以上军队、武警部队及分散执勤的支(分)队;社会团体;民办非企业组织;异地常设机构;外国驻华机构;个体工商户;居民委员会、村民委员会、社区委员会;单位设立的独立核算的附属机构,包括食堂、招待所、幼儿园;其他组织,即按照现行的法律、法规规定可以成立的组织,如业主委员会、村民小组等组织。

2. 基本存款账户的开户证明文件

根据《人民币银行结算账户管理办法》和《人民币银行结算账户管理办法实施细则》的有关规定,开立基本存款账户需提供以下证明文件:

(1)企业法人,应出具企业法人营业执照正本;

(2)非法人企业,应出具企业营业执照正本;

(3)机关和实行预算管理的事业单位,应出具政府人事部门或编制委员会的批文或登记证书和财政部门同意其开户的证明;非预算管理的事业单位,应出具政府人事部门或编制委员会的批文或登记证书;

(4)军队、武警团级(含)以上单位以及分散执勤的支(分)队,应出具军队军级以上单位财务部门、武警总队财务部门的开户证明;

(5)社会团体,应出具社会团体登记证书,宗教组织还应出具宗教事务管理部门的批文或证明;

(6)民办非企业组织,应出具民办非企业登记证书;

(7)异地常设机构,应出具其驻地在地方政府主管部门的批文;

(8)外国驻华机构,应出具国家有关主管部门的批文或证明;外资企业驻华代表处、办事处,应出具国家登记机关颁发的登记证;

(9)个体工商户,应出具个体工商户营业执照正本;

(10)居民委员会、村民委员会、社区委员会,应出具其主管部门的批文或证明;

(11)独立核算的附属机构,应出具其主管部门的基本存款账户开户许可证和批文;

(12)其他组织,应出具政府主管部门的批文或证明。

上述存款人如果为从事生产、经营活动纳税人的,还应出具税务部门颁发的税务登记证。

3. 基本存款账户的使用

基本存款账户是存款人的主办账户,一个单位只能开立一个基本存款账户。存款人日常经营活动的资金收付及其工资、奖金和现金的支取,应通过基本存款账户办理。存款人通过基本存款账户提取和使用现金不得违反《现金管理暂行条例》的规定。

(二)一般存款账户

1. 一般存款账户的概念

一般存款账户,是指存款人因借款或其他结算需要,在基本存款账户开户银行以外的银行营业机构开立的银行结算账户。

2. 一般存款账户的开户证明文件

存款人申请开立一般存款账户，应向银行出具其开立基本存款账户规定的证明文件、基本存款账户开户许可证和下列证明文件：

(1)存款人因向银行借款需要，应出具借款合同；

(2)存款人因其他结算需要，应出具有关证明。

3. 一般存款账户的使用

一般存款账户用于办理存款人借款转存、借款归还和其他结算的资金收付。一般存款账户可以办理现金缴存，但不得办理现金支取。

(三)专用存款账户

1. 专用存款账户的概念

专用存款账户，是指存款人按照法律、行政法规和规章，对其特定用途资金进行专项管理和使用而开立的银行结算账户。

2. 专用存款账户的适用范围

(1)基本建设资金；(2)更新改造资金；(3)财政预算外资金；(4)粮、棉、油收购资金；(5)证券交易结算资金；(6)期货交易保证金；(7)信托基金；(8)金融机构存放同业资金；(9)政策性房地产开发资金；(10)单位银行卡备用金；(11)住房基金；(12)社会保障基金；(13)收入汇缴资金和业务支出资金；(14)党、团、工会设在单位的组织机构经费；(15)其他需要专项管理和使用的资金。

3. 专用存款账户的开户证明文件

存款人申请开立专用存款账户，应向银行出具其开立基本存款账户规定的证明文件、基本存款账户开户许可证和下列证明文件：

(1)基本建设资金、更新改造资金、政策性房地产开发资金、住房基金、社会保障基金，应出具主管部门批文；

(2)财政预算外资金，应出具财政部门的证明；

(3)粮、棉、油收购资金，应出具主管部门批文；

(4)单位银行卡备用金，应按照中国人民银行批准的银行卡章程的规定出具有关证明和资料；

(5)证券交易结算资金，应出具证券公司或证券管理部门的证明；

(6)期货交易保证金，应出具期货公司或期货管理部门的证明；

(7)金融机构存放同业资金，应出具其证明；

(8)收入汇缴资金和业务支出资金，应出具基本存款账户存款人有关的证明；

(9)党、团、工会设在单位的组织机构经费，应出具该单位或有关部门的批文或证明；

(10)其他按规定需要专项管理和使用的资金，应出具有关法规、规章或政府部门的有关文件。

4. 专用存款账户的使用

(1)单位银行卡账户的资金必须由其基本存款账户转账存入。该账户不得办理现金收付业务；

(2)财政预算外资金、证券交易结算资金、期货交易保证金和信托基金专用存款账户不得支取现金；

(3)基本建设资金、更新改造资金、政策性房地产开发资金、金融机构存放同业资金账户需要支取现金的，应在开户时报中国人民银行当地分支行批准；

(4)粮、棉、油收购资金，社会保障基金，住房基金和党、团、工会经费等专用存款账户支取现金应按照国家现金管理的规定办理。银行应按照国家对粮、棉、油收购资金使用管理的规定加强监督，不得办理不符合规定的资金收付和现金支取；

(5)收入汇缴资金和业务支出资金，是指基本存款账户存款人附属的非独立核算单位或派出机构发生的收入和支出的资金。收入汇缴账户除向其基本存款账户或预算外资金财政专用存款户划缴款项外，只收不付，不得支取现金。业务支出账户除从其基本存款账户拨入款项外，只付不收，其现金支取必须按照国家现金管理的规定办理。

5. 预算单位零余额账户的设立、使用和管理

(1)预算单位使用财政性资金，应当按照规定的程序和要求，向财政部门提出设立零余额账户的申请，财政部门同意预算单位开设零余额账户后通知代理银行。

(2)代理银行根据《人民币银行结算账户管理办法》的规定，具体办理开设预算单位零余额账户业务，并将所开账户的开户银行名称、账号等详细情况书面报告财政部门和中国人民银行，并由财政部门通知一级预算单位。

(3)预算单位根据财政部门的开户通知，具体办理预留印鉴手续。印鉴卡内容如有变动，预算单位应及时通过一级预算单位向财政部门提出变更申请，办理印鉴卡更换手续。

(4)一个基层预算单位开设一个零余额账户。

(5)预算单位零余额账户用于财政授权支付，可以办理转账、提取现金等结算业务，可以向本单位按账户管理规定保留的相应账户划拨工会经费、住房公积金及提租补贴，以及财政部门批准的特殊款项，不得违反规定向本单位其他账户和上级主管单位、所属下级单位账户划拨资金。

(四)临时存款账户

1. 临时存款账户的概念

临时存款账户，是指存款人因临时需要并在规定期限内使用而开立的银行结算账户。

2. 临时存款账户的适用范围

(1)设立临时机构，例如工程指挥部、筹备领导小组、摄制组等；

(2)异地临时经营活动，例如异地建筑施工及安装活动；

(3)注册验资、增资。

3. 临时存款账户的开户证明文件

存款人申请开立临时存款账户，应向银行出具下列证明文件：

(1)临时机构，应出具其驻在地主管部门同意设立临时机构的批文；

(2)异地建筑施工及安装单位,应出具其营业执照正本或其隶属单位的营业执照正本,以及施工及安装地建设主管部门核发的许可证或建筑施工及安装合同;

(3)异地从事临时经营活动的单位,应出具其营业执照正本以及临时经营地工商行政管理部门的批文;

(4)注册验资,应出具工商行政管理部门核发的企业名称预先核准通知书或有关部门的批文。

以上第(2)、(3)项,还应出具其基本存款账户开户许可证。

对于合格境外机构投资者在境内从事证券投资开立的人民币特殊账户和人民币结算资金账户,均纳入专用存款账户管理。其开立人民币特殊账户时,应出具国家外汇管理部门的批复文件;开立人民币结算资金账户时,应出具证券管理部门的证券投资业务许可证。

4. 临时存款账户的使用

临时存款账户用于办理临时机构以及存款人临时经营活动发生的资金收付。临时存款账户应根据有关开户证明文件确定的期限或存款人的需要确定其有效期限,最长不得超过2年。临时存款账户支取现金,应按照国家现金管理的规定办理。注册验资的临时存款账户在验资期间只收不付。

【情境总结】

1. 直接认购国库券100万元不合法,中国人民银行可以在公开市场上买卖国债和其他政府债券,但不能直接认购、包销国债和其他政府债券。

2. 向甲公司贷款20万元不合法,中国人民银行不得向非银行金融机构及其他单位和个人提供贷款。

3. 向A市农业银行发放期限为2年的贷款300万元不合法,中国人民银行可以向商业银行提供贷款,但期限不得超过1年。

4. 向工商银行透支20万元不合法,中国人民银行不得对银行业金融机构的账户透支。

5. 为乙国有企业提供债务担保不合法,中国人民银行不得向任何单位和个人提供担保。

6. 发行人民币合法,人民币由中国人民银行统一印制、发行。

7. 向中国银行再贴现60万元人民币合法,人民银行可以为金融机构办理再贴现。

强化训练

一、单项选择题

1. 下列银行中,属于我国的中央银行的是(　　)。

A. 中国人民银行　B. 中国银行　C. 中国建设银行　D. 中国交通银行

2. 人民币的发行银行是(　　)。

A. 中国人民银行　B. 国务院　C. 货币政策委员会　D. 商业银行

3. 设立全国性商业银行的注册资本最低限额为(　　)人民币。

A. 10 亿元　　B. 1 亿元　　C. 5 亿元　　D. 5 000 万元

4. 库存现金限额由开户银行核定,一般为开户单位(　　)天的日常零星开支所需。

A. 3 天　　B. 10 天　　C. 15 天　　D. 3 天至 5 天

5. 单位银行结算账户,自正式开立之日起一定时间后方可使用,该期限为(　　)。

A. 1 天　　B. 2 天　　C. 3 天　　D. 5 天

二、多项选择题

1. 以下关于中国人民银行业务活动的限制性规定的表述中,正确的是(　　)。

A. 不得为商业银行提供贷款　　B. 不得对金融机构的账户透支

C. 不得在公开市场买卖政府债券　　D. 不得向企业提供贷款

2. 商业银行办理个人储蓄存款业务,应当遵循(　　)原则。

A. 存款自愿　　B. 取款自由　　C. 同业拆借　　D. 发行货币

3. 下列业务中,商业银行可以经营的有(　　)。

A. 存款业务　　B. 贷款业务　　C. 同业拆借　　D. 发行货币

4. 下列支出中,开户单位可以采用现金支付方式的有(　　)。

A. 职工工资、津贴　　B. 个人劳动报酬

C. 从工厂购进 2 万元材料　　D. 差旅费 6 000 元

5. 单位银行结算账户的种类有(　　)。

A. 一般存款账户　　B. 基本存款账户

C. 临时存款账户　　D. 专用存款账户

三、案例分析题

1. 中国人民银行 A 分行 2012 年发生以下主要业务:(1)3 月 2 日,A 分行向 A 市人民政府农业局发放支农贷款 200 万元人民币,期限为 3 年;(2)5 月 1 日,向甲企业发放贷款 300 万元人民币,期限为 2 年;(3)5 月 5 日,向工商银行当地分行发放贷款 3 000 万元人民币,期限为 1 年;(4)6 月 2 日,向建设银行再贴现 60 万元人民币;(5)8 月 10 日,直接认购 3 年期国债 200 万元人民币;(6)9 月 3 日,购进 B 上市公司股票 600 万元人民币;(7)10 月 21 日,向在其行开立账户的农业银行当地分行透支 100 万元人民币;(8)11 月 20 日,经国务院决定向当地人民保险公司发放贷款 500 万元人民币,期限为 1 年;(9)12 月 6 日,为 A 市市长赵某贷款 10 万元人民币,期限为 2 年;(10)12 月 19 日,为本市乙国有企业提供担保,担保额为 100 万元人民币。

试分析中国人民银行 A 分行上述业务是否合法?为什么?

2. 某市城市合作银行,为增强经济实力,拓展业务范围,动用本行 1 000 万元资金投资本市机械厂,动用本行 5 000 万元投资本市的房地产公司。通过参股,大大提高了投资回报率,利润大幅提升。试分析该城市合作银行的做法是否合法?为什么?

3. 甲公司 2012 年度有以下几笔业务:(1)3 月 10 日,从乙公司拆借资金 20 万元,用以偿还工商银行到期贷款的本息;(2)4 月 2 日向农户销售农资,收取现金收入 3 万元,未交存银行,而是直接支付了相关人员的差旅费;(3)分别在工商银行和农业银行开立了基

本存款账户;(4)外地设有临时销售部,在当地开设临时账户,5 月 10 日,从临时存款账户上提现 8 000 元,用于销售人员的差旅费;(5)6 月 6 日,从丙公司购买 20 万元的原材料,应丙公司要求,开出现金支票一张,以结清材料款;(6)7 月份,零售商品收取的现金收入 8 万元,直到年底都未交存银行。

试分析:甲公司的上述行为是否合法?

知识链接

中信实业银行系统整合案例

整合的理念相对容易理解,但落到实处,无论谁都会感到有压力。中信实业银行在今年 5 月 1 日成功实现了新一代核心业务系统的总账合并上线,为此,我们特别挑选了中信实业银行的系统整合案例,回放他们的整合历程。

以前中信实业银行的核心业务系统面向的是账目、业务处理,这就导致了系统对于客户的管理不成系统,几个金融产品下面可能对应的都是同一个客户,这对于后台的数据仓库分析来说,是极为不利的。为了扭转这个不利局面,中信实业银行决定从系统的整合入手,改变现有的流程与模式。

不过在整合之前,还要搞清楚要从系统的什么地方入手,是从核心系统开始,还是从数据仓库开始。该行的 IT 负责人记得,在开发完数据仓库的时候就已经发现,现有的数据仓库技术仍然是基于报表系统、统计分析系统,而不是客户化的分析。研究发现,真正的病根还是出在核心系统上,因此只有从核心系统入手,同时进行大集中,做渠道、数据的整合,才是解决问题的出路。

与此同时,中信集团被国家批准,成立了金融控股公司,银行、证券、保险、基金、信托、期货将会全部纳入到中信控股公司的业务中来。于是,中信实业银行的 IT 负责人当机立断,决定从核心入手,逐步进行集团的系统整合工作。

目前,中信实业银行整合的核心业务系统具备了金融业务核心平台统一、客户信息集中、产品管理集中、风险控制集中的特点,同时依托核心业务系统,中信实业银行进一步对渠道和管理信息进行整合,以提高服务水平,加强经营决策。

根据中信实业银行的规划,系统的整合分为客户、产品、业务流程、服务渠道、管理信息、风险控制等多方面的整合。

第一,建立基础平台。中信集团希望整合包括银行、证券、保险、基金、信托、期货等在内的所有金融业务的公司,建立一个中信控股的统一平台。

第二,进行数据大集中。大集中的出发点是完成客户信息的集中和客户信息的整合。通过大集中,中信集团希望任何一个客户到中信来做业务,都是一个唯一的实体。

第三,在大集中过程中,完成产品管理的整合。这里说的产品整合就是指,在客户信息资源整合的基础上,集团各个子公司除了可以共享某一个客户信息,同时还可以建立客户之间的关系。包括客户与客户(家庭)关系,客户与账户之间的关系(一个客户有多少账户),客户与产品之间的关系(一个客户买了多少产品),最终实现客户关系管理。

第四，通过客户服务的渠道整合、业务流程整合，完善数据仓库分析，实现管理信息的整合。在做完集中以后，整个中信集团金融产品的收费、成本、利润，都可以在产品信息中形成了。而这恰恰是将来做数据仓库与产品核算的基础。因为以后再做数据仓库的时候，进行数据分析就非常容易，可以分清产品的利润，可以看到客户的贡献度，产品的贡献度，方便进行服务渠道的成本分析，以及产品交叉销售等，而这也是 CRM 的基础。

当然，整合的过程仍然不是一帆风顺。对于思想观念的改变和业务流程的更改需要较长时间和艰苦的工作。经过中信实业银行业务和技术人员的共同努力、相互配合，整合项目才逐渐步入佳境。而这也再一次证明了，整合绝对是一项“一把手”工程。

☞ 参考答案

一、单项选择题

1. A　2. A　3. A　4. D　5. C

二、多项选择题

1. BCD　2. AB　3. ABC　4. ABD　5. ABCD

三、案例分析题

1.《中国人民银行法》对中国人民银行的业务活动作了如下限制性的规定：①中国人民银行不得为商业银行提供 1 年期以上的贷款；②中国人民银行不得对银行业金融机构的账户透支；③中国人民银行不得对政府财政透支，不得直接认购国债和其他政府债券；④中国人民银行不得向地方政府、各级政府部门提供贷款，不得向非银行业金融机构以及其他单位和个人提供贷款，但国务院决定可以向特定的非银行业金融机构提供贷款的除外；⑤中国人民银行不得向任何单位和个人提供担保。

因此，(1)、(2)、(5)、(6)、(7)、(9)、(10)的行为都不合法。

2. 该城市合作银行的做法不合法。因为该城市合作银行动用本行 1 000 万元资金投资本市机械厂，动用本行 5 000 万元投资本市的房地产公司，这些行为不属于商业银行的业务范围。

3. (1)、(4)行为合法。

根据《现金管理暂行条例》的规定，开户单位收入现金应于当日送存银行，当日送存确有困难的，由开户银行确定送存时间。所以，(6)不合法。

开户单位支付现金，可以从本单位现金库存中支付或者从开户银行提取，不得从本单位的现金收入中直接支付，即不得“坐支”现金；需要直接支付的单位，要事先报经开户银行审查批准，由开户银行核定支出范围和限额。所以，(2)不合法。

开户单位之间的经济往来，必须通过银行进行转账结算。所以，(5)不合法。

根据《人民币银行结算账户管理办法》的规定，基本存款账户是存款人的主办账户，一个单位只能开立一个基本存款账户。所以，(3)不合法。

项目十一

保险法

学习目标

能力目标：区分财产保险合同与人身保险合同。

知识目标：领会保险合同的当事人和关系人的权利与义务、掌握投保人和保险人的权利与义务。

素质目标：依法订立保险合同。

【情境导入】

甲企业为一电脑生产企业，2012 年 4 月 10 日与某保险公司签订了一份财产保险合同，保险金额为 300 万元，保险期限为 1 年，保险合同生效。由于企业资金紧张，2012 年 5 月 15 日，企业制造了所保财产发生火灾的假相，向保险公司谎报发生保险事故，提出赔偿保险金请求。

甲企业的厂长张某个人于 2012 年 6 月与中国人寿保险公司签订了一份人身意外伤害保险，以自己为被保险人，没有指定受益人。保险金额为 10 万元，保险期限为 10 年。2012 年 8 月，张某在一次公务飞行中意外死亡。张某唯一的亲人是他的女儿。

【任务分析】

1. 保险公司在知道甲企业谎报发生保险事故的真相后，本案如何处理？

2. 中国人寿保险公司在张某意外死亡后，应如何处理？

任务一　保险及保险法概要

一、保险的概念及特征

（一）保险的概念

在社会生产与生活中，人们总会遇到各种各样的风险，也会相应采取对付风险的方式。其中转移风险方式是常见的一种，而在众多转移风险的方式中，保险又是重要的一种。

根据《中华人民共和国保险法》（以下简称《保险法》）第二条的规定："本法所称保险，是指投保人根据合同约定，向保险人支付保险费，保险人对于合同约定的可能发生的事故因其发生所造成的财产损失承担赔偿保险金责任，或者当被保险人死亡、伤残、疾病或者达到合同约定的年龄、期限条件时,承担给付保险金责任的商业保险行为。"可见《保险法》中的保险,不同于日常生活中人们口语中的"保险",也不同于"国家保险"(国家因自然灾害而给予的财政补贴)和"社会保险",它是一种商业保险。

保险并不能防止风险的发生,而只可能减少被保险人对不确定性的担忧和经济负担。

(二)保险的特征

1. 保险的法律保障性

法律保障性是指由保险人和被保险人通过依法建立保险合同,形成保险法律关系。合同双方都应按合同规定享有权利并承担义务,任何一方违背合同,另一方都有权依法保障自身的权益。

2. 保险的经济补偿性

这是保险的本质特征,也是保险商业性的体现。保险起源于对自然灾害和意外事故所带来的损害的防范,当自然灾害或意外事故带来财产损失或人身伤亡时,保险可以使当事主体及时得到经济上的补偿。

3. 风险的共担性

保险是建立在"我为人人,人人为我"这一社会基础之上的,即一人损失,众人分摊。自然灾害和意外事故存在普遍性,因此大量主体愿意并要求参加保险从而聚众人之财力形成保险基金,一旦风险于某一主体偶然发生时,可以用保险基金进行补偿,这就使得风险分散,由更多人去分担。

4. 保险的金融性

金融性一方面表现在保险对于被保险人的经济补偿性上,另一方面表现在对于保险人可以聚集大量保险基金,除用于补偿外,还可以用于直接或间接投资。

(三)保险与储蓄、赌博

保险的这些特征是它与储蓄、赌博的显著区别。

1. 保险与储蓄

保险和储蓄的共性,都是处理经济不稳定的善后措施之一。区别表现在:

(1)两者实施的方法不同。储蓄可以单独地、个别地进行,保险则须靠多数人的互助共济才能完成。可见储蓄是自助行为,保险是互助协作行为。储蓄在原则上存款人可以随时提取,而保险只有在具备一定的条件时由特定的人利用。

(2)两者的给付条件不同。储蓄可以利用的金额应以其存款的范围为限制。而保险因意外事故造成的经济损失,采取补偿制度是不一定以缴纳的保险费为限制的,即投保不一定会必然带来经济补偿,如获得经济补偿,也不以缴纳的保险费为限。

(3)两者的目的不同。储蓄作为应付经济不稳定的一种措施,可以应付各种需要,包括补偿损失、应付教育费、丧葬费、婚姻支出等,如果事件可以预测、数量可以计算得出时,一般都用储蓄的方法。而保险一般是针对意外事故所导致的损失,其优点是可以应付个别单位和个人难以预测的意外事故,可以用较少的支出取得较大的保障。

当然,保险多少也具有储蓄的性质,这在人身保险上表现尤为明显。但它与纯粹的储蓄是有原则区别的。

2. 保险与赌博

无论是保险还是赌博，都带有偶然性。但是保险与赌博具有本质的区别。

保险与赌博的区别，首先表现在法律和道德上。保险是合法的，为法律所保护；而赌博除个别国家和地区，大多数国家法律对其禁止并对违犯者进行惩罚。从道德上讲，保险是道德赞同的，而赌博是违反道德的，赌博行为受到道德上的谴责。

保险与赌博的区别，还在于其目的和作用不同。保险是由保险人通过收取保险费的方式来建立专门的保险基金，用以在发生自然灾害或者人身事件时，对投保人或者收益人给予经济补偿或者给付保险金的一种法律制度。而赌博，在绝大多数情况下，不是一种安定社会生活的手段，而且对于社会生活还有消极作用。

二、保险的要素

保险的要素，又称"保险的要件"，指保险得以存在的条件。保险一般有三要素，即前提要素、基础要素和功能要素。

（一）保险的前提要素——危险存在

保险与危险同在，无危险则无保险而言。因此特定的危险事故是保险存在的前提，是第一要素。但是保险并非"包险"，保险人所能承保的只是那些可保危险。如当事人故意使事件发生，比如谋杀被保险人、被保险人自杀、纵火等，或者保险标的自然灭失，都不属于偶然事件。由于偶然事件是"将来的事件"，因此不仅发生与否无法预料，而且一旦发生造成多大损失也无法预知。

（二）保险的基础要素——众人协力

保险的基本原理是集合危险，分散损失。这就要求参加保险的人越多越好，这样才能将保险费积聚成巨额的保险基金，从而保证少数人的意外损失得到足额及时的补偿，显然这是一种间接的互助共济关系。因此保险不仅与危险同在，而且与众人协力同在。

（三）保险的功能要素——损失赔付

保险的功能并非消灭危险，事实上危险是客观存在的。习惯上称投保为"买保险"，或者"花钱买一个安全"，这并不意味着投保的意外事件就再也不会发生了。它的确切含义是：第一，投保后，保险人和被保险人采取了切实有效的措施，加强了防灾能力，安全更有保障了；第二，投保后，被保险人一旦发生损失，按照约定会得到相应的经济补偿，迅速恢复原来的经济状况。实际上，投保后被保险人只是获得了一个经济补偿的机会，而不是真正意义上的安全。所以保险的直接功能是补偿被保险人的经济损失。

三、保险法及调整范围

保险法是指以保险关系为调整对象的各种法律规范的总称。为规范保险合同，保护保险关系当事人的合法权益，加强保险业监督管理，1995 年 6 月 30 日第八届全国人民代表大会常务委员会通过了《保险法》，2002 年 10 月 28 日第九届全国人民代表大会常务委员会对该法进行了修订，2009 年 2 月 28 日第十一届全国人民代表大会常务委员会对该法再次进行了修订，并自 2009 年 10 月 1 日起施行。

《保险法》适用于商业保险，凡在中华人民共和国境内从事商业保险活动的公民、法人和其他组织，适用本法。本法不适用于社会保险和农业保险。

任务二 保险合同

一、保险合同的概念

保险合同是指投保人与保险人约定保险权利义务关系的协议。保险合同为有偿的双务合同。订立保险合同，应由双方协商一致。

二、保险合同的当事人、关系人、中介人

（一）保险合同的当事人

1. 投保人

又称“要保人”、“保单持有人”，是指与保险人订立保险合同，并按照合同约定负有支付保险费义务的人。投保人是保险合同的基本当事人，可以是自然人、法人和其他组织。投保人应满足以下条件：

(1)具有完全民事行为能力。对自然人而言，无行为能力、限制行为能力人不能签订保险合同而成为投保人；对组织而言，未取得法人资格或其他合法资格的组织不能成为保险合同的投保人。

(2)对保险标的具有保险利益。保险利益是指投保人或者被保险人对保险标的具有的法律上承认的利益。也就是说，标的的损坏或灭失对被保险人有着利害关系。如果财产安全，投保人就能得益；如果财产受损，其利益亦遭受损害。投保人如对保险标的不具有保险利益，就不能订立保险合同，已订立的合同为无效合同。

(3)缴纳保险费。保险合同为有偿合同，投保人应承担缴纳保险费的义务。

2. 保险人

又称“承保人”，是与投保人订立保险合同，向投保人收取保险费，并承担赔偿或给付保险金责任的保险公司。如中国人民保险公司、中国人寿保险公司、中国平安保险公司等。只有依法设立并经批准的保险人，才能取得经营保险业务的资格，在核准的经营范围内经营保险业务。

（二）保险合同的关系人

保险合同的关系人是指与保险合同有间接关系的被保险人和受益人。

1. 被保险人

被保险人是指受保险合同保障，享有保险金请求权的人，又称“保户”。被保险人可以是投保人，也可以是第三人。被保险人与保险人的关系为：投保人为自己利益投保时，投保人即为被保险人；投保人为他人利益投保时，投保人与被保险人即分属两人。

2. 受益人

又称“保险金领受人”，是指人身保险合同中由被保险人或投保人指定的享有保险金请求权的人。受益人可以是投保人、被保险人，也可以是指定的第三人。如果没有指定受益人，由保单持有者的法定继承人领受保险金。

【应用案例 11-1】

甲某因公出差，其所在单位为其购买飞机旅客意外伤害保险，未指定受益人，甲某家中有父亲乙、妻子丙和弟弟丁。飞行途中机毁人亡。试分析保险人是否需履行保险责任？如果需要，谁为受益人？

案例解析：

保险人应当履行保险责任，受益人为甲的法定继承人乙、丙、丁。依保险法规定，保险责任是否终止或免除，不以保险合同是否指定受益人为依据。同时保险法规定，如果没有指定受益人，由保单持有者的法定继承人领受保险金。而依相关法律规定，乙、丙、丁均为甲某的法定继承人。

(三) 保险中介人

1. 保险代理人

保险代理人是指根据保险人委托，向保险人收取保险代理费，在保险人授权范围内，代为办理保险业务的单位或个人。保险代理是代理的一种。

2. 保险经纪人

保险经纪人是指基于投保人的利益，为投保人与保险人订立保险合同、提供中介服务，并依法收取佣金的单位或个人。保险经纪人以自己的名义从事保险经济活动。

三、保险合同的主要条款

保险合同条款，是规定保险人与被保险人之间的基本权利和义务的条文，它是确定当事人权利义务的根据。其内容主要包括：

(一) 当事人的姓名和住所

合同必须有特定的当事人，保险合同并不例外。保险合同订立后，保险费的支付，危险事故的通知，保险金的给付，皆须有明确对象。由于保险合同大多运用保单形式。在保单中保险人姓名、地址已印就，要填写的是投保人、被保险人的姓名或者名称、住所，以及人身保险的受益人的姓名或者名称、住所。

(二) 保险标的

保险标的是指作为保险对象的财产及其有关利益，或者是人的寿命和身体。它是判断投保人或被保险人是否对其具有可保利益的依据。如财产保险中的保险标的是各种财产本身或其有关的利益或责任；人身保险中的保险标的是人的身体、生命等。如在合同生效时保险标的因非保险事故而灭失，保险合同即因丧失保险标的而失效。

(三) 保险金额

保险金额，简称保额，是保险合同双方当事人约定，在保险事故发生时，保险人应赔偿或给付金额的最高限度。对保险人而言，它既是收取保费的计算标准，也是赔偿给付的最高限额；对投保人、被保险人和受益人而言，它既是缴纳保费的依据，也是索赔和获得保险保障的最高限额。

在确定保险金额时，首先应遵循保险利益原则。其次，保险金额应不超过保险标的的价值。在财产保险中，当保险财产遭受损失时，保险人只能按照实际损失负责赔偿，因此即使保险金额超过保险价值，其超出部分得不到赔付。在人身保险中，人的生命和健康无法用价值来衡量，不存在保险价值的问题，因此保险金额一般只受投保人本身支付保费的能力和被保险人健康状况的限制。

（四）保险费

保险费简称保费，是投保人向保险人支付的费用，作为保险人根据保险合同的约定提供经济保障的代价，即投保人分摊危险而支付的代价。

（五）保险责任及责任免除

保险责任是指保险人按照保险合同的约定所承担的赔偿或给付责任。保险责任有法定免除和约定免除，对保险合同中免除保险人责任的条款，保险人在订立合同时应当在投保单、保险单或者其他保险凭证上作出足以引起投保人注意的提示，并对该条款的内容以书面或者口头形式向投保人作出明确说明。未作提示或者明确说明的，该条款不产生效力。

（六）保险期间和保险责任开始时间

保险期间是指保险合同从开始生效到终止的这一期间。

保险责任开始的时间是保险人开始承担保险责任的期间，从保险人承担责任开始到终止的期间为保险责任期间。在此期间内发生保险事故，保险人应承担保险责任，反之，保险人不承担保险责任。保险责任开始的时间才是被保险人真正享受保险合同保障的期间。依据《保险法》规定："保险合同成立后，投保人按照约定交付保险费，保险人按照约定的时间开始承担保险责任。"因此，保险合同的当事人可以在合同中约定保险责任开始的时间，该时间可以约定在合同生效前某一时间点，也可以约定在合同生效后某一时间点。

（七）违约责任和争议处理

（八）订立合同的年、月、日

四、保险合同的解除

《保险法》规定，除法律另有规定或当事人另有约定外，投保人可以解除合同，但保险人不得解除合同。下列情况下，保险人可以解除合同：

1. 投保人违反如实告知义务；
2. 投保人、被保险人或者受益人故意制造保险事故；
3. 被保险人或者受益人在未发生保险事故的情况下，谎称发生了保险事故，向保险人提出赔偿或者给付保险金的请求的。

任务三　财产保险合同

一、财产保险合同的概念及特征

财产保险是指以补偿投保人的经济损失为基本目的，以特定的财产物资及其相关利益为承保标的的保险活动。财产保险合同具有以下特征：

1. 财产保险合同的保险标的是财产及其有关利益

这里所讲的财产，包括一切有形的动产与不动产。有关利益，是指基于权利而产生的现有利益，基于权益或者现有利益而产生的期待利益，以及基于责任而产生的消极利益。

2. 财产保险合同是典型的补偿性保险合同

它以赔偿保险标的的损失为直接目的，严格遵循损害填补原则，无损失即无过失。保险是对危险所造成的损失给予经济补偿，补偿方法主要是通过支付货币。因此，危险事故所导致的损失，必须在经济上能够计算价值，否则，保险的补偿无法实现。在财产保险中，对于危险事故所造成的经济损失，可以通过估价等办法来确定。只有被保险标的遭受保险合同中规定的危险，发生经济损失时，保险人才承担经济补偿责任。

3. 财产保险合同保险金额的确定以保险合同标的价值为依据

财产保险合同的保险金额根据保险标的的保险价值和被保险人对保险标的所具有的利益而定。保险价值是保险标的的实际价值。保险价值是判断不足额保险、足额保险、超额保险的标准。财产保险合同的保险金额不得超过保险价值，超过保险价值的部分无效。

4. 保险人的最高赔偿责任以保险合同所约定的保险金额为限

被保险人所遭受超过保险金范围的损失，保险人不负赔偿责任。保险金额是保险人承担赔偿责任的最高限额，也是投保人对保险标的实际投保的金额。在财产保险中，超过保险金额范围的损失，投保人无权请求保险人赔偿，保险人相应地没有承担责任的义务。

二、财产保险合同的分类

（一）从保险合同的主体不同进行划分，可分为企业财产保险合同和家庭财产保险合同。

（二）从保险合同的保险标的不同划分，可分为财产保险合同（狭义的）、责任保险合同、保证保险合同、信用保险合同。责任保险是以被保险人对第三者依法应负的赔偿责任为保险标的的保险。保证保险属于一种担保业务，由保险人为被保险人向权利人提供担保，当被保证人违约或者不忠诚而使权利人遭受经济损失时，权利人有权从保证人处获得补偿。信用保险是以信用交易中债务人的信用作为保险标的，在债务人未能如约履行债务清偿而使债权人遭受经济损失时，由保险人向债权人提供风险保障的一种保险。

（三）从保险标的形态的不同划分为有形的财产保险合同和无形的财产保险合同。有形的财产保险合同，如企业财产保险合同、家庭财产保险合同、运输工具保险合同等；无形的财产保险合同，如责任保险合同、保证保险合同等。

（四）从保险财产所包括的范围不同划分，可分为广义的财产保险合同和狭义的财产保险合同。广义的财产保险合同指除人身保险合同以外的一切保险合同；狭义的财产保险合同仅指以存在于固定地点、处于相对稳定状态的企业财产、家庭财产为保险标的的保险合同。

三、财产保险的保险金额

财产保险的保险金额是指保险人承担经济损失赔偿责任的最高限额。我国《保险法》对财产保险金额作出如下规定：

1. 保险金额不得超过保险标的的价值，超过保险标的价值的部分，保险人不承担给付责任。

2. 保险金额低于保险标的价值的，除非合同另有约定，保险人按照保险金额与保险标的价值的比例，承担给付保险赔偿金的责任。

【应用案例 11-2】

某保险公司承保某企业财产保险，其保险金额为 2 000 万元，在保险合同有效期内的某日发生了火灾，损失额为 500 万元，出险时财产实际价值为 2 500 万元。试分析该保险公司的赔偿金额应为多少?

案例解析：

本案中，发生保险事故时，保险金额 2 000 万元，低于保险标的价值，所以保险赔偿额 = 保险财产实际损失额 × 保险金额/保险标的价值，即 500 × 2 000/2 500 = 400(万元)。

3. 重复保险的保险金额总和超过保险价值的，各保险人的赔偿金额的总和不得超过保险价值。除合同另有约定外，各保险人按照其保险金额与保险金额总和的比例承担赔偿责任。

重复保险是指投保人对同一保险标的、同一保险利益、同一保险事故分别向两个以上保险人订立保险合同的保险。

四、财产保险合同的履行

(一)投保人的义务

1. 交纳保险费的义务

向保险人交纳保险费是投保人的主要义务。在保险合同成立后，投保人拒绝交纳保险费的，保险人有权解除或终止合同。

2. 维护保险财产安全的义务

保险的目的在于追求保险标的的安全无损，而保险标的通常由投保人或被保险人所控制，基于保险合同履行的诚信原则，投保人有义务维护保险财产的安全。投保人违反该义务，由此引起保险事故所造成的损失，保险人不负赔偿责任。

3. 危险增加通知的义务

所谓危险增加，是指投保人订立保险合同时未曾预料到，但在保险期限内发生的有关保险标的危险因素及危险程度的增加。保险人未履行通知义务的，因保险标的危险程度增加而发生的保险事故，保险人不承担赔偿责任。

4. 保险事故发生的通知义务

保险事故发生后，投保人、被保险人有义务及时将事故发生的情况通知保险人，以便于保险人及时调查取证而确定责任。但投保人、被保险人的通知义务仅应以其知道保险事故的发生为限。被保险人在未发生保险事故的情况下，谎称发生了保险事故而向保险人提出赔偿请求的，保险人有权解除保险合同，并不退还保险费。

5. 避免扩大损失的义务

在发生保险事故时，负有采取一切必要措施避免扩大损失的义务。如果投保人没有采取措施，保险人对由此而扩大的损失，有权拒绝赔偿。投保人为避免扩大损失进行施救、保护和整理所支出的合理费用,保险人负赔偿责任。

6. 索赔举证义务

保险事故发生后,依照保险合同请求保险人赔偿时,投保人、被保险人应当向保险人提供其所能提供的与确认保险事故的性质、原因、损失程度等有关的证明和资料。

(二)保险人的义务

根据我国保险法的规定,保险人对于保险事故造成的损失和费用,在保险金额的范围内承担赔偿责任。保险人的赔偿义务是根据法律和保险合同的规定产生的,履行该项义务应当注意以下几点:

1. 保险人只对保险事故所造成的损失和费用承担责任

所谓保险事故是保险合同规定的有效期限内发生的属于保险责任范围内的事故。在保险合同规定的有效期限以外发生的事故以及保险合同规定的除外责任事故所造成的损失和费用,不属于保险人的赔偿范围。

2. 保险人应当赔偿的损失

发生保险事故所造成的保险标的的实际损失或者引起的责任;投保人为避免扩大损失进行施救、保护、整理以及诉讼所支出的按合同规定应由保险人偿付的合理费用;为了确定保险责任范围内的损失,依合同规定应由保险人偿付的对受损标的的检验、估价、出售的合理费用。保险人赔付上述损失和费用时,应当分别计算,其合计的最高赔偿额不得超过保险金额。

3. 保险人履行赔偿义务应当迅速及时

保险人收到投保人要求赔偿的单证后,根据保险合同的规定,核定应否赔偿;在与投保人达成有关赔偿金额的协议后,应当在10日内偿付。保险人如不及时偿付,则应承担违约责任,支付违约金。

【应用案例11-3】

某公司将一批财产向某保险公司投保,保险金额800万元,后因发生保险事故,损失400万元,被保险人支出施救费用20万元。这批财产在发生保险事故时的市价为1 000万元,试分析保险公司如何赔付?

案例解析:

保险赔偿额=(保险财产实际损失额+施救费)×保险金额/保险标的价值,即(400+20)×800/1 000=336(万元)。保险法规定,投保人为避免扩大损失进行施救支出的合理费用应由保险人偿付;保险金额低于保险标的价值的,除非合同另有约定,保险人按照保险金额与保险标的价值的比例,承担给付保险赔偿金的责任。

任务四　人身保险合同

一、人身保险合同的概念及特征

(一)人身保险合同的概念

人身保险合同是投保人和保险人约定的,以人的生命和身体健康作为保险标的的保险合同。保险人在保险事故发生或保险事件出现时,按照保险合同的约定,向被保险人或受益人给付保险金或年金。保险事故或保险事件如被保险人死亡、丧失劳动能力、年老退休或保险期满等。

(二)人身保险合同的特征

1. 人身保险合同的定额给付性

在发生保险事故时,保险人按照合同约定的金额给付保险金,而普通财产保险的保险金则具有补偿性质。

2. 人身保险合同的长期性

人身保险合同,特别是人寿保险合同往往是长期的。保险期限可以是数年、数十年到一个人的一生不等。普通财产保险的保险期限大多为1年,不可能是长期的。

3. 人身保险利益确定的特殊性

人身保险的保险利益难以用货币估价,但投保人应对保险标的具有保险利益。根据是否有可保利益以投保人与被保险人之间的关系来确定。为自己投保的人身保险,其保险利益是不言而喻的。为他人投保的人身保险是以他人的生命或身体为保险标的,投保人与他人依法应具有基于血缘、姻亲或法律形成的密切的亲属关系,或者与他人有劳动关系的,被保险人同意投保人为其订立合同的。否则不具有保险利益。

4. 人身保险合同的储蓄性与投资性

投保人所缴纳的保险费,保险人最终将以各种形式返还给被保险人或其受益人。人身保险合同是一种给付性质的保险合同,只要发生合同约定的事故或达到合同约定的期限,保险人都要给付保险金,而不管被保险人是否有损失或虽有损失但已从其他途径得到补偿。因此,对投保人来说,它是一种储蓄与投资手段。而普通财产保险则限于补偿损失,目的是保障财产的安全。事实上财产保险不是每年都会发生赔偿事故,由于期限短,大部分保单因期满而失效,既不赔偿,也不退还保险费。

二、人身保险合同的种类

(一)人寿保险合同

人寿保险合同是以被保险人的死亡或生存为保险事故的人身保险合同。人寿保险的基本内容是投保人向保险人缴纳保险费,当被保险人在保险期限内死亡或生存到一定的年龄时,保险人向被保险人或其受益人给付保险金。人寿保险是人身保险中最基本、最主要的种类。

(二)人身意外伤害保险合同

以被保险人因遭受意外伤害造成死亡或残疾为基本保险责任,可附加被保险人因遭受意外伤害需要医疗或收入损失的保险责任。

(三)健康保险合同

以被保险人因疾病需要医疗或造成残疾或收入损失等为保险责任的人身保险合同。

三、人身保险合同的当事人和关系人

(一)人身保险合同的当事人

1. 保险人。人身保险合同的保险人是根据《保险法》和《公司法》的有关规定,取得保险主管机关颁发的经营人身保险业务的许可证，经国家工商行政管理部门批准，领取营业执照的人寿保险公司。

2. 投保人。人身保险合同的投保人，是指为防止自己或其利益关系人的人身免受可能存在的危害而向保险人交付保费，订立保险合同的公民、法人或其他组织。投保人可以以自己的寿命和身体为标的，为自己的利益与保险人订立保险合同，也可以以他人的寿命和身体为他人的利益订立保险合同，还可以以他人的寿命和身体为自己的利益订立保险合同。但投保人对被保险人必须具有保险利益。

（二）人身保险合同的关系人

1. 被保险人

人身保险合同的被保险人，是指合同载明的可能遭受某种危险而受到人身伤害的自然人。人身保险合同的被保险人发现是无行为能力人，则不得为其订立以死亡为给付保险金条件的保险合同，保险人也不得为其投保。但父母为其未成年的子女投保此类保险的则不在此限。

2. 受益人

人身保险合同的受益人，是指由被保险人或者投保人指定的在保险事故发生后或者约定的事项出现后向保险人领受保险金的人。投保人、被保险人可以为受益人。被保险人为无行为能力或限制行为能力人时，由其监护人指定受益人。被保险人、投保人指定受益人的行为是单方法律行为，受益人可以放弃受益权。受益人放弃受益权而无其他受益人的，保险合同的受益权由被保险人的法定继承人享有。受益人在保险事故发生前无死亡的，其受益权不能由其继承人继承。受益人故意造成被保险人死亡或者伤残的，或者故意杀害被保险人未遂的，丧失受益权。

四、人身保险合同的履行

（一）投保人的主要权利与义务

1. 投保人的主要权利

（1）依法投保。投保权利是以投保人对被保险人具有保险利益作为合法存在的基础。《保险法》对人身保险合同的投保权利有一些约束，如投保人不得为无民事行为能力人投保以死亡为给付保险金条件的人身保险。父母具有为未成年子女投保人身保险的权利。

（2）复效请求权。复效请求权是根据复效条款而产生的合同恢复请求权。根据法律的规定，一般存在于分期支付保险费的合同中。在没有特别约定的情况下，如果投保人超过规定的期限60日不交付续期保险费，合同效力将依法中止。但是，自合同效力中止之日起两年内，在投保人与保险人协商一致并补交保险费后，投保人有权提出恢复合同的请求，根据法律的规定，该合同应当恢复效力。

（3）指定与变更受益人。在人身保险合同中，投保人有权对人身保险合同的受益人进行指定与变更。但是投保人指定或变更受益人须经被保险人同意方有效。如果被保险人是无民事行为能力或者限制民事行为能力人，可以由监护人指定受益人。在指定受益人时，投保人可以指定一个或数个为受益人，同时，在受益人为数个人的情况下，投保人可以指定受益顺序或者受益份额;如果没有确定受益份额,受益人按照相等份额享有受益权。

变更受益人必须书面通知保险人。保险人收到变更受益人的书面通知后,应当在保险单上批注。

2. 投保人的主要义务

(1)履行如实告知义务。订立保险合同,保险人就保险标的或者被保险人的有关情况提出询问的,投保人应当如实告知。

投保人故意或者因重大过失未履行如实告知义务,足以影响保险人决定是否同意承保或者提高保险费率的,保险人有权解除合同。保险人对于合同解除前发生的保险事故,不承担赔偿或者给付保险金的责任,并不退还保险费。

投保人因重大过失未履行如实告知义务,对保险事故的发生有严重影响的,保险人对于合同解除前发生的保险事故,不承担赔偿或者给付保险金的责任,但应当退还保险费。

保险人在合同订立时已经知道投保人未如实告知的情况的,保险人不得解除合同;发生保险事故的,保险人应当承担赔偿或者给付保险金的责任。

(2)按照合同预定时间交付保险费。如果是分期交付的合同,投保人必须定期按时支付保险费,最迟也不能超过宽限期 60 天,合同另有约定除外。当然,在宽限期内保单仍然有效。

(3)通知义务。如果保险合同要变更受益人,应该书面通知保险人;保险事故发生后,需要及时与保险公司或业务员取得联系。

(二)保险人的主要权利与义务

1. 保险人的主要权利

(1)拒绝给付保险金。投保人、受益人故意造成被保险人死亡、伤残或者疾病,保险人不承担给付保险金的责任。

在以死亡为给付保险金条件的合同中,被保险人在合同成立之日起 2 年内自杀的,保险人不承担给付保险金的责任。

被保险人故意犯罪导致其自身伤残或者死亡的,保险人不承担给付保险金的责任。

(2)解除人身保险合同。被保险人的年龄不真实或不符合合同的约定,保险人可以解除合同;投保人逾期未交保险费而致使合同效力中止,并自中止之日起的两年内未达成复效协议的,保险人可以解除合同。

2. 保险人的主要义务

(1)退还保险费或退还保险单的现金价值

因被保险人的年龄不真实致使保险人解除合同的,保险人应在扣除手续费后向投保人退还保险费,但自合同成立之日起超过 2 年的除外。

由于被保险人年龄不真实,致使投保人多付保险费的,保险人应将多收的保险费退还。

因分期支付保险费的投保人逾期未交保险费而致使合同解除的,投保人已交足 2 年以上保险费的,保险人应按合同的规定退还保险单的现金价值;未交足 2 年以上保险费的,保险人应在扣除手续费后向投保人退还保险费。

由于投保人、被保险人、受益人自身的过错导致保险人不承担给付保险金责任,且投保人已交足 2 年以上保险费的,保险人应退还保险单的现金价值。

以死亡为给付保险金条件的被保险人,在合同成立之日起 2 年内自杀的,对投保人已经支付的保险费,保险人应当按保险单退还其现金价值。

投保人解除合同,已交足 2 年以上保险费的,保险人应直接到解除合同通知之日起的 30 日内,退还保险金的现金价值;未交足 2 年保险费的,在扣除手续费后,退还保险金。

(2)向被保险人的继承人履行给付保险金的义务

被保险人死亡后,有下列情形之一的,保险金作为被保险人的遗产,由保险人向其继承人履行给付保险金的义务:

①没有指定受益人,或者受益人指定不明无法确定的;

②受益人先于被保险人死亡,没有其他受益人的;

③受益人依法丧失受益权或者放弃受益权,没有其他受益人的。

【应用案例 11-4】

张某一家只有张某、张某的妻子和张某的女儿,2011 年 6 月,张某向某保险公司以自己为被保险人、以其女儿为受益人投保人身意外伤害保险,保险期限为 10 年。2012 年 7 月,张某的女儿在一次车祸中死亡,2012 年 8 月,张某在一次旅游中意外身亡。试分析张某的妻子能否在保险事故发生后向保险公司要求给付保险金?

案例解析:

张某的妻子有权向保险公司要求给付保险金。保险法规定,受益人先于被保险人死亡,没有其他受益人的,保险金应作为被保险人的遗产,由保险人向其继承人履行给付义务。本案中,张某的妻子是张某的合法继承人。

【情境总结】

1. 保险人有权解除合同,并不退还保险费。保险法规定,未发生保险事故,被保险人或者受益人谎称发生了保险事故,向保险人提出赔偿或者给付保险金请求的,保险人有权解除合同,并不退还保险费。

2. 中国人寿保险公司应在保险事故发生后,向张某的女儿给付保险金。保险法规定,被保险人死亡后,没有指定受益人,或者受益人指定不明无法确定的,保险金作为被保险人的遗产,由保险人向其继承人履行给付保险金的义务。

强化训练

一、单项选择题

1. 我国《保险法》的适用范围是(　　)。

A. 社会保险　　B. 商业保险　　C. 农业保险　　D. 各种险种均可

2. 在下列哪些情况下,保险人不承担给付保险金的责任(　　)。

A. 被保险人在合同成立满 2 年后自杀的

B. 被保险人过失犯罪的

C. 受益人先于被保险人死亡,又没有其他受益人的

D. 人身保险合同的效力中止后发生保险事故的

3. 除了被保险人,在人身保险合同中享有保险金请求权的是(　　)。

A. 投保人　　B. 受益人

C. 债权人　　D. 受益人的法定继承人

4. 根据保险法的有关规定,出现下列情况之一的,保险人有权解除保险合同,但需退还保险单现金价值的是(　　)。

A. 被保险人或者受益人在未发生保险事故的情况下,谎称发生了保险事故,向保险人提出赔偿或者给付保险金的请求的

B. 投保人已交足 1 年的保险费,投保人、被保险人或者受益人故意制造保险事故的

C. 保险事故发生后,投保人、被保险人或者受益人以伪造、变造的有关证明资料或者其他证据,编造虚假的事故原因或者夸大损失程度的

D. 被保险人故意犯罪导致其自身伤残或者死亡的,且投保人已交足 2 年以上保险费的

5. 人身保险与财产保险最主要的不同是(　　)。

A. 财产保险属于补偿保险,而人身保险是给付性质的保险

B. 财产保险以财产及其利益为标的,而人身保险以人的生命、健康等为标的

C. 财产保险的保险利益可以用货币计算,而人身保险不能以货币计算损失

D. 财产保险属于不定额保险,而人身保险属于一种定额保险

二、多项选择题

1. 保险合同的关系人不包括(　　)。

A. 保险人　　B. 被保险人　　C. 投保人　　D. 受益人

2. 李某于 2008 年 10 月与保险公司签订了一份人身保险合同,被保险人为其女儿。至 2009 年 10 月李某已支付了 2 年的保险费。2010 年 5 月李某下岗,致使其后保险费的缴纳遇到了困难,现已是 2013 年 1 月,李某仍未能补交 2010 年至 2012 年的保险费。依照法律规定,下列有关本案的表述中哪些是正确的(　　)。

A. 保险公司有权解除合同

B. 保险公司应退还保险单的现金价值

C. 保险公司应在扣除手续费后,退还保险费

D. 假设 2012 年 12 月,被保险人发生保险责任范围内的事故,保险公司不承担给付保险金的责任

3. 在保险合同订立时投保人故意不履行如实告知义务的，下列关于法律后果的表述哪些是错误的(　　)。

A. 如果保险事故已经发生，保险人不承担赔偿或者给付保险金的责任，保险费也不予以退还

B. 如果事故未发生，保险人可以解除合同

C. 如果事故已经发生，保险人不承担赔偿或者给付保险金的责任，但保险费应予以退还

D. 如果事故已经发生，保险人不承担赔偿或者给付保险金的责任，保险费可以退还

4. 在下列哪些情况下保险人不能解除保险合同(　　)。

A. 人身保险合同中约定采用分期交纳保险费的方式，投保人支付首期保险费后，已超过合同约定的期限2年未缴纳第二期的保险费

B. 财产保险中保险事故发生后，被保险人不进行施救的

C. 财产保险中保险合同成立后，保险标的的危险程度增加的

D. 人身保险中投保人申报的被保险人年龄不真实，合同成立后3个月保险人发现被保险人的真实年龄不符合合同约定的年龄限制的

5. 投保人在下列哪些情况下具有保险利益(　　)。

A. 享有留置权的人对于留置的财产

B. 财产保管人对于代为保管的财产

C. 国有企业对于经营管理的没有完整所有权的财产

D. 承租人对于承租使用的财产

三、案例分析题

1. 2009年11月，家住武汉的赵先生以自己为被保险人，向中国人寿保险公司投保重大疾病定期保险。保险责任为：被保险人在合同生效之日起一年后初次发生重大疾病，保险公司给付重大疾病保险金；被保险人因此重大疾病死亡的，保险公司给付保险金8万元；受益人为赵先生妻子。订立保险合同时，保险公司详细询问了赵先生的身体状况和个人生活情况。赵先生对“过去5年是否患有心脏病？”这项提问作了否定答复。

2012年6月，赵先生因心脏病治疗无效死亡，其妻向保险公司申请理赔。保险公司在核实赵先生的死亡原因时，发现赵先生10岁时就患有“先天性心脏病”，并于2009年因该病住院治疗。对于这些情况，赵先生在投保时，针对保险公司的提问均作了“否定”的答复。为此，保险公司认为，赵先生投保时，没有履行如实告知义务，遂根据《保险法》规定，作出拒赔的决定。双方经协商未果，赵先生的妻子向法院提起诉讼。

(1)法院应如何判决？说明理由。

(2)如果2009年赵先生对“过去5年是否患有心脏病”作出否定答复后，保险公司经向赵先生妻子询问，得知赵先生未如实告知的情况，但仍然与其订立了保险合同，法院

又应如何判决？说明理由。

2. 2012 年 5 月 25 日，ABC 公司将新建楼房向保险公司为该楼房投保企业财产保险，保险金额为500万元，保险期限为1年。2012年7月，ABC公司将该楼房出租给刘某，刘某用该楼房贮存化学药品。ABC公司没有将此情况通知保险公司。2012年8月2日，化学药品起火，该楼房全部烧毁，刘某逃走。李某要求保险公司赔偿损失，保险公司经核实，发出拒绝赔偿通知。

保险公司的主张是否有法律依据？说明理由。

知识链接

商业保险与社会保险的主要区别

社会保险是指国家、社会对发生生活困难的社会成员给予物质帮助的制度，社会保险同商业保险的主要区别有以下方面：

1. 社会保险是强制性的，商业保险是自愿性的。

2. 社会保险是政府行为，具有垄断性，商业保险是企业行为，具有竞争性。

3. 实施社会保险无选择性，实施商业保险有选择性或限制性。社会保险的目标是覆盖全社会，参加社会保险的劳动者或社会成员，不受年龄、健康状况、生活习惯等限制，而商业保险则有较强的选择性。

4. 社会保险有统一规范性，商业保险则有自主性，而无统一性。社会保险基本上是在一国范围内统一规范保险的险种（我国规定现阶段的社会保险包括养老、医疗、失业、工伤和生育5个险种）。

5. 社会保险机构是非盈利性的，商业保险公司则具有盈利性。

6. 社会保险具有公平性，商业保险则突出效率。社会保险的参保人按照统一的规定交纳保险费，而且大部分保险费是由用人单位缴交的，并按统一标准享受待遇，同样的条件，收费相同，享受的待遇也相同，不存在差别，较好地体现了社会公平性。社会保险虽然也要考虑效率，但首先要考虑公平。商业保险在公平与效率中，主要体现效率，有钱投保，无钱则不投保。

7. 社会保险具有公益性，商业保险则是非公益性的。

参考答案

一、单项选择题

1. B　2. D　3. B　4. D　5. B

二、多项选择题

1. AC　2. ABD　3. CD　4. BC　5. ABCD

三、案例分析题

1.(1)根据保险法的规定，投保人应履行如实告知义务。订立保险合同，保险人就保险标的或者被保险人的有关情况提出询问的，投保人应当如实告知。

投保人故意或者因重大过失未履行如实告知义务，足以影响保险人决定是否同意承保或者提高保险费率的，保险人有权解除合同。保险人对于合同解除前发生的保险事故，不承担赔偿或者给付保险金的责任，并不退还保险费。

法院应不予支持赵先生的妻子的诉讼请求。

(2)保险人在合同订立时已经知道投保人未如实告知的情况的，保险人不得解除合同；发生保险事故的，保险人应当承担赔偿或者给付保险金的责任。

法院应支持赵先生的妻子的诉讼请求，要求保险公司给予赔付。

2.保险公司的主张是有法律依据。根据保险法投保人负有危险增加通知的义务。所谓危险增加，是指投保人订立保险合同时未曾预料到，但在保险期限内发生的有关保险标的危险因素及危险程度的增加。投保人未履行通知义务的，因保险标的危险程度增加而发生的保险事故，保险人不承担赔偿责任。

项目十二 证券法

学习目标

能力目标:区分股票的发行、公司债券的发行、证券投资基金的发行条件。
知识目标:掌握证券交易的一般规则。
素质目标:根据证券交易规则进行证券交易分析。

【情境导入】

某股份有限公司于2011年5月在上海证券交易所上市。2012年以来,公司发生了下列事项:

1.2012年2月,董事甲将所持公司股份6万股中的1万股卖出;2013年3月,董事乙将所持公司股份10万股中的2.4万股卖出;董事丙因出国定居,于2012年6月辞去董事职务,并于2013年2月将其所持公司股份3万股全部卖出。

2.监事丁于2012年3月8日以均价每股8元价格购买2万股公司股票,并于2012年8月20日以均价每股16元价格将上述股票全部卖出。

3.2012年4月21日,公司发布年度报告。为该公司年报出具审计报告的注册会计师刘某于同年5月18日购买该公司股票0.5万股。

【任务分析】

1.甲、乙和丙卖出所持公司股票的行为是否符合法律规定?并分别说明理由。
2.丁买卖公司股票的行为是否符合法律规定?并说明理由。
3.刘某买入公司股票的行为是否符合法律规定?并说明理由。

任务一　证券法概要

一、证券的含义和分类

(一)证券含义、分类

证券是指用以表明有关经济权利的凭证或证书。

证券可以分为无价证券与有价证券两大类,无价证券是指不标明票面金额、不代表一定价值的证券,如借据、土地所有权证书等。有价证券有广义和狭义之分。广义的有价证券,是指记载并且代表一定权利的所有权凭证,狭义的有价证券一般指资本证券。我国证券法规定的证券为股票、公司债券以及国务院依法认定的其他证券。其他证券主要指投资基金券、非公司企业债券、国家政府债券等。

1. 股票

股票是股份有限公司发行的，证明股东按其所持股份享有权利、承担义务的凭证，股票是股份的表现形式，是投资者股东身份的证明。我国现行的股票按投资主体的不同，可划分为国家股、法人股、个人股和外资股。

2. 债券

债券是发行者依照法定程序发行的，并约定在一定期限内还本付息的有价证券，是表明投资者与筹资者债权债务关系的凭证。债券按发行主体不同分为政府债券、金融债券、企业债券。

3. 投资基金券

基金券又称基金受益凭证，是证券投资基金发行者通过投资基金单位发行，集中投资者的资金，从事股票、债券等金融工具投资的间接投资工具。是用以记载投资者所持基金份额的凭证。

（二）证券的特征

1. 证券是一种法律凭证

证券上记载的权利受法律保护，对持有人和有关当事人具有法律约束力。

2. 证券是一种要式凭证

证券必须依法设置，必须依照国家法律或行政法规的规定签发，依法定格式书写或者制作，证券上记载的内容应当合法。

3. 证券的市场特性

证券具有流通性、收益性和风险性等。证券的流通性是指有价证券能在市场上转让和流通；证券的收益性是指证券能给发行者、投资者带来收益；证券的风险性是指证券持有者面临着预期投资收益不能实现，甚至使本金也受到损失的可能。

二、证券法

证券法有广义和狭义之分。广义的证券法是指一切与证券有关的法律规范的总称。狭义的证券法专指《中华人民共和国证券法》（以下称《证券法》）。

证券法适用于在中华人民共和国境内股票、公司债券和国务院依法认定的其他证券的发行和交易，以及政府债券、证券投资基金份额的上市交易。

《证券法》于1998年12月29日第九届全国人民代表大会常务委员会第六次会议通过，2005年10月27日第十届全国人民代表大会常务委员会第十八次会议修订，并于2006年1月1日起施行。

任务二　证券发行

一、证券发行的一般规定

（一）公开发行证券的有关规定

公开发行证券，必须符合法律、行政法规规定的条件，并依法报经国务院证券监督管理机构或者国务院授权的部门核准。未经依法核准，任何单位和个人不得公开发行证券。

有下列情形之一的，为公开发行：

1. 向不特定对象发行证券的；

2. 向特定对象发行证券累计超过200人的；

3. 法律、行政法规规定的其他发行行为。

非公开发行证券，不得采用广告、公开劝诱和变相公开方式。

原证券法并没有对公开发行进行界定，导致一些企业采取变相公开发行股票的方式向社会公众募集资金，社会危害性很大。为了打击非法发行行为，新《证券法》增加了本条规定，应予以充分重视。

（二）公开发行证券实行保荐人制度的有关规定

保荐人制度是指，由保荐人负责发行人的上市推荐和辅导，核实公司发行文件与上市文件中所载资料的真实、准确和完整，协助发行人建立严格的信息披露制度，并承担风险防范责任。

根据《证券法》规定，发行人申请公开发行股票、可转换为股票的公司债券，依法采取承销方式的，或者公开发行法律、行政法规规定实行保荐制度的其他证券的，应当聘请具有保荐资格的机构担任保荐人。

【应用案例12-1】

东昌公司2012年6月拟以以下备选方案之一发行证券：(1)以承销方式向不特定对象发行股票1 000万股；(2)以非承销方式发行可转换公司债券3 000万元；(3)发行一般公司债券4 000万元；(4)以承销方式向累计不超过250人的特定对象发行股票500万股。试分析公司以上各备选方案发行证券是否应当实行保荐人制度？

案例解析：

备选方案(1)应实行保荐人制度，因为公司发行股票的方式为公开发行股票，且以承销方式发行，依法应当实行保荐人制度。备选方案(2)不需实行保荐人制度，因为其未采取承销发行方式。备选方案(3)不需要实行保荐人制度，因为其发行的是一般债券。备选方案(4)应为公开发行股票，且采取承销发行方式，依法应实行保荐人制度。

保荐制度的主要内容包括：保荐机构和保荐代表人的注册登记制度、保荐责任、保荐期限、监管部门对保荐机构和保荐代表人施行责任追究的监管机制。

证券经营机构有下列情形之一的，不得注册登记为保荐机构：1. 保荐代表人数量少于2名；2. 公司治理结构存在重大缺陷，风险控制制度不健全或者未有效执行；3. 最近24个月因违法违规被中国证监会从名单中去除；4. 中国证监会规定的其他情形。

二、股票的发行

股票发行是股份有限公司或其承销机构，以同一条件向特定或不特定的社会公众招募或出售股票的行为。股票发行有公开发行和新股发行两种情形。我国《证券法》规定了设立股份有限公司公开发行股票与公司公开发行新股的条件。

（一）设立股份有限公司公开发行股票的条件

设立股份有限公司公开发行股票，应当符合《公司法》规定的条件和经国务院批准的国务院证券监督管理机构规定的其他条件。

（二）公司公开发行新股的条件

公司公开发行新股，应当符合下列条件：1. 具备健全且运行良好的组织机构；2. 具有持续盈利能力，财务状况良好；3. 最近 3 年财务会计文件无虚假记载，并无其他重大违法行为；4. 经国务院批准的国务院证券监督管理机构规定的其他条件。

上市公司非公开发行新股，应当符合经国务院批准的国务院证券监督管理机构规定的条件，并报国务院证券监督管理机构核准。

所谓非公开发行新股，是指上市公司采用非公开的方式，向特定对象发行股票的行为。非公开发行股票的特定对象应当符合股东大会决议规定的条件，其发行对象不超过 10 名。发行对象为境外战略投资者的，应当经国务院相关部门事先批准。

三、公司债券的发行

公开发行公司债券，应当符合下列条件：1. 股份有限公司的净资产不低于 3 000 万元人民币，有限责任公司的净资产不低于 6 000 万元人民币；2. 累计债券余额不超过公司净资产额的 40%；3. 最近 3 年平均可分配利润足以支付公司债券 1 年的利息；4. 筹集的资金投向符合国家产业政策；5. 债券的利率不超过国务院限定的利率水平；6. 国务院规定的其他条件。

【应用案例 12-2】

新华股份有限公司 2010 年 5 月首次公开发行公司债券，本次共发行 1 年期债券 500 万元、3 年期债券 1 000 万元。2013 年 2 月，该公司欲再次公开发行债券，截至 2013 年 2 月底，公司净资产为 7 000 万元，并符合公开发行债券的其他条件。试分析该公司本次最多能发行多少债券？

案例解析：

公司本次最多可发行公司债券 1 800 万元。2010 年公司发行的 1 年期债券已在 2011 年到期，3 年期债券应在 2013 年 5 月到期。依法律规定，公司累计债券余额不超过公司净资产额的 40%，即不能超过 2 800 万元，所以本次公司最多能发行 1 800 万（2 800 - 1 000）元。

公开发行公司债券筹集的资金，必须用于核准的用途，不得用于弥补亏损和非生产性支出。

上市公司发行可转换为股票的公司债券，除应当符合前面关于公开发行公司债券的条件外，还应当符合《证券法》关于公开发行股票的条件，并报国务院证券监督管理机构核准。

申请公开发行公司债券，应当向国务院授权的部门或者国务院证券监督管理机构报送有关文件。

但有下列情形之一的，不得再次公开发行公司债券：1. 前一次公开发行的公司债券尚未募足；2. 对已公开发行的公司债券或者其他债务有违约或者延迟支付本息的事实，仍处于继续状态；3. 违反《证券法》规定，改变公开发行债券所募集资金的用途。

四、证券的发行程序

（一）证券发行申请

证券发行人公开发行证券必须依法进行申请，即向国务院证券监督管理机构提交证券发行申请文件。

1. 设立股份有限公司公开发行股票，向国务院证券监督管理机构报送募股申请和下列文件：(1)公司章程；(2)发起人协议；(3)发起人姓名或者名称，发起人认购的股份数、出资种类及验资证明；(4)招股说明书；(5)代收股款银行的名称及地址；(6)承销机构名称及有关的协议。依照本法规定聘请保荐人的，还应当报送保荐人出具的发行保荐书。法律、行政法规规定设立公司必须报经批准的，还应当提交相应的批准文件。

2. 公司公开发行新股，应当向国务院证券监督管理机构报送募股申请和下列文件：(1)公司营业执照；(2)公司章程；(3)股东大会决议；(4)招股说明书；(5)财务会计报告；(6)代收股款银行的名称及地址；(7)承销机构名称及有关的协议。依照本法规定聘请保荐人的，还应当报送保荐人出具的发行保荐书。

3. 申请公开发行公司债券，应当向国务院授权的部门或者国务院证券监督管理机构报送下列文件：(1)公司营业执照；(2)公司章程；(3)公司债券募集办法；(4)资产评估报告和验资报告；(5)国务院授权的部门或者国务院证券监督管理机构规定的其他文件。依照本法规定聘请保荐人的，还应当报送保荐人出具的发行保荐书。

（二）证券发行核准

公开发行证券，必须符合法律、行政法规规定的条件，并依法报经国务院证券监督管理机构或者国务院授权的部门核准。未经核准，任何单位和个人不得公开发行证券。

国务院证券监督管理机构设发行审核委员会，依法审核股票发行申请。应当自受理证券发行申请文件之日起3个月内，依照法定条件和法定程序作出予以核准或者不予核准的决定。对已作出的核准证券发行的决定，发现不符合法定条件或者法定程序，尚未发行证券的，应当予以撤销，停止发行。已经发行尚未上市的，撤销发行核准决定，发行人应当按照发行价并加算银行同期存款利息返还证券持有人；保荐人应当与发行人承担连带责任，但是能够证明自己没有过错的除外。

（三）证券发行

我国目前法律规定证券发行采用间接发行方式，即证券发行必须由证券公司承销。

1. 证券承销的概念

证券承销是指证券经营机构依照协议包销或者代销发行人向社会公开发行的证券的行为。

2. 证券承销的方式

证券承销采取代销和包销两种方式。

证券代销是指证券公司代发行人发售证券，在承销期结束后，将未售出的证券全部退还给发行人的承销方式。

证券包销分两种情况：一是证券公司将发行人的证券按照协议全部购入，然后再向投资者销售，当卖出价高于购入价时，其差价归证券公司所有；当卖出价格低于购入价时，其损失由证券公司承担。二是证券公司在承销期结束后，将售后剩余证券全部自行购入。在我国只有具备法定条件的证券公司，才有证券承销资格。

3. 承销团承销证券

向不特定对象发行的证券票面总值超过 5 000 万元人民币的，应当由承销团承销。承销团应当由主承销和参与承销的证券公司组成。

五、证券投资基金的发行

（一）证券投资基金的概念和种类

证券投资基金是指通过发行基金单位，集中投资者的资金，由基金托管人托管，由基金管理人管理和运用资金，从事股票、债券等金融工具投资的方式。

证券投资基金，依照其运作方式，主要分为开放式基金和封闭式基金。

（二）设立基金管理公司的条件

设立基金管理公司，应当具备下列条件，并经国务院证券监督管理机构批准：1. 符合《中华人民共和国证券投资基金法》（以下称《证券投资基金法》）和《公司法》规定的章程；2. 注册资本不低于 1 亿元人民币，且必须为实缴货币资本；3. 主要股东具有从事证券经营、证券投资咨询、信托资产管理或者其他金融资产管理的较好的经营业绩和良好的社会信誉，最近 3 年没有违法记录，注册资本不低于 3 亿元人民币；4. 取得基金从业资格的人员达到法定人数；5. 有符合要求的营业场所、安全防范设施和与基金管理业务有关的其他设施；6. 有完善的内部稽核监控制度和风险控制制度；7. 法律、行政法规规定的和经国务院批准的国务院证券监督管理机构规定的其他条件。

（三）基金的募集

基金管理人应当依照《证券投资基金法》的规定，发售基金份额，募集基金。

国务院证券监督管理机构应当自受理基金募集申请之日起 6 个月内依照法律、行政法规及国务院证券监督管理机构的规定和审慎监管原则进行审查，作出核准或者不予核准的决定。

基金份额的发售，由基金管理人负责办理。基金管理人应当自收到核准文件之日起 6 个月内进行基金募集。

基金募集不得超过国务院证券监督管理机构核准的基金募集期限。基金募集期限自基金份额发售之日起计算。

基金募集期限届满，封闭式基金募集的基金份额总额达到核准规模的 80% 以上，开放式基金募集的基金份额总额超过核准的最低募集份额总额，并且基金份额持有人人数符合国务院证券监督管理机构规定的，基金管理人应当自募集期限届满之日起 10 日内聘请法定验资机构验资，自收到验资报告之日起 10 日内，向国务院证券监督管理机构提交验资报告，办理基金备案手续，并予以公告。

任务三　证券交易

一、证券交易的限制

依法发行的股票、公司债券和其他债券，法律对其转让期限有限制性规定的，在限定的期限内不得买卖。具体包括以下情形：

1. 发起人持有的本公司股份，自公司成立之日起 1 年内不得转让。

2. 公开发行股份前已经发行的股份自公司股票在证券交易所上市交易之日起 1 年内不得转让。

3. 公司董事、监事、高级管理人员应当向公司申报所持有的本公司股份及其变动情况，在任职期间每年转让的股份不得超过其所持有本公司股份总数的 25%，所持本公司股份自公司股票上市交易之日起 1 年内不得转让。

4. 上市公司董事、监事、高级管理人员、持有上市公司股份 5% 以上的股东，将其持有的该公司的股票在买入后 6 个月内卖出，或者在卖出后 6 个月内买入，由此所得收益归该公司所有，公司应当收回其所得收益。但是，证券公司因包销购入售后剩余股票而持有 5% 以上股份的，卖出该股票不受 6 个月时间限制。

5. 通过证券交易所的证券交易，投资者持有或者通过协议、其他安排与他人共同持有一个上市公司已发行的股份达到 5% 时，应当在该事实发生之日起 3 日内，依法报告和公告。在上述规定的期限内，不得再行买卖该上市公司的股票。投资者持有或者通过协议、其他安排与他人共同持有一个上市公司已发行的股份达到 5% 后，其所持该上市公司的股份比例每增加或者减少 5%，应当依法报告和公告，在报告期限内和作出报告、公告 2 日内，不得再行买卖该上市公司的股票。

6. 为股票发行出具审计报告、资产评估报告或者法律意见书等文件的证券服务机构和人员，在该股票承销期内和期满后 6 个月内，不得买卖该种股票。为上市公司出具审计报告、资产评估报告或者法律意见书等文件的证券服务机构和人员，自接受上市公司委托之日起至上述文件公开后 5 日内，不得买卖该种股票。

7. 证券内幕信息的知情人和非法获取内幕信息的人，在内幕信息公开前，不得买卖该公司的股票。

8. 通过证券交易所的证券交易，投资者持有发行人已发行的可转换公司债券达到 20% 时，应在该事实发生之日起 3 日内，向中国证监会、证券交易所作出书面报告，通知发行人并予以公告；在上述规定的期限内，不得再行买卖该发行人的可转换公司债券，也不得买卖该发行人的股票。投资者持有发行人已发行的可转换公司债券达到 20% 后，其所持该发行人已发行可转换公司债券比例每增加或者减少 10% 时，应按上述规定进行书面报告和公告。在报告期限内和作出报告、公告后 2 日内，不得再行买卖该发行人的可转换公司债券，也不得买卖该发行人的股票。

二、证券上市

证券上市，是指公开发行的证券，依照法定的条件和程序，在证券交易所挂牌交易的行为。在证券交易所挂牌交易的证券称为上市证券，发行该上市证券的公司称为上市公司。

（一）股票上市

1. 股票上市交易的条件

股份有限公司申请股票上市交易，应当符合下列条件：（1）股票经国务院证券监督管理机构核准已公开发行;(2)公司股本总额不少于3 000万元人民币;(3)公开发行的股份达到公司股份总数的25%以上;公司股本总额超过4亿元人民币的,公开发行股份的比例为10%以上;(4)公司最近3年无重大违法行为,财务会计报告无虚假记载。

2. 股票暂停上市交易和终止上市交易

上市公司有下列情形之一的,由证券交易所决定暂停其股票上市交易:(1)公司股本总额、股权分布等发生变化,不再具备上市条件;(2)公司不按规定公开其财务状况,或者对财务会计报告作虚假记载,可能误导投资者;(3)公司有重大违法行为;(4)公司最近3年连续亏损;(5)证券交易所上市规则规定的其他情形。

上市公司有下列情形之一的,由证券交易所决定终止其股票上市交易:(1)公司股本总额、股权分布等发生变化,不再具备上市条件,在证券交易所规定的期限内仍不能达到上市条件;(2)公司不按规定公开其财务状况,或者对财务会计报告作虚假记载,且拒绝纠正;(3)公司最近3年连续亏损,在其后一个年度内未能恢复盈利;(4)公司解散或者被宣告破产;(5)证券交易所上市规则规定的其他情形。

(二)公司债券上市

1. 公司债券上市交易的条件

公司申请公司债券上市交易,应当符合下列条件:

(1)公司债券的期限为1年以上;

(2)公司债券实际发行额不少于5 000万元人民币;

(3)公司申请债券上市时仍符合法定的公司债券发行条件。

2. 公司债券暂停上市交易和终止上市交易

公司有下列情形之一的,由证券交易所决定暂停其公司债券上市交易:(1)公司有重大违法行为;(2)公司情况发生重大变化不符合公司债券上市条件;(3)公司债券所募集资金不按照核准的用途使用;(4)未按照公司债券募集办法履行义务;(5)公司最近2年连续亏损。

公司有上述第(1)项、第(4)项所列情形之一经查实后果严重的,或者有上述第(2)项、第(3)项、第(5)项所列情形之一,在限期内未能消除的,由证券交易所决定终止其公司债券上市交易。公司解散或者被宣告破产的,由证券交易所终止其公司债券上市交易。

(三)证券投资基金上市

1. 证券投资基金上市交易的条件

申请上市的基金,必须符合下列条件:(1)基金的募集符合《证券投资基金法》的规定;(2)基金合同期限为5年以上;(3)基金募集金额不低于2亿元人民币;(4)基金持有人不少于1 000人;(5)基金份额上市交易规则规定的其他条件。

2. 证券投资基金的暂停上市或终止上市

出现下列情形之一的,暂时停止上市:(1)发生重大变更而不符合上市条件;(2)违反国家法律、法规,国务院证券监督管理机构决定暂停上市;(3)严重违反投资基金上市规则;(4)国务院证券监督管理机构和证券交易所认为须暂停上市的其他情形。

基金上市期间，有下列情形之一的，将终止上市：(1)不再具备证券投资基金法规定的上市交易条件；(2)基金合同期限届满；(3)基金份额持有人大会决定提前终止上市交易；(4)基金合同约定的或者基金份额上市交易规则规定的终止上市交易的其他情形。

开放式基金在销售机构的营业场所销售及赎回，不上市交易。

三、持续信息公开

(一)持续信息公开的概念

持续信息公开也称信息披露，是指证券发行人及其他证券发行主体，依照法律规定的方式，将与证券发行和交易有关的重大信息予以公开的一种法律制度。主要包括证券发行时初次信息披露和证券交易中的信息披露。

发行人、上市公司依法披露的信息，必须真实、准确、完整，不得有虚假记载、误导性陈述或者重大遗漏。

(二)持续信息公开制度的内容

1. 公开发行和上市报告

经国务院证券监督管理机构核准依法公开发行股票，或者经国务院授权的部门核准依法公开发行公司债券，应当公告招股说明书、公司债券募集办法。依法公开发行新股或者公司债券的，还应当公告财务会计报告。

2. 定期报告

定期报告分为中期报告和年度报告。

上市公司和公司债券上市交易的公司，应当在每一会计年度的上半年结束之日起2个月内，向国务院证券监督管理机构和证券交易所报送中期报告，并予以公告。

中期报告的内容包括：(1)公司财务会计报告和经营情况；(2)涉及公司的重大诉讼事项；(3)已发行的股票、公司债券变动情况；(4)提交股东大会审议的重要事项；(5)国务院证券监督管理机构规定的其他事项。

上市公司和公司债券上市交易的公司，应当在每一会计年度结束之日起4个月内，向国务院证券监督管理机构和证券交易所报送年度报告，并予以公告。

年度报告的内容包括：(1)公司概况；(2)公司财务会计报告和经营情况；(3)董事、监事、高级管理人员简介及其持股情况；(4)已发行的股票、公司债券情况，包括持有公司股份最多的前10名股东的名单和持股数额；(5)公司的实际控制人；(6)国务院证券监督管理机构规定的其他事项。

3. 临时报告

发生可能对上市公司股票交易价格产生较大影响而投资者尚未得知的重大事件时，上市公司应当立即将有关该重大事件的情况向国务院证券监督管理机构和证券交易所报送临时报告，并予以公告。说明事件的起因、目前的状态和可能产生的法律后果。

(三)信息的发布与监督

上市公司董事、高级管理人员应当对公司定期报告签署书面确认意见。上市公司监事会应当对董事会编制的公司定期报告进行审核并提出书面审核意见。

上市公司公告的招股说明书、公司债券募集办法、财务会计报告、上市报告文件、年度报告、中期报告、临时报告以及其他信息披露资料，有虚假记载、误导性陈述或者重大遗漏，致使投资者在证券交易中遭受损失的，发行人、上市公司应当承担赔偿责任；发行人、上市公司的董事、监事、高级管理人员和其他直接责任人员以及保荐人、承销的证券公司，应当与发行人、上市公司承担连带赔偿责任，但是能够证明自己没有过错的除外；发行人、上市公司的控股股东、实际控制人有过错的，应当与发行人、上市公司承担连带赔偿责任。

依法必须披露的信息，应当在国务院证券监督管理机构指定的媒体发布，同时将其置备于公司住所、证券交易所，供社会公众查阅。

国务院证券监督管理机构对上市公司年度报告、中期报告、临时报告以及公告的情况进行监督。

证券交易所决定暂停或者终止证券上市交易的，应当及时公告，并报国务院证券监督管理机构备案。

四、证券交易禁止行为

为保证证券市场的健康发展，有效发挥证券市场的资源配置功能，我国《证券法》对违法的证券交易行为，作了禁止性规定。我国禁止的证券交易行为有：

（一）内幕交易行为

1. 内幕交易的含义

内幕交易是指证券交易内幕信息的知情人和非法获取内幕信息的人员利用内幕信息进行证券交易的行为。

2. 内幕信息的知情人

内幕信息的知情人包括以下几种：(1) 发行人的董事、监事、高级管理人员；(2) 持有公司 5% 以上股份的股东及其董事、监事、高级管理人员，公司的实际控制人及其董事、监事、高级管理人员；(3) 发行人控股的公司及其董事、监事、高级管理人员；(4) 由于所任公司职务可以获取公司有关内幕信息的人员；(5) 证券监督管理机构工作人员以及由于法定的职责对证券发行、交易进行管理的其他人员；(6) 保荐人、承销的证券公司、证券交易所、证券登记结算机构、证券服务机构的有关人员；(7) 国务院证券监督管理机构规定的其他人员。

3. 内幕信息

证券交易活动中，涉及公司的经营、财务或者对该公司证券市场价格有重大影响的尚未公开的信息，为内幕信息。下列信息均属于内幕信息：(1)《证券法》规定的可能对上市公司股票交易价格产生较大影响而投资者尚未得知的重大事件；(2) 公司分配股利或者增资的计划；(3) 公司股权结构的重大变化；(4) 公司债务担保的重大变更；(5) 公司营业用主要资产的抵押、出售或者报废一次超过该资产的 30%；(6) 公司的董事、监事、高级管理人员的行为可能依法承担重大损害赔偿责任；(7) 上市公司收购的有关方案；(8) 国务院证券监督管理机构认定的对证券交易价格有显著影响的其他重要信息。

4. 禁止进行内幕交易的行为

证券交易内幕信息的知情人和非法获取内幕信息的人，在内幕信息公开前，不得买入或者卖出该公司的证券,不得泄露该信息,也不得建议他人买卖该证券。内幕交易行为给投资者造成损失的,行为人应当依法承担赔偿责任。

持有或者通过协议、其他安排与他人共同持有公司5%以上股份的自然人、法人、其他组织收购上市公司的股份,证券法另有规定的,适用其规定。

【应用案例12-3】

赵某是一家石化上市公司的监事,该石化公司实际控制着A房地产上市公司。其2013年3月从石化公司内部获悉,A房地产上市公司即将在2013年4月公布的2012年年报中,公布10送10股的股利分配方案。赵某迅速将这一消息告诉了其好友孙某,并指使孙某在一个星期内疯狂大量买入A上市公司的股票,直到4月份A公司公布10送10的股利政策后,将股票全部在高价卖出,两人平分了100万元的盈利。试分析赵某的行为是否构成内幕交易?

案例解析:

赵某的行为已经构成内幕交易。依《证券法》规定,公司的实际控制人及其董事、监事、高级管理人员是内幕信息的知情人,即赵某是A房地产上市公司的内幕信息的知情人。同时赵某向孙某告知的信息为A公司的内幕消息,因为公司分配股利或者增资的计划属于内幕信息。在该信息公开披露前,利用该信息进行股票买卖,赵某的行为属于内幕交易。

(二)操纵市场行为

1. 操纵市场的含义

操纵市场是指单位或个人以获取不正当利益或者转嫁风险、减少损失为目的,利用其资金、信息等优势或者滥用职权影响证券交易价格或者交易量,制造证券市场假象,诱导或者致使投资者在不了解事实真相的情况下作出错误的投资判断的行为。

2. 操纵市场的行为

主要包括:(1)单独或者合谋,集中资金优势、持股优势或者利用信息优势联合或者连续买卖证券,操纵证券交易价格;(2)与他人串通,以事先约定的时间、价格和方式相互进行证券交易,影响证券交易价格或者证券交易量,以抬高或者压低某种证券的价格,从中获取不当利益或是转嫁风险;(3)在自己实际控制的账户之间进行证券交易,影响证券交易价格或者证券交易量,诱使他人购买或卖出自己所持有的券种;(4)以其他手段操纵证券市场。

(三)制造虚假信息行为

1. 制造虚假信息的含义

制造虚假信息包括编造、传播虚假信息和作虚假陈述或信息误导两种情况。

禁止国家工作人员、传播媒介从业人员和有关人员编造、传播虚假信息,扰乱证券市场。禁止证券交易所、证券公司、证券登记结算机构、证券服务机构及其从业人员,证券业协会、证券监督管理机构及其工作人员,在证券交易活动中作出虚假陈述或者信息误导。

2. 制造虚假信息的行为

主要包括:(1)编制、传播影响证券交易的虚假信息;(2)对已有的信息进行歪曲、篡改;(3)发行人、证券经营机构在招募说明书、上市公告书、公司报告及其他文件中作出虚假陈述;(4)律师事务所、会计师事务所、资产评估机构等专业性证券服务机构在其出具的法律意见书、审计报告、资产评估报告及参与制作的其他文件中作出虚假陈述;(5)证券交易场所、证券业协会或者其他证券业自律性组织作出对证券市场产生影响的虚假陈述;(6)发行人、证券经营机构、专业性证券服务机构、证券业自律性组织在向证券监管部门提交的各种文件报告和说明中作出虚假陈述;(7)在证券发行、交易及其相关活动中的其他虚假陈述。

(四)欺诈客户行为

1. 欺诈客户的含义

欺诈客户,指证券公司及其从业人员故意隐瞒真实情况或故意作出虚假陈述,致使客户作出错误的意思表示,从而损害客户利益的行为。

2. 欺诈客户的行为

主要包括:(1)违背客户的委托为客户买卖证券;(2)不在规定时间内向客户提供交易的书面确认文件;(3)挪用客户所委托买卖的证券或者客户账户上的资金;(4)未经客户的委托,擅自为客户买卖证券,或者假借客户的名义买卖证券;(5)为牟取佣金收入,诱使客户进行不必要的证券买卖;(6)利用传播媒介或者通过其他方式提供、传播虚假或者误导投资者的信息;(7)其他违背客户真实意思表示,损害客户利益的行为。

(五)其他禁止交易行为

其他禁止交易行为,主要包括:禁止法人非法利用他人账户从事证券交易;禁止法人出借自己或者他人的证券账户;禁止资金违规流入股市;禁止任何人挪用公款买卖证券等。

任务四　上市公司的收购

一、上市公司收购的概述

上市公司收购,是指投资者公开收购已经依法上市交易的股份有限公司的股份,以获得或者进一步巩固对该股份有限公司的控制权的行为。

有下列情形之一的,表明已获得或拥有上市公司控制权:1. 投资者为上市公司持股50%以上的控股股东;2. 投资者可以实际支配上市公司股份表决权超过30%;3. 投资者通过实际支配上市公司股份表决权能够决定公司董事会半数以上成员选任;4. 投资者依其可实际支配的上市公司股份表决权足以对公司股东大会的决议产生重大影响;5. 中国证监会认定的其他情形。

有下列情形之一的,不得收购上市公司:1. 收购人负有数额较大债务,到期未清偿,且处于持续状态;2. 收购人最近3年有重大违法行为或者涉嫌有重大违法行为;3. 收购人最近3年有严重的证券市场失信行为;4. 收购人为自然人的,存在《公司法》第一百四十七条规定情形,即依法不得担任公司董事、监事、高级管理人员的5种情形;5.法律、行政法规规定以及中国证监会认定的不得收购上市公司的其他情形。

上市公司收购方式主要包括:1.要约收购,是指投资者向目标公司的所有股东发出要约,表明愿意以要约中的条件购买目标公司的股票,以期达到对目标公司控制权的获得或巩固;2.协议收购,是指投资者在证券交易所外与目标公司的股东,主要是持股比例较高的大股东就股票的价格、数量等方面进行私下协商,购买目标公司的股票,以期达到对目标公司控制权的获得或巩固;3.其他合法方式。

二、要约收购

要约收购是指持有目标公司30%以上股票的收购人,通过证券交易所交易,采取收购要约的形式收购其他股东所持有的股票的行为。

1.收购要约的发出

通过证券交易所的证券交易,投资者持有或者通过协议、其他安排与他人共同持有一个上市公司已发行的股份达到30%时,继续进行收购的,应当依法向该上市公司所有股东发出收购上市公司全部或者部分股份的要约。收购上市公司部分股份的要约应当约定,被收购公司股东承诺出售的股份数额超过预定收购的股份数额的,收购人按比例进行收购。

2.收购要约的公告

收购人在报送上市公司收购报告书之日起15日后,公告其收购要约。

3.收购要约的期限

收购要约约定的收购期限不得少于30天并不得超过60天。

4.收购要约的撤销

在收购要约确定的承诺期限内,收购人不得撤销其收购要约。

5.收购要约的变更

收购人需要变更收购要约的,必须事先向国务院证券监督管理机构及证券交易所提出报告,经批准后,予以公告。

6.收购要约的适用

收购要约提出的各项收购条件,适用于被收购公司的所有股东。

采取要约收购方式的,收购人在收购期限内,不得卖出被收购公司的股票,也不得采取要约规定以外的形式和超出要约的条件买入被收购公司的股票。

三、协议收购

协议收购,是指收购人通过与目标公司的股东进行协商达成收购协议,并按照该协议所规定的收购条件、收购价格、收购期限等内容收购目标公司股份的行为。

采取协议收购方式的,收购人可以依照法律、行政法规的规定同被收购公司的股东以协议方式进行股份转让。以协议方式收购上市公司时,达成协议后,收购人必须在3日内将该收购协议向国务院证券监督管理机构及证券交易所作出书面报告,并予公告。在公告前不得履行收购协议。

采取协议收购方式的,协议双方可以临时委托证券登记结算机构保管协议转让的股票，并将资金存放于指定的银行。

采取协议收购方式的，收购人收购或者通过协议、其他安排与他人共同收购一个上市公司已发行的股份达到30%时，继续进行收购的，应当向该上市公司所有股东发出收购上市公司全部或者部分股份的要约。但是，经国务院证券监督管理机构免除发出要约的除外。

四、上市公司收购的权益披露

投资者收购上市公司，要依法披露其在上市公司中拥有的权益，包括登记在其名下的股份和虽未登记在其名下但该投资者可以实际支配表决权的股份。投资者及其一致行动人在一个上市公司中拥有的权益应当合并计算。

（一）一致行动和一致行动人的概念

一致行动，是指投资者通过协议或者其他安排，与其他投资者共同扩大其所能够支配的一个上市公司股份表决权数量的行为或者事实。

一致行动人，是指在上市公司的收购及相关股份权益变动活动中有一致行动情形的投资者，这些投资者之间互为一致行动人。

如果没有相反的证据，投资者有下列情形之一的，为一致行动人：

1. 投资者之间有股权控制关系；

2. 投资者受同一主体控制；

3. 投资者的董事、监事或者高级管理人员中的主要成员，同时在另一个投资者担任董事、监事或者高级管理人员；

4. 投资者参股另一投资者，可以对参股公司的重大决策产生重大影响；

5. 银行以外的其他法人、其他组织和自然人为投资者取得相关股份提供融资安排；

6. 投资者之间存在合伙、合作、联营等其他经济利益关系；

7. 持有投资者30%以上股份的自然人与投资者持有同一上市公司股份；

8. 在投资者任职的董事、监事及高级管理人员与投资者持有同一上市公司股份；

9. 持有投资者30%以上股份的自然人和在投资者任职的董事、监事及高级管理人员，其父母、配偶、子女及其配偶、配偶的父母、兄弟姐妹及其配偶、配偶的兄弟姐妹及其配偶等亲属，与投资者持有同一上市公司股份；

10. 在上市公司任职的董事、监事、高级管理人员及其前项所述亲属同时持有本公司股份的，或者与其自己或者其前项所述亲属直接或者间接控制的企业同时持有本公司股份；

11. 上市公司董事、监事、高级管理人员和员工与其所控制或者委托的法人或者其他组织持有本公司股份；

12. 投资者之间具有其他关联关系。

（二）进行权益披露的情形

1. 通过证券交易所的证券交易。投资者及其一致行动人拥有权益的股份达到一个上市公司已发行股份的5%时，应当在该事实发生之日起3日内编制权益变动报告书，向中国证监会、证券交易所提交书面报告，抄报该上市公司所在地的中国证监会派出机构，通知该上市公司，并予公告；在上述期限内，不得再行买卖该上市公司的股票。

前述投资者及其一致行动人拥有权益的股份达到一个上市公司已发行股份的5%后，通过证券交易所的证券交易，其拥有权益的股份占该上市公司已发行股份的比例每增加或者减少5%，应当依照前述规定进行报告和公告。在报告期限内和作出报告、公告后2日内，不得再行买卖该上市公司的股票。

2. 通过协议转让方式。投资者及其一致行动人在一个上市公司中拥有权益的股份拟达到或者超过一个上市公司已发行股份的5%时，应当在该事实发生之日起3日内编制权益变动报告书，向中国证监会、证券交易所提交书面报告，抄报中国证监会派出机构，通知该上市公司，并予公告。

投资者及其一致行动人拥有权益的股份达到一个上市公司已发行股份的5%后，其拥有权益的股份占该上市公司已发行股份的比例每增加或者减少达到或者超过5%的，应当依照第一种情形的相应规定履行报告、公告义务。

3. 投资者及其一致行动人通过行政划转或者变更、执行法院裁定、继承、赠与等方式拥有权益的股份变动达到一个上市公司已发行股份的5%时，同样应当按照第一种情形的相应规定履行报告、公告义务。

任务五　证券交易所和证券中介机构

一、证券交易所

（一）证券交易所的概念

证券交易所是指为证券集中交易提供场所和设施，组织和监督证券交易，实行自律管理的法人，分为会员制证券交易所和公司制证券交易所两种形式。会员制证券交易所是以会员协会形式成立的不以营利为目的的法人组织，其会员主要为证券商，只有会员以及有特许权的经纪人，才有资格在交易所中交易。会员制证券交易所实行会员自治、自律、自我管理。目前大多数国家的证券交易所都实行会员制。公司制证券交易所是以营利为目的的公司法人。公司制证券交易所对在本所内的证券交易负有担保责任。公司制证券交易所的证券商及其股东不得担任证券交易所的董事、监事或经理。我国的证券交易所是会员制交易所，是不以营利为目的的法人。

（二）证券交易所的主要组织机构

1. 理事会

理事会是证券交易所的决策机构，每届任期3年。理事会由7～13人组成，其中非会员理事人数不少于理事会成员总数的1/3，不超过理事会成员总数的1/2。

2. 总经理

证券交易所设总经理1人，由国务院证券监督管理机构任免。总经理为证券交易所的法定代表人，主持证券交易所的日常管理工作。证券交易所可根据需要设立专门委员会，如证券发行审核委员会、监察委员会等。

存在《公司法》第一百四十七条规定的情形或者下列情形之一的，不得担任证券交易所的负责人：

(1)因违法行为或者违纪行为被解除职务的证券交易所、证券登记结算机构的负责人或者证券公司的董事、监事、高级管理人员，自被解除职务之日起未逾5年；

(2)因违法行为或者违纪行为被撤销资格的律师、注册会计师或者投资咨询机构、财务顾问机构、资信评级机构、资产评估机构、验证机构的专业人员，自被撤销资格之日起未逾5年。

因违法行为或者违纪行为被开除的证券交易所、证券登记结算机构、证券服务机构、证券公司的从业人员和被开除的国家机关工作人员，不得招聘为证券交易所的从业人员。

二、证券公司

(一)证券公司的概念

证券公司是指依照公司法规定和国务院证券监督管理机构审查批准的从事证券经营业务的有限责任公司或股份有限公司。证券公司是独立的法人实体，依法享有经营自主权，是沟通证券买卖双方的重要渠道。

(二)证券公司的设立

设立证券公司，应当具备下列条件：1. 有符合法律、行政法规规定的公司章程；2. 主要股东具有持续赢利能力，信誉良好，最近3年无重大违法违纪记录，净资产不低于2亿元人民币；3. 有符合本法规定的注册资本；4. 董事、监事、高级管理人员具备任职资格，从业人员具有证券从业资格；5. 有完善的风险管理与内部控制制度；6. 有合格的经营场所和业务设施；7. 法律、行政法规规定的和经国务院批准的国务院证券监督管理机构规定的其他条件。

(三)证券公司的业务范围

经国务院证券监督管理机构批准，证券公司可以经营下列部分或者全部业务：1. 证券经纪；2. 证券投资咨询；3. 与证券交易、证券投资活动有关的财务顾问；4. 证券承销与保荐；5. 证券自营；6. 证券资产管理；7. 其他证券业务。

证券公司经营第(1)～(3)项业务的，注册资本最低限额为5 000万元人民币；经营第(4)～(7)项业务之一的，注册资本最低限额为1亿元人民币；经营第(4)～(7)项业务中两项以上的，注册资本最低限额为5亿元人民币。证券公司的注册资本应当是实缴资本。国务院证券监督管理机构根据审慎监管原则和各项业务的风险程度，可以调整注册资本最低限额，但不得少于规定的限额。

三、证券登记结算机构

证券登记结算机构是为证券交易提供集中登记、存管与结算服务，不以营利为目的的法人。

设立证券登记结算机构必须经国务院证券监督管理机构批准，并应当具备下列条件：1. 自有资金不少于2亿元人民币；2. 具有证券登记、存管和结算服务所必需的场所和设施；3. 主要管理人员和从业人员必须具有证券从业资格；4. 国务院证券监督管理机构规定的其他条件。

根据《证券法》的规定，证券登记结算机构履行下列职能：

1. 证券账户、结算账户的设立；
2. 证券的存管和过户；
3. 证券持有人名册登记；；
4. 证券交易所上市证券交易的清算和交收；
5. 受发行人的委托派发证券权益；
6. 办理与上述业务有关的查询；
7. 国务院证券监督管理机构批准的其他业务。

四、证券服务机构

证券服务机构包括投资咨询机构、财务顾问机构、资信评级机构、资产评估机构、会计师事务所，它们从事证券服务业务，必须经国务院证券监督管理机构和有关主管部门批准。投资咨询机构、财务顾问机构、资信评级机构、资产评估机构、会计师事务所从事证券服务业务的审批管理办法，由国务院证券监督管理机构和有关主管部门制定。

投资咨询机构、财务顾问机构、资信评级机构从事证券服务业务的人员，必须具备证券专业知识和从事证券业务或者证券服务业务 2 年以上经验。认定其证券从业资格的标准和管理办法，由国务院证券监督管理机构制定。

五、证券业协会

证券业协会是证券业的自律性组织，是社会团体法人。《证券法》规定，证券公司应当加入证券业协会。

证券业协会履行下列职责：1. 教育和组织会员遵守证券法律、行政法规；2. 依法维护会员的合法权益，向证券监督管理机构反映会员的建议和要求；3. 收集整理证券信息，为会员提供服务；4. 制定会员应遵守的规则，组织会员单位的从业人员的业务培训，开展会员间的业务交流；5. 对会员之间、会员与客户之间发生的证券业务纠纷进行调解；6. 组织会员就证券业的发展、运作及有关内容进行研究；7. 监督、检查会员行为，对违反法律、行政法规或者协会章程的，按照规定给予纪律处分；8. 证券业协会章程规定的其他职责。

证券业协会设理事会。理事会成员依章程的规定由选举产生。

六、证券监督管理机构

国务院证券监督管理机构（中国证券监督管理委员会）依法对证券市场实行监督管理，维护证券市场秩序，保障其合法运行。

（一）职责

国务院证券监督管理机构在对证券市场实施监督管理中履行下列职责：1. 依法制定有关证券市场监督管理的规章、规则，并依法行使审批或者核准权；2. 依法对证券的发行、上市、交易、登记、存管、结算，进行监督管理；3. 依法对证券发行人、上市公司、证券公司、证券投资基金管理公司、证券服务机构、证券交易所、证券登记结算机构的证券业务活动，进行监督管理；4. 依法制定从事证券业务人员的资格标准和行为准则，并监督实施；5. 依法监督检查证券发行、上市和交易的信息公开情况；6. 依法对证券业协会的活动进行指导和监督;7. 依法对违反证券市场监督管理法律、行政法规的行为进行查处;8. 法律、行政法规规定的其他职责。

国务院证券监督管理机构可以和其他国家或者地区的证券监督管理机构建立监督管理合作机制,实施跨境监督管理。

(二)监管措施

国务院证券监督管理机构依法履行职责,有权采取下列措施:

1. 对证券发行人、上市公司、证券投资基金管理公司、证券服务机构、证券交易所、证券登记结算机构进行现场检查;

2. 进入涉嫌违法行为发生场所调查取证;

3. 询问当事人和与被调查事件有关的单位和个人,要求其对与被调查事件有关的事项作出说明;

4. 查阅、复制与调查事件有关的财产权登记、通信记录等资料;

5. 查阅、复制当事人与被调查事件有关的单位和个人的证券交易记录、登记过户记录、财务会计资料及其他相关文件和资料;对可能被转移、隐匿或者毁损的文件和资料,可以予以封存;

6. 查询当事人和与被调查事件有关的单位和个人的资金账户、证券账户和银行账户;对有证据证明已经或者可能转移或者隐匿违法资金、证券等涉案财产或者隐匿、伪造、毁损重要证据的,经国务院证券监督管理机构主要负责人批准,可以冻结或者查封;

7. 在调查操纵证券市场、内幕交易等重大证券违法行为时,经国务院证券监督管理机构主要负责人批准,可以限制被调查事件当事人的证券买卖,但限制的期限不得超过15 个交易日;案情复杂的,可以延长 15 个交易日。

任务六　违反证券法的法律责任

违反证券法的法律责任是指证券法律关系的主体在证券的发行与交易过程中违反了证券法的相关规定而应当承担的某种不利的法律后果。证券法主要从以下 5 个方面对证券法律责任作出了规定。

一、违反证券发行规定的法律责任

1. 未经法定机关核准,擅自公开或者变相公开发行证券的,责令停止发行,退还所募资金并加算银行同期存款利息,处以非法所募资金 1% 以上 5% 以下的罚款。

2. 发行人不符合发行条件,以欺骗手段骗取发行核准,尚未发行证券的,处以 30 万元以上 60 万元以下的罚款;已经发行证券的,处以非法所募资金金额 1% 以上 5% 以下的罚款。

3. 证券公司承销或者代理买卖未经核准擅自公开发行的证券的,责令停止承销或者代理买卖,没收违法所得,并处以违法所得 1 倍以上 5 倍以下的罚款。

4. 发行人、上市公司或者其他信息披露义务人未按照规定披露信息,或者所披露的信息有虚假记载、误导性陈述或者重大遗漏的,责令改正,给予警告,并处以 30 万元以上

60 万元以下的罚款。

5. 发行人、上市公司擅自改变公开发行证券所募集资金的用途的，责令改正，对直接负责的主管人员和其他直接责任人员给予警告，并处以 3 万元以上 30 万元以下的罚款。

二、违反证券交易规定的法律责任

1. 证券交易内幕信息的知情人或者非法获取内幕信息的人，在涉及证券的发行、交易或者其他对证券的价格有重大影响的信息公开前，买卖该证券，或者泄露该信息，或者建议他人买卖该证券的，责令依法处理非法持有的证券，没收违法所得，并处以违法所得 1 倍以上 5 倍以下的罚款。

2. 违反证券法的规定，操纵证券市场的，责令依法处理非法持有的证券，没收违法所得，并处以违法所得 1 倍以上 5 倍以下的罚款；没有违法所得或者违法所得不足 30 万元的，处以 30 万元以上 300 万元以下的罚款。

3. 违反法律规定，在限制转让期限内买卖证券的，责令改正，给予警告，并处以买卖证券等值以下的罚款。

4. 违反证券法的相关规定，扰乱证券市场的，由证券监督管理机构责令改正，没收违法所得，并处以违法所得 1 倍以上 5 倍以下的罚款。

5. 违反证券法的相关规定，在证券交易活动中作出虚假陈述或者信息误导的，责令改正，处以 3 万元以上 20 万元以下的罚款。

三、违反证券投资基金规定的法律责任

1. 基金管理人、基金托管人在履行各自职责的过程中，违反《证券投资基金法》的规定或者基金合同约定，给基金财产或者基金份额持有人造成损害的，应对各自的行为依法承担赔偿责任。

2. 违反《证券投资基金法》的相关规定，动用募集的资金的，责令返还，没收违法所得；违法所得 50 万元以上的，并处违法所得 1 倍以上 5 倍以下罚款。

3. 未经国务院证券监督管理机构核准，擅自募集基金的，责令停止，返还所募资金和加计的银行同期存款利息，没收违法所得，并处所募资金金额 1% 以上 5% 以下罚款；构成犯罪的，依法追究刑事责任。

4. 未经批准，擅自设立基金管理公司的，由证券监督管理机构予以取缔，并处 5 万元以上 50 万元以下罚款；构成犯罪的，依法追究刑事责任。

四、违反证券机构管理、人员管理的法律责任

1. 非法开设证券交易场所的，由县级以上人民政府予以取缔，没收违法所得，并处以违法所得 1 倍以上 5 倍以下的罚款；没有违法所得或者违法所得不足 10 万元的，处以 10 万元以上 50 万元以下的罚款。

2. 未经批准，擅自设立证券公司或者非法经营证券业务的，由证券监督管理机构予以取缔，没收违法所得，并处以违法所得 1 倍以上 5 倍以下的罚款。

3. 违反证券法的规定，聘任不具有任职资格、证券从业资格的人员的，由证券监督管理机构责令改正，给予警告，可以并处 10 万元以上 30 万元以下的罚款。

4. 法律、行政法规规定禁止参与股票交易的人员，直接或者以化名、借他人名义持有、买卖股票的，责令依法处理非法持有的股票，没收违法所得，并处以买卖股票等值以下的罚款。

5. 证券交易所、证券公司、证券登记结算机构、证券服务机构的从业人员或者证券业协会的工作人员，故意提供虚假资料，隐匿、伪造、篡改或者毁损交易记录，诱骗投资者买卖证券的，撤销证券从业资格，并处以 3 万元以上 10 万元以下的罚款。

五、证券机构的法律责任

1. 证券公司违反证券法的规定，为客户买卖证券提供融资融券的，没收违法所得，暂停或者撤销相关业务许可，并处以非法融资融券等值以下的罚款。

2. 证券公司违反法律规定，假借他人名义或者以个人名义从事证券自营业务的，责令改正，没收违法所得，并处以违法所得 1 倍以上 5 倍以下的罚款。

3. 证券公司违背客户的委托买卖证券、办理交易事项，或者违背客户真实意思表示，办理交易以外的其他事项的，责令改正，处以 1 万元以上 10 万元以下的罚款。给客户造成损失的，依法承担赔偿责任。

4. 证券公司、证券登记结算机构挪用客户的资金或者证券，或者未经客户的委托，擅自为客户买卖证券的，责令改正，没收违法所得，并处以违法所得 1 倍以上 5 倍以下的罚款；没有违法所得或者违法所得不足 10 万元的，处以 10 万元以上 60 万元以下的罚款；情节严重的，责令关闭或者撤销相关业务许可。

【情境总结】

1. 甲卖出所持公司股票的行为不符合规定。根据规定，董事、监事、高级管理人员所持本公司股份，自公司股票上市交易之日起 1 年内不得转让。本题中，公司 2011 年 5 月上市，董事甲于 2012 年 2 月转让股份的行为是不符合规定的。

乙卖出所持公司股票的行为符合规定。根据规定，董事、监事、高级管理人员在任职期间每年转让的股份不得超过其所持有本公司股份总数的 25%。本题中，董事乙转让的股份未超过其持有股份总数的 25%，因此符合规定。

丙卖出所持公司股票的行为符合规定。根据规定，董事、监事、高级管理人员离职后 6 个月内，不得转让其所持有的本公司股份。本题中，丙 2012 年 6 月离职，因此 2013 年 2 月转让其持有股份的行为是符合规定的。

2. 丁买卖公司股票的行为不符合规定。根据规定，上市公司董事、监事、高级管理人员、持有上市公司股份 5% 以上的股东，将其持有的该公司的股票在买入后 6 个月内卖出，或者在卖出后 6 个月内又买入，由此所得收益归该公司所有，公司董事会应当收回其所得收益。本题中，监事丁 2012 年 3 月 8 日买入股票，2012 年 8 月 20 日卖出股票的行为是不符合规定的。

3. 刘某买入公司股票的行为符合规定。根据规定，为上市公司出具审计报告、资产评估报告或者法律意见书等文件的证券服务机构和人员，自接受上市公司委托之日起至上述文件公开后 5 日内，不得买卖该种股票。本题中，2011 年 5 月 12 日公司发布了年度报告，周某在同年 5 月 20 日买入股票的行为是合法的。

强化训练

一、单项选择题

1. 某股份有限公司2010年3月发行3年期公司债券1 000万元，1年期公司债券500万元。2012年2月，该公司鉴于到期债券已偿还且具备再次发行公司债券的其他条件，计划再次申请发行公司债券。经审计确认该公司2012年1月末净资产额为6 000万元。该公司此次发行公司债券额最多不得超过（　　）。

A. 2 400万元　　B. 1 900万元　　C. 1 400万元　　D. 900万元

2. 证券的代销和包销期限，最长不超过（　　）。

A. 30日　　B. 90日　　C. 45日　　D. 2个月

3. 下列有关证券投资基金的发行，不正确的说法是（　　）。

A. 证券投资基金由基金管理人依法募集

B. 国务院证券监督管理机构应当自受理基金募集申请之日起6个月内作出核准或者不予核准的决定

C. 基金管理人应当在基金份额发售的3日前公布招募说明书

D. 基金募集期限满，开放式基金募集的基金份额总额应当达到核准规模的80%以上

4. 下列各项中，符合股份有限公司股票上市条件的是（　　）。

A. 公司股本总额不少于3 000万元人民币

B. 公开发行的股份达到公司股份总数的25%以上，公司股本总额超过4亿元人民币的，公开发行股份的比例为15%以上

C. 公司最近1年无重大违法行为，财务会计报告无虚假记载

D. 必须是国家鼓励发展的产业

5. 下列属于欺诈客户行为的是（　　）。

A. 在自己实际控制的账户之间进行证券交易，影响证券交易价格或者证券交易量

B. 与他人串通，以事先约定的时间、价格和方式相互进行证券交易，影响证券交易价格或者证券交易量

C. 单独或者通过合谋，集中资金优势、持股优势或者利用信息优势联合或者连续买卖，操纵证券交易价格或者证券交易量

D. 利用传播媒介或者通过其他方式提供、传播虚假或者误导投资者的信息

二、多项选择题

1. 公司申请公开发行公司债券，应当向国务院授权的部门报送的文件有（　　）。

A. 公司营业执照　　B. 公司章程

C. 公司债券募集办法　　D. 资产评估报告和验资报告

2. 股份有限公司申请股票上市必须符合的条件有（　　）。

A. 股票经国务院证券管理部门批准已向社会公开发行

B. 公司股本总额不少于3 000万元人民币

C. 开业时间在5年以上,最近2年连续盈利

D. 公司在最近3年内无重大违法行为,财务会计报告无虚假记载

3. 下列各项中,应由证券交易所决定其股票暂停上市的有(　　)。

A. 公司的股本总额、股权分布等发生变化,不再具备上市条件

B. 公司不按规定公开其财务状况

C. 公司对财务会计报告作虚假记载

D. 公司最近3年连续亏损

4. 根据《证券法》的规定,下列人员为知悉证券交易内幕信息的知情人员的是(　　)。

A. 发行股票公司的控股股东的高级管理人员

B. 持有公司5%以上股份的股东

C. 证券监督管理机构工作人员

D. 参与证券上市交易有关业务活动的中介机构工作人员

5. 有下列(　　)情形的,为公开发行。

A. 向不特定对象发行证券的

B. 向累计超过100人的特定对象发行证券

C. 向累计超过50人的特定对象发行证券

D. 向累计超过200人的特定对象发行证券

三、案例分析题

甲股份公司为2010年10月发行股票并于次月在上海证券交易所上市的上市公司。2012年12月,中国证监会根据举报,在调查时发现以下事实:

(1)在甲股份公司股票上市后4个月内,其股票价格持续处于低迷状态。在此期间,A公司董事长的司机张某根据董事长向其透露的公司将有重大投资行为的信息(该信息尚未经股东大会表决,也未公开披露),以每股6.38元的价格买入A公司股票5 000股;

(2)持有甲公司法人股达3.3%的公司(不属国有资产控股公司)认为甲股份公司具有潜在投资价值,便以自有资金以每股6.35元的价格买入6万股,使其持有甲股份公司的股份达到3.5%。至2012年1月,甲股份公司股票连续攀升,涨幅高达35%左右。该月,张某、乙公司分别以11.63元、11.85元抛出其持有的A公司股票,均获利甚丰。

(3)丙证券公司的证券咨询人员王某,于2012年2月上旬向在丙证券公司开户的证券投资者作股评讲座时,对甲股份公司股票推崇备至,并称:在4月份召开的甲股份公司股东大会上将通过每10股送8股的优厚分配方案,该股票在4月份至少涨至18元。同时声明:这纯属个人观点,投资者据此操作,风险自负。但时至4月份甲股份公司的股票不仅没有涨至18元,反而跌至7元左右,造成部分投资者的损失。甲股份公司也未推出每10股送8股的股利分配计划。

(4)甲股份公司监事李某持有本公司股票1万股。其于2011年12月卖出5 000股,于2012年7月又买入甲股份公司的股票2 000股,获利9 000元。

试分析：

1. 张某、乙公司买甲股份公司股票的行为是否违法？并说明理由。

2. 丙证券公司咨询人员王某的行为是否合法？并说明理由。

3. 甲股份公司监事李某买卖本公司股票的行为是否合法？并说明理由。

知识链接

杭萧钢构（600477）上市公司内幕交易案

浙江杭萧钢构股份有限公司成立于1994年12月，前身为1985年5月创办的萧山县长山金属钣厂，2000年12月改制为股份有限公司，主要股东为单银木、潘金水、戴瑞芳和浙江国泰建设集团有限公司。2003年11月公司股票在上海证券交易所挂牌上市，成为国内建筑钢结构行业首家上市公司，公司股票简称为杭萧钢构，股票代码为600477。

2007年2月12日，杭萧钢构公告称，与中国建筑一局（发包方）签订《京澳中心地上钢结构加工、制作合同》及《京澳中心地上钢结构安装合同》，合同总价款1.47亿元。此后3天，杭萧钢构连续涨停。15日，杭萧钢构丢出了一份更具爆炸性的公告。公告称，公司正与有关业主洽谈一海外建设项目，该意向项目整体涉及总金额折合约300亿元人民币，若公司参与该意向项目，将会对2007年业绩产生较大幅度增长。但公司尚未正式签署任何相关合同协议。

2007年1月下旬，刚刚从杭萧钢构证券办主任岗位辞职的陈玉兴从杭萧钢构安徽子公司总经理王更新处获悉，杭萧钢构正在洽谈18亿元左右的合同。2月初，陈玉兴打电话询问进展，王更新告知"正要与香港人谈判"。2007年2月11日，陈与杭萧钢构公司事业部经理罗晓军等在杭州聚会时，罗谈起公司正与香港中基公司洽谈安哥拉安居房建设工程，金额达300亿元。陈当即将消息电话告知王向东，指令王次日将股票账户剩余资金买入"杭萧钢构"股票。通话后，陈向罗晓军求证合同情况，并再次将求证信息告诉王。

2007年2月12日，王按陈的指令买入"杭萧钢构"股票2 776 996股。当天下午，陈玉兴为进一步获取"安哥拉项目"信息打电话给罗高峰，因罗正忙未能深谈。下午，罗回电，谈及公司近况时，罗违反《证券法》规定，将知悉的"安哥拉项目"信息泄露给陈。当晚，陈将从罗处得知的信息（包括信息来源）告诉王向东。2007年2月13日上午，王按指令买入"杭萧钢构"股票2 398 600股。陈将罗高峰委托其管理的晁励春（罗亲属）股票账户买入"杭萧钢构"股票42 800股。当天下午，杭萧钢构公司总经理周金法通知罗高峰次日参加安哥拉项目协调会，并告知合同已草签。罗在与陈玉兴通话中，将情况泄露给陈；陈让罗获取合同文本，并告知将晁励春股票账户也买入"杭萧钢构"。随后，陈将从罗处得来的信息告诉王向东，指令其次日将账户所有资金以涨停价买入"杭萧钢构"。2007年2月14日，王以涨停价买入"杭萧钢构"股票1 787 300股。当天，罗高峰到公司法务部但获取合同文本。罗又将公司开协调会、次日出公告及公告内容泄露给陈玉兴，陈又指令王向东继续持有"杭萧钢构"。2007年3月15日，陈从罗处得知证券监管机构要调查杭萧钢构，将有关情况告知王向东并指令次日卖出"杭萧钢构"。16日，王按指令将

“杭萧钢构”股票共6 961 896股全部卖出，非法获利4 037万元。而此时，杭萧钢构股价已从2月12日的4.55元疯涨至10.75元。

5月11日，上海证券交易所对杭萧钢构和单银木、潘金水、周金法公开谴责，亦对公司和相关责任人在安哥拉项目信息披露过程中的违规行为进行公开谴责。

2008年2月4日浙江省丽水市中级人民法院对杭萧钢构内幕交易案作出一审判决。罗高峰、陈玉兴和王向东分别被判处有期徒刑1年6个月、2年6个月和1年6个月，缓刑两年。

☞ 参考答案

一、单项选择题

1. C　2. B　3. D　4. A　5. D

二、多项选择题

1. ABCD　2. ABD　3. ABCD　4. ABC　5. AD

三、案例分析题

1. 张某买甲股份公司股票的行为违法。证券交易内幕信息的知情人和非法获取内幕信息的人，在内幕信息公开前，不得买入或者卖出该公司的证券，不得泄露该信息，也不得建议他人买卖该证券。内幕交易行为给投资者造成损失的，行为人应当依法承担赔偿责任。A公司董事长是内幕信息的知情人，公司将有重大投资行为的信息（该信息尚未经股东大会表决，也未公开披露）为内幕信息。

乙公司买甲股份公司股票的行为不违法。

2. 丙证券公司咨询人员王某的行为合法。他所做只是个人预测，并已声明纯属个人观点，投资者据此操作，风险自负。

3. 甲股份公司监事李某买卖本公司股票的行为不合法。

公司董事、监事、高级管理人员应当向公司申报所持有的本公司股份及其变动情况，在任职期间每年转让的股份不得超过其所持有本公司股份总数的25%，所持本公司股份自公司股票上市交易之日起1年内不得转让。李某持有本公司股票1万股。其于2011年12月卖出5 000股，大于所持有本公司股份总数的25%。

项目十三

票据法

学习目标

能力目标：区分不同的票据，正确行使票据权利，熟悉专利权、商标权、著作权的保护。

知识目标：掌握汇票、本票、支票的主要规定。

素质目标：识别有效的票据行为，运用票据工具。

【情境导入】

甲公司于2月10日向乙公司发出100万元的货物，乙公司将一张出票日期为2月15日、金额为200万元、期限为3个月的商业承兑汇票交给甲公司。3月10日，甲公司在与丙公司的买卖合同中，将该汇票背书转让给丙公司，A企业在汇票上记载了保证事项。4月10日，丙公司又将该汇票背书转让给了丁公司，但丙公司在汇票上记载"只有丁公司货物质量没问题时，该汇票才发生背书转让效力"。同年5月18日，持票人丁公司向乙公司开户银行提示付款时，银行以乙公司未能足额交存票款为由，拒绝付款，并于当日签发拒绝证明。

【任务分析】

1. 持票人丁公司应在什么时间之前向银行提示付款？
2. 丙公司背书所附条件是否具有票据上的效力？
3. 丁公司提示付款遭拒绝后，可向谁追索？为什么？
4. 如果A企业代为履行票据付款义务，则A企业可向谁行使追索权？为什么？

任务一　票据法概要

一、票据与票据法概述

（一）票据概述

1. 票据的概念

票据是指出票人依法签发的，约定自己或委托付款人在见票时或指定的日期向收款人或持票人无条件支付一定金额并可转让的有价证券。

《中华人民共和国票据法》（以下简称《票据法》）规定的票据包括汇票、本票和支票。

票据具有以下法律特征：

(1)票据为完全有价证券票据。票据的票面必须载明一定的货币金额，表示票据所代表的一定的价值。票据的这种价值，随着票据的设立而取得，随票据的交付而转移。

(2)票据为设权证券。设权证券是与证权证券相对而言的。证权证券的作用在于证明一定的权利，权利义务产生于证券作成之前。而票据权利则同时和票据的作用产生，在票据作成之前，票据上的权利并不存在，票据上的权利依票据形式而存在，没有票据就没有票据权利。

(3)票据为金钱证券。票据的签发和转让以支付票据上的金额为最终目的，等该金额全部支付，票据上的权利义务即为消灭。

(4)票据为债权证券。票据所代表的财产权利在性质上属于债权，只发生于特定的权利人和义务人之间。

(5)票据为文义证券。票据的权利和义务，完全根据票据上所记载的文字记载为准，不得以票据记载以外的任何理由，改变票据的效力。

(6)票据为要式证券。票据作为一种债券债务的凭证，各种票据行为都必须严格按照票据法规定的程式作出并具备法定形式，才发生法律效力。

(7)票据为无因证券。占有票据的持票人行使票据权利时，无须说明其取得票据的原因，只要有票据就可以行使票据权利。票据债务人一般应无条件按票据内容支付款项，无权要求持票人说明取得票据的原因。

【应用案例 13-1】

甲、乙之间签订了一份假酒买卖合同，甲供货后，乙于 3 月 10 日签发了一张面额为 10 万元、期限为 3 个月的商业承兑汇票交付给甲，3 月 20 日，甲从丙公司购原材料，便将该汇票依法转让给了丙。之后，假酒被查封，甲、乙之间的合同被裁定为无效合同。试分析：票据到期后，丙提示付款，乙能否以买卖合同无效为由，拒绝兑现票据金额？

案例解析：

不能拒绝兑现票据金额。票据是无因证券，依法出票后，便与当初签发票据的基础原因分离，不论基础原因是否合法，只要票据本身无缺陷，持票人依法取得票据，即享有票据权利，付款人应当见票付款。

(8)票据为流通证券。票据可以通过背书或交付票据的方式自由转让，而无须通知债务人。票据的生命力就在于流通。

(9)票据为提示证券。

(10)票据为返还证券。

2. 票据的功能

在某种意义上，票据制度和公司制度是加速资本主义经济发展的两大车轮，因为票据具有很多独特的功能，在社会经济发展中发挥着重要的作用：

(1)汇兑功能。票据具有异地输送资金的作用。在我国，票据的汇兑功能主要是靠汇票来实现的。

(2)支付功能。这是票据的基本功能。票据可以代表定额货币代替现金进行款项的支付。

(3)结算功能。是指以票据来进行债务抵消,简单的结算就是相互有债务的双方各签发一张本票给对方,待两张本票都到期时即可抵消债务。若有差额,再由一方用现金给付差额。复杂的结算,则要通过现代的票据交换制度进行。

(4)信用功能。这是票据的核心功能。票据在本质上是一种债权凭证,是信用的证券化形式。票据的出票人可使用未来可取得的资金签发票据。票据的这一功能主要表现在汇票和本票上。如签发2个月后到期付款的汇票或本票,这时票据上所表现的不仅仅是价款,而且还是2个月的信用关系,在这种情况下,票据签发人实际是取得了对方的短期贷款。取得票据的人如果在到期日之前急需现金,可以持票到银行申请贴现,持票人如果在到期日之前需履行债务,也可以通过背书方式将票据转让给其债权人以达到履行债务的目的。

(二)票据法的概念

票据法是指规定票据的种类、形式、内容以及各当事人之间权利义务关系的法律规范的总称。票据法有广、狭两义。广义的票据法是指调整票据关系的各种法律规范的总称。狭义的票据法仅指专门的票据法规范,即《票据法》。

二、票据行为

(一)票据行为的概念

票据行为,是指票据关系当事人之间以产生、变更或终止票据关系为目的而进行的法律行为。

1. 票据行为是在票据关系的当事人之间进行的行为

该当事人包括:(1)出票人(亦称发票人),指依法定方式作成票据并在票据上签字盖章,并将票据交付给收款人的人;(2)收款人(亦称抬头人),是指票据到期并经提示后收取票款的人。收款人有时也是持票人;(3)付款人,指根据出票人的命令支付票款的人;(4)持票人,即指持有票据的人。占有票据的收款人、被背书人或来人抬头票据的持有人都是票据的持票人;(5)承兑人,即是汇票的主债务人,指接受汇票之出票人的付款委托,同意承担支付票款义务的人;(6)背书人,指在转让票据时,在票据背面签字或者盖章,并将该票据交付给受让人的票据收款人或持有人;(7)被背书人,指被记名受让票据或接受票据转让的人;(8)保证人,即是为票据债务提供担保的人;(9)其他当事人。

2. 票据行为是以设立、变更或终止票据关系为目的的行为

票据行为是一种意思表示行为,票据关系的当事人进行票据行为时都是有目的的设定、变更或终止某项票据权利义务,并将该种意思表现于外。

3. 票据行为是一种合法行为

票据行为是一种民事法律行为。

(二)票据行为成立的要件

票据行为是一种民事法律行为,因此其必须符合民事法律行为成立的一般条件。根据《民法通则》和《票据法》的有关规定,票据行为的成立,必须符合以下基本条件:

1. 票据行为的实质要件

(1)行为人必须具有从事票据行为的能力。无民事行为能力人或者限制民事行为能力人在票据上签章的,其签章无效。但不影响其他签章及相应票据行为的效力。

(2)票据行为人的意思表示必须合法、真实。票据的签发、取得和转让,应当遵循诚实信用的原则,具有真实的交易关系和债权债务关系。票据的取得,必须给付对价,即应当给付票据双方当事人认可的相对应的代价。以欺诈、偷盗或者胁迫等手段取得票据的,或者明知有前述情形,出于恶意取得票据的,不得享有票据权利。

2. 票据行为的形式要件

票据行为必须采用书面形式。实施任何一种票据行为,均须采用签章和记载两种形式。

(1)票据签章。票据上的签章,为签字、盖章或者签字加盖章。个人在票据上的签章,应为该个人的签字或者盖章;个人在票据上的签字,应当为该当事人的本名。法人和其他使用票据的单位在票据上的签章,为该法人或者该单位的盖章加其法定代表人或者其授权的代理人的签章。票据上的签章是票据行为表现形式中绝对应记载的事项,如无该项内容,票据行为即为无效。票据上的签章因票据行为的性质不同,签章人也不同。票据签发时,由出票人签章;票据转让时,由背书人签章;票据承兑时,由承兑人签章;票据保证时,由保证人签章;票据代理时,由代理人签章;持票人行使票据权利时,由持票人签章;等等。

(2)票据记载事项。票据记载事项可以分为必要记载事项、任意记载事项、不得记载事项等。这里说明一下各类票据共同必须记载的内容:

①票据种类的记载。即汇票、本票、支票的记载。

②票据金额的记载。我国《票据法》第八条规定:"票据金额以中文大写和数码同时记载,二者必须一致,二者不一致的,票据无效。"

③票据收款人的记载。收款人是票据到期收取票款的人,并且是票据的主债权人,因此票据必须记载此项内容,否则票据即为无效。

④年月日的记载。这一般是指发票年月日的记载。年月日是判定票据权利义务的发生、变更和终止的重要标准,因此票据必须将此作为必须记载的事项,否则票据无效。

《票据法》第九条规定:"票据金额、日期、收款人名称不得更改,更改的票据无效。"因此有关人员在进行票据行为时,必须严格审查这3项内容是否有过更改。如果确属记载错误或需要重新记载,只能由出票人重新签发票据。并且,在前述情况下,付款人或者代理人对此类票据付款的,应当承担责任。

三、票据权利

(一)票据权利的概念

票据权利,是指持票人向票据债务人请求支付票据金额的权利。

票据权利包括付款请求权和追索权。付款请求权是指向票据的付款人申请承兑并请求支付票载金额的权利。这是持票人最基本的票据权利,也是票据当事人授受票据的直接目的。追索权是指在票据不获得承兑或者不获付款,或者有其他法定原因使付款请求权无法行使时,持票人向其前手请求偿还票据金额及有关费用的权利。其实质是在付款请求权不能实现时的一种救济措施,是保护债权人利益的手段。

(二)票据权利的取得

1. 票据权利取得的情形;

在票据法理论中通常把票据权利的取得方式概括为原始取得和继受取得两类。

(1)原始取得,即出票取得;

(2)继受取得,包括转让取得和通过税收、继承、赠与、企业合并等方式取得。

2. 票据权利取得的限制

(1)票据的取得,必须给付对价,即应当给付票据双方当事人认可的相对应的代价;

(2)因税收、继承、赠与可以依法无偿取得票据的,不受给付对价的限制,但所享有的票据权利不得优于其前手的权利;

(3)因欺诈、偷盗、胁迫、恶意或重大过失取得票据的,不得享有票据权利。

(三)票据权利的行使与保全

1. 票据权利的行使

持票人行使票据权利,应当按照法定程序在票据上签章,并出示票据。即行使的基本方式是在票据上签章并提示票据。票据是提示证券,票据权利与票据不可分离,票在权在,票失权失,合法而现实的持有票据,是享有和行使票据权利的唯一凭证。同时,票据的文义性要求票据权利的行使和义务的履行均须依据票载文义。因此,行使票据权利,必须现实提示票据。

2. 票据权利的保全

票据权利人在人民法院审理、执行票据纠纷案件时,可以请求人民法院依法对票据采取保全措施或者执行措施。

(四)票据丧失与权利补救

票据丧失是指票据因灭失、遗失、被盗等原因使票据权利人非出于自己的本意而丧失对票据的占有。《票据法》规定了票据丧失后的3种补救措施,即挂失止付、公示催告、普通诉讼。

【应用案例13-2】

甲公司财务室被盗,丢失现金支票1张、转账支票1张、未填明“现金”字样的银行本票1张,甲公司可以采取什么方式补救票据权利?

案例解析:

丢失的现金支票及转账支票可以挂失止付,也可以采取公示催告或普通诉讼措施。但丢失的未填明“现金”字样的银行本票不能挂失止付,只能公示催告。

(五)票据权利的消灭

票据权利的消灭,是指因发生一定的法律事实而使票据权利不复存在。能够引起票据权利消灭的法律事实包括:

1. 时效届满

(1)持票人对票据的出票人和承兑人的权利,自票据到期日起2年。见票即付的汇

票、本票,自出票日起2年;

(2)持票人对支票出票人的权利,自出票日起6个月;

(3)持票人对前手的追索权,在被拒绝承兑或者被拒绝付款之日起6个月;

(4)持票人对前手的再追索权,自清偿日或者被提起诉讼之日起3个月。

2. 付款

票据的付款人按票载文义向持票人支付了票据金额,即直接导致全体票据债务人的票据责任解除,同时,持票人原有的票据权利也因业已实现而不复存在。

3. 其他事由

其他事由是指上述原因以外的法定事由,大体包括两类:(1)票据本身的原因,如票据的实际灭失(如焚毁、销毁等)等。(2)票据债务的原因,如债务的清偿、提存、抵销、免除等。

四、票据抗辩权

(一)票据抗辩权的概念和特征

所谓票据抗辩权,是指票据债务人享有的,依法对票据的持票人拒绝履行票据债务的权利。这一概念包含了以下几层意思:

1. 票据抗辩权是票据债务人所享有的一种权利票据抗辩权,是票据债务人依法对票据的持票人行使票据权利的请求进行对抗的行为。

2. 票据债务人行使票据抗辩权以不履行票据债务为目的,票据债务人行使票据抗辩权的目的,是为了不履行票据债务。拒绝履行票据债务是票据债务人行使抗辩权的唯一目的。

3. 票据债务人行使票据抗辩权必须存在法定的抗辩事由,票据债务人应当履行票据债务,不得无故拒绝履行,只有当出现诸如票据欠缺法定形式要件或者持票人取得票据手段不合法等情况时,票据债务人才可对抗,否则必将损害真正票据权利人的利益,也将使票据债务人处于不利之地位。

4. 票据债务人行使抗辩权必须符合票据法的规定。票据债务人行使抗辩权,只能依据票据法有关票据抗辩的规定,而不能简单地套用民法上的抗辩制度。

票据抗辩权具有自己的特点:

1. 票据债务人的票据抗辩权具有“抗辩切断”性;

2. 票据抗辩通常是对票据金额的全额抗辩;

3. 票据保证人不享有先诉抗辩权。

(二)行使票据抗辩权的法定事由

票据债务人行使票据抗辩权的法定事由,也称为票据抗辩原因,是指法律规定票据债务人可以对票据的持票人进行抗辩的情形,可以分为物的抗辩原因和人的抗辩原因两大类。

1. 物的抗辩原因

(1)任何票据债务人可以对任何持票人行使的抗辩原因。主要有:①票据因欠缺《票据法》规定的形式要件而无效;②持票人不依票据文义提出请求;③票据债权已消灭或已失效。

(2)特定的票据债务人可以对任何持票人行使的抗辩原因。主要有:①票据行为不能有效成立;②票据债务人因持票人欠缺权利保全手续而解除了票据责任;③持票人的票据权利因超过时效而消灭,票据债务人因而解除了被追索的票据义务;④票据上记载的票据债务人已实际丧失负担票据义务的能力。

2. 人的抗辩原因

(1)任何票据债务人可以对特定持票人行使的抗辩原因。主要有:①特定持票人欠缺实质上的受领票据金额的资格;②特定持票人欠缺形式上的受领资格。

(2)特定票据债务人可以向特定持票人行使的抗辩原因。主要有:①票据原因关系无效; ②票据原因关系欠缺;③票据当事人违反了彼此之间的特别约定。

五、票据的伪造和变造

票据的伪造,是指无权限人假冒他人名义或虚构人名义签章的行为。

票据的变造,是指无权更改票据内容的人,对票据上签章以外的记载事项加以变更的行为。

票据上的记载事项应当真实,不得伪造、变造。伪造、变造票据上的签章和其他记载事项的应当承担法律责任。

票据上有伪造、变造的签章的,不影响票据上其他真实签章的效力。

票据上其他记载事项被变造的,在变造之前签章的人,对原记载事项负责;在变造之后签章的人,对变造之后的记载事项负责;不能辨别是在票据被变造之前或者之后签章的,视同在变造之前签章。

任务二 汇票

一、汇票概述

(一)汇票的概念

汇票,是出票人签发的、委托付款人在见票时或者在指定日期无条件支付确定的金额给收款人或者持票人的票据。

(二)汇票当事人

汇票当事人为出票人、付款人和收款人。出票人和付款人为票据义务人,收款人为票据权利人。

(三)汇票的种类

根据汇票出票人的不同,汇票分为银行汇票和商业汇票。商业汇票按承兑人的不同,分为商业承兑汇票和银行承兑汇票。

以付款期限长短为标准,汇票分为即期汇票和远期汇票。

二、汇票的出票

(一)出票的概念

出票又称发票,是指出票人签发票据并将其交付给收款人的票据行为。出票是创设票据的行为,为基本票据行为。其他票据行为则为附属票据行为。

汇票的出票人必须与付款人具有真实的委托付款关系,并且具有支付汇票金额的可靠资金来源。汇票的出票人不得签发无对价的汇票用以骗取银行或者其他票据当事人的资金。

(二)出票的记载事项

1. 绝对必要记载事项

汇票必须记载下列事项:(1)表明“汇票”的字样;(2)无条件支付的委托;(3)确定的金额。汇票上记载有实际结算金额的,以实际结算金额为汇票金额。银行汇票记载汇票金额而未记载实际结算金额的,以汇票金额为实际结算金额。实际结算金额大于汇票金额的,以汇票金额为付款金额;(4)付款人名称;(5)收款人名称;(6)出票日期;(7)出票人签章。

2. 相对必要记载事项

汇票上记载付款日期、付款地、出票地等事项的,应当清楚、明确。汇票上未记载付款日期的,为见票即付。汇票上未记载付款地的,付款人的营业场所、住所或者经常居住地为付款地。汇票上未记载出票地的,出票人的营业场所、住所或者经常居住地为出票地。

3. 任意记载事项

任意记载事项一经记载即发生票据法上的效力。

4. 不发生票据法上的效力的记载事项

汇票上可以记载《票据法》规定事项以外的其他出票事项,但是该记载事项不具有汇票上的效力。

(三)出票的效力

汇票的基本当事人有出票人、付款人和收款人,因此,其出票的效力主要表现在3个方面:1. 对出票人的效力。出票人签发汇票后,即承担保证该汇票承兑和付款的责任。出票人在汇票得不到承兑或者付款时,应当向持票人清偿法律规定的金额和费用;2. 对付款人的效力。付款人只有在其对汇票进行承兑后,才成为汇票上的主债务人;3. 对收款人的效力。收款人取得票据后即取得汇票上的一切权利。

三、汇票的背书

(一)背书的概念和特征

背书,是指持票人以将票据权利转让给他人或者将一定的票据权利授予他人行使为目的,在票据背面或者粘单上记载有关事项并签章的票据行为。背书制度是3种票据共有的一项制度,同时适用于汇票、本票和支票。

票据背书的基本特征有:1. 背书是一种附属票据行为。它以存在有效的出票行为为前提。出票行为如果因在形式上不合法而无效,背书行为也无效;2. 背书是持票人所为的行为。为背书行为的人称为背书人,接受背书的人称为被背书人;3. 背书的目的可以是转让票据权利,也可以是委托取款或设定质权等;4. 背书是要式行为。持票人应在票据背面或粘单上记载法定内容,签章后交给被背书人。

出票人在汇票上记载“不得转让”字样的汇票,不得转让。

(二)背书的形式

1. 背书签章和背书日期的记载

背书由背书人签章并记载背书日期。背书未记载日期的,视为在汇票到期日前背书。

2. 被背书人名称的记载

汇票以背书转让或者以背书将一定的汇票权利授予他人行使时,必须记载被背书人名称。

3. 禁止背书的记载

背书人在汇票上记载“不得转让”字样,其后手再背书转让的,原背书人对后手的被背书人不承担保证责任。

4. 粘单的使用

票据凭证不能满足背书人记载事项的需要,可以加附粘单,粘附于票据凭证上。粘单上的第一记载人,应当在汇票和粘单的粘接处签章。

5. 背书不得记载的内容

背书不得附有条件。背书时附有条件的,所附条件不具有汇票上的效力。将汇票金额的一部分转让的背书或者将汇票金额分别转让给两人以上的背书无效。

(三)背书连续

背书连续,是指在票据转让中,转让汇票的背书人与受让汇票的被背书人在汇票上的签章依次前后衔接。

以背书转让的汇票,背书应当连续。

(四)委托收款背书和质押背书

1. 委托收款背书

(1)委托收款背书的记载事项。委托收款背书的记载事项与转让背书相似,只是将“转让”改为“委托收款”字样。其他应记载事项与转让背书的记载事项相同。

(2)委托收款背书的效力。它主要表现在两个方面:①代理权授予效力。即背书后,被背书人有权代背书人行使被委托的票据权利,但被背书人不得再以背书转让票据权利。此外,票据债务人与背书人之间的抗辩事由可以对抗被背书人;②权利证明效力。即只要委托收款背书具有连续性,被背书人就有代理权。被背书人在行使权利时,不需要另行证明代理权的存在。

2. 质押背书

(1)质押背书的记载事项。质押背书的记载事项与转让背书相似,只是将“转让”改为“质押”字样。其他应记载事项与转让背书的记载事项相同。

(2)质押背书的效力。它主要表现在3个方面:①质权设定效力。背书后,被背书人取得票据质权。被背书人依法实现其质权时,可以行使票据权利,收取票据金额,用于偿付自己被担保的债权。如果票据金额多于被担保的债权,被背书人应将多余部分退还背书人。被担保债权的清偿期晚于票据到期日的,被背书人受领票据金额后,如无特别约定,应将票款提存,等债权到期后才能取得票据金额的所有权;②票据债务人对背书人的“人的抗辩”被切断。票据债务人不得以对背书人的抗辩事由对抗善意的被背书人;③权利证明效力。

以汇票设定质押时,出质人在汇票上只记载了“质押”字样而未在票据上签章的,或者出质人未在汇票或粘单上记载“质押”字样而另行签订质押合同、质押条款的,不构成票据质押。

(五)法定禁止背书

汇票被拒绝承兑、被拒绝付款或者超过付款提示期限的,不得背书转让;背书转让的,背书人应当承担汇票责任。

四、汇票的承兑

(一)承兑的概念

承兑,是指汇票付款人承诺在汇票到期日支付汇票金额的票据行为。

(二)承兑的程序

1. 承兑的记载事项

付款人承兑汇票的,应当在汇票正面记载“承兑”字样和承兑日期并签章;见票后定期付款的汇票,应当在承兑时记载付款日期。汇票上未记载承兑日期的,以持票人提示承兑之日起的第3日为承兑日期。

汇票承兑的应记载事项必须记载于汇票的正面,而不能记载于汇票的背面或粘单上。

2. 提示承兑

因汇票付款日期的形式不同,提示承兑的期限亦不一样:(1)定日付款或者出票后定期付款的汇票,持票人应当在汇票到期日前向付款人提示承兑。(2)见票后定期付款的汇票,持票人应当自出票日起1个月内向付款人提示承兑。汇票未按照规定期限提示承兑的,持票人丧失对其前手的追索权。(3)见票即付的汇票无须提示承兑。

3. 承兑成立

付款人对向其提示承兑的汇票,应当自收到提示承兑的汇票之日起3日内承兑或者拒绝承兑。

付款人收到持票人提示承兑的汇票时,应当向持票人签发收到汇票的回单。回单上应当记明汇票提示承兑日期并签章。

付款人承兑汇票,不得附有条件;承兑附有条件的,视为拒绝承兑。

(三)承兑的效力

1. 承兑人于汇票到期日必须向持票人无条件地支付汇票上的金额,否则其必须承担迟延付款责任。

2. 承兑人必须对汇票上的一切权利人承担责任,这些权利人包括付款请求权人和追索权人。

3. 承兑人不得以其与出票人之间资金关系来对抗持票人,拒绝支付汇票金额。

4. 承兑人的票据责任不因持票人未在法定期限提示付款而解除。

五、汇票的保证

(一)保证的概念

汇票保证,是指汇票债务人以外的第三人,以担保特定汇票债务人履行票据债务为目的,而在票据上所为的一种附属票据行为。

(二)保证的当事人

保证的当事人为保证人和被保证人。

保证人由汇票债务人以外的他人担当。被保证人是指票据关系中已有的债务人,票据债务人一旦由他人为其提供保证,其在保证关系中就被称为被保证人。

(三)保证的记载事项

保证人必须在汇票或粘单上记载下列事项:

1. 表明"保证"的字样;2. 保证人名称和住所;3. 被保证人的名称;4. 保证日期;5. 保证人签章。

保证人在汇票或者粘单上未记载被保证人名称的,已承兑的汇票,承兑人为被保证人;未承兑的汇票,出票人为被保证人。保证人在汇票或者粘单上未记载保证日期的,出票日期为保证日期。

保证不得附有条件;附有条件的,不影响对汇票的保证责任。

(四)保证的效力

1. 保证人的责任

保证人对合法取得汇票的持票人所享有的汇票权利,承担保证责任。但是,被保证人的债务因汇票记载事项欠缺而无效的除外。

保证人应当与被保证人一起对持票人承担连带责任。被保证的汇票到期后得不到付款的,持票人有权向保证人请求付款,保证人应当足额付款。

2. 共同保证人的责任

保证人为2人以上的,保证人之间承担连带责任。

3. 保证人的追索权

保证人清偿汇票债务后,可以行使持票人对被保证人及其前手的追索权。

六、汇票的付款

(一)付款的概念

付款,是指付款人依据票据文义支付票据金额,以消灭票据关系的行为。

(二)付款的程序

1. 付款提示

持票人应当按照下列期限提示付款:(1)见票即付的汇票,自出票日起1个月内向付款人提示付款;(2)定日付款、出票后定期付款或者见票后定期付款的汇票,自到期日起10日内向承兑人提示付款。

持票人未按照上述规定期限提示付款的,在作出说明后,承兑人或者付款人仍应当继续对持票人承担付款责任。通过委托收款银行或者通过票据交换系统向付款人提示付款的,视同持票人提示付款。

2. 支付票款

持票人向付款人进行付款提示后，付款人应当在当日按票据金额足额支付给持票人。持票人获得付款的，应当在汇票上签收，并将汇票交给付款人。

付款人及其代理付款人付款时，应当审查汇票背书的连续，并审查提示付款人的合法身份证明或者有效证件。付款人及其代理付款人以恶意或者有重大过失付款的，应当自行承担责任。

对定日付款、出票后定期付款或者见票后定期付款的汇票，付款人在到期日前付款的，由付款人自行承担所产生的责任。

汇票金额为外币的，按照付款日的市场汇价，以人民币支付。汇票当事人对汇票支付的货币种类另有约定的，从其约定。

（三）付款的效力

付款人依法足额付款后，全体汇票债务人的责任解除。

七、汇票的追索权

（一）追索权概述

1. 追索权的概念和特征

汇票追索权，是指付款人拒绝付款，或者拒绝承兑，或者由于其他法定原因预计在票据到期时得不到付款的，由持票人向其前手请求偿还票据金额、利息以及有关费用的一种票据权利。

追索权的基本特征有：(1) 追索权是为补充付款请求权而设的第二次请求权。只有在具备法定条件并履行了法定手续时，持票人才能行使；(2) 追索权具有选择性、变更性和代位性。由于全体票据债务人对待票人承担连带责任，因此，持票人可以不按照票据债务人的先后顺序，对其中任何一人、数人或者全体行使追索权。但持票人为出票人的，对其前手无追索权。持票人为背书人的，对其后手无追索权。持票人对票据债务人中的一人或者数人已经进行追索的，对其他票据债务人仍可以行使追索权。被追索人清偿债务后，与持票人享有同一权利，对其前手可以代位行使追索权，直到票据上的最后债务人偿还后追索权才消灭；(3) 追索权的范围，不仅包括票据金额，而且包括票据金额自到期日或者提示付款日起至清偿日止按照中国人民银行规定的利率计算的利息，以及取得有关拒绝证明和发出通知书的费用。

2. 追索权的种类

(1) 根据行使追索权时间的不同，追索权可以分为期前追索权和到期追索权两类，分别适用不同的条件。①期前追索权，是指持票人在票据到期前依法行使的追索权。持票人只要具备下列条件之一即可行使期前追索权：汇票被拒绝承兑的；承兑人或者付款人死亡、逃匿的；承兑人或者付款人被依法宣告破产的或者因违法被责令终止业务活动的。②到期追索权，是指持票人于票据到期时依法行使的追索权。到期追索权行使的法定条件是票据到期不获付款。

(2) 根据行使退票权人的不同，追索权可以分为最初追索权和再追索权。前者是指最后持票人向票据上所有票据债务人的追索权，后者是指被追索人向其前手又行使的追索权。

3. 追索权的主体。包括追索权人和被追索人。

4. 追索权的客体

(1)最初追索权的客体。持票人行使追索权,可以请求被追索人支付下列金额和费用:被拒绝付款的汇票金额;汇票金额自到期日或者提示付款日起至清偿日止,按照中国人民银行规定的流动资金贷款利率计算的利息;取得有关拒绝证明和发出通知书的费用。

(2)再追索权的客体。被追索人行使再追索权,可以请求其他汇票债务人支付下列金额和费用:已清偿的全部金额及其自清偿日起至再追索清偿日止,按照中国人民银行规定的流动资金贷款利率计算的利息;发出通知书的费用。

(二)追索权的要件

1. 实质要件

追索权发生的实质要件包括:(1)汇票到期被拒绝付款;(2)汇票在到期日前被拒绝承兑;(3)在汇票到期日前,承兑人或付款人死亡、逃匿;(4)在汇票到期日前,承兑人或付款人被依法宣告破产或因违法被责令终止业务活动。

2. 形式要件

追索权发生的形式要件包括:(1)持票人行使追索权时,应当提供被拒绝承兑或者被拒绝付款的有关证明;(2)持票人因承兑人或者付款人死亡、逃匿或者其他原因,不能取得拒绝证明的,可以依法取得其他有关证明。

(三)追索权的行使

持票人行使追索权的程序包括:

1. 发出追索通知

(1)通知的当事人。通知的当事人分为通知人和被通知人。通知人是指持票人以及收到通知后,再为通知的背书人及其保证人。被通知人是指向持票人承担担保承兑和付款的票据上的次债务人,包括出票人、背书人、保证人等。

(2)通知的期限。持票人应当自收到被拒绝承兑或者被拒绝付款的有关证明之日起3日内,将被拒绝事由书面通知其前手;其前手应当自收到通知之日起3日内书面通知其再前手。持票人也可以同时向各汇票债务人发出书面通知。持票人发出追索通知的起算日为其收到拒绝证明之日,收到追索通知的背书人及其保证人发出追索通知的起算日为其收到追索通知之日。

(3)通知的方式和通知应记载的内容。通知应当以书面形式发出。在规定期限内将通知按照法定地址或约定的地址邮寄的,视为已发出通知。书面通知应记明汇票的主要记载事项,并说明该汇票已被退票。

(4)未在规定期限内发出追索通知的后果。如果持票人未按规定期限发出追索通知或其前手收到通知未按规定期限再通知其前手,持票人仍可以行使追索权,因延期通知给其前手或者出票人造成损失的,由没有按照规定期限通知的汇票当事人,承担对该损失的赔偿责任,但是所赔偿的金额以汇票金额为限。

2. 确定追索对象

(1)确定追索对象。被追索人包括出票人、背书人、承兑人和保证人。持票人可以不按照汇票债务人的先后顺序,对其中任何一人、数人或者全体行使追索权。持票人对票据债务人中的一人或者数人已经进行追索的,对其他票据债务人仍可以行使追索权。但是,持票人为出票人的,对其前手无追索权。持票人为背书人的,对其后手无追索权。

(2)被追索人的责任承担。被追索人对持票人承担连带责任。持票人对汇票债务人中的一人或者数人已经进行追索的,对其他汇票债务人仍可以行使追索权。被追索人清偿债务后,与持票人享有同一权利。

3. 追索人的义务

持票人或行使再追索权的被追索人在接受清偿金额时,应当履行相应的义务,交出汇票和有关拒绝证明,并出具所收到利息和费用的收据。

4. 被追索人清偿债务后的效力

被追索人清偿债务后,其票据责任解除。同时,被追索人清偿债务后,与持票人享有同一追索权利,可以向其他汇票债务人行使再追索权,请求其他汇票债务人支付相应的金额和费用。

任务三　本票

一、本票概述

(一)本票的概念

本票,是出票人签发的、承诺自己在见票时无条件支付确定的金额给收款人或者持票人的票据。

(二)本票的种类

根据不同的标准,可以对本票作不同的分类。在我国,本票仅限于银行本票。

(三)本票适用汇票的有关规定

除特别规定外,本票的出票、背书、保证、付款行为和追索权的行使,适用汇票的有关规定。

二、本票的出票

(一)本票的出票人

本票的出票人必须具有支付本票金额的可靠资金来源,并保证支付。

(二)本票的记载事项

1. 本票的绝对记载事项

本票必须记载下列事项:(1)表明“本票”字样;(2)无条件支付的承诺;(3)确定的金额;(4)收款人名称;(5)出票日期;(6)出票人签章。本票上未记载上述事项之一的,本票无效。

2. 本票的相对记载事项

本票的相对记载事项包括:(1)付款地。本票上未记载付款地的,出票人的营业场所为付款地。(2)出票地。本票上未记载出票地的,出票人的营业场所为出票地。

三、见票付款

银行本票是见票付款的票据。

本票自出票日起,付款期限最长不得超过 2 个月。持票人在规定的期限提示本票的,出票人必须承担付款的责任。持票人超过付款期限提示付款的,代理付款人不予受理。持票人未按照规定期限提示本票的,丧失对出票人以外的前手的追索权。

任务四 支票

一、支票概述

(一)支票的概念

支票,是出票人签发的、委托办理支票存款业务的银行或者其他金融机构在见票时无条件支付确定的金额给收款人或者持票人的票据。

支票的基本当事人有:出票人、付款人和收款人。

(二)支票的种类

支票分为现金支票、转账支票和普通支票。

支票上印有“现金”字样的为现金支票,现金支票只能用于支取现金。

支票上印有“转账”字样的为转账支票,转账支票只能用于转账,不得支取现金。

支票上未印有“现金”或“转账”字样的为普通支票,普通支票可以用于支取现金,也可以用于转账。

(三)支票适用汇票的有关规定

除特别规定外,支票的出票、背书、付款行为和追索权的行使,适用汇票的有关规定。

二、支票的出票

(一)支票出票的概念

支票的出票,是指出票人委托银行或者其他金融机构无条件向持票人支付一定金额的票据行为。

支票出票人签发支票必须具备一定的条件:(1)开立支票存款账户,申请人必须使用其本名,并提交证明其身份的合法证件;(2)开立支票存款账户和领用支票,应当有可靠的资信,并存入一定的资金;(3)开立支票存款账户,申请人应当预留其本名的签字式样和印鉴。

(二)支票的记载事项

1. 绝对记载事项

支票必须记载下列事项:(1)表明“支票”的字样;(2)无条件支付的委托;(3)确定的金额;(4)付款人名称;(5)出票日期;(6)出票人签章。支票上未记载上述事项之一的,支票无效。

支票上的金额可以由出票人授权补记，未补记前的支票，不得使用。出票人可以授权收款人补记支票金额，收款人以外的其他人不得补记；在支票金额未补记之前，收款人不得背书转让和提示付款。

支票上未记载收款人名称的，经出票人授权，可以补记。未补记前，支票不得背书转让和提示付款。

2. 相对记载事项

支票的相对记载事项包括：(1)付款地。支票上未记载付款地的，付款人的营业场所为付款地；(2)出票地。支票上未记载出票地的，出票人的营业场所、住所或者经常居住地为出票地。

(三)出票的其他法定条件

出票的其他法定条件包括：1. 禁止签发空头支票。支票的出票人签发支票的金额不得超过付款时其在付款人处实有的存款金额。2. 支票的出票人不得签发与其预留本名的签字式样或者印鉴不符的支票。3. 签发现金支票和用于支取现金的普通支票，必须符合国家现金管理的规定。

(四)支票出票的效力

出票人必须按照签发的支票金额承担保证向该持票人付款的责任。

出票人在付款人处的存款足以支付支票金额时，付款人应当在见票当日足额付款。

三、支票的付款

支票限于见票即付，不得另行记载付款日期。另行记载付款日期的，该记载无效。

持票人在请求付款时，必须为付款提示。支票的持票人应当自出票日起 10 日内提示付款；异地使用的支票，其提示付款的期限由中国人民银行另行规定。

超过提示付款期限的，付款人可以不予付款；付款人不予付款的，出票人仍应当对持票人承担票据责任。

付款人依法支付支票金额的，对出票人不再承担受委托付款的责任，对持票人不再承担付款的责任。但是，付款人以恶意或者有重大过失付款的除外。

任务五　违反票据法的法律责任

《票据法》对票据欺诈行为、付款人故意压票拖延支付行为、擅自印制票据行为等应当承担的法律责任作出了规定。

一、票据欺诈行为的法律责任

有下列票据欺诈行为之一的，依法追究刑事责任。

1. 伪造、变造票据

(1)伪造票据的违法行为。伪造票据是指未经授权而假冒他人或虚构人的名义为票据行为。伪造行为涉及伪造人和被伪造人。被伪造人未在票据上签章，亦无委托他人签章的意思表示，故不承担由此而产生的任何法律责任。伪造人由于未以自己的名义在票据上签章，所以不承担票据责任。但是由伪造行为而给他人造成损失的，应当承担民事赔偿责任。如果此伪造行为构成犯罪的,伪造人必须承担刑事责任。

(2)变造票据的违法行为。变造票据是指无权更改票据上除签章以外的其他记载事项的人,对票据予以更改的行为。票据变造人除了应依变造后文义承担票据责任外,构成犯罪的,还应承担相应的刑事责任。

2. 故意使用伪造、变造的票据

这里所讲的"故意",是指票据使用人明知是伪造的或变造的票据,仍有意加以使用的违法行为。

故意使用伪造、变造票据的行为,是一种对社会正常经济秩序危害较大的违法行为,行为人应承担刑事责任。

3. 签发空头支票或者故意签发与其预留的本人签字式样或印鉴不符的支票,骗取财物。

4. 签发无可靠资金来源的汇票、本票,以骗取资金

签发汇票、支票应当有可靠的资金来源,保证支付,确保票据权利人能按时得到票款。如果出票人签发无可靠资金来源的汇票、本票,其目的是骗取资金,构成票据欺诈行为,出票人除应负票据责任外,还应承担刑事责任。

5. 汇票、本票的出票人在出票时作虚假记载,骗取财物

这里所讲的虚假记载,是指出票人对票据上除签章以外的其他事项,如付款人、收款人、票据金额、付款地等所作的不真实记载。作这样的记载,如果是以骗取财物为目的的,构成票据欺诈行为。出票人除承担票据责任外,还应承担刑事责任。

6. 冒用他人的票据,或者故意使用过期或者作废的票据,骗取财物

冒用他人的票据,是指无权利人没有法律依据或没有得到授权而利用真正票据权利人的票据,骗取票据资金、商品等财物。冒用他人票据的,属于票据欺诈行为,应承担刑事责任。

过期的票据,是指票据权利因已经超过时效期限而消灭的票据。作废的票据,是指付款请求权已经实现、自始无效或者被法院宣告无效的票据。

凡是故意使用上述票据来骗取票款、商品等财物的,亦属于票据欺诈行为,应依法承担刑事责任。

7. 付款人同出票人、持票人恶意串通,实施前六项所列行为之一

这里所讲的恶意串通,是指票据的付款人同出票人、持票人为了谋取各自非法利益而相互勾结,故意利用票据骗取资金、商品等财物的行为。凡是恶意串通实施前六项行为之一的,均属于票据欺诈行为,应依法承担刑事责任。

犯有上述 7 种票据欺诈行为,情节轻微,社会危害较小,不构成犯罪的,应给予行政处罚。

二、金融机构工作人员违法行为的法律责任

金融机构工作人员在票据业务中玩忽职守,对不符合票据法的票据予以承兑、付款或者保证的,应由其单位给予警告、记过、撤职、开除公职等行政处分;给本金融机构造成重大损失,构成犯罪的,应由司法部门追究其刑事责任。金融机构工作人员因玩忽职守

办理票据承兑、付款、保证，而给票据当事人造成资金损失的，应由其金融机构和直接责任人员依法承担赔偿责任。

三、票据付款人违法行为的法律责任

票据付款人的违法行为主要表现为故意压票、拖延支付。

票据付款人包括银行汇票、银行本票的出票银行，银行承兑汇票的承兑银行，商业承兑汇票的承兑人，支票的付款银行等。由于银行汇票、银行承兑汇票、银行本票的付款，按照我国现行做法是由代理付款银行进行的。因此，故意压票、拖延支付所承担的责任也适用于代理付款银行。

票据付款人故意压票、拖延支付的行为，应由金融行政管理部门处以罚款，对直接责任人给予处分。目前中国人民银行已经对付款人故意压票、拖延支付应给予的行政处罚作出规定，主要有：罚款、警告、通报批评、停止使用或办理有关票据结算、对责任人给予行政处罚。关于罚款的规定有：对付款人故意压票、拖延支付的，按票据金额每天处以万分之七的罚款；对商业承兑汇票人拖延支付的，对其按票据金额处以5%，但不低于1 000元的罚款。关于对直接责任人处分的规定：处以按本人月基本工资额20%～80%的罚款，给予警告、记过、撤职，直至开除公职。

票据付款人故意压票、拖延支付给持票人造成损失的，应依法承担赔偿责任。按照中国人民银行现行规定，票据付款人故意压票、拖延支付，影响持票人资金使用的，每天要按延压的票据金额的万分之五向持票人计付赔偿金。

四、其他违法行为的法律责任

依照《票据法》规定承担赔偿责任以外的其他违反《票据法》规定的行为，给他人造成损失的，应当依法承担民事责任。

【情境总结】

1. 在5月25日之前向银行提示付款。出票后定期付款的商业汇票，提示付款期为到期日起10天。

2. 丙公司背书所附条件不具有票据上的效力。背书不得附条件，否则所附条件不具有汇票上的效力。

3. 可向甲公司、乙公司、丙公司、A企业追索，在法定期限内提示付款遭拒绝，可向一切前手追索，包括保证人。

4. A企业可向甲公司、乙公司行使追索权，保证人代为清偿后，可向被保证人及其前手追偿。

强化训练

一、单项选择题

1. 根据《中华人民共和国支付结算办法》的规定，下列支付结算的种类中，有结算金额起点的是(　　)。

A. 委托收款　　B. 支票　　C. 托收承付　　D. 汇兑

2. 下列方法中，我国《票据法》未予认可的票据权利补救方法是（　　）。

A. 挂失止付　　B. 仲裁解决　　C. 普通诉讼　　D. 公示催告

3. 根据《中华人民共和国支付结算办法》的规定，下列属于票据和结算凭证上可以更改的项目是（　　）。

A. 金额　　B. 出票日期　　C. 收款人名称　　D. 付款人名称

4. 根据《中华人民共和国支付结算办法》的规定，由出票人签发的，委托办理支票存款业务的银行在见票时无条件支付确定的金额给收款人或者持票人的票据是（　　）。

A. 银行汇票　　B. 银行本票　　C. 支票　　D. 汇票

5. 根据《票据法》的规定，关于支票的说法正确的是（　　）。

A. 支票的收款人可由出票人授权补记

B. 支票不可以背书转让

C. 支票的提示付款期限为出票日起 1 个月

D. 持票人提未付款时，支票的出票人账户金额不足的，银行应先向持票人支付票款

6. 对于企业向银行填写的电汇凭证，中文大写和阿拉伯数字不一致的（　　）。

A. 银行以凭证上注明的较小的金额的准

B. 以中文大写为准

C. 以数码记载为准

D. 该电汇凭证银行不予受理

7. 根据支付结算法律制度的规定，下列各项中，不可以办理现金支付的是（　　）。

A. 预算单位零余额账户　　B. 临时存款账户

C. 基本存款账户　　D. 一般存款账户

8. 下列企业中，可以在银行办理托收承付的结算方式的有（　　）。

A. 股份有限公司　　B. 国有独资公司

C. 合伙企业　　D. 个人独资企业

9. 甲公司从异地乙公司购进彩电一批，于 2007 年 4 月 20 日开出了 10 万元的见票后 3 个月付款的银行承兑汇票支付该笔货款，乙公司于 4 月 28 日提示承兑，则乙公司最迟于 2007 年（　）向承兑人提示付款。

A. 5 月 20 日　　B. 6 月 20 日　　C. 7 月 30 日　　D. 8 月 8 日

10. 甲公司向乙企业购买一批原材料，开出一张票面金额为 30 万元的银行承兑汇票。出票日期为 2 月 10 日，到期日为 5 月 10 日。4 月 6 日，乙企业持此汇票及有关发票和原材料发运单据复印件向银行办理了贴现。已知同期银行年贴现率为 3.6%，1 年按 360 天计算，贴现银行于承兑银行在同一城市。根据票据法律制度的有关规定，银行实付乙企业贴现金额为（　　）元。

A. 301 680　　B. 298 980　　C. 298 950　　D. 298 320

二、多项选择题

1. 根据《票据法》的规定，支票上可以由出票人授权补记的事项有（　　）。

A. 收款人名称　　B. 出票　　C. 承兑　　D. 保证

2. 根据《票据法》的规定，下列各项中，属于票据行为的有(　　)。

A. 出票　　B. 背书　　C. 承兑　　D. 保证

3. 下列关于商业汇票说法中，正确的是(　　)。

A. 商业汇票的付款人为承兑人

B. 商业汇票的出票人为付款人

C. 商业汇票提示付款期限为自汇票到期日起 10 日

D. 商业汇票提示付款期限为自汇票到期日起 6 个月

4. 根据支付结算的有关规定，托收承付的付款人，有正当理由的，可以向银行提出全部或部分拒绝付款。下列选项中，托收承付的付款人可以拒绝付款的款项有(　　)。

A. 代销商品发生的款项

B. 购销合同中未订明以托收承付结算方式结算的款项

C. 货物已经依照合同规定发运到指定地点，付款人尚未提取货物的款项

D. 因逾期交货，付款人不需要该项货物的款项

5. 下列项目中，关于托收承付结算方式的正确表述有(　　)。

A. 适用于由商品交易产生的劳务供应

B. 适用于商品代销

C. 适用于异地之间款项结算

D. 适用于每笔的结算起点 10 万元

三、案例分析题

甲企业是一家于 2013 年 1 月 10 日在工商部门注册登记的贸易公司，当月发生以下事项：

(1)1 月 15 日甲公司在尚未取得税务登记证的情况下，公司财务人员小刘到当地某城市商业银行办理基本账户的开立手续，银行认为甲公司手续不全，未办理；小刘又到另一家工商银行开立了一个一般存款账户，于 1 月 25 日从该账户发放了职工工资 4 万元。

(2)1 月 20 日甲公司秘史乙公司购买一批商品，并签发一张转账支票给乙公司用于支付货款，但甲公司在支票上记载收款人名称，约定同乙公司自行填写，乙公司于 2 月 1 日向付款银行提示付款。已知，甲公司在付款银行的存款足以支付支票金额。

(3)1 月 25 日甲公司签发一张为面额 2 万元的支票，用于向丙企业支付租赁费，丙企业在向银行提示付款时，银行发现该支票为空头支票，予以退票，并对甲公司处以 1 000 元罚款。

要求：根据上述情况和《票据法》等有关规定，回答下列问题：

(1)甲公司签发的未记载收款人名称的支票是否有效？简要说明理由。

(2)付款银行能否拒绝向乙公司付款？简要说明理由。

(3)银行对甲公司签发空头支票处以 1 000 元罚款是否符合法律规定？简要说明理由。

知识链接

赛格进出口公司诉中国农业银行无锡市郊区支行票据承兑纠纷案

原告:广东省深圳市赛格进出口公司。

法定代表人:张金堂,该公司总经理。

委托代理人:樊成玮、熊斌,深圳市君联律师事务所律师。

被告:中国农业银行无锡市郊区支行。

代表人:朱炳伦,该支行行长。

委托代理人:程明山,中国农业银行无锡市郊区支行职员。

委托代理人:宋政平,江苏省无锡市金汇律师事务所律师。

原告广东省深圳市赛格进出口公司(以下简称赛格公司)因与被告中国农业银行无锡市郊区支行(以下简称郊区农行)发生票据承兑纠纷,向江苏省无锡市中级人民法院提起诉讼。

原告赛格公司诉称:我公司持由被告加盖银行汇票专用章并承诺到期付款的银行承兑有效汇票向被告收款时,被告无理拒付。请求判令被告支付票面所载金额1 100万元和截至1998年3月17日的延期付款利息1 239 480元,并承担本案诉讼费。

被告郊区农行未答辩。

江苏省无锡市中级人民法院经审理查明:

1996年1月22日,原告赛格公司根据与案外人深圳市联京工贸有限公司和无锡市北塘恒昌车辆贸易总公司(以下简称恒昌公司)签订的代理进口摩托车发动机总成协议,对外开立了信用证。为此,恒昌公司按照约定签发了金额分别为450万元和650万元,到期日分别为同年11月16日、12月16日,收款人均为赛格公司的两张银行承兑汇票,均为被告郊区农行承兑。

这两张银行承兑汇票,被恒昌公司在交付给原告赛格公司前遗失。恒昌公司曾于1996年8月2日在《南方日报》登报声明汇票作废,又于同年9月2日向无锡市郊区人民法院申请公示催告。无锡市郊区人民法院于当天通知被告郊区农行停止支付。在法律规定的公示催告期届满时,恒昌公司未向无锡市郊区人民法院申请除权判决。恒昌公司后来交付给原告赛格公司的,是遗失的银行承兑汇票第一联(此联由承兑行支付票款时作借方凭证)复印件和被告郊区农行于1996年8月28日出具的说明函。在银行承兑汇票第一联复印件上的汇票签发人签章栏内,加盖了郊区农行的汇票专用章,但是没有恒昌公司的签章。郊区农行说明函的内容是:由于银行承兑汇票被出票人遗失,出票人已登报声明作废,因此同意在遗失汇票的底联复印件上加盖本行汇票专用章,作为收款人向本行收款的有效依据;汇票到期后,收款人必须派员凭此复印件结算票面款项。赛格公司按复印件记载的日期,在到期后持上述遗失汇票第一联的复印件向郊区农行提示付款时,遭到郊区农行拒付,因此提起诉讼。

上述事实有下列证据证实:

1. 1996 年 1 月 22 日赛格公司、恒昌公司及联京公司签订的代理协议;

2. 1996 年 7 月 16 日恒昌公司签发的两份银行承兑汇票第一联复印件,其上有郊区农行加盖的汇票专用章;

3. 郊区农行于 1996 年 8 月 28 日出具的说明函;

4. 恒昌公司申请公示催告的有关证据;

5. 恒昌公司的证词。

无锡市中级人民法院认为,《中华人民共和国票据法》第二十条规定:“出票是指出票人签发票据并将其交付给收款人的票据行为。”案外人恒昌公司虽然签发并经被告郊区农行承兑了 2 张银行承兑汇票,但是这 2 张银行承兑汇票在向原告赛格公司交付之前即被恒昌公司遗失,故恒昌公司并未完成出票的票据行为,赛格公司也未实际持有该银行承兑汇票。现赛格公司据以主张票据权利的,只是恒昌公司交给它的银行承兑汇票第一联复印件。该复印件上虽然有“汇票”字样、金额、付款人名称、收款人名称等复印内容,但是没有出票人恒昌公司的签章、且未经郊区农行同意承兑,另附的郊区农行说明函又对支付限定了条件,这些内容都不符合票据法第二十二条对汇票的规定,所以复印件上虽然有郊区农行加盖的汇票专用章,也不能作为有效的汇票使用。赛格公司持此复印件请求行使票据权利,不符合票据法第四条第二款的规定,应当驳回。据此,无锡市中级人民法院于 1998 年 7 月 24 日判决:

驳回原告赛格公司的诉讼请求。

案件受理费 71 210 元,由原告赛格公司负担。

第一审宣判后,赛格公司不服,向江苏省高级人民法院提起上诉。理由是:从 1996 年 8 月 28 日说明函的内容看,被上诉人郊区农行承兑的意思表示是真实的,法律手续也是完备的,符合《票据法》第十八条规定的精神;上诉人所持加盖了郊区农行汇票专用章的第一联复印件,应视为与汇票第二联具有同等法律效力;原审判决驳回上诉人的诉讼请求,理由不能成立。请求撤销原判,依法改判。被上诉人郊区农行答辩认为,原审判决认定事实清楚,适用法律正确,应当驳回上诉,维持原判。

江苏省高级人民法院经审理认为,原审认定的事实清楚,证据确实、充分。票据是要式证券,票据的制作必须严格符合法律的规定。上诉人赛格公司从案外人恒昌公司得到的银行承兑汇票第一联复印件,不符合票据法对汇票的规定,不是有效票据,赛格公司不能据此主张行使票据权利。原审判决驳回赛格公司的诉讼请求,是正确的,应当维持。《票据法》第十八条规定:“持票人因超过票据权利时效或者因票据记载事项欠缺而丧失票据权利的,仍享有民事权利,可以请求出票人或者承兑人返还其与未支付的票据金额相当的利益。”恒昌公司是因赛格公司为其代理进口了摩托车发动机总成,才给赛格公司出具汇票。赛格公司虽因票据无效而丧失了票据权利,但是其因代理行为而对恒昌公司享有的债权并未丧失，原审也没有否定赛格公司的这一民事权利。赛格公司起诉时，只是主张对被上诉人郊区农行行使票据权利，本案据此以票据纠纷立案。赛格公司与恒昌公司之间的债权债务系原因关系，属民法调整，与本案的票据关系无关，不应一并审理，赛格公司可另行起诉。赛格公司的上诉理由不能成立，应予驳回。据此，江苏省高级人民法院依照《中华人民共和国民事诉讼法》第153条第一款第一项的规定，于1998年10月15日判决：驳回上诉，维持原判。二审案件受理费71 210元，由上诉人赛格公司负担。

☞ 参考答案

一、单项选择题

1. C　2. B　3. D　4. C　5. A　6. D　7. D　8. B　9. D　10. B

二、多项选择题

1. AC　2. ABCD　3. AC　4. ABD　5. AC

三、案例分析题

(1)甲公司签发的未记载收款人名称的支票有效。支票上未记载收款人名称的，经出票人授权，可以补记。

(2)付款银行不能拒绝向乙公司付款。支票上未记载收款人名称的，经出票人授权，可以补记。甲公司未在支票上记载收款人名称，但已约定由乙公司自行填写。并且甲公司在付款银行的存款足以支付支票金额。

(3)银行对甲公司签发空头支票处以1 000元罚款符合法律规定。票据法规定禁止签发空头支票。支票的出票人签发支票的金额不得超过付款时其在付款人处实有的存款金额。出票人签发空头支票，银行应予以退票，并按票面金额处以百分之五但不低于1千元的罚款。

主要参考文献

财政部会计资格评价中心.2012.经济法[M].北京:经济科学出版社.

财政部会计资格评价中心.2012.经济法基础[M].北京:经济科学出版社.

财政部会计资格评价中心.2013.经济法基础[M].北京:经济科学出版社.

崔建远.2007.合同法[M].北京:法律出版社.

贵立义,林清高.2007.经济法概论[M].大连:东北财经大学出版社.

黄河.2011.经济法[M].北京:中国人民大学出版社.

吉文丽.2007.经济法[M].北京:清华大学出版社.

刘文华,徐孟洲.2008.经济法[M].北京:法律出版社.

马立源,薛兵旺.2007.实用经济法[M].北京:北京师范大学出版社.

喻靖文.2012.经济法基础与实务[M].重庆:重庆大学出版社.

赵大利,姜旭.2007.经济法概论[M].北京:电子工业出版社.

镇咸辉,宋柏良.2010.经济法[M].武汉:华中科技大学出版社.

中国注册会计师协会.2012.经济法[M].北京:中国财政经济出版社.

宗晓虹,钟新联.2008.经济法[M].上海:立信会计出版社.

大连出版社教学支持说明

为了建设立体化精品教材，秉承为高校教师提供全方位的教学支持理念，我们将向使用本套教材的高校教师免费提供教学课件和教材参考。

为确保此资源仅为教师教学使用，烦请授课老师清晰填写如下开课情况证明，并邮寄(传真)至以下地址，我们据此给您提供。谢谢您的合作！

地　　址：大连市西岗区长白街 12 号　大连出版社

邮　　编：116011

电　　话：0411－83620416　83621075

传　　真：0411－83610391

电子信箱：hjj@ dlmpm. com

证　明

兹证明＿＿＿＿＿＿＿＿大学＿＿＿＿＿＿＿＿系/院第＿＿＿＿＿＿＿＿学年开设的＿＿＿＿＿＿＿＿＿＿＿＿＿＿课程，采用大连出版社出版的＿＿＿＿＿＿＿＿＿＿作为本课程教材，授课老师为＿＿＿＿＿＿＿＿，学生＿＿＿＿个班共＿＿＿＿人。

授课教师需要与本书配套的教学课件和教学参考为：

＿＿＿＿＿＿＿＿＿＿＿＿＿＿＿＿＿＿＿＿＿＿＿＿＿＿＿＿＿＿＿＿＿＿＿＿＿＿。

地　　址：＿＿＿＿＿＿＿＿

邮　　编：＿＿＿＿＿＿＿＿

电　　话：＿＿＿＿＿＿＿＿

电子邮箱：＿＿＿＿＿＿＿＿

系/院主任：＿＿＿＿＿＿＿＿（签字）

（系/院办公室盖章）

20＿＿＿＿年＿＿＿＿月＿＿＿＿日